大学生生命教育概论

DAXUESHENG
SHENGMING JIAOYU
GAILUN

◎主　编　王文科
◎副主编　戴景平

广东高等教育出版社
Guangdong Higher Education Press
广州

内容提要

这是一本与生命相约的书。

《大学生生命教育概论》是针对当前在校大学生的智力成长与青春发育特点，为有计划、有目的、系统地开展生命教育而组织编写的教材。全书内容包括关爱生命、长成自我、健康道德、防御疾病、性爱安全、抵御诱惑、远离毒品、铲除暴力、拒绝自毁、防范危险等10章。

生命教育是以生命影响生命、以生命成就生命的事业，是伴随人类生存和发展全过程需要关注的主题，也是大学生人文社会科学素质修养中不可缺少的组成部分。本教材内容系统完整、教育性强，适合大学生群体成长特点，可作为高校开设大学生素质教育的公共基础课和通识课教材使用。

图书在版编目（CIP）数据

大学生生命教育概论/王文科主编.—广州：广东高等教育出版社，2013.6（2024.1重印）

ISBN 978-7-5361-4857-4

Ⅰ.①大… Ⅱ.①王… Ⅲ.①生命哲学－高等学校－教材 Ⅳ.①B083

中国版本图书馆 CIP 数据核字（2013）第 047045 号

出版发行	广东高等教育出版社
	社址：广州市天河区林和西横路
	邮编：510500　营销电话：(020) 87553335
	http://www.gdgjs.com.cn
印　　刷	佛山浩文彩色印刷有限公司
开　　本	787毫米×1 092毫米　1/16
印　　张	25.5
字　　数	480千字
版　　次	2013年6月第1版
印　　次	2024年1月第5次印刷
印　　数	6001～8 000册
定　　价	30.00元

前　言

2008年，我们以在高等师范院校创先的举动，编写了以大学生作为教育对象的《生命教育概论》教材。经过4年多的教学实践应用，体会颇深。随着我国改革开放过程的持续深入，高等教育事业的快速发展，新的历史时期大学生身心素质的变化，《国家中长期教育改革和发展规划纲要（2010—2020年）》明确提出了要对大学生开展生命教育的要求。基于此，我们决定在原出版《生命教育概论》教材的基础上，本着充实、实用、创新的原则，增补新内容，丰富新案例。与原有的教材相比，本教材发生一些改变：

一、明确了生命教育的主旨

高等教育的目的是什么？印度哲学家泰戈尔说过："教育的目的应当是向人类传递生命的气息。"原北京大学校长许智宏认为："一流大学最大的标志，我想实际是个人字。"大学是以人的生命为本位，根据个人发展需要而教育全人的地方，大学教育的真谛与要义就在于重视育人而不只是传递知识，大学最重要的使命是使大学生能够逐步往真、善、美的人格方向发展，从中获得那个真正属于人的生命，去收获作为立于天地间的人的身份和资格。

其实，一个人从呱呱坠地来到世界的那一刻起，无论是七彩童年，还是阳光少年，无论是求学问道，还是衣食住行，生命都将伴随每一个人而存在。在这一生命旅途中，即使一无所有了，我们还拥有人生最珍贵的财富，那就是生命。既然如此，我们怎么可以放弃对生命价值与意义的探讨呢？毫无疑问，具有人性的教育过程应当充满着对生命的关注，高等教育中最重要的是对大学生进行生命教育。让敬畏生命、尊重与热爱生命的气氛弥漫于大学校园文化之中，应当是当代高等教育不可丢弃的使命。

我们以为，大学的生命教育就是通过教育，帮助大学生在身心发展的过程中，逐步体会到生命的可贵，进而尊重生命、关怀生命与珍爱生命。生命教育的本意正在于要求学生经过特定知识的教育，知道爱惜自己的生命，树立积极、健康、正确的生命价值观，同时培养学生对他人生命珍惜和尊重的态度，增强其社会责任感，在人生的社会实践中实现其生命价值。

大学的生命教育作为一项系统教育工程，它的内容应当包括：第一，珍惜生命，敬畏生命的存在与成长。人的生命具有有限性、唯一性和不可逆性，生命的价值首先是基于生命的存在，在此基础上才能发展和提升生命的价值，脱离生命去空谈生命的意义是不现实的。因此，生命教育首先要让学生体会到生命的宝贵，教育他们要怀有自爱和爱人之心。第二，欣赏生命，感悟生命的价值和意义。人不仅仅要活着，而且要有意义地活着。追求人生的存在价值，让学生通过欣赏生命来体悟生命存在的意义，是生命教育的最高层次和目标。第三，预防疾病、远离暴力的教育。处于青春期的大学生对于健康与疾病问题知之甚少，在生理健康、心理健康方面存在着诸多问题，特别是在性健康和性爱安全方面的知识几乎是空白。作为生命教育，就有必要填补这一空白。同时，应当如何减少暴力和预防暴力犯罪，也是维护人的生命安全所需要认识的重要问题。

二、突出了生命教育的独特性

我们从来都认为，教育是培养人的事业。而大千世界，每个人都是独特的个体，都有独特的自我和精神世界，由此决定了高校思想政治教育只有从每个人的生理、心理和思想实际出发，才会收到实效。基于这样的考虑，本书注意到以下几个问题：一是力求克服以往编写人文素质教育教材的切入点总是从集体与社会出发的倾向，从大学生如何自我关爱生命的角度出发，论述学习本教材知识点对自我生命健康帮助的意义，因而提出的问题及解决的手段都要从对个人的帮助上寻求答案。二是力求克服以往编写人文素质教育教材中突出理论性的倾向，强调对学生现实生活实践的适用性，即学生在现实生活中所遇到的又必须解决的问题，因而具体要告诉学生如何防范危险与操作技巧。三是克服以往编写人文素质教育教材的居高临下的说教性倾向，其中陈述内容多是以一个过来人的角度，为学生提供一些参考性的答案。

三、加大了教材内容和案例的含量

教材中每一章节都在原有的基础上增加了新内容，同时将旧案例换成了近期发生的在社会中产生重大影响的新案例，如2011年发生在广东省的无人相救的小悦悦事件、大学生药家鑫杀人案等。这些出自社会现实生活震撼人心的典型案例，都具有唤起人们对生命的敬畏与觉醒的作用。

四、教材编排体例进行了适当调整

新版作者较之原版有所变动。原版中李文珊、郑国玉博士编写的章节在新版中由戴景平、张玉荣博士完成。他们两人近3年来一直从事生命教育课堂教学实践,其体会不仅实际,而且深刻。

本书由王文科主编负责总体框架和结构设计并统稿,主要完成新版内容的增删与修订以及最后的全书校对工作。戴景平博士作为副主编参与了后期的整理与校对工作。

各章编写的情况是:王文科:第三章、第四章;张玉荣:第六章、第七章;罗秋立:第二章、第五章;陈国庆:第八章、第十章;戴景平:第一章、第九章。

衷心感谢在本书修订过程中教育界专家及同仁给予我们的大力支持。本书在编撰、修改过程中,借鉴、参考、引用了诸多学者大量的研究成果以及网络信息资料。在此,谨向他们表示诚挚的谢意。

王文科
2012 年 7 月 1 日

目　录

第一章　关爱生命 (1)
　第一节　生命是一个奇迹 (2)
　第二节　生命与生命质量 (9)
　第三节　尊重与善待生命 (22)

第二章　长成自我 (39)
　第一节　生命自我身心活动的统一 (40)
　第二节　生理是人成长的力量 (50)
　第三节　寻求心理发展的轨迹 (57)
　第四节　最好的心理医生是自己 (63)

第三章　健康道德 (81)
　第一节　品味健康的状态 (82)
　第二节　身心健康的道德标准 (89)
　第三节　承担健康的道德责任 (97)

第四章　防御疾病 (125)
　第一节　疾病是生命的表现形式 (126)
　第二节　威胁人类健康的传染病 (135)
　第三节　用科学与理性防御疾病 (151)

第五章　性爱安全 (164)
　第一节　性爱出自本能之源 (165)
　第二节　性爱的自由与放纵 (171)
　第三节　性心理健康与安全 (182)

第六章　抵御诱惑 (204)
　第一节　大学生潜在的个性弱点 (205)
　第二节　来自赌欲的冲动与克服 (208)
　第三节　网瘾情结的危害与救治 (219)

第七章　远离毒品 (243)
　第一节　走出潘多拉魔盒的毒品 (245)

第二节　毒品成瘾的原因与危害 …………………… (251)
　　第三节　拒绝毒品销蚀灵魂 ………………………… (271)
第八章　铲除暴力 …………………………………………… (283)
　　第一节　校园暴力与行为冲突 ……………………… (284)
　　第二节　青春期暴力倾向与预防 …………………… (298)
　　第三节　铲除暴力与敬畏生命 ……………………… (308)
第九章　拒绝自毁 …………………………………………… (319)
　　第一节　自杀是反常的社会现象 …………………… (320)
　　第二节　自杀的成因及预防 ………………………… (329)
　　第三节　活出生命的精彩 …………………………… (342)
第十章　防范危险 …………………………………………… (361)
　　第一节　生存危险的存在与回避 …………………… (362)
　　第二节　预防中毒、火灾与交通事故 ……………… (367)
　　第三节　防范盗窃、抢劫与欺诈骗局 ……………… (382)

第一章

关爱生命

内容提要：

● 人类发现自己只是茫茫宇宙和悠悠无限之中的有限生命存在。这一事实使充满智慧的人类感到如此神奇和不可思议：人的生命存在是一个奇迹。

● 人的生命具有唯一性、不可逆性和人格的统一性与一贯性。人只有一个人生的事实决定了人的生命可贵和值得珍视。

● 人是唯一能够追问自身存在意义的生命。然而，大自然赋予了我们生命，却没有赋予我们生命的价值和意义，由此决定了必须由人自己去追寻、创造生命的价值和意义。

● 人是目的，人以自己的存在为尺度来衡量世间万事万物的存在及其价值选择，由此决定了人应当在热爱自己的一生中活出自己。

● 人永远是大自然最杰出的创造物。任何一个人来到这个世界上都应有一种使命感，由此不能辜负了只能在这世界活一次的生命。

2011年10月13日下午，一次严重的车祸发生在广东省佛山市南海区黄岐镇的广佛五金城内：年仅2岁的女童小悦悦走在巷子里，被一辆面包车撞倒并两次碾压。随后，肇事车辆逃逸，几分钟后，小悦悦又被一小型货柜车碾过。这辆车也没有停下来。然后，悲剧还在继续，7分钟过去了，总共有18个人从她身边走过，竟无一人挺身施救。不难设想，当2岁的小悦悦被两车4次碾压后，她脆弱的小生命多么渴望路过的大人能施以援手，哪怕能有人打一个报警电话也好啊！令人心碎的是，这些都变成了这个幼小稚嫩生命的18次失望。庆幸的是，直到第19个人出现——有一位拾荒的阿婆陈贤妹把孩子抱到路边，然后奔跑出去，找到那位几近疯狂的母亲。最后，大家帮忙把小悦悦送到广州军区总医院。遗憾的是，小悦悦虽经医院全力抢救，但终因伤势过重而离开了人世。这样的一幕让人发冷心碎：一个鲜活的生命，一个稚嫩的生命，一个还没来得及享受人生的生命，就像一朵含苞待放的花蕾，在这么多张无动于衷、冷漠麻木面孔的注视下凋谢了。

进入21世纪，科技越来越发达，物质财富越来越丰富。与之形成悖谬的是，人的生命似乎被这繁荣的景象遮蔽了。当下，我们经常能听到、看到，甚至是亲身经历过许多漠视、虐待和残害生命的现象，如有的医院的医生认钱不认人，对就医者无钱就见死不救，或者是为挣钱而卖药，对患者健康不负责任；一些贪官和不法矿主互相勾结，为牟取暴利而置矿工的生命于不顾，结果导致矿难频发；社会上伪劣食品横行，非法美容业猖獗，不断给消费者造成损害性后果；一些执法者、准执法者、非法执法者滥用私刑，草菅人命；交通肇事者扔下受害人逃逸，甚至故意拖、压受害人致死；暴力拆迁，血淋淋的"血房图"……打开电视、翻开报纸、进入互联网，几乎每天都有凶杀案的报道，其中一些作案缘由之微小与一条人命的价值惊人地不相称。尤其令人担忧的是，作为文明高地的大学校园也出现暴力案件增多的现象。一些涉世不深的青年人对自己的生命不知珍惜，中学生、大学生、研究生自杀或杀人的极端行为屡屡发生。上述这些现象使我们不得不反思：什么才是人的真正生命？生命的意义何在？人的生命有崇高的价值和令人敬畏的尊严吗？

第一节
生命是一个奇迹

生命是宇宙间的一个奇迹。从一个人到一头牛，从一只昆虫到一棵树，生命的能量虽然有大有小，生命的存在方式虽然千姿百态，但无论如何，生命总是万物之本和宇宙奇迹。作为有思想的人，应当用心去感受这一奇迹，学会懂得欣赏这大自然中复杂的生命现象，由此从心底里产生万物同源的亲近感，进而生成对生命的敬畏意识，并用它们的千姿百态来丰富自己的心胸，这对于理解人的生活意义显得十分重要。

一、生命是大自然的一个奇迹

生命是什么？迄今为止，关于生命之源及本质问题，因为其产生太神奇，过程太复杂，内涵太深奥，导致人们对于什么是生命的问题有着各式各样的见解。如今科学所能做到的，并不比先哲们多多少。生命所能呈现给我们的，仍旧是种种令人惊叹的奇迹：一枝从污泥里长出的夏荷，竟然能开出血一样纯净的花儿；一粒细细黑黑的萤火虫，竟然能在黑夜里发出星星般闪亮的光；一对男女的肉体接触，竟然能生出一条鲜活的生命。

凤凰卫视著名主持人胡一虎的父亲在"生前遗嘱"中曾这样对生命发出过追问："未曾生我谁是我，生我之时我是谁，长大成人方是我，合眼朦胧又是谁？"生命从何而来？尤其是第一个生命从何而来？这是一个值得思考的问题。

古老而原始的观点认为，生命是上帝创造的。《旧约全书·创世纪·传道书》记载，世上的万物包括生命乃至人类在内都是上帝在6天内为着一定目的、按照一定次序分别创造出来的，而且生命一经被上帝所创造，就不会发生什么根本性的改变。还有一些哲学思想家们，如作为万物有灵论者的古希腊米利都学派的先哲们就认为万物都是活着的生命。如今思之，这可能是他们眺望苍天，看到太阳东起西落，月亮时圆时缺；环顾大地，满眼高山直插云天，大河流水不息，因对其产生了恐惧心理，而认为它们是有情感和理性的生物精灵。万物生机论者认为生命是由非物理、非化学性质的超自然力量操纵的，因而才能产生非物体所没有的合目的性的行为，例如古希腊的医师盖仑就认为 Pneuma（灵魂或精神）原是充满在空气中的造就生命之气，人或动物把它吸进肺部，然后进入心脏，和血结合，就成为生命的有机体的原动力。

近代科学的观点认为，地球上无生命体渐变形成了蛋白质，再渐变形成了生命。生命就是蛋白质和核酸物质运动的形式，是一种特殊的、高级的、复杂的物质运动形式。19世纪70年代，恩格斯曾经依据当时自然科学取得的成果，给生命下过一个经典的定义："生命是蛋白体的存在方式，这种存在方式本质上就在于这些蛋白体的化学组成部分的不断自我更新。"[1]这一定义意味着当时他已意识到蛋白体若能存在，就必须与周围的环境不断地进行物质和能量的交换。这种交换一旦停止，蛋白体就会分解，生命随即终结。这在一定程度上揭示了生命存在的物质基础是蛋白体，而新陈代谢构成了一切生命的最基本过程。对此问题，著名物理学家薛定谔站在热力学的角度提出疑问：生命在物质和能量的交换中，存在着这样一个问题，即物质到了原子结构，任何一个原子和它同类的另一个原子都是一样的，任何一个卡路里跟任何另一个卡路里的价值是一样的，那么生命为什么会吸进一些物质，又排出一些物质，摄取进一个卡路里的热量，又传递出一个卡路里的热量呢？他的解答是：生命体吃进或同化进的不是简单的物质和能量，而是负熵，它们以此而抵御热力学第二定律所描述的孤立系统不可避免的熵增。生命是一种不断从外界环境吸纳负熵，建立并维持有序状态的热力学系统。一旦新陈代谢停止或失调，生命系统就会因为负熵而死亡。

就人的生命发展演变过程认识生命的观点看，达尔文的生物进化论认为，人不过是由猿的一支演化而来的动物而已。人的形体也是演化而成的，

---

[1] 恩格斯．反杜林论．北京：人民出版社，1970：78．

如四肢，由于常用前肢携物、劳动，后肢就承担了行走的任务，逐渐就进化到直立行走。

我国学者多年来亦在努力揭示生命的本质，力求对其进行科学性的概括和阐释。例如，学者胡文耕对生命做出的总结性定义是："具有不断自我更新能力的，主要由核酸与蛋白质组成的多分子系统，它具有自我调节、自我复制和对体内外环境选择的属性。"[①]

上述对生命认识的种种观点，说明了人类直到今天还不能完全掌握生命存在的秘密。为什么从古至今，人们一直想方设法弄清楚生命的起源、生命的存在、生命的未来等事情的来龙去脉。但是，时至今日，仍然是云里雾里、不知所以呢？问题似乎总要回到那些最原始的不可解释的迷惑之中：生命到底是什么？为什么会出现生命这种奇异的东西？为什么恰好在地球上出现生命？为什么仅仅在地球上出现生命？生命有存在的必要吗？假如没有生命会怎么样？生命能够证明什么吗？生命可以超越吗？生命真的不能永生吗？……这些问题使得我们人类从古至今，常常处于百思不得其解的迷惑之中。所谓谁搞清楚了什么千古之谜，后来多数都被证实不过是一些想象和推断而已。仅仅只有考古能够证明一些东西，但是要更深层次地完全复现遥远过去的景象，则几乎不可能。

如此而言，生命可说是不可思议的和不可定义的一个存在，而这一存在本身就是一个令人惊叹的奇迹。

二、人的生命具有神奇性

生命是神奇的。作为所有生命中最具有智慧的人的生命，更是神奇。人的生命的神奇性就表现在如下几个方面：

（一）个体生命的独特性

"世上本没有两片相同的树叶。"生命是以个体方式存在的。每一个人在这个世界上都是独一无二的，都是以自己的存在独自地体验着这个世界。

一套稀有邮票只存有2枚了，而这2枚邮票都在某会场上准备要拍卖。拍卖的最后，某位收藏家各以100万英镑买下了这2枚邮票，出手之阔，惊动了拍卖会场。因为，这2枚邮票尽管珍贵但也值不了这么高的价钱。大家不知道他为何要出这么高的价钱来获得。就在众人仍然还在议论纷纷的时候，这位收藏家走到了台上，向大家宣布，他说："各位都看到了我各以100万英镑，购得了这世上仅存的2枚邮票。现在我要做的是，把其中1枚

---

① 胡文耕. 生命本质辨析. 南开学报，2003（2）.

给烧掉。"讲完之后，就从口袋里拿出打火机，点起火来，果然把其中1枚给烧掉了。当时，会场内的来宾，个个愣在那里，他们不敢相信这是真的，怎么会有人烧掉价值100万英镑的邮票呢？难道他真的发疯了？这个时候，那位收藏家接着又说："大家都看到了，我已经烧掉了其中1枚，换句话说呢，我手上的这1枚是世界上独一无二的。它，才是真正的无价之宝！现在，我要把它卖给懂得鉴赏它的人，请大家出个价吧！"这时，喊价声不绝于耳，大家争先恐后想要获得这独一无二的至宝。最后，竟然以500万英镑成交了，打破有史以来最高的纪录。而那位收藏家，只是转眼之间，他就净赚了300万英镑。

独有与唯一，是世界上最珍贵的。

如果你也拥有一个全世界独一无二的稀有之宝，请问，你会如何珍惜它呢？你是不是会把它放在特有的保险箱里呢？或者，为防止被偷走，经常拿出来擦拭，保持它的光泽，甚至为它投保，以防万一呢？你是不是会以它为荣，感到无比的骄傲？可是，你是否想过，在这个世界上，你自己本身也是绝无仅有、独一无二的呢？毫无疑问，你的外表、动作、个性和思想都是唯一的，过去没有，现在没有，将来也不会有其他的人跟你一模一样。在这天地之中，你就是你，无人可以取代。其实，我们每一个人都是地地道道的"天生赢家"。我们自己所存在的生命就是一个奇迹。当我们面对浩瀚星空时，感受到自己竟然如此渺小。但我们能诞生在这个广袤的世界上，其难度之大，概率之小，实在是无法想象。有谁知道，有多少的几率让茫茫人海里的你的父母相识？又有多少的几率让你诞生？把所有的几率统计起来，你出生的概率微乎其微。然而，你就这样奇迹般地诞生了。想到奇迹般地诞生，便觉得没有理由亏待自己的生命。

每一个生命的孕育都是偶然的、不易的。从生理学来说，男性一次性行为可排出2～4亿个精子，而女性每个月只排出一个卵子。仅就对于成为你的精子而言，每一个你的诞生，都是要经过和几亿之多的兄弟姐妹彼此激烈竞争；换言之，只有几亿分之一的成功几率，但你却脱颖而出。难道这不是一个非同小可的胜利吗？当精子与卵子结合，成为受精卵之后，你的人生艰辛旅程并没有到此结束。俗话说，"十月怀胎，一朝分娩"，你作为受精卵在母亲体内孕育的10个月中，母体经受的偶然的创伤、强烈的刺激、过度的劳累、病毒的侵袭等，都会引起体内的变化，直接影响到你的发育，或者造成你的残疾，或者使你行进到中途就"不辞而别"。在母亲分娩过程中，你的生命也会面临着不可预测的危险。至于来到人世间后，父母为你的成长所进行的哺育与呵护、为你的安全担心和疾病焦灼等过程，也在不断证实着你生命存在与发展的千辛万苦和你生存过程的奇迹。那么，你有什么理由不热爱自己的生命和享受生命呢？

"一种意识到自身存在的存在按其本性是不能设想自身的非存在的。我知道我的出生纯属偶然，但是，既已出生，我就不再能想象我将不存在。我甚至不能想象我会不出生，一个绝对没有我存在的宇宙是超乎我的想象力的。我不能承认我只是永恒流变中一个可有可无旋生旋灭的泡影。"[1]为此，作为自我，唯有不断地去创造奇迹，才能真正验证自己作为生命存在的令人惊异而伟大的价值意义。

（二）个体生命的不可逆性

上帝赐给我们生命的同时，也赐予我们与时间相伴的旅程。其实，说我们个体生命的不可逆性，实际上是等同于说时间的一去不复返性。

我们人的生命从胚胎起，便一直在持续地生长、发育，以至衰亡，它绝不会在时间的跑道上停留，也绝不会"倒行逆施"，返老还童。人们所说的"人死不得复生"便道出了这个真谛。人来世一遭，这生命无疑是"上天"赐予人类的最美好礼物。正因为它的一去不复返，生命才成了无价之宝，弥足珍贵。俗话说："皇帝钱虽多，难买万万岁。"即意味着时间是生命的存在方式，谁也留不住时间。君不见，多少有钱的亿万富翁都无法买来的，不正是自己的生命吗？

俗话说："一寸光阴一寸金，寸金难买寸光阴。"事实上，我们每一个人只有一条命。它在一点一滴凝聚的同时，也会在一分一秒地失去。失去与获得就像生命的生与死一样不可兼得。在你获得一些东西的同时，一定也失去了一些东西。终有一天，当我们发现自己长大了，却也发现失去了美好的童年；发现自己懂事了，却也发现失去了风发的意气；发现自己成熟了，却也发现失去了刚直的锐气；为了生计，整日奔波忙碌，不知不觉中失去了曾经燃烧的激情与梦想；为了赚钱，我们自己因为太在乎得失而不知不觉中便失去了那些自己曾有的慷慨和义气；在我们叹息清早没有日出的时候，却已经失去了宝贵的晨光；在我们为成功自得时，不知不觉中失去了洞察潜在危机的清醒。因此，既然明知道短暂的不可能要求永久，失去的不可能再次拥有，那就让我们以淡定的态度看待这一切；面对失去，坦然放手。既然生命是不可逆的，并且是珍贵而短暂的，是只开一次的花朵。那么，在生命高潮的浪峰，我们应该学会享受它；在生命低潮的波谷，我们应该学会忍受它。

---

[1] 周国平. 守望的距离. 太原：北岳文艺出版社，2004：58.

只有这样，我们才会发现生命的绚丽，珍惜当下生活的每一天，使自己在有限的生命存在中活出独有的意义与价值。

生命短暂，在人的生与死之间有的只是时间，时间是上帝送给人的最宝贵财富。你热爱生命，就是时间里的生命，因为时间是组成生命的材料。

（三）个体人格的一致性

人的生命体征在人的成长中不断地变化着，从而使人由儿童少年走向衰微的老年。然而，在这人体的不断变化中，却有着人的自我不可或不易变易的东西。即人在社会存在与交往中所表现出来的人格特质。如人类虽然每天吸收动植矿物的滋养成分，以促进身体上新陈代谢的变化，但是个体生命当中所包含的真理认识与坚守，决不会因生理上的变化而转移和变易。这种生命存在的一致性，其实就是所谓的人格。人因为有人格，所以不至于因为今日食驴肉，就发驴脾气；明天食牛肉，就发牛脾气。而那些为人食用的物质，不过作为我们生命存在的营养燃料罢了。其实世界上人与人相处，彼此之间全赖有人格的认识。大家所公认是善人的，应该今日如此，明日也必定如此；今年如此，明年也必定如此。至于"今日之我与昨日之我宣战"的见解，表现的不过是人格的相对稳定性与绝对发展性之间的矛盾，是理想的我对现实的我的扬弃。

所谓人格，简单地讲可说是一贯存在的自我。人格是人们生活中经常见到和使用的概念。这个概念看似简单，实际却十分复杂。人们在生活中虽然都在使用"人格"一词，强调人格的重要，可能有自己的理解，但是，人们对人格的理解却大不相同。人格问题不仅是心理学、哲学、社会学和人类学的研究对象，而且还为美学、教育学、法学、政治学等多门学科从不同角度所论及。据统计，现有的人格定义已有100多个。

在英文里，人格一词是Personality，它源于拉丁文persona，意为"面具"或"脸谱"，起初指古希腊罗马时代的戏剧演员在舞台上表演时所显示给观众的脸面或佩戴的面具。而特定的面具代表着剧中人物特定的身份和个性。这与京剧中脸谱的效用基本相当，如京剧中黑脸代表刚直不阿，白脸代表奸诈，红脸代表忠义。正如戏剧舞台上的演员用面具来表示他扮演的角色及该角色特定的身份与个性一样，人生舞台上也有借以向他人、社会显示其特质的东西，这就是人格。"人格"后来演变为人的外表形象表达，近现代则演变为各种学科性概念，如在哲学上，人格表示人的本性，或"自我的同一性"；在法学上，人格标志着人在法律上的地位和在法律中的权利与义务，表示人行使自己主体权利的资格；在心理学中，一般把人格定义为个人品质的集合。

人格所表达的是人的自然性特质与社会性特质的综合与统一，代表了人的一切可以被他人感知和描述的行为、举止等外在因素和一切诸如本能、动机、自我、价值观、认知方式、气质、性格等人的内在因素。人格是人在实践活动中生成的内在精神要素和外在行为规范的系统结构。作为一种系统结构，它不是人的某种精神要素抽象的单一存在，而是表现为人在实践中形成的相对稳定的个人特质，是具有物质载体和社会特质的具体历史存在，是自身肉体存在和外部世界发生对象性关系的现实产物，是以人的自然存在、社会存在为根基的全部精神要素和行为规范在一定的自然、社会、文化环境中所形成的系统结构和现实规定，是个人存在价值的最为深刻的表现，是个人在社会环境中长期心理积淀的结果。人格就是个人的性格、气质、智力和体格的相对稳定而持久的组织，它决定着个人适应环境的独特性。人格具有自我同一性。一个人在从出生到死亡的生命历程中，尽管其自然形态不断变化，而人们却能够认定这个在时间中变化的人原本就是同一个人。相信他的品性和为人时，主要就是依据他的人格的一致性来确定。

人的人格一经形成就会保持相对稳定，因而才是一致的；因为是一致的，所以才会经得起困苦艰难的考验，决不会随着变幻的外界现象而转移。有了这种人格，在整个宇宙的生命系统当中，人的生命才可立定在一个适当的位置上。倘若现实的一个人今日如此，明日如彼，为追求苟且偷安、随波逐流的生活而自我满足，那就意味着一个人不但是无修养的人，而且是一个无人格的人。人与其他生物的分离，其实就在人格上。人虽然在生理上吸收了若干外来的食物成分，最后变成其血液和细胞，但人终究是人，他的人格会持久不变，这就是人格的一致性。由此可见，人的生理生命虽然在不断地变化，但是尚有不变的人格特质存在，这也正是人类个体生命所显示出来的特殊性。

基于上述之论，我们会发现越是深入地了解生命，就越会感觉生命真是一个奇迹——我们作为人的每一个个体生命都是一个奇迹。那么，我们就应当学会热爱生命，并且要用一颗炽热的心去迎接生命、感受生命、珍爱生命。

对于每个人来说，时间就是生命，而生命又是如此的短暂，因此珍惜生命就要珍惜时间，珍惜时间也就是珍惜生命。在现实生活中，有些人把生命中的一切看得是那么遥远、那么迷茫，不明白一生该怎么去过。而有些人却不如此，他可以把每天都假设成人生中新的一天，并抱着这样一种心态去努力生活。这样，他就促使自己对每天的生活倾注了无限的热情，使很多事情变得有意义。如有的同学面对学习、面对作业，感到人的生命不过是平淡无奇的，生活似乎就是一口无活水流动的枯井。其实我们要说，有些人厌倦平凡的生活，那多半是自己心态不好的结果。其实，我们完全有理由选择快乐

地生活，例如在专业学习之余可以看看那些具有价值的文学作品，多与大自然去接触，就会觉得还有许许多多的美好事物在向你招手。

美国盲人女作家兼社会活动家海伦·凯勒从小因病致残，又聋、又哑、又盲。虽然她身上有这么大的缺陷，但是却做出了许多正常人所不能完成的事情：她一生学会英语、法语、拉丁语等多种语言，毕业于哈佛大学的拉德克里夫学院，获得了博士学位，创建了一家慈善机构，出版了14部著作，由此而被誉为"20世纪，一个独特的生命个体以其勇敢的方式震撼了世界"的人。她还是世界上第一个完成大学教育的盲聋人，曾入选美国《时代周刊》评选的"人类十大偶像"，被授予"总统自由奖章"。

那么，是什么使这位残疾的小女孩成了受人敬仰的英雄？是什么使生活在黑暗中的这一女孩的生命发展充满了令人赞叹的奇迹？又是什么积极健康的思想意识激励着海伦·凯勒走向不平凡的人生？其实不是别的，那就是一个人对于生命的热爱和对未来充满的渴望。她虽然身体上残疾了，心灵上却没有残疾。她坚持热爱生命，勇敢地面对一切，最后，命运给她的回报也是丰硕的。

一个残疾人尚能因对生命的热爱而战胜人生中的困难，我们这些四肢健全的人为什么不能呢？

第二节
生命与生命质量

作为来自生活经验的常识，我们知道，任何人都只有一条生命。这一条生命其实是由两种生命形式或两种生命内涵构成的，即物质生命（身体）和精神生命（心灵），两种生命形式或两种生命内涵构成了一个人完整的生命。缺少物质生命，作为人将不复存在。缺少精神生命，人只是徒有人的表征的活的生物体。从生命价值角度出发，我们说"一个人活着，他已死了"，是说这个人的"物质生命"活着，"精神生命"却已不被认可，人们将其视为不存在或作为生命的负价值存在。我们说"一个人死了，他还活着"，是说这个人的"物质生命"虽然已经死了，但其"精神生命"还活在人们的心里。其实，人作为个体，"物质生命"的死虽然是不可违背的自然规律。但是，作为"精神生命"的死则是具有相对意义的不存在。这是因为人作为可以保留记忆的动物，会记住和怀念那个已经死去的人。在人类共同体中，总有那么一些会在历史上留下的"精神生命"的光辉并与现实的人类活在一起，而且可以认为这种精神性的灵魂才是世界的真正主宰。因此，人的生命存在质量和意义主要不在于自己的物质生命，而在于精神生命，这应当是人的生命本体或本真。恰如法国大文豪雨果所说的那样："人有了物资才能生存；人有了理想才谈得上生活。你要了解生存和生活的不同吗？动物生存，而人则生活。"这样看来，延长人的"物质生命"并不等同于生命存在的意义，它在一般意义上不过是生命持续存在的手段。

一、生命的质量

（一）生命质量的含义

人从一出生就降临在这个世界上，会因所处的位置不同而境遇不同，唯一相同的就是同样获得了生命，获得了在这个世界上存活的权利。每个人心中都有欲望和梦想，其中蕴含着人对自我生活质量理想的追求。

什么是生命质量？1995年，世界卫生组织对生命质量做了如下定义："生命质量是指不同文化和价值体系中的个体对与他们的目标、期望、标准及所关心的事情有关的生存状况的体验。"通俗地说，生命质量即是指人在家庭、社会、心理、生理等方面的全面安康。

在现实生活中，不同的人对生活质量的追求是有所不同的：有的人关心仕途，追求的是达官显贵的生活；有的人沉溺于金钱，追求的是纸醉金迷的生活；还有的人钟情于物欲的满足，追求的是能呼风唤雨的生活。在他们看来，一个人福到了，掌了权；运至了，成了款；幸临了，立了腕，那才是人的高质量的生活。然而，在现实生活中也有另一部分人，他们大多数生活得平淡无奇，甚至是在如蝼蚁般的忙碌操劳中过日子，最终也只落得个默默无闻，悄然离世。其实，人生就是这样，人不可妄自菲薄，怯懦胆小，失去追求；也不可妄自尊大，自视非凡，不能把握自己。其实人就是人，人生就是人生，在丰富多彩的人生道路上，不光有欢歌笑语和收获得利，也有荆棘和坎坷，人只有活出真我而不迷惘彷徨，这样才算活得精彩和畅快。

（二）衡量生命质量的标准

衡量一个人生命质量的高低，可以有许多标准。在一切标准之中，有两个最重要的标准，一是看有无健康的生命本体，二是看有无正确的精神追求。

健康的生命本体，主要是指医学意义上的人体健康或不生病，即人体生命力的旺盛和坚韧。人们常说这样一句话：年轻时，用健康换钞票；年老时，用钞票买健康。人在年轻的时候，自己的身体虽然说不上像运动员般的健壮英武，却也多半是顺风顺水，全然不知道疲劳，浑身有用不完的精力，甚至不知道打针吃药是什么滋味，因此往往不注意保健和关爱生命。但是，人体健康就如捂在口袋里的钱，再多也会禁不住挥霍，也会有花完的那一天。人的精力再旺盛，也终会有衰败的时候。当走进中年之后，一直好端端的身体，会渐渐地感觉到不适，"心肝宝贝"有时也会早跳几下，晚跳几下，甚至有时还会做短暂"休息"；只有在这时，胃痛了才知道胃在哪儿了，腰疼时才知道了久坐后要起来活动。于是乎，既要拼命地工作，又要关注身体的状况是否正常。此时，人对身体上的风吹草动也不得不开始敏感起来，甚至把医院视同关系户一样地经常拜访走动，医生的话也具有跟上司训话一样的等同效力，一些人开始注意保健，少喝酒、不吃肉、多锻炼，这虽然看起来似乎晚了点，但运动总比不运动强。健康是金，马虎不得，也轻视不得。

正确的精神追求，是指人对自己生命存在价值的认知和选择。就其本质上说，人是寻求意义的生命存在物，理性赋予了人以自我反思的意识，并使人能够自觉地关注自身的生命状态与意义。人的这种理性活动能力是人的生命与动物的生命产生根本区别的重要原因，也是生命存在的精神属性的重要基础。作为一个人，在降临时号啕大哭，周围的人却望着微笑；离世时，周围的人早已泣不成声。这一现象即在一定程度上表明，生命的精神属性体现的是人的生命价值取向。也因此有哲学家这样说："生命固然是弥足珍贵的，正为此才容不得去糟蹋、去玩忽、去亵渎、去轻抛这来之不易的生命。但生命的价值本不在于它的长度，而在于它的高度。"[①]我们可以试问，如果你有万贯家财却在生活中为富不仁，那么离开这世界还能有几何存得？难道你还能指望分你家财者会发自内心地哀悼吗？试问你活着时有权势淫威，近乎只手遮天，然而在离开这人间之时还能有几分真正留得？难道你还能期待那些不满者们发出来自肺腑的悲伤？如此而言，你的生命质量的高低便会可想而知了。在世界上还有那么一种人，他们的生活可谓处在潦倒贫寒之中，甚至疾苦缠身；但是他们因为懂得了人生创造的生命价值意义，由此而辟就了自己勇往直前的道路，点燃了奋斗不息的生命之灯。这样的人虽身死了，其精神却能活在人们的心中，从而体现了他们生命崇高的质量。荷兰画家梵·高在他生活的年代里，可以说一无所有，连生计也靠他的兄弟来维持。然而，凭着他对生命的热爱，对艺术的追求，他节衣缩食，坚持不懈地努力，终于成为超一流的艺术家，接受后人的敬重——这当然是后来之事。即使他不成名不成家，但他的一生也问心无愧，因为他的整个生命的努力过程

---

① 周殿富. 生命美学的诉说. 北京：人民文学出版社，2004：498.

已经超越了他所取得的成就。而那些生活在富裕里却无所事事的人们面对这样一颗坚强的灵魂，难道不感到羞愧吗？因此，就算你一辈子都没有享受过奢华的生活，没有坐过高级的轿车，但你同样付出，同样有追求，同样在漫漫人生长路上印下每一个脚印。为了自己的理想而付出所拥有的一切，即使没有得到应有的回报，你的生命也是有质量的。

生命本体和精神追求是衡量生命质量的两个基本标准。没有健康的生命本体，萎靡不振，表明生命质量低下；没有崇高的精神追求，随波逐流，也表明生命质量不高。这两个要素其实是密切关联、互相依存的，生命本体若无精神的目标是盲目的，精神追求若无本体的发动是空洞的。它们的关系犹如土壤和阳光，一株植物唯有既扎根于肥沃的土壤，又沐浴着充足的阳光，才能茁壮地生长。

（三）如何提升生命的质量

在现实的社会中，每个人都会想到提升自己生命的质量问题。但是，崇高的生命质量不会轻易赐给生活中寻找捷径的人，它需要我们做出种种艰苦卓绝的努力。虽然生活中提升生命质量的道路不止一条，但是无论走上哪一条道路，都必须做到以下几点才行：

1. 要有挑战困难的勇气

对任何一个想获得成功的人来说，对生命采取什么态度是至关重要的因素。这是因为一个人只有首先战胜自己，才能最终战胜别人。《圣经》中有这样一个故事：一个身高2.7米、体重达400磅的巨人向以色列的子民发出了挑战，以显示其对上帝的蔑视。当时大卫的几个哥哥都是以色列城里最为有名的大力士，也被认为是最有能力捍卫上帝尊严的人；可是，他们却不敢接受挑战。17岁的大卫十分不解，质问他们为何变得如此胆怯，而他得到的回答却是这样的："巨人实在太高大了，我们根本不是他的对手，何必进行一场必输无疑的较量呢？"可是，17岁的大卫却与哥哥们的想法完全不同。他认为，正因为巨人的身体是那样庞大，自己一定更能容易地击中目标。他不顾众人的劝阻，决定接受巨人的挑战。果然，大卫赢了那位曾被人们认为是不可能战胜的巨人。我们不难看出，大卫的哥哥们只是一味地拿巨人高大的身体与自己相比，当然是愈比愈没有勇气了；而大卫则不然，他能从别人没有注意到的地方看到对自己有利的一面，因而建立起了取胜的信心并由此取得了胜利。其实，人在前进的每一条道路上，都有可能遇到种种阻力与困难，克服的办法首先就是要拿出足够的勇气来与之对抗。只有这样，才能领略到一个成功者的骄傲。也许正是在这个意义上，爱默生才说："勇敢之人不畏恐惧，他们乐于接受困难、威胁以及敌人的挑战。在逆境的激发下，他们能够释放出积蓄已久的能量，以烈焰般的气势去战胜那些穷凶极恶的事情，然后去收获成功的喜悦，迎接宁静与丰收。""勇气具有巨大的感染力，有它存在的地方，便会充斥着一种魔力。""勇气最具魅力的一面，在于创新和天才的灵光的闪现。英雄们不可能在情绪低落的时候去实现那些非凡的成就。""勇气能够赋予一个看似柔弱的人以无穷的力量。"[1]

2. 要让知识伴随自己终生

在人生的角逐场上，什么才能让你终生受益呢？当然是知识。著名的营销培训讲师金克拉在卡内基学院任教时，曾认识了一位极为出色和成功的推销员。此人名叫艾德·格林，已经年逾六旬，据说年收入高达7.5万美元（这在当时是一个非常可观的数字）。在一次课后聊天时，金克拉坦白地问他为什么还来上课，因为即使将学院3个教师的年薪加起来也比不上他一个人的收入。艾德·格林说："当我还是个孩子的时候，父亲曾带我参观过一个菜园。他指着那些绿油油的菜对我说：'当它们还是青绿色的时候，表示还能继续生长；可是当它们一旦成熟，就开始腐烂了。'我至今都对父亲的这些话记忆犹新。我如今来参加这个课程，就是为了获得更多的知识。当别人认为你已经成功的时候，你应当保持警惕，不要自己固步自封起来。老实说，这些课程也的确让我受益匪浅。"听了艾德·格林的这番话，金克拉颇为震惊。而当他提到自己班上的一个年轻推销员总在抱怨"课堂上讲的全是老套，毫无收获"时，艾德·格林又一针见血地指出，问题并不在老师身上，而是这个年轻人的态度值得商榷。他说："我和我太太结婚已经40年了，可是每次她嘟起嘴巴要我吻她时，我明知是什么滋味，却仍然乐此不疲。"

知识是人生成功的重要动力。我们学习知识，至关重要的是首先应当树立起想要学习的学习态度，这是因为人有了想要学习的念头，才能不断地通过主动学习而获得新知识并充实自己的生命。英国哲学家培根说过："求知可以作为消遣，可以作为装饰，也可以增长才干。当你孤独寂寞时，阅读可以消遣。当你高谈阔论时，知识可供装饰。当你处理事情时，正确运用知识意味着力量。懂得事物因果的人是幸福的。有实际经验的人虽然能够办理个别性的事务，但若要综观整体，运筹全局，却唯有掌握知识方能办到。""读史使人明智，读诗使人聪慧，演算使人精密，哲理使人深刻，伦理学使人有修养，逻辑修辞使人善辩。总之，'知识能塑造人的性格'。"[2]

---

[1] （美）拉尔夫·瓦尔多·爱默生. 自立·成功·勇气. 王颖冲，程悦，译. 武汉：湖北长江出版集团长江文艺出版社，2009：107，111，112.

[2] 崔海涛，郑观洲. 人生经典. 济南：山东人民出版社，1997：379，380.

3. 要有接受批评的雅量

在人面对什么会产生恐惧方面，作为个体的人一般会有 6 种基本恐惧：一是害怕贫穷；二是害怕别人对自己的批评；三是害怕得病；四是害怕被爱人抛弃；五是害怕年老体衰；六是害怕死亡。要是你能没有这六大恐惧中的某些或者全部，那么你将获得财富。

在现实生活中，我们总会在不同时候，在不经意间遇到各种对自己不满和反面评价的声音，例如当我们求职或者面临失业时，往往会碰到这样的际遇：不是招聘者声称要求应聘者经验丰富，就是当权者认为你已没有了在当下可以利用的价值……凡此种种，他们此时需要的总是那些个别的、非常出色的人才；但是，凡有着丰富经验的领导者都知道，那些出色的、特殊的人员并不一定能够保证一个团队占有绝对的获胜优势。在人类共同体中，出色的人毕竟只是少数，只有在团队里的每一个成员都有接受批评的胸怀，而且都能够接受他人的指示，愿意与他人合作、配合时，这个团队才可能成为一支真正坚强的队伍。

其实，我们每个人都应当有接受批评的雅量。无论你认为自己做得有多么好，都应当认真听取别人的意见。要知道，即使是最完美的工作也有值得改进的地方。如果你和同事的关系不是那么融洽，你的事业将会面临难以突破的"瓶颈"，这时你就应该认真地反省一下，是否有接受忠告与批评的雅量。

人为什么应有接受批评的雅量，它对于人的生命成长又有什么意义呢？从根本上说来，人如果有了能容纳他人批评的心胸和努力克服挫折的乐观态度，笑对人生，那么，这一"雅量"不仅会成为自己人生今后取得成功的宝贵财富，而且还可以成为克服损害自己身体健康因素的重要心理调节手段。无数人的生命成长经验表明，当人在遇到批评和遭遇挫折之后，能善于把自己的情感和精力转移到有益的活动中去，将不良的情绪导往比较崇高的方向，使其得到升华，这实际上是一种最为积极的保持身心健康的方法。"失之东隅，收之桑榆"，我们在批评与挫折面前，应当学会用理智的心态去总结和接受经验教训，矫正和驾驭自己的恶劣情绪，从挫折处爬起来，继续向前走向充满希望的生命未来。

4. 要长期保持内心的平衡

对于生活在当今这个物欲横流时代的许多年轻人来说，如何保持外在的压力与内心世界的平衡是一件很伤脑筋的事。其实，说难是难，说不难也就不难，只要你能做到"牢牢抓住，轻轻放手"，平衡也并非不可能。"牢牢抓住"，意味着你要尽全力去实现既定的目标，坚持不懈，不屈不挠；而"轻轻放手"，则告诫你时时刻刻以一种清醒的态度来观察自己的人生，该出手时就出手，该放手时就放手，而且要放得优雅自在。"牢牢抓住，轻轻放手"，这句看似简单的话却涵盖了获得成功的两个非常重要的层面：达到目标的成就感及平静生活的幸福感。对一个真正成功的人而言，这两者其实是缺一不可的。

　　我们生活中的压力可能并非来源于所陷入的生活困境，而是来源于我们对这些生活经历所采取的反应。你无法控制生活降临于你头上的打击，但你却能控制自己对待这一打击的态度。所以，在面临压力时，你一定要做到：不要让压力占据你的头脑。保持乐观是控制心理压力、保持心理平衡的关键，我们应将挫折视为鞭策我们前进的动力，不要养成消极的思考习惯，遇事要多往好处想。要洞察自己的心声，许多人对一些情境已形成条件反射，不假思索就做出反应。其实，我们应当多去聆听自己的心声，给自己留一点思考的时间，平心静气地想一想，努力在消极情绪中加入一些积极的思考。正如心理学家拿破仑·希尔所指出的："一个积极心态的人并不会否认消极因素的存在，他只是学会不让自己沉溺其中。积极心态要求你在一时一事中学会积极的思想，积极思想是一种思维模式，它使我们在面临恶劣的情形时仍能寻求最好的、最有利的结果。"[①]

5. 要有超越自我的勇气

　　人们常说："山外有山，人外有人。"是的，一个人若是将别人都视为敌人，那将是非常失败的人际关系选择，因为你永远都有比自己强大的敌人。其实，在你与别人竞争之前，必须学会先与自己竞争。努力去做，争取今天的我比昨天的我好，而明天的我将比今天的我更出色。做到了这一点，任何外在的敌人也就变得没那么可怕了。一个人贵在能不断地超越自我，否则，不管他曾有过多么辉煌的过去，都难逃沉沦或一败涂地的下场。例如，嘴里含着瓦斯管自杀身亡的日本著名作家、诺贝尔文学奖得主川端康成就是因为感到自己的文学生命走到了尽头，再也难以写出比以前更好的作品，因此而感到绝望。

　　我们每一个人都应该将生活当作是一次有益于生命发展的切身体验，唯有如此才会有新的发现，这样，属于自己的生命才能有新的活力，活着才不至于感到枯燥和厌倦。我们应当明白，人的出生虽然无法选择，却可以选择自己对待生命的态度！"篱菊数茎随上下，无心整理任他黄。后先不与时花竞，自吐霜中一段香。"其实，不管这个世界如何对待我们，我们只要吐出自己胸中的香气也就够了。

[①] （美）拿破仑·希尔. 积极心态的力量. 袁玲，译. 天津：天津社会科学出版社，2009：3.

6. 能够正视死亡的存在

人的生命,以生开始,以死结束,这是一个人们不愿谈起又不可回避的事实。作家鲁迅先生在《野草》里曾讲过这样一个故事:一人家里生了一个男孩,全家成员都无比高兴,满月的时候抱出来给客人们看。一个人说这孩子将来要发财,自然得到这家人的感谢;另一个人说这孩子将来要做官,当然很讨这家人的欢心;第三个人说这孩子将来会死的,于是他得到这家人的一顿暴打。说升官发财是没有根据的,说死亡却是必然的。然而,对于死亡来说,讲这样的事实却是最不受欢迎的。鲁迅所讲的这一例子告诉我们,在现实生活中,死亡是禁忌,人们会自觉不自觉地回避死亡的话题。就是在中国传统文化中,也是对死亡问题的论述闪烁其词,或如孔子所言:"不知生,焉知死",或如佛教把生死想象为生命轮回,以此来否定和回避死亡,或如道教希求通过炼丹求仙来达到长生不老。

对于死亡的回避会使人们感觉死亡是遥远的,至少对于青春年少的人来说是这样的。但是,对于死亡的回避非但不能真的回避死亡,而且可能忽略了人的生命存在的意义。人不知道生命的脆弱,不理会生与死的距离,也就不会太在意生命的价值。只有那些真正体验过濒死状态的人才容易珍惜生的时光。"死是对生命意义的最大威胁和挑战,因而是任何人生思考都不能绕过去的问题。"①既然不能绕过去,我们就必须面对。也许,通过对死亡的了解,会使人们更懂得珍惜人生,更知道生命的意义、责任和人性之美。这正如同哲学家周国平所说的那样:"一个人只要认真思考过死亡,不管是否获得使自己满意的结果,他都好像是把人生的边界勘察了一番,看到了人生的全景和限度。如此他就会形成一种豁达的胸怀,在沉浮人世的同时也能跳出来加以审视……死是个体的绝对毁灭,倘非自欺欺人,从中绝不可能发掘出正面的价值来。但是,思考死对于生却是有价值的,它使我能以超脱的态度对待人生一切遭际,其中包括作为生活事件的现实中的死。如此看来,对死的思考尽管徒劳,却并非没有意义。"②

著名学者梁实秋说过:"所谓生死,不了断亦自然了断,我们是无能为力。我们来到这世界,并未经我们同意,我们离开这个世界,也将不经我们同意。我们是被动的。"③尽管如此,美国死亡学的开拓者库布勒·罗斯关于死亡的见解很值得借鉴,"一般人认为死亡是一种威胁,其实死亡对于我们人类来说,乃是一种挑战。只是,我们如何面对死亡的挑战,克服惧死之

---

① 周国平. 人生哲思录. 上海:上海辞书出版社,2005:134.
② 周国平. 守望的距离. 太原:北岳文艺出版社,2004:60–62.
③ 梁实秋. 梁实秋散文:第1集. 北京:中国广播电视出版社,1989:354.

心，超越生死的对立，不但平生能'挚爱这美好的人生'，一旦面临死亡劫难，也照样能自然安然地'告别这美好的人生'呢"[1]?

二、生命的意义

在生命世界中，人都是自己在对生命真相一无所知的情况下降临到这个三维物质世界中的。当一个人初来到地球上时，只不过是一个赤裸裸的婴儿，死时亦是两手空空地离开这个世界。《圣经》为此而隐喻：人降临时手是合拢的，似乎在说："世界是我的。"离开世界时手是张开的，仿佛在说："瞧啊，我什么都没带走。"人生只有不可复返的一次事实使我们不得不向生命发出疑问：人，最宝贵的是生命，但是，人活着到底是为了什么呢？生命的意义何在？这的确是一个非常重要而且又难以回答的问题。

人的一生究竟为了怎样的意义而活着？难道我们出生就是为了吃、喝、睡觉，然后走向衰老和死亡吗？我们受到了良好的教育，找到工作，找到满意的配偶，然后生儿育女，周游世界，与朋友聚会，养育孙辈尽享天年；再后来，当我们老得不能再老的时候，我们死了，难道这样的人生就是有意义的人生吗？

人死了之后是不是万事皆空？死了之后是不是还有生活呢？生命还可以轮回吗？如果我们不知道生死之谜，那我们生活的意义何在？千百年来，人们无数次地问自己，也在问着别人。但是，直到今天，对人生意义的探讨仍然没有答案，这种探讨仍然没有停止，而且肯定还将会继续探讨下去。

如何理解生命的意义？我们说，人是生命的载体，人的价值就是生命的价值，因而，生命存在着，就有意义。这应是对生命存在意义的最简单认知。在现实世界中，由于人的生命存在意义不会先于生命历程而存在，决定了我们对生命意义的寻找应当到现实世界中去，而不是在人的仿佛自成一体封闭系统的内心世界中。这也就是说，寻找人的生命存在意义应当是具体的，而不是抽象的。只有这样，一个人才能真正体会到他自己存在的价值意义：例如，当一个人吃上一餐自己非常喜欢的食物时，会感觉很幸福；当他给自己的爸爸妈妈打个电话，跟他们聊天的时候，会感觉父母存在的幸福；当他给自己心爱的人买了件礼物，看到妻子为此而开心的时候，会感觉到这是一种幸福；当他通过自己的努力，为有求于自己的亲人、朋友、同学解决了一些问题的时候，会感觉到自己存在的价值和活得有意义，从而觉得幸福。其实，人的生命存在的意义就是来自于自己所经历的具体事件中，通过他自己的行动，能够使很多人感受到的有益其存在的价值。

---

[1] 傅伟勋. 死亡的尊严与生命的尊严. 北京：北京大学出版社，2006：153.

生命的意义因人而异，因时而异。一波浪涛打上礁石，海鸟惊逃，以为是一次谋杀；一波浪花扑上海滩，孩子欢喜，以为是大海开出了鲜花。不同的生命，对同一个现象会产生不同的感受，对于人类来说，还会发现其中蕴含的不同意义。所以，世界在不同人的心中是不尽相同的。再拿浪扑海滩来说吧，对于一般游客来说，海浪冲刷沙滩也许会带来喜悦，而对于经历过海啸的灾民而言，那海浪也许携带着惊悸与悲伤。所以，关于人生意义的"标准答案"是很难统一的，如何解决由于没有标准答案而带来的困惑、迷茫？最可行的办法也许就是靠你负责地对待自己，认真而智慧地品味自己经历过的生活，归根结底，要靠你自己的心灵思考和积极行动去感悟这个生命世界。

关于生命的意义，胡适先生有一段妙论："人生的意义全是个人自己寻出来的、造出来的：高尚、卑鄙、清贵、污浊、有用、无用……全靠自己的作为。生命本身不过是一件生物学事实，有什么意义可说？一个人与一只猫、一只狗，有什么分别？人生的意义不在于何以有生，而在于自己怎样生活。你若情愿把这六尺之躯葬送在白昼做梦之上，那就是你这一生的意义。你若发奋振作起来，决心去寻求生命的意义，去创造自己生命的意义，那么，你活一日便有一日意义，做一事便添一事的意义，生命无穷，生命的意义也就无穷了。总之，生命本没有意义，你要给他什么意义，他就有什么意义。与其终日冥想人生有何意义，不如试用此生做点有意义的事。"[①]

遵循教育家胡适的观点，我们不妨从以下几个方面来努力寻找生命的价值和意义：

（一）从平凡而真实的人生中寻找生命的价值和意义

这个世界找不到没有憧憬的人，每个人或大或小都有自己的愿望和理想，一个没有想象的人我们是无法想象的，只是有的人很幸运地实现梦想，得偿所愿，而有些人只能埋藏在记忆深处，让岁月尘封起来。每个人都渴望梦想成真的惊喜，可是这世界不可能人人都成功，但我们何必就非要享受成功而不享受过程呢。这世间人的活动，缺点虽多，但仍然是美好的。也许生活就是如此吧！有一对年迈夫妇，丈夫瘫痪在床，大小便失禁，生活不能自理。不幸晚年丧子，更是贫病交加，孤苦无依，可谓困难之极。70多岁的老奶奶仍然不屈不挠，靠捡些破铜烂铁和村民的微弱接济度过风烛残年，直至生命的最后，始终细心照料丈夫，不离不弃！这难道不是一种做人的成功吗？其实，生命的意义不可能由成功与不成功来表现，重要的是这平凡的生

---

① 胡适. 人生大策略：引言. 长沙：湖南文艺出版社，1989.

命本身；一个人的生命长短也并不是生命中最重要的，重要的是在有限生命的日子里找到自己努力的方向；我们的生命存在不应是为了在费尽心思的刮骨索取、争名夺利中蝇营狗苟度过。也许我们一生都将平平凡凡，但能够做到一生都平淡也是了不起的事情！其实，平凡本身就是一种伟大。

古希腊哲学家苏格拉底曾说过："生命中最有价值的事，莫过于生命本身了。"在生命旅程中，我们可能会遇到很多困苦坎坷，甚至在遭到无数次打击之后，我们对生命丧失了信心。但是，要记住，即使我们一无所有了，还拥有人生最珍贵的财富——生命。其实，生命若在，梦就会在。我们的生命应当活在真实中，这是人生的最高境界，也是永恒的境界。什么是真实？真就是不假、不虚伪；实就是实在、不做非分之想。换句话说：这是一种不撒谎、不做作、不违背良心，纯乎心性而行的境界。我们没有必要羡慕别人，没有必要自怨自艾，更没有必要矫揉造作地伪装自己，也许别人的幸福快乐只是一种虚伪的外表，而这虚伪不仅是一种负担，更是一种痛苦！放开了，你同样快乐。既然幸福只是一种生活的感受，那么生活就是一种真实的感受，只要我们向往明天的美好，热爱生活的点滴，珍惜今天的拥有，你将属于幸福，快乐永恒！这种生活，已经超越了意义，或者这意义自在其中！

（二）从爱自己和爱他人中寻找生命的价值和意义

人的生命价值不是用金钱，也不是用权势来衡量的。人的生命价值重要的在于生命对不同个体、群体、社会存在与发展的意义，这就是爱。爱是高尚的，从男女之间的纯真爱情，到人与人之间的相互关爱；从对家人的疼爱，到对他人的爱护；从对生活的热爱，到对国家人民的博爱，都是高尚的。爱亦是博大的，人不但要爱自己、爱生活，更重要的是爱他人、爱人民、爱国家。在现实的生命世界里，一个只爱自己、只顾自己的人，与其说是一种自私自利的狭隘主义，倒不如说其实没有真爱。只有具备了爱别人的博爱心灵，才能算得上高尚的灵魂。爱本身没有大小之分，只要是对他人、对人民、对国家的付出，无论多少都是同等伟大，所有献出灵魂的东西都是美丽可爱的，值得人们称颂。一个人若想得到真爱，首先要从自己做起，一个不懂善待自己，享受生活快乐的人又怎么懂得珍惜生活、享受生活，又怎能懂得善待别人。

其实，生命之爱总是平等的，也是相互的。生命给你一种回声，你送出什么它就送回什么，你播种什么就收获什么，你给予什么就得到什么。你想要别人成为你的朋友，首先你得是别人的朋友。心要靠心来交换，感情只有用感情来博取。知道一个小男孩的故事吗？有一个小男孩因一时气愤对母亲说："我恨你，我恨你……"山谷传来回音："我恨你，我恨你……"小孩很害怕，跑回家对母亲说，山谷里有个很坏的小孩说他恨他。母亲带他到山边并要他喊:"我爱你,我爱你……"小孩照母亲说的做了,这次他却发现,有一个很好的小孩在山谷里对他说:"我爱你,我爱你……"世界因为有了爱而变得美丽,生活因为有了爱变得精彩,用心去生活,全身心地去爱生活中的点点滴滴,生活会让你天天快乐。其实,人们有爱本身就是一种快乐,在平凡的生活中,只有懂得爱的人才能真正享受生活本身,才能领悟到生命存在的意义。

(三)从自我价值的实现和创造中寻找生命的价值和意义

人的价值的实现即是自我的实现,通俗地讲就是事业的归宿。对社会贡献自己的应有之力,这是每一个青年人都十分渴望的。那么,一个人怎样实现和创造自我的价值呢?一般说来,一个人有一种活法,每个人都有其独特的生活方式。但就根本上说,人的一生当中,许许多多的事情并非仅仅为了生存,"人吃饭是为了活着,但人活着不仅仅为了吃饭",生存只是一种手段,最终的目的是为了完成自己的理想,实现一种价值追求。

生命的价值不在于生命的长短。《庄子》上所说的朝菌不知晦朔,蟪蛄不知春秋,指的是生命很短暂;楚南冥灵,以五百岁为春,五百岁为秋,上古大椿,以八千岁为春,八千岁为秋,这种生命可以说是很长了,然而在整个时间系统之中,又何尝不是一刹那的过去?所以说生命的长短,不足以决定生命的价值大小。生命之价值,要看生命存在的意义如何。生命虽易过去,但有一点不灭,那就是以生命所换来永不磨灭的事业。古往今来,已死的生命不知有多少,但是立德立功立言的人却能名垂青史,虽在千百年以后,还是为人们所景仰崇拜;而那些追随流俗、一事无成的人,他的姓名及身影就不为后人所知,再经过几代,更如飘忽的云烟,一点痕迹也不曾留下。所以唯有事业,才是人生的成绩、人类的遗产。例如孔子虽死,他的伦理教训仍然存在;秦始皇虽死,他为中国立下的大一统规模仍然存在;拿破仑已死,他所确立的法典仍然存在。就此意义上说,人的生命虽然短暂,但以生命换来的事业,是不会磨灭的;其事业的精神,也永远会由后人去继承并发扬光大。诸葛亮在隆中时自比管乐;管乐生在数百年前遗留的事业精神,诸葛亮继承着去发扬光大;左宗棠平定新疆时以"新亮"自居,也就是隐然以诸葛亮自承。所以生命之易消逝,不足为忧;所忧者当是这有限的生命,能否换来无限光荣的事业。若是苟且偷生,闲居待死,就是活到九十或百岁,仍与人类社会无关。

在一家医院的同一间病房里住着两位相同的绝症患者,不同的是一个来自乡下农村,一个就生活在医院所在的城市。生活在医院所在城市的患者,每天都有亲朋好友来探望。家人时常宽慰说:"家里你就放心吧,还有我们呢。"朋友来探望时劝慰说:"现在你什么也别想,一门心思养病就行。"公司来人时开导说:"你放心,公司上的事,我们都替你安排好了。"……来自乡下农村的患者,只有一位小女孩儿守护着。他的妻子半个月才能来一趟,送些钱和衣物。妻子每次来,总是不停地说这说那,要丈夫为家里的事情拿主意:快要春种了,今年是种西瓜还是茄子?再过两天,他大叔就要嫁女了,你说送多少贺礼啊?女儿说要跟她表姐夫去大城市打工,我还没答应,这事要你拿主意……几个月后,生活在医院所在城市的那位患者,在亲人、朋友、同事一声声的宽慰中,感觉到了他们已不需要自己,渐渐地失去了战胜病魔的信心和勇气,于是在孤独寂寞中以及病魔的一点一点吞噬中死去。来自乡下农村的患者,在妻子大事小事都要定夺、拿主意的要求中,意识到自己的存在对家人的重要性,于是一种强烈的求生欲望使他奇迹般地活了下来。

其实,人的生命存在的最大价值在于被他人所需要,当你感到有人需要你的时候,你的生命就会有生存的动力。

(四) 从与他人相处中寻找生命的价值和意义

人活在世界上,总要与人交往。与他人相处是生活中不可缺少的东西。就此而言,生命虽然是以个体方式存在的,但一个人的生命不仅属于自己,也属于他人,属于自己的家庭。人总是要与他人发生联系的,在今天这个物质文明发达的社会,人与人之间表现出推心置腹的真诚交往与沟通显得尤其重要。然而,在人际交往上和与人沟通方面,现在有很多人都是不够成熟的。有的人我行我素,喜欢由着自己的性格来做事,遇到一些与自己性格不合的人,不会相让或者是不予理睬,也许这些人认为这叫作"有个性"。其实,由着性格做事,不管事情结果好坏的人是一种需要调整态度的人。因为,人应当支配性格,而不应当是性格支配人。曾有一句名言说的好:性格是可以操纵的,就看你是性格的主人还是性格的奴隶。由着性格做事的人,便是性格的奴隶!

在现实生活中,并不是每一个人都能与身边的人友好相处的。然而,也并不是每一个人都不能与身边的人友好地相处。有些人与身边的人结下了深厚的友谊;有些人与身边的人只是泛泛而交;有些人给人的感觉总是难以相处。那么,为什么会出现这些差异呢?对此,我们应该首先审视和反思一下自己的品行,再考虑别人的态度和不是。在现实生活里,我们每个人都会对身边的人的品行有着或多或少的看法或评论:例如,某某同学性格很好,愿意帮助别人;某某同学性格很开朗,跟他在一起就觉得高兴;某某同学很自私,什么事都好斤斤计较;某某同学不太通情达理,很难与其沟通;某某同学总是喜欢泼人家冷水,对人好说三道四;某某同学高傲,不愿搭理人;某某同学遇到一点小事就大吵大闹;等等。应当说,喜欢评论别人,也是人的一种天性，不然八卦新闻不会这么抢手。可是，我们在评论别人的时候，很少做到能站在别人的位置去客观地审视自己，因为要正确认识自己，对自己做一个客观评价是很难的，正所谓当局者迷，旁观者清。很多人并不知道自己的行为在无意中触犯了别人的利益，为什么？因为自己的很多不良行为是在成长中形成的一种习惯性行为。

要学会与人相处，就得时刻注意自己的品行，提高自身修养，凡事多站在别人的角度去看问题，多为别人着想，给别人多点帮助。这样，你才会感到来自生活的充实和活着的意义。

在一个漆黑的夜晚，一个僧人看见一个盲人提着灯笼走路，他很奇怪，就问道："你是盲人，为什么还要打灯笼走路呢？"这个盲人回答："我听别人说，每到晚上，人们都变成了和我一样的盲人，所以我打着灯笼出来。"僧人感叹道："你的心地多好呀！原来你是为了别人！"盲人回答道："不是，我为的是自己！"僧人更迷惑不解，问道："为什么呢？"盲人答道："你刚才过来有没有被人碰撞过？"僧人说："有呀！"盲人说："这就对了，我是盲人，什么也看不见，但我从来没有被人碰撞过。因为我的灯笼既为别人照亮，也让别人看到了我，这样，他们就不会因为看不见而碰到我了。"

点灯照亮别人也就照亮了自己，在生活中与人方便，其实就是与己方便；帮助了别人，也就是帮助了自己。由此，你才感受到了来自人的内心的一种生活亲切感：这样活着真好。

生命，其实是人生的一次不允许回头的旅行，你为此准备得充分，就不必在路程中为缺衣少物而担忧，可以轻松上路，阅尽人间春色和奇山异峰。其实，人的生命旅程中无所谓成功与失败，再说成败也没有统一的标准，重要的是生命的过程本身，何况这个生命过程总会大于整个结果，亦大于整个生命本身。这意味着对人的生命过程的重视其实等同于重视自己生命的质量。俗话说：有志不在年少，无志枉活百年。人只有当生命有质量的保证之时，才能超越时间的锁链，赋予自身生命存在的意义。

第三节
尊重与善待生命

生命是万物之本，有了生命，才有了奋斗与成功、希望与梦想。对每个人来说，生命只有一次，而且自己生命存在的时间不过是几十载，十分短暂。因此，对每个人来说，对待生命的首要原则就是尊重和珍爱生命，维护生命的尊严和存在。

在英国，有一个高尔夫球冠军得了一大笔奖金，他领完奖后走向停车场时，遇到了一个女人。女人向冠军诉说自己的不幸：她的小孩子得了重病，眼看就快死掉了，需要一大笔钱去医院。冠军把自己的奖金全部给了女人。

后来，冠军的朋友告诉他说："你上当了，那个女人是附近著名的骗子，她根本没有孩子，她骗了你的钱。"

冠军听后回答说："你的意思是说根本没有一个小孩子快病死了？哈哈！这是我今天听到最高兴的事了。"

从冠军的话里，我们感受到，任何时候，人的生命都是第一位的，必须得到应有的尊重与善待。

一、尊重生命

（一）尊重生命的含义与根据

尊重生命包括尊重人的生命和对非人的生命给予一定程度的尊重。这是环境伦理学（生态伦理学）诞生后，承担论证和宣传尊重非人的生命和非生命任务的过程中提出的一个重要的生态伦理命题，也是人类社会发展进步的必然要求。在环境伦理学语境中，尊重生命就是指尊重人的生命形式，并且主要是指尊重每一个个体的生物学意义上的生命存在和生存利益。

作为有思想的人类为什么要尊重生命呢？因为生命是令人敬畏的。

尊重生命作为一种世俗社会普遍存在的朴素的道德观念，源远流长。对此，在原始宗教、之后世界上兴起的三大宗教、部族习俗、传统道德中都有尊重生命、关爱生命、敬畏生命的道德内容或训诫。

人为什么要尊重生命呢？在人类的传统宗教意识中，对其回答的依据主要出自神性的理念。因为，人是至上神的创造物，敬神就必须爱人，由此必须尊重人的生命。例如，在基督教里，上帝创造了万事万物，也创造了人类的始祖——亚当和夏娃，所以人的生命属于上帝，人若敬畏上帝，也就必须敬畏人的生命。在中国，宗教从来没有成为我们中华民族精神的统治力量，但是历史上流传的女娲造人神话之说同样在向我们说明，我们的生命具有神圣性，是应当敬畏的。

我国儒学以直觉的方式很好地解释了为什么要尊重生命。孔子认为，"己所不欲，勿施于人"，既然自己不愿意使自己的生命受到伤害，那么天下一理，依此同心，也就不应去伤害其他人的生命。孟子认为尊重生命是人的本能使然;"恻隐之心,人皆有之",当一个人看到别人处在病痛、流血、生命遭受摧残时,自己也会本能地感到痛苦,于是人的同情之心、好生之德就会油然而生。在西方社会,自从以康德为代表的思想家提出要把道德全部建基于纯粹理性之上,使之成为一种实践理性之后,伦理学就开始从合理性上找寻其尊重生命的根据。例如,著名的敬畏生命的伦理学者阿尔贝特·施韦泽就认为,生命是神秘和具有无限性的力量,而且生命之间存在着普遍联系。他说:"生命之谜是不可论证的。所有知识最终都是关于生命的知识,所有认识都是对于生命之谜的惊异——对具有无限、常新构造的生命的敬畏。一些生命产生了,存在着,消失了,这一切是什么?在别的生存中不断地翻新的、消失、产生、永不间断,从无限到无限?我们能够做一切事情,我们也会一事无成,因为我们的智慧不能创造活的东西,只能生产死的东西!"①

面对生命领域,人的存在不是孤立的,它有赖于其他生命和整个世界的和谐。人类应该意识到,任何生命都有价值,我们和它不可分割。原始的伦理产生于人类与其前辈和后裔的天然关系。然而,只要人一成为有思想的生命,他的"亲属"范围就扩大了。有思想的人体验到必须像敬畏自己的生命意志一样敬畏所有的生命意志,他在自己的生命中体验到其他生命。"我只能敬畏所有生命,我只能与所有生命共同感受:这是所有道德的基础和开端……善,归根结底是对我们称之为生命的神秘的基本敬畏,是对所有生命现象的敬畏,无论它是最微小的,还是最宏大的。"②

如果总结近现代社会有关生命研究的伦理思想史,人们对于尊重生命的理性认识根据主要有三点:

1. 人是目的,不是手段,所以必须尊重生命

这是典型的义务论基本理念,它是由西方义务论的最主要代表人物康德论证完成的。康德认为:"人,一般说来,每个有理性的东西,都自在地作为目的而实存着,他不单纯是这个或那个意志所随意使用的工具。在他的一切行为中,不论对于自己还是对其他有理性的东西,任何时候都必须被当作目的。"③ 这也就是说,人类一切的思想和所有行为都是为了追求自身的幸

---

① (法)阿尔贝特·施韦泽. 对生命的敬畏:阿尔贝特·施韦泽自述. 陈泽环,译. 上海:上海人民出版社,2007:157.

② (法)阿尔贝特·施韦泽. 对生命的敬畏:阿尔贝特·施韦泽自述. 陈泽环,译. 上海:上海人民出版社,2007:158-159.

③ (德)康德. 道德形而上学原理. 苗力田,译. 上海:上海人民出版社,2005:47.

福，因而人本身就成为目的。由此看来，人类所创造的所有物质财富、艺术、科技、教育乃至国家和政府，最终也不过都是服务于人的手段。正是基于这个理由，我们才毫不犹豫地肯定，买卖人体器官、收费代孕等行为是把原本是高贵的、作为目的的生命或其一部分当成了获利的手段，因而是不正当的。诸如今天在我国社会存在的不法者把矿工的生命当儿戏、拐卖妇女儿童以及损害食品消费者的生命健康等，都是对尊重生命原则的公然亵渎和挑衅。

2. 人是一切事物价值中最高的价值，所以必须尊重生命

这是典型的功利论的基本理念。人世间有各种不同事物的价值存在，当这些不同的事物价值发生冲突时应如何取舍？现实生活中的每个人都有自己的利益，当个人利益与他人、集体、国家、民族甚至人类的利益发生冲突时，应当如何选择与平衡？当不同利益和价值发生冲突而又不能两全时，功利论者主张通过算计价值、权衡利害，从中取向于那种能使最大多数人获得最大幸福的道德抉择。因为人的生命是实现人生幸福和其他一切价值的首要前提。对于个体而言，失去生命等于失去整个世界。生命一旦失去不可复得。因此，功利论者在价值比较时无疑赋予生命以最高价值。人之生命有最高价值，没有等价物可与之相比照，所以说，生命是无价的。例如，在当下，我国政府为什么在坚决反对生殖性克隆的同时，赞同和支持治疗性克隆？就是因为我们认为后者是以牺牲早期人胚（14天前的细胞团）为代价，去赢得挽救无数患者生命的治疗方法。得失相权，这种取舍更能体现出对人的生命的尊重。

3. 尊重生命具有最大的普遍性，所以必须尊重生命

尊重生命具有最大的普遍性，所以必须尊重生命，这是对伦理原则的可行性考察得出的结论。综观古今中外的历史，我们不难发现一种现象，那就是不同文化群体的价值观念虽然存在着差异，甚至在某些方面存在着根本性差异，但只要不是反人类的文化（如各种邪教），无一例外地都认同对生命的尊重和关怀的最大价值选择意义。因为，人人都希望自己的生命不要受到伤害，都希望别人尊重自己的生命和健康。这样的期望何以保障？只有靠每一个人都能够推己及人，尊重他人的生命来实现，就像康德所说的那样："要只按照你同时认为也能成为普遍规律的准则去行动。"[1]尊重生命的普遍性还有另外一层含义：我们不能期望所有人都能做到毫不利己、专门利人，甚至牺牲自己的生命来保全他人的生命，因为那是高层次、高境界的道德要

---

[1] （德）康德. 道德形而上学原理. 苗力田，译. 上海：上海人民出版社，2005：39.

求。但我们可以要求所有人都尊重他人的生命，如果没有正当理由，绝不能去伤害他人的生命。这是底线道德，也是最有普世意义的道德。不伤害他人是人们应该"不作恶"的道德义务，牺牲自己的生命来保全他人的生命是人们应该"行善"的道德义务。不过，行善和不作恶之间仍然有一些规范性的差别：前者是一个积极义务，而后者是一个消极义务。不作恶是一个完全的义务，也就是说，在任何情况下我们都要尽可能履行的义务。而行善则是一个不完全的义务，也就是说，我们对他人的生命的保全依赖于我们的能力、处境和意图，因此是有选择性的。但是，这个区分并不意味着行善不是一个义务——它只不过不是一个强制性的义务。在有些情形中，我们有义务对他人行善，例如，如果我们有能力，我们就应该保护他人的生命，避免伤害落到他人的头上，消除将会对他人生命造成伤害的条件，救助处于危险之中的人等。

上述3个理由相互补充、相辅相成，构成对尊重生命原则强有力的支撑，使之成为毋庸置疑的现代性生命伦理精神。

（二）尊重生命的内容

尊重生命，从最广泛的意义上讲，不仅是尊重人的生命，而且应该尊重包括其他动物和植物在内的一切生命。

我们这里主要讲狭义的尊重生命，包括尊重自己的生命和尊重别人的生命。

1. 尊重自己的生命

一般说来，尊重自我生命应是尊重生命的起点，这其中的道理十分简单，一个人如果连自己的生命都不懂得尊重，何谈去尊重别人的生命；一个人连自己都不爱，何谈去爱别人。

苏东坡和他的朋友章惇到深山旅行，走到深不见底的峡谷前，上面有一座危桥，章惇建议到对岸去题字做纪念。苏东坡拒绝了，但是章惇冒着生命危险走过桥，在对面的峭壁上写了几个字："苏轼、章惇到此一游。"然后若无其事地走回来。苏东坡拍拍朋友的背说："有一天你会杀人。"章惇回问："为什么？"苏东坡答道："对自己生命不在乎的人，也就会杀人。"而章惇后来的表现正如苏东坡所说的，做了许多迫害他人的事。

那么，我们应当如何做到尊重自己的生命呢？

（1）不做轻易损害自我生命健康的事。2008年，一场突如其来的汶川大地震，山崩地裂，夺走了多少花甲之年的安享，纯真无邪的笑声，风华正茂的风采，嗷嗷待哺的希望；多少幸福美满的家庭毁于一旦，多少人落下残疾，多少生命在不知不觉中永远消逝。想起他们，我们没有理由不珍视自己的生命。然而，珍惜生命这个道理说起来似乎简单，其实真正做到也不是那么容易的事情。这或许是我们对于拥有生命这件事情年轻时没有认真思考过，我们因为习惯了自我生命的存在而不在意和不珍惜，以至于平时可能会做出很多损害自己生命的事情，但是直到最后严重结果暴露出来的时候，才追悔莫及。例如，有很多科学家、企业家英年早逝，人们在总结他们的死因时，往往就归结于他们的生活无度，过于疲劳，使自己的身体长期处于亚健康状态并长期积累的结果。如果他们早知道自己会有没到丧失生命的年龄而丧失生命的结局，相信他们绝不会拿自己的生命开玩笑。谁不愿多享受一些人间的烟火呢，为此谁又不会对自己的生活方式有所约束和节制，实现生命的自觉呢。

在现实的社会生活中，还有许多青年人好拿自己的生命开玩笑，例如在马路上经常出现的飙车族，他们明知这种行为很危险，也要为一时逞能而拿命赌博，结果往往导致自己终生残废，甚至毁人生命。有些青年人在人际交往中，往往性格好冲动和具有攻击性，遇事不能细思量，结果是常因自己的鲁莽而发生过失性伤害，如此等等，这些都是不尊重自我生命的表现。其实，倘若只要认真想一想，我们能尊重自己的生命，推己及人，自然也会意识到别人生命的可贵，从而像尊重自己的生命一样去尊重别人的生命。人生有很多可追求的价值，比如成功、财富等，追求这些东西无可非议。但是，应当记住，你的生命比那些东西重要得多，没有了生命，那些东西都是空的。

（2）应对自己的生命存在和人生负责。人的一生不过百年，却需要承担许多责任，例如作为一个家庭的成员，子女要对父母负责任，父母要对子女负责任；作为社会的成员，每个人都要对社会负责，因为人的存在实质，就生活在一个责任担当的世界中，如果没有了这种责任担当，这个属人的世界也就不存在了。

在人生所需要承担的各种责任中，最根本的是一个人要对自己的人生负责任。一个人只有一次人生，如果你死了，没有任何人能够代替你再活一次，如果你的一生虚度了，没有任何人能真正安慰你，那时候说什么都没有用了。你对自己人生的责任，没有任何人能替你分担。所以，每个人都应该对自己的人生有最严肃的责任心，它实际上是一个人在世界上所承担的其他一切责任的根源。如果一个人对自己的人生都不负责，怎么过都无所谓，这样的人怎么可能会对其他人的事真正负起责任来呢？相反，如果一个人对自己的人生有强烈的责任心，那么他对自己该做什么事或不该做什么事一定会有严肃的考虑，对于自认为应该做的事情，就一定会负起责任来，如果觉得不该做，就会明确地拒绝。所以，对自己的生命负责任其实就是对自己生命的最大尊重。

担起生命的责任，就是履行神圣的使命，即使付出千百倍的代价，耗费所有心血，也无愧圣洁的信念。担起生命的责任，也就是坚守做人的理念，需要有大山一般沉重的步履，需要有"贵贱不相逾"的忠贞和惨淡经营的苦心孤诣。是生命的责任使我们步履匆匆，让我们扬起人生的风帆，撑起支持社会的脊梁。生命便在这责任中折射出应有的光辉，人之情操高下也在生命发展的瞬间泾渭分明。

（3）努力追求精神上享受自我生命的过程。在这个属人的世界里，凡是大自然赋予人的自然需要都可说是无罪的，我们都有获得、享有和满足的权利。文化大师林语堂说过："如果我们所有的只是这个尘世的人生，那么我们必须趁人生还未消失的时候，更尽情地享受它。如果我们有种永生的渺茫希望，我们便不能尽情领略这尘世生活的乐趣……我们相信做人不免一死，相信生命终究会像烛光那样地熄灭了：我以为这种信念，这种感觉，是很好的。它使我们清醒；它使我们有点悲哀；它也使我们当中许多人感到一种诗意。可是还有一点最为重要：它使我们能够立下决心，设法去过着一种合理的、真实的生活，始终感觉到我们自己的缺点。它也使我们获得平安，因为一个人预备接受最恶劣的遭遇，心中才能够获得真平安。"[1]

善待生命，健康成长，这是生命追求破茧成蝶的过程，而不仅仅是守候翩翩起舞的美丽；是流星划过天空后的辉煌，而不是星际中闪烁的浪漫。作为具有精神追求的人，我们在享受生命的时候，不应该只停留在满足于吃喝等生理性欲望的层次上，而是应有更高的精神追求。我们应当经常倾听一下自己的生命在说什么，它的真正的需要是什么，我们处于怎样的状态才是它感到最适宜的状态。

处在当今物欲横流的环境里，一个常见的现象就是人们纷纷把生命用于追求物质层面的东西，然后又来消费这些物质层面的东西，这其实是在较低层次上使用生命和浪费生命，甚至可说是在糟蹋人的生命，而绝不是在作为人的生命位置上真正地享受人的生命。苏联有本小说叫《活着，并要记住》，书中的主人公是一个从反法西斯侵略前线偷逃回家的怕死鬼，虽然他躲开了枪林弹雨的战场而活了下来，然而却有家不敢归，有亲人不能见，只得孤独地在荒野树丛中过着茹毛饮血的非人生活，甚至与狼群为伍去袭击集

---

[1] 林语堂. 生活的艺术. 合肥：安徽文艺出版社，1988：136.

体农庄的牛犊。此时的他虽然活着，但在人们的心中却早已"死"了。当他的妻子为他羞愧得投入江中时，他也只能眼睁睁地望着自己的妻子沉没水底，不敢出面去抢救，此时此刻，他双膝跪地，仰天长叹："我为什么这样地活着啊！我哪里还像一个人！"

许多哲人都指出人的生命中对物的需要是十分有限的，道家就十分强调"全性保真"、"不失性命之情"、"不以物累形"，他们所说的话难道不值得我们当代人认真思量吗？

2. 尊重他人的生命

我们理解尊重生命，当然不只是指尊重自己的生命，还要包括尊重他人的生命。我们知道，人的生命只有一次，爱惜自己的生命，这可以说是本能。但是，在生命领域，人不只有这种按照英国生物学家达尔文所说的"自我保存"本能，人还有另一种本能，那就是同情别人的生命，同情一切生命的"延续族群"本能。人如果只有前一种自保本能，没有后一种延续族群的本能，那可想而知，人类作为一个物种将不会存在。事实上，在人生的本能中，中国和西方的哲学家都非常重视这个延续族群的本能，认为它是人性中固有的因素，是人区别于动物的起点，而且把人先天就有的这种本能上升为人的同情心并看作是人性道德存在的基础。

尊重别人的生命，在中国的哲学家那里，就相当于儒家大师孔子所说的"己所不欲，勿施于人"，也就是"恕"，或者说是一种积极的"己欲立而立人，己欲达而达人"的"仁慈"道德，也就是"仁"。"仁慈"是从肯定的方面来规定人的行为的，就是你应该做什么。你不能损人，这是正义，但这还不够，看见那些正在受苦的人，那些弱者，你仅仅不去损害他当然就不够了，这个时候他需要你的帮助，所以你还应该去帮助他。你认为好的东西，你也要让别人享受到。简单地讲，正义就是不损人，仁慈就是助人。关于仁慈与同情心，用孟子的话说就叫恻隐之心、不忍人之心。他说同情心是人皆有之的，如果没有，就不是人。这同情心就是"仁之端"，即道德的开端，道德的萌芽，道德是从这里发展出来的。孟子曾举过一个例子，你看见一个小孩在井边玩，快掉下去了，你会着急。那么，你为什么会着急呢？是因为你和这个小孩有亲戚关系吗？当然，如果有亲戚关系，甚至是你自己的孩子，你会更着急。但是，没有亲戚关系你也会着急，因为你能推己及人，在看到小孩处在危险情境的那一瞬间，你仿佛感觉到了自己如果掉下井里是什么滋味。因此，人的同情本能或者说是人的恻隐之心实际上是以生命本能，也就是利己本能为基础的，在这个基础上将心比心，推己及人，才产生了同情之心。

关于人所具有的同情别人的本能，作为西方经济学家又是道德学者的亚当·斯密坚持同样的看法，他认为同情心是人类道德的基础，人类社会由同情可产生正义和仁慈两种基本道德，而其中表现为消极的道德，就是正义，为什么把正义称作消极的道德呢？因为，它是从否定的角度来规定人的行为的，它讲的是人不能做什么，就是你觉得对你有害的事情，你也不能对别人做，你不能对别人做坏事，不能损害别人的利益。这样看来，人有两种本能：一种是生命本能，爱自己的生命，对自己生命有利的东西，就喜欢，就想得到；对自己生命有害的东西，就厌恶，就想避开，这就是所谓的趋利避害。就这个意义而言，可以说利己（"利己"与"自私"是有严格的区分的）是人的本性。人的另一种本能是同情本能，就是看见别人的生命有了危险，遭到了威胁或损害，会设身处地去感受，也会觉得不好受。所以，一个人要能够对别人有同情心，就必须具备两个条件：第一，要有健全的生命本能，对自己的生命有一种珍惜之心，爱自己的生命。第二，要能够推己及人，由爱自己的生命而体会到别人也是爱他自己的生命的，这样才能够对别人的生命怀有一种同情之心。世上有一种人，对自己的生命倒是极为爱惜，但是不能推己及人，不能去体会别人也爱自己的生命的心情，这样的人因为少了同情心，对别人的生命会漠不关心。

二、善待生命

（一）善待生命的含义

人来到世界上是偶然的，而走向死亡是必然的。谁都知道生命是最宝贵的，但世上又很少有人真正懂得善待生命的价值与意义。特别是在我国当今社会，在市场经济大潮的冲击下，物欲横流，人心浮躁，拜金主义、个人主义盛行。面对激烈的竞争、快速多变的生活节奏、复杂的人际关系等所带来的巨大压力，使得我们的生活每天总是在忙碌中匆匆度过，人们有时会像一只没头的苍蝇嗡嗡地围着生活乱转，什么都想不起来，以致忘记了自我生命的本真是什么。拥有生命却不懂得善待生命，这是人生的悖论。其实，如果有时能静下心来认真想一想"我还活着，这是多么幸福的事啊！"想着"我该做点什么有益的事，才不辜负这美丽的生命？"或许我们对生命的理解就会进入一个新的层次。爱默生说："有用的仅仅是生命，而并非已经生活过了。"[1]金钱、荣誉、权力很重要，我们都喜欢得到；亲情、友情、爱情很珍

---

[1] （美）拉尔夫·瓦尔多·爱默生. 自助. 龙婧，译. 西安：陕西师范大学出版社，2010：292.

贵，我们都希望拥有；立德、立言、立功是我们祖先梦想的荣耀，我们希冀能够达到。但这一切的前提，是我们要拥有生命。然而，生命是柔弱的，随时都有可能折断，这就需要我们小心呵护，使其坚韧；生命是短暂的，转瞬即逝，需要我们倍加珍惜，延伸每一天的长度；生命是单向度的持续，一旦中断不可逆转，需要我们精心看护，增添其厚度。这就是善待生命。

（二）善待生命的理由

1. 生命存在是人的价值存在之本

生命世界中一个最简单的事实是，每个人只有一条生命。在无限的时空中，再也不会有同样的机会，让所有因素都恰好组合在一起，来产生某一个特定的个体了。生命只有一次，意味着个体一旦失去生命，就无法活第二次。同时，生命又是人生其他一切价值的前提，没有了生命，其他一切都无从谈起。由此，我们可以得出一个当然的结论：对于每一个人来说，生命是最珍贵的。对于自己的生命，我们应当知道珍惜。在享受生命的时刻，我们应当放下浮躁的情绪、怨天尤人的心态和摒弃占有物质的欲望。因为，放下欲望和追逐，抛弃了一切杂念，才能拥有健康积极的心态，才能感到活着的幸福与快乐。

2. 生命是一切价值的承担者

没有生命，人的一切将不复存在。在人的现实生活中，什么东西最为重要？金钱、财富、名誉、地位等，这一切的一切，其实并不最为重要。这些东西都不具有本体之意义，而最为重要的是人的生命。生命，只有生命，才是个人生活之本体，才是社会发展之本体。只有人的生命才能衍生出人类社会、个体的经济生活以及人的欲望与需求。如果没有生命，世界上有什么东西会有意义呢？我们的经济生活又如何发生？正是在这个意义上说，生命是人存在和发展的前提，生命是社会经济得以发展之前提。逝去了生命，又怎么可能去言说爱情的美好、自由的可贵呢？没有了生命，一切愿望都将成为梦中的幻影。没有了生命，生命的价值与意义就无从谈起。因此，我们要善待生命。

（三）善待生命的内容

1. 善待生命，首先要善待自己的生命

人生在世，如白驹过隙。秋风中飘落的黄叶，在它们经历了春的萌发、夏的旺盛，却走向了归根的季节，然后在冬的泥泞中，结成了坚硬的壳，守护着曾经有过的美丽，以等待新一年的绿意从容。可是人的生命却不能这样，失去再回来。朱自清先生曾说过："燕子去了，有再来的时候；杨柳枯了，有再青的时候；桃花谢了，有再开的时候。但是，聪明的你，告诉我，

我们的日子为什么一去不复返呢？"是啊！落叶可以重获新生，但人生的四季却是在希望与失望中穿梭，却不能像落叶那样等待绿意，不能周而复始。生命对于任何人来说都只有一次，是一个人独有的最宝贵的资源。没有了生命，一切存在都成了一句空话。

那么，面对这一次机会，我们该如何善待生命呢？

（1）爱护自己的生命之本，须防"过劳死"。"过劳死"是日本人提出来的一种死亡名称，所指的就是有些人因为平时承担了太大的压力，又没有适当的方式去释放和宣泄，以至于这种疲劳持续累计到人的生理极限后就突然崩溃了。

在这个地球上，面对亘古流转、生生不息的自然界，人其实是很渺小的，生命是很脆弱的。人在健康时往往不会体会到生病的痛苦、死亡的可怕，于是就不停地摧残身体、挥霍生命、透支精力。以至于只有到了站不起来的那一刹那，才会痛心疾首地后悔自己没有善待自己的革命本钱。俗话说："留得青山在，不怕没柴烧。"身体是人生活的本钱，所以应当通过劳逸结合、动静结合获得平衡和维系健康。

（2）要适当地调整和补充体力和精力。要善待自己的生命，并不是要华屋豪车、锦衣玉食，也不是要养尊处优，更不是要饱食终日、无所事事。而是适时地静下心来想一想，感觉和权衡一下当前的体力和精力是处在怎样的一种状态，是否要进行适当地调整和补充，以便为后续的工作储备好能持续的精力和动力，以利再战，而不至于将精力耗尽，出现"竭泽而渔"的状态。就此而言，我们不应对自己的身体太冷落、苛刻和吝啬，在生活上要学会调理，在饮食上要学会调剂，起居要有一定的规律。至于功名利禄，亦不应看得太重。《红楼梦》里有这样一句话："纵有千年铁门槛，终须一个土馒头。"与人的生命相比，财富不过是身外之物，是生不带来、死不带去的东西。

（3）为向亲人负责而善待自己的生命。在我们自己的生命成长过程中，亲人曾为我们付出许多。尤其是我们的父母，我们所以来到世上，是因为有了他们的付出。因此，我们没有任何理由不善待他们。善待我们的亲人，尤其是我们的父母。其中，所应做到努力之一就是善待我们自己的生命，就像《孝经》中所告诫我们的："身体发肤，受之父母，不敢毁伤，孝之始也。"因此，一个人健康地活着，不但是为自己更好地工作储备条件，同时也为亲人朋友带来安慰、带来欢乐。当然，善待自己的生命并不是说要大家在任何时候任何条件下都贪生怕死，以屈膝来求生。例如，在战争年代，人们为了崇高的理想和信仰，可以抛头颅、洒热血；在和平年代，当人民的生命财产处于危难关头，可以挺身而出，义无反顾，这些为他人、为民族的利益而产生的舍生取义行为都是值得称道和赞颂的。

2. 生活中做到善待别人的生命

我们每个人的生活都跟我们所生活的社会环境产生着必然的联系，也就是说个体离不开别人和社会群体。我们离不开社会的各个方面，不可能脱离群体而独自生存。因此，善待自己的生命，总是与善待别人的生命联系在一起。在现实生活中，无论达官贵人还是平民百姓，在生命的天平上都具有同等的价值。探究轰动一时的"马加爵杀人事件"的原因，不难带给我们这样的启示：马加爵曾经因为没有鞋子而待在宿舍一个星期没有去上课，直到拿到了困难救济金才买了鞋子去教室学习，为什么没有别人借鞋子给他呢？因为同学之间的相处中没有相互善待的意识。很多同学只能够善待自己，却忘记或者根本就不能善待别人，当然更没有意识到善待别人就是善待自己。在马加爵事件中的一个幸存者，就是那位马加爵想杀而最后没杀的第5位同学。因为，他曾经请马加爵吃过一餐饭。就是这一餐饭挽救了一条生命，也激发了马加爵的内心的一点儿良知。这一血淋淋的惨案，似乎从反面向我们昭示一个颠扑不破的真理：善待别人的生命，就是善待自己的生命！

其实，人与人的生命个体之间本没有高低贵贱之分。我们每一个人不过是这茫茫人海中的沧海一粟！然而，正是我们每一个人的存在，才组成了这个灿烂的世界。由此，每个人生命的存在都具有了被尊重和善待的意义——我们的身边没有了别人，也就等于没有了自己；我们希望别人怎样对待自己，自己就应该怎样对待别人；因为伤害别人等于伤害自己，作践别人等于作践自己。

我们有必要去反思一下我们自己的言行举止，要意识到并不是所有的杀戮都是刺刀见红，并不是所有的死亡都是当场毙命。舌头可以杀人，笔头可以杀人，甚至唾沫，甚至冷眼，甚至麻木，甚至一个歹念，甚至一个玩忽职守都可杀人！面对一个个非正常死亡的现象，每个活着的人，都要想一想：我有没有尽到相关的责任？能否保证以后在我的身边再也不会发生这样的事？我们不要等待生命已经消亡，才开始追究凶手是谁！不要轻易去否定或忽略一个人。因为，任何一个生命都有别人不可超越的价值和特质。一个人对于整个世界虽然无足轻重，但对于他自己来说，就是整个世界。剥夺他人的生命，就是在毁灭他人的世界！毁灭了他人的世界，你最终也将遭到毁灭！这正如同农村电视剧《刘老根》片头曲所唱的那样："脚踏黑土地，头顶一片天，一撇一捺念个人，活在天地间。人间有正道，岁月有更迁，不图英明留千古，只求无悔过百年。"

确实如此，人与人之间的关系是有机联系在一起的。因为，组成"人"的那一撇一捺，一半是自己，一半是他人。芸芸众生的世界，其实就是你与他人组成的世界。因此，我们在善待自己生命的同时，一定要记得善待他人的生命。

一、资料库

测测你的生命质量。

下面是一组问题，请回答"是"、"基本是"或"不是"，并根据评分标准来评定你的生命质量。

①生活不能自理。
②生活正常，能承担较为辛苦的劳动。
③在最近一段时间因为身体不适而卧床休息了几天。
④心情不好，感到焦虑、紧张，甚至压抑、忧郁和消沉。
⑤精神愉快，觉得生活满足，无远虑无近忧。
⑥对于突发事件的打击能承受得住，能控制自己的情绪。
⑦记忆清楚、思维敏捷，不会犯常识性的错误。
⑧与亲戚朋友往来密切，善于人际交往。
⑨在工作中能较好地处理同事间关系，善于团结人。
⑩由于健康不佳或工作中的困难而不能坚持工作。

评分标准：

	1	2	3	4	5	6	7	8	9	10
是	-100	65	-10	-5	15	5	5	8	4	-3
基本是	-40	50	-5	-2	8	3	-1	-3	2	-2
不是	0	0	0	-1	0	-100	-4	-6	-4	3

80分以上：生命质量佳。你的身心俱佳，保持下去，应该会长寿的。

50~80分：生命质量良好。面对生活中的绝大部分磨难时，你都能应付得了，但这并不意味着你"无坚不摧"。在今后的生活中，你要做的是继续提高生命质量。

少于50分：生命质量较差。你不仅身体状况较差，在家庭生活、社会关系、精神状况上也不同程度地出现了问题。立刻着手改变这种糟糕的境遇吧，别再犹豫了。

二、思考与讨论

（一）一封信，一个问题

1931年7月15日，美国哲学家威尔·杜兰特向世界各国100位名人发出一封信。在这些人中,有哲学家、心理学家、教育家、科学家、艺术家、文学家、政治家,有圣人、囚犯、诺贝尔奖得主、大学教授、演员、宗教人士。信的内容如下:①

恕我冒昧打断一下您的工作,请您陪我玩一下哲学游戏。我在努力面对一个问题,这个问题我们这个时代的人比任何时代的人问得多,但是我们却回答不了:人类生命的意义或价值是什么?到目前为止主要是理论家们在探讨这个问题……

天文学家说,人间万象只不过是恒星轨迹的一瞬;地质学家说,文明无非是冰川世纪之间风雨飘摇的插曲;生物学家说,所有生命都是战争,是个体、群体、国家、联盟和种群之间为了生存而进行的斗争;历史学家告诉我们,所谓的进步是一种假象,其辉煌稍纵即逝;心理学家说,意志和自我无非是遗传和环境操纵的工具,一度被认为不朽的灵魂无非大脑瞬间的亮光。

工业革命毁掉了我们的家园;避孕手段的发明毁掉了我们的家庭、传统和道德,也许将毁掉整个人类(通过降低聪明人的生育能力)。爱情被解析成身体器官的充血现象;婚姻只不过生理上一时的便利,比淫乱稍微好一点。民主堕落为腐败,倒退到古罗马的麦洛时代。天下大同的青春梦想远离我们而去,因为日复一日,我们看到的只是人们无止境的贪婪。所谓的发明,都是让强者更强,让弱者更弱。每一种新的机械都是要取代人类,要让战争可怕无数倍。

上帝曾经是我们短暂生命中的慰藉,是我们失去亲人和患难时的避难所,现在却显然消失得无影无踪了,用望远镜远望,用显微镜放大,都是徒劳无益的,它就是不知去了哪里。生命成了什么?用那种被称为哲学的整体视角来看,生命成了地球上一波又一波的人形昆虫……

于是,我们得出结论,人类历史最大的错误就是发现了"真理"或"真知"。所谓真知并没有让我们获得真正的自由,它把我们从虚幻(这里主要指宗教——本书编者注)中解放出来,但虚幻曾经抚慰过我们的心灵,它解除了我们身上所受的限制,而这些限制曾保全了我们。所谓的真知并没有让我们获得幸福,因为真知是不美丽的,不值得我们满腔热情地去追求。看着我们所发现的真知,我们禁不住开始怀疑:我们为什么这么劳顿,急匆匆地要找到它。真知的发现,让我们不再具有生存的理由,我们只能得到瞬间的欢愉和对来日的一点点希望。

这是科学和哲学带我们走的路。我年复一年地研究哲学,现在回过头来

---

① (美)威尔·杜兰特. 论生命的意义. 褚东伟,译. 南昌:江西人民出版社,2009:8-10.

要关注人生本身。我要请教您的是，您是既生活又思想的人，我想您定能为我指点迷津。也许，与只是思考生命的人比起来，实践生命的人有更大的发言权。希望您能于百忙之中拨冗赐教：对于您来说，生命有什么意义？是什么支撑了您的人生？宗教信仰对您有什么帮助（如果有）？是什么支持了您的人生？您的灵感与力量的源泉是什么？您的努力有什么目标或动力？您在哪里可以找到慰藉和快乐？最后一个问题，您的财富在哪里？

盼望着您的回信，长短悉听尊便。您的每个字对我来说都是非常宝贵的。

请仔细思量思量，认真写一封回信，可视作你送给将来自己生命的礼物。

（二）《钉子》的故事

有一个坏脾气的男孩，他父亲给了他一袋钉子。父亲告诉孩子，每当他发脾气的时候就钉一颗钉子在后院的围栏上。第一天，这个男孩钉下了37颗钉子。慢慢地，每天钉下的数量减少了，他发现控制自己的脾气要比钉下那些钉子容易。于是，有一天，这个男孩再也不会失去耐性而乱发脾气。孩子告诉父亲这件事情。父亲又说，现在开始每当他能控制自己脾气的时候，就拔出一颗钉子。一天天过去了，最后男孩告诉他的父亲，他终于把所有钉子给拔出来了。

父亲握着他的手，来到后院说："你做得很好，我的好孩子，但是看看那些围栏上的洞。这些围栏将永远不能回复到从前的样子。你生气的时候说的话就像这些钉子一样留下疤痕。如果你拿刀子捅了别人一刀，不管你说了多少次对不起，那个伤口将永远存在。话语的伤痛就像真实的伤痛一样令人无法承受。"

你从这个故事中得到了什么启示？

（三）读不尽的史怀泽

史怀泽是20世纪人道主义的巨擘，他的名字几乎已成了"人类爱"的代名词，像他这样在生前即普受尊崇，去世后仍活在人们心中的伟人，举世并不多见。

阿尔贝特·史怀泽（Albert Schweitzer，1875—1965，又译施韦泽）是当代具有广泛影响的思想家。他创立的以"敬畏生命"为核心的生命伦理学是当今世界和平运动、环保运动的重要思想资源。1992年，他的代表作《敬畏生命》中译本问世，其生平与思想开始为中国读者所知。他的诺贝尔和平奖演讲《我的呼吁》被收入高一语文课本。与此同时，海外出版了他的多种传记及著作汉译。2003年12月，上海社会科学院出版社将《敬畏生命——五十年来的基本论述》（陈泽环译）重新出版。2004年1月，中国社会科学出版社出版了台湾作家钟肇政编译的《史怀泽传》，这使我们再一次沉浸于史怀泽的博大胸怀和神奇经历之中。

1875年，史怀泽诞生于德、法边界阿尔萨斯省的小城凯泽尔贝格。特殊的地理环境使他精通德、法两种语言，他先后获得哲学和神学2个博士学位，在每一个领域内都获得了许多人一生也无法企及的巨大成就。他还是著名的管风琴演奏家和巴赫音乐研究专家。然而在1904年，当他30岁的时候，在哲学、神学和音乐方面已经拥有巨大声望的他听到刚果缺少医生的呼吁，毅然宣布转而学医，并将去非洲行医。这一决定遭到了所有亲友的反对，何况从30岁开始从头学医，显然不是一件容易的事情，这是一个此前他一无所知的领域。但是，经过8年的艰苦学习，史怀泽终于获得了医学博士学位。刚刚领到学位证书，他就和妻子一起出发，于1913年10月15日抵达加蓬。

那时候，加蓬还没有独立。在法国殖民统治下的中部非洲，几乎就是人间地狱，赤痢、麻风、昏睡病、日晒症等各种流行疾病疯狂肆虐。然而，最难对付的强敌却是土著人对病痛的错误观念，以及慵懒、偷窃和浪费的习性。史怀泽拿出自己所有的财产，夜以继日地医治他们的身体，关怀他们的灵魂。他自己身兼建筑师、工人、会计、采购等所有的职务，不断扩大的医院成为当地土著人的天堂。第二次世界大战中，史怀泽夫妇因为德国人的身份而被拘禁，还被关入法国俘虏营，他们也因此感染赤痢和日晒症。很长一段时间，他们饱受病痛的折磨，也经常面临饥荒和资金短缺。然而，这一切困苦都没有动摇他在非洲丛林中坚持下去的决心。

在这蛮荒之地，史怀泽不但行医救人，也弹奏巴赫的音乐，读歌德的诗，写《文明的哲学》。他领悟出敬畏生命的真理，并把其范围扩展到一切动物和植物。他认为不仅对人的生命，而且对一切生物和动物的生命，都必须保持敬畏的态度。"善是保持生命、促进生命，使可发展的生命实现其最高的价值，恶则是毁灭生命、伤害生命，压制生命的发展。这是必然的、普遍的、绝对的伦理原则。"（《敬畏生命》）只涉及人对人关系的伦理学是不完整的，从而也不可能具有充分的伦理动能。只有当人类认为所有生命，包括人的生命和一切生物的生命都是神圣的时候，他才是伦理的。

为什么要敬畏一切生命？史怀泽指出，对一切生命负责的根本理由是对自己负责，如果没有对所有生命的尊重，人对自己的尊重也是没有保障的。任何生命都有自己的价值和存在的权利，谁习惯于把随便哪种生命看作没有价值的，他就会陷于认为人的生命也是没有价值的危险之中。对非人的生命的蔑视最终会导致对人自身的蔑视，世界大战的接连出现就是明证。

敬畏一切生命是美好的理念。但人的存在是现实的，人不可能对一切生命都同等对待。为了人的生存，人常常要消灭一些生命。是否应区分生命的价值序列呢？史怀泽的回答是否定的，他说："敬畏生命的伦理否认高级和低级的、富有价值和缺少价值的生命之间的区分。"在生活中，人们会不由自主地依据与人的关系确定不同生命的价值，这种区分尺度完全是主观的。依据这一思路，我们必然会得出这样的结论：存在着没有价值的生命，压迫以至完全毁灭某些生命是被允许的。史怀泽提出，依据这种理论，在一定条件下，一只昆虫和一个原始部落可能都被看作是没有价值的。然而在非洲，面对铺天盖地的蚂蚁和蚊子，人类出于生存需要必须要消灭一些生命。史怀泽认为，尽管这不可避免，但人必须有"自责"的意识。如果人类认为自己有权利毁灭别的生命，他总有一天会走到毁灭与自己类似的生命或自我毁灭的地步。这种"自责"是对"敬畏一切生命"原则的妥协，同时是一种自觉。对生命尊重的根本目的，是培养人的道德本性，这是人类完善的出发点。

细读史怀泽的一生，任谁都不能不被他的崇高心灵所感动。他无私的爱的光辉，遍及非洲土著居民和一切其他生命。从史怀泽诞生，一直到他在非洲行医长达半世纪之久后溘然长逝的经过，他那种浩然正气贯彻始终的毅力和无私的爱，均值得作为我们一生的榜样去追求。

三、建议阅读书目

①查理·琼斯. 生命是一个奇迹. 张玉娇，等，译. 南昌：江西人民出版社，2005.

②弗兰克尔. 追寻生命的意义. 何忠强，杨凤池，译. 北京：新华出版社，2003.

③（法）阿尔贝特·施韦泽. 对生命的敬畏：阿尔贝特·施韦泽自述. 陈泽环，译. 上海：上海人民出版社，2007.

④（美）威尔·杜兰特. 论生命的意义. 褚东伟，译. 南昌：江西人民出版社，2009.

⑤周殿富. 生命美学的诉说. 北京：人民文学出版社，2004.

⑥管桦，若木. 生命开关. 北京：当代世界出版社，2007.

第二章

长 成 自 我

内容提要：

● 人的生命的力量就是成长的力量，人的物质生活方式决定了人首先是一个物质的生命有机体，生命活动首先就是一种自然的生理活动。

● 人所具有的自我意识把人的生命活动同动物的本能活动区别开来，具有超越动物生命的更高目的与意义。

● 在一切对人的成长所产生的不利影响中，心理不健康的伤害最大，例如糟糕和恶劣的情绪、有偏见及抑郁的心理、长期沉重的精神负担等。

● 我们的思想对身体有着令人难以置信的影响。实现自我的健康成长，最好的医生就是自己，身心双修则是通向健康与幸福生活的重要途径。

1991年11月1日，美国爱荷华大学校园发生了一起令世人震惊的事件：中国公派留学生卢刚在枪杀了中国留学生山林华和4位美国教授后自杀。卢刚从小聪明过人，学习上一帆风顺，出国前是北京大学物理系的高材生。在美国，卢刚与比他晚来两年的山林华同学的学业成绩都非常优秀。只不过山林华的博士论文备受学术界赞誉，为此毕业后还被系里留下来做博士后研究，并且因研究成果丰硕，能按照研究员的职位拿薪水。而卢刚没有那么幸运，博士毕业后，因工作无着落而在生活上陷入困难境地。卢刚杀人又自杀的事件发生后，调查结果表明他本人的感情没有错乱，也无酗酒、吸毒的习惯，整个事件都是经过精心策划而发生。心理分析结果得出的结论是，卢刚之所以选择这样的偏激行为，不是因为他的科学知识多寡，主要与他本人的性格有关。接触过他的人都反映，他嫉妒心强且刚愎自用，凡事多想到的是阴暗面，孤僻和不合群，对人充满敌意，情绪不稳定，时而埋头研究，时而放浪形骸。最终，是他扭曲的世界观和狭隘的人生观害了他自己，也害了那些枪口下丧生的无辜的人。

在生命领域，成长是每一生命个体的自然过程和不可推卸的责任。作为生命而存在的人，需要对自己的生命负责，需要以自己的在世生活证明自己的存在，需要以自己的成长证明自己的生命性、自己做人的尊严与生为其人的高贵。在这个世界上，问谁能对你的成长负责，说起来还是自己。由于每一个生命所具有的唯一性与独特性,决定了其生命长成自我的责任是不可放弃的,同时也是其他任何人所不能替代的。

毫无疑问,人的一生成长与发展离不开社会环境。但作为有思想的人,如何促进生命健康成长又总与本人的自我价值取向选择及情感倾向有关。个体的自我生命活动,其实正是人类生命活动的特质体现。由此说,生命的自我活动虽然是一个非常复杂的系统,但其根本体现的是人的生理活动和心理活动的统一。

大学生活是大学生生命活动成长过程中的一个重要阶段。在这一成长过程中,只有具有健康的体魄、完整而正常的人格,才能成长为一个真正的自我。

第一节
生命自我身心活动的统一

真实的人,就是一个个活着的生命存在。但是,人不仅仅是一个生命存在,因为,动物也有生命。人的生命能够真正区别于动物的地方就是人具有自我意识,是自我的生存方式决定了人是一个独特的生命有机体。

一、自我意识是人类生命活动的特质

依照现代生物社会学的观点,生命作为活的有机体,其最重要的特征就是:生命个体能与周围其他存在物区别开来,进而形成自在的凝聚中心,能够主动地同影响自己生存的环境进行物质与能量的交换,进而促进和实现生命的自我生长和自我增值。这是生命作为"活性"的基本表现。人之所以能够发展成为人,其所改变的也恰恰就在这一点上:此时人作为生命体的存在,已不再去直接依赖环境为人提供现成的生存资料,而是依靠自己的智慧和劳动,主动地适应和改造环境,由自己的活动创造出自己需要的生活资料。这样,人就等同于把人的生命的适应性活动变成了创造性活动,不仅赋予生命以独立的"自我"地位,还使人的生命活动变成了能够进行自我支配的具有明确的目的性活动,从而在自身活动的范围内获得了发展自由。

人的这种生命活动的独特性可以通过与动物生命活动的比较中体现出来。

动物的生命活动既没有自我意识的存在,也没有自己从事活动的目的。

动物一生奔波忙碌，只是出自本能而保持自我生命，进而延续种族生命，除此之外，不会再有别的目的。我们常常看到这样的景象：有些动物几乎整天都在忙着为吃奔走，而一旦吃饱了，就会不再进食，而是东瞅瞅西望望，伸伸懒腰打打哈欠地打发日子了。剩下的一件大事就是到发情的时候去完成它们传宗接代的任务。可以说，动物从不会考虑"我是什么"的问题，也不会去追问自己生活有什么意义的问题。对动物来说，它们在本质上并不属于它们自己，而是属于它们的"生命"。它们行动的一切都是由生命的本能——为大自然中生命进化的规律所支配的。

对人而言，人由于通过创造性的活动赋予了自身的自我发展能力，这就使人不仅仅是一个生物学意义上的生命存在物，人所具有的自我意识活动使人的生命活动本身具有了超越动物生命的更高目的的意义追求。此时，动物只是人的生命的奴仆，人成了驾驭、支配、主宰自己生命活动的那个"目的主体"。对此，马克思曾经说过，"动物和自己的生命活动是直接同一的"，只有人才能把自己的生命活动区别开来，"使自己的生命活动本身变成自己意志的和自己意识的对象"①。从这一点说，是人通过有意识的生命活动把自身同动物的生命活动直接区别并使自身成为高级生命的物种。

人在生命中的"自我"意识只有在一定的社会关系中才能得到规定。在日常生活中，人们都能感受到自己就是我。但是，正像一首歌中所唱的那样："你从哪里来？我的朋友，好像一只蝴蝶飞到我的窗口。"我们常常发出疑问："我是谁"、"我在哪里存在"、"自我究竟是什么"这些其实都是具有自我意识的人对自我意识的困惑，而且是一个在现实生活中不好回答的哲学和心理学问题。

由此而言，自我意识是构成人类生命活动特质的重要方面：

首先，自我在哲学和心理学层面上其实就是"自我意识"。自我意识是人格结构的核心，是人的心理区别于动物心理的重要标志。就此意义上说，我们不得不认为16世纪法国哲学家笛卡儿说出了作为人的一个伟大真理："我思故我在。"

何谓自我意识？自我意识是指人作为生命个体对自己各方面的认识。这里的"我"，可以被理解为体现在各种形象并贯彻始终的那个同一性的东西，即"我"意识到自己是自身而不是他人。与人相比，我们说动物是没有自我意识的，只有人才具有自我意识。例如，新生婴儿生长到一定阶段说出了"我"，实际上表明他已意识到自己是"人"了。但是，这只是一种理想化了的自我的初步形态。这里的自"我"被人捕捉到了，但它还只是一

---

① 马克思．1844年经济学哲学手稿．北京：人民出版社，2000：57．

种抽象的存在,而现实生活中表现出来的"自我"则是多样性的,各人对自"我"的回答也会各不相同。例如,具有儒学传统观念的人说:我是父之子,夫之妻,兄之弟;献身于共产主义事业的共产党人说:我是共产党员、革命战士;自由主义者说:我是人;坚持民族主义倾向的人说:我是某一民族的人;从事某种职业的人亦会强调说:我是教授、工人、律师。显然,关于自我,人们的认识并不相同,甚至可说是众口纷纭,不一而足。

实际上,人的自我只有在一定的社会关系中才能得到体现和把握,自我其实是我自己对于我在社会群体中的地位、作用以及自己与和他人相互关系的认识。马克思说:"人是一切社会关系的总和。"这说明离开了社会关系,自我就成了抽象的东西,成了一个令人无法把握的哲学概念范畴。"凡是有某种关系存在的地方,这种关系都是为我而存在的;动物不对什么东西发生'关系',而且根本没有'关系';对于动物来说,它对他物的关系不是作为关系存在的。"[①]由于动物不存在社会关系,所以它不可能有"自我"。

在现实的社会生活中,每个人都是复杂社会关系的一个成员。在特定的场合扮演特定的社会角色,这个社会角色其实就是人的生命自我的表现。比如说:在家庭中,我是父母的孩子,哥哥的弟弟;在学校中,我是老师的学生;在公共汽车上,我是乘客;在商店里,我是顾客……成年后,有了工作,或者成为一名教师,或者是记者,或者是领导干部;等等。"我"可以说是通过"你"和"他"而存在的。对于这种认识,早在先秦时代的孔子就明确地分析过:"鸟兽不可与同群,吾非斯人之徒与谁与?"(《论语·微子》)这里的斯人之徒,指的是和我共在的他人或群体,"与"则是一种关系。对孔子来说,人与人之间建立的彼此之间的社会关系,构成了人的自我存在的一种基本境遇。西方学者布伯(M. Buber)在其所著的《我与你》一书中,曾认真地区分"我—你"和"我—它"两种不同的关系。他认为"我—你"的关系具有相互性、直接性、开放性;"我"只有通过与"你"的关系而成为"我"。著名的法国哲学家列维纳斯(E. Levinas)则认为,他人对我来说是一种无法回避的存在,他人的存在对我而言就是一种命令。当他人注视我时,我便被置于对他人的责任关系中;正是在对他人的责任中,自我的主体性得到了确证。

1920年,一名传教士辛格来到印度的勾达姆里村。一天,他在被人驱散的狼群中发现2个怪物:身子和人一样,头上的毛发蓬乱,披散到肩头和胸前。辛格将这2个"怪物"带回村里,细加观察,原来是2个裸体的女孩,大的8岁左右,小的4岁左右。这就是"狼孩"。据辛格讲,这2个孩

---

① 马克思. 德意志意识形态. 北京:人民出版社,2003:25.

子刚回到人类社会之初,像狼一样舔食东西,吞食生肉;用四肢爬行,喜暗怕光;她们那目光锐利刺人的眼睛,黑暗中能像狼似的闪闪发光;她们在热天时像狗般地张大嘴巴喘气,借以散热降温;不管给她们穿上什么衣服,都被扔掉或者撕碎;她们不会说人话,仅在夜阑人静后,不时发出阵阵长嗥。

这里,我们有必要思考一下,"狼孩"是人吗?他们能否称为人?如果答案是否定的,那么,他们为什么不能称为人呢?

上述案例表明,由于"狼孩"长期脱离了人类正常的社会生活,在没有社会关系的自然环境中与动物生长在一起,结果是不可能产生人的自我意识的,以至于在回到人类社会之初,其行为动作和心理特征还处于动物的水平上。由于"狼孩"不具有人生命活动特有的"自我",所以,即使这个"怪物"具有人的生物性的身体,但从严格的意义上说,不能称为真正的人。同理,我们常常认为新生婴儿、不可逆晕迷者、非间歇性精神病患者等,在哲学和社会学层面上也不能称为真正意义上的"人",因为他们都不能意识到自己的生命活动。只有具有自我意识,人才成为独立的行为主体,才必须对他的行为负责,为其行为承担法律责任和道德责任。在这一点上,人之初,并无所谓善也无所谓恶,善恶等道德评判是针对于具有自我意识能力基础上的道德责任能力的人而言的。新生婴儿还不具备自我意识,没有道德意识能力,何来之善恶,他们的任何行为都可以说属于"不知者无罪"的范畴。

有无自我意识是区分人与动物的标尺,然而,作为个体的自我意识不是与生俱来的,而是人在成长的不同阶段,在社会交往过程中,随着语言和思维的发展,在后天成长过程中逐渐形成的。

其实,人认识和了解自己是一个比较困难的过程。西方神话中的人面狮身的怪物斯芬克斯每天给过往行人所出的难题[①]所给予人们的暗示就是:自知最难。因为,一般说来,一个真正认识了自己的人,是应该具有斩断"悲剧"命运、自己掌握自己命运的能力的人。然而,俄狄浦斯后来杀父娶母的悲剧表明,生理上处于青年时代的俄狄浦斯,其心理(理智或理性)是并不成熟的,他并没有真正地"认识自己"。对于今天的我们来说,古希腊时期矗立在德尔菲阿波罗神庙入口处石碑上镌刻着的神谕"人们啊,认识你自己"几个大字仍然是横亘在当代人类面前的一个严峻课题。

---

① 斯芬克斯是希腊神话中一个长着狮子躯干、女人头面的有翼怪兽。它时常坐在忒拜城附近的悬崖上,向过路人出一个谜语:"什么动物早晨用四条腿走路,中午用两条腿走路,晚上用三条腿走路?"如果路人猜不出,就被害死。年轻的俄狄浦斯路过时猜中了这个谜底就是人。为此,斯芬克斯羞恼地跳崖而死。

自我意识是隐藏在个体内心深处的心理结构，是个体意识发展的高级阶段，由于它是人格中最为重要的自我调控体系，决定了其走向成熟有一个发展的过程。美国心理学家威廉·詹姆斯认为，人的自我意识发展需要经历3个阶段，即躯体我、社会我和精神我。最先，人通过认同自己的身体知道了自己的存在，此为躯体我；而后，人通过与他人交往，从他人对自己的反应中以及自己在进入社会的角色中，体会社会我；然后，人从生活的得失经验以及心理发展中，逐渐形成精神我，支配自己的一切意识行动。

　　实际上，人的生命的成长，也就等于自我意识的成长。我们说长成自我，实际的含义也正是在等于说，我们的人生，应当顺利经历生理自我、社会自我和心理自我3个发展和认知阶段而走向成熟的自我意识。其中，在生理自我阶段，作为生命降生的初期，婴儿并没有自我意识，不能意识到自己与外界的区别。只是到了3岁左右，幼儿才开始出现一定的羞耻感和疑虑感，出现了对于我的占有欲并把自己的想法和情感投射到外界事物上去。到了社会自我阶段，即从3岁以后，个体进入社会学习角色时期，个人对自己在社会关系中的角色意识主要受到他们的父母及其家人的看法和影响。进入心理自我阶段，个人的自我意识通过分化、矛盾、统一而趋于成熟。

　　什么是良好的自我意识？具有良好自我意识的人应该是一个自我肯定、自我统合的人；是一个自我认识、自我体验、自我调控协调一致的人；是一个独立的，同时又与外界保持协调的人。对于大学生来说，在经历过大一的"呐喊"（不知道自己"不知道"）；大二的"彷徨"（知道了自己"不知道"）；大三的"伤逝"（不知道自己的"知道"）；大四的"朝花夕拾"（知道了自己仅仅"知道"）的4年之后，应当逐步形成良好的自我意识并争取做最好的自己。

　　形成自我意识的社会认同标准：

①接受自己的生理状况与生活环境，不自怨自艾；

②对自己的心理素质有较清晰的评估，能知道自己的长处和短处；

③对自己所处的家庭、学校等环境有较清晰的认识，能正确估价自己的社会角色；

④对自己的经历与需求有较为正确的评价和认识；

⑤对我应成为一个什么样的人的发展有较明确的目标并积极地付诸行动；

⑥对自己的情绪有较为清楚的认识，明白自己的能力极限。

二、生命活动的生理特性

对于生命成长问题与意义的研究，哲学史上各种各样的唯心主义哲学家们喜欢从设想中的抽象的"人"或"人性"出发来研究，马克思主义则是从现实的人或人的现实存在出发来研究。依马克思的认识观点看，人直接就是自然存在物，而且是"有生命的自然存在物"，所以，研究人及其历史的第一个前提"无疑是有生命的个人的存在"，"第一个需要确认的事实就是这些个人的肉体组织以及由此产生的个人对其他自然的关系"[①]。也就是说，我们需要确认的是：人首先是一个生命机体，生命活动首先就是一种自然的生理活动。

从生理解剖学来看，人的生命是一个非常复杂而高度精密的有机整体。其最简单、最基本的结构和功能单位是细胞，人体大约由600万亿个细胞所组成；形态结构和机制大致相似的细胞和细胞间质结合在一起，形成人体的各种组织；多种组织结合在一起，构成了人体的各种器官；各器官的功能都是由构成该器官的各种细胞的特性决定的。例如，肌肉的收缩功能、腺体的分泌功能是由肌细胞和腺细胞的生理学特性决定的。细胞的生理特性是由构成细胞的各个分子特别是生物分子的物理学和化学特性决定的。多个器官有机地结合在一起，构成了人体的各个系统。

系统是人体内最大或最高的功能结构单位，人的整个生命系统是由8个这样的子系统构成的，它们各有不同的组织结构以及具有不同的功能作用。其中，运动系统的主要功能是运动，人的各种行为、动作都是由它来完成的；循环系统的主要功能是完成人体内的物质运输，所以被称作人体内的交通运输系统；呼吸系统的功能是使体内与外界交换氧气和二氧化碳，以维持人的生命活动；消化系统的功能是完成人体对食物的消化、营养的吸收和糟粕的排除；泌尿系统的功能是完成泌尿、贮尿和排尿；生殖系统的功能主要是繁衍新的生命；内分泌系统的功能是对人的各种生理机能起重要的调节作用；神经系统由中枢神经系统和周围神经系统结合而成，它是人体的通讯网络，使人体各部分联系成为一个完整的统一体，接受各种信息刺激，并协调人体各部分的活动，对各种刺激做出反应。

人体的这8个子系统分工协作，使人的整个生命系统不断地与外界自然进行物质、能量和信息的交换活动，以保证人的生命系统本身的生存平衡和发展活力。

---

① 马克思. 德意志意识形态. 北京：人民出版社，2003：11.

三、生命活动的心理特性

人的生命活动也是一种心理活动。人脑是人的心理活动的物质基础，而心理活动的内容来源于社会实践。人的心理活动形式是人类长期进化发展的产物，最终取决于社会实践活动。

（一）心理是人脑的机能

在生活实践中，过去人们认为，人的心理活动来自于人的心脏，所以特别强调"心则官则思"。可是后来发现，脑的外伤会导致人的心理反常甚至丧失知觉；生来脑部就患疾病的人，没有也不可能有正常的心理，由此逐渐意识到，人的心理活动在脑不在心。人脑其实是心理的器官，心理是人脑的机能。现代医学研究的结果表明，人脑是人体神经系统中最重要的部分，人脑重量占全部中枢神经系统的98%，平均重量为1 400克。人脑的绝对重量和相对重量远远超出一般动物的脑。人脑可分为小脑、脑干和大脑。其中，大脑是脑和整个中枢神经系统的最高部位，是高级心理过程的中枢。大脑略呈卵圆形，分左右两个半球。大脑两半球的表面神经细胞层叫大脑皮层。外观大脑皮层有许多沟回，沟回之间隆起的部位叫作回，深凹下去的部分称作沟，大的沟则是裂。其中最明显的是大脑外侧裂、顶枕裂和中央沟。大脑左右两半球的表面划分为枕叶、顶叶、颞叶和额叶等。

根据苏联脑神经专家A. P. 鲁利亚的研究，可把人脑分为3个机能联合区。第一机能联合区由脑干网状结构和边缘系统组成，基本功能是保持大脑皮质的觉醒状态，使大脑皮质最终能够接受信息并主动调节人的行为。第二机能联合区位于大脑皮质的后部，即枕叶、顶叶和颞叶的部位。这些皮质从细胞构造和机能上又可分为3个不同的部位，即第一级皮质区、第二级皮质区和第三级皮质区，它们分别对于从外部环境到达人体的信息行使接受、加工和保存的机能。第三机能联合区在额叶，它也由3个部位组成，即按照皮质的不同层次分别形成第一级、第二级和第三级运动皮质区，其机能分别是：在第三级和第二级运动皮质区内形成运动的计划和纲领，然后由第一级运动皮质区将准备就绪的运动冲动发往外围。人的心理活动，特别是高级的心理活动，并不是在个别脑区而是在三大机能系统共同参与下实现的。对于正常的人来说，脑是作为一个完整的整体而起作用的。正如鲁利亚所说："只有考虑到脑的三种机能结构的相互作用，它们的协同活动以及每种结构在脑的反映活动中的特殊贡献，才可能正确地解决心理活动的脑机制问题。"①

与人脑的三个机能联合区相对应，人的心理也包含三个方面。首先，主要基于人脑的第一联合区，人具有一定的情感，根据情感的发展水平，可分为情绪和感情。情绪是人的情感发展的浅层或初级阶段，而人的高级情感或深层情感——感情，是在人的情绪反应的基础上经过升华而形成的。其次，基于人脑的第二机能联合区，人也具有一定的理智或认知。最后，基于人脑的第三机能联合区，人又具有意志。意志是人的心理结构中发展层次较高的一部分，它对人的行为起着直接的调控作用。

（二）社会实践是心理活动内容的源泉

人的全部心理活动内容主要来自于社会实践。社会生活、生产劳动、风俗习惯、文化传统、言语交往、人际关系等，是人的心理活动内容的主要源泉。世界各国自18世纪中叶以来先后发现过猴、熊、绵羊等哺育长大的孩子几十例。这些孩子虽然都是人的孩子，但是，他们在被发现时都没有人的心理和行为。例如，上述提及的由辛格所发现的印度"狼孩"，由于长期失去社会生活条件，"狼孩"失去了参加劳动和进行言语交往的机会，从而也就失去了获得人类知识经验的可能性。因此，尽管她是人的孩子，具备产生人的心理的物质前提——人脑。然而，她只是生活在自然环境里，生活在狼群里，所以，没有正常人的心理。

就本质上说，人总不能离开社会生活，也总是一定社会关系的产物，是一定的社会环境条件使人最终成为人。诸多社会案例表明，从小脱离人的社会生活条件的人，不仅不能形成人的心理，即使长大成人后，长期脱离人类社会生活也将使其原已形成的正常人的心理失常。据报道，抗日战争期间，日本帝国主义者曾经掠夺我国许多同胞到日本，其中有一个同胞名叫刘连仁。他因不堪日本矿主的奴役虐待，曾找机会逃往北海道深山，又因无法回国，只得过了13年茹毛饮血、穴居野人的生活。后来，当1958年他回到祖国时，听不懂人们说的话，自己也不会言谈，完全没有正常人的心理状态。

人的一切心理现象，从简单的感觉、知觉到复杂的想象、思维；从认识到情感、意志，都是人脑反映现实的形式。其中，想象、做梦看来似乎是超脱现实、远离实际的。然而，想象的形象、梦境，无论是天堂地狱或妖魔鬼

---

① （苏）A. A. 斯米尔诺夫，A. P. 鲁利亚. 心理学的自然科学基础. 北京：科学出版社，1984：94.

怪，无论多么离奇荒诞，按其内容和组成因素来说，都是现实社会生活中存在着的事物或现象。即使最荒诞的梦也是对现实的反映，只不过是对现实的歪曲的反映而已。不仅认识、情感和意志是人的反映形式，而且动机、兴趣、能力、性格也是对现实的反映。因为，这些特征正是在各自不同的生活条件影响下形成的，是依从于人们在其中进行活动的那些具体条件的。每个人所具有的各不相同的兴趣、能力和性格都是对他以往的特有的经历的反映。

人具有逻辑思维能力，能运用逻辑思维形式和规则进行思维活动。比如说：数学的定律、公式形式以及运算规则；逻辑的三大定律：同一律、矛盾律、排中律；辩证逻辑：事物的对立与统一、原因与结果、偶然性与必然性、本质与现象、从抽象到具体、从个别到一般等思维形式与范畴。这些东西都是人类实践活动的产物。例如，分析一下体现数学本质的所谓简单的"纯粹数学"，便可发现，它基本上是由两部分组成的。一部分是形式逻辑的矛盾律。另一部分是加（＋）、减（－）、等于（＝）、自然数等。这两部分其实都是人类社会原始劳动操作（实践）的反映。例如，加（＋）、减（－）、等于（＝）、"无穷"等，即来源于原始劳动操作的合、分、可逆、恒等、对称、进行的无限可能性等最基本的形式。

瑞士心理学家皮亚杰以儿童心理的大量实验做例证，认为逻辑和数学都只能从原始动作中来。为此，他区分出两种动作，指出所有这些协作形式在逻辑结构中有其相平行性，动作水平的这种协同动作就是以后思想中的逻辑结构的基础。一般来说，由感觉、知觉等感性阶段上升为普通的概念、判断等理性认识和思维结构，是人类独有的认识中的飞跃，是认识能动性的具体表现。这个飞跃也是以实践为基础的，通过语言符号在人类社会的集体中完成的。它们是人类集体从漫长的历史经验中抽取提升出来的。是人类历史实践的内化成果。从无意识的原形到有意识的符号，再到抽象的辩证观念，都只有建立在有着历史内容的实践基础上才能形成。

（三）"人造人"不属于人的范畴

由于生命自我活动是由非常复杂的生理活动和心理活动所构成，所以，它是动物所不能比拟的，也不是利用现代科学技术制造出来的任何机器人所能任意取代的。

在当代社会，随着人工智能与现代生物技术的发展，有些人提出了"人造人"的概念。"人造人"也就是人工制造人，就是不通过有性繁殖，而是应用技术手段产生人。奥地利科学家莫拉维奇对此曾提出了三点"人造人"的设想，里吉斯则进一步做了简要评介：其一，逐步用人造器官来取代人的各种器官。"假如你把人体内现有的器官更换为人造器官。当然，你需要小规模——如一个神经细胞一个神经细胞地进行。你最后得到的东西仍然会同样地运转，因为从定义来看，每一新部件应像被更换的部件一样动作，只不过它们是用铁、塑料或其他材料制成的。但你最终得到的仍然是人。"这就是说，即使一个人具有完全非生物性肌体也仍然是人。其二，"紧接着是设想从头开始重新制造人造人，也就是说，不是把正常的生物人拿过来，然后费力地逐个更换身体部件，而是使用零件直接制造。只要按照正确顺序把零件组装到一起，站在你面前的就将是一个人造人"。其三，"是使人造人具有正常人的头脑。具体做法是，把一个正常人大脑中储存的信息（包括思维、记忆等）读出来，然后一点点地把它输入人造人的脑袋里"①。

对于"人造人"是否能超过人或取代人在世界中的角色问题，首先是要弄清楚人是什么？上面已经论述到，人的生命自我活动是生理活动和心理活动的统一，或者说，人是体、理和情的统一体，即肉体、理智和感情的统一体。这三个方面缺少任何一个方面，都不是完整的人。人不仅具有鲜明的个性，而且每个人的智慧、感情都是别人不能完全取代的；每个人的精神属性和社会身份都是独一无二的。据报载，有的科学家已在做人脑移植试验，例如，把一个男青年的头颅移植到一个姑娘的躯体上。如果此事属实，那这个他或她肯定是个畸形的人。体与理、情分裂了，独一无二的身份也被破坏了。严格来说，这已不再是个正常的人，而只是一种动物。这意味着机器人或"人造人"只有人的形式逻辑能力。不可能有人的辩证思维能力，最根本的是，机器人或"人造人"不可能具备人的微妙而复杂的情感与意志。美国一部科幻片揭示了这样一个事实，即"人造人"由于缺乏情感，它不可能取代人。该片的故事情节是这样的。在 A 国国防部担任重要职务的杰克和该国情报部门的玛丽是一对情侣。某一国际集团为了窃取 A 国的情报以颠覆 A 国，运用高科技的手段制造了一个言行举止与玛丽完全一样的人，这个人造人"玛丽"利用情侣的身份多次从杰克那里取得了一些重要情报。杰克发现之后，展开了同假玛丽的斗争，片中揭示的关键之处就是杰克怎样辨认出真的玛丽。事实上几经周折，杰克最终通过接吻等最能表达情感的活动终于把自己真正的情侣识别出来，从中成功地揭穿了一起阴谋。

---

① 里吉斯.科学也疯狂.北京：中国对外翻译出版公司，1994：152.

从上面的例子中我们看到，人是躯体与大脑的统一，是体、理、情三者的统一。如果我们用技术的手段破坏了人的这些本质特征，那就是使人"非人化"。为此，对"非人化"可做出这样的总结：第一，人若失去了自己的躯体，就不再是人。因为，人是一种生物实体，人的精神必须要有物质载体，人必须有血肉之躯。第二，人若失去了自己的大脑，就不再是人。因为，人的理智、情感都存在于大脑之中；人失去了自己的大脑，就失去了自己的理智与情感。第三，能够用技术手段重复制造出来的，也不可能是人。人不是物质生产的某种产品，任何物质产品都不可能具有人所具有的独一无二的个性、不可重复性和不可完全取代性。

第二节 生理是人成长的力量

人的生命自我有个生成、成长的过程。关于这点，我国古代思想家孔子早就有了自己的认识。孔子说："吾十有五而志于学，三十而立，四十而不惑，五十而知天命，六十而耳顺，七十而从心所欲，不逾矩。"（《论语·为政》）在今天看来，虽然由于时代条件的限制，孔子不可能对生命的成长与发展提出一套完整的理论体系并把它建立在科学的基础上，但他对自己成长过程的描述却是合乎人的发展规律的。孔子所说的，"吾十有五而志于学"，其实就是指人必须接受教化、学习"做人"，然后才能成人；而"三十而立"，则表示人到了成年阶段，个体已占有人的类本质、获得了人的第二生命、能够主宰自己的本能生命，成长为完整的人。

青年学生年龄通常是15～25岁，正是由青年阶段过渡到成年阶段，其身体发育接近成人或达到成人水平；骨骼已全部骨化，肌力增强，大脑皮层结构已完全成熟，内分泌、性器官方面发育也完全成熟。也就是说，处于青年时期的人已经完成了自己本能生命的成长，开始赋予了自己真正的"人类生命"。

一、不可违背的本能

青春期是一个人成长发育的重要时期，青春期生理的发育和成熟是影响青年心理发展的重要因素，是青年心理发展的物质基础。从生理上看，青春期发育是一个人由儿童到成人的过渡时期,是人完成"本能生命"的最后的、也是最重要的一个阶段。因为,它决定了人一生的体格、体质和智力水平。青春期发育的生理变化更多地服从或重复人类遗传发展的规律,但是,青春期生理的发育并不是简单地直线上升,而是在各个个体之间存在着很大差异。产生差异的因素很多,重要的有遗传、环境、营养、疾病等因素,这在青少年成长过程中存在的加速现象以及生长的早熟和晚熟现象中都可以看到。

(一) 生理发育的第二高峰期

作为个体,人体的生长发育,从卵细胞受精开始到发育成人,大约需要经历20年的时间,这是一个呈波浪形和阶段性的连续而统一的过程。在这一整个发展过程中,有两个阶段处在高峰时期,第一个生长发育高峰时期是胎儿期至出生后第一年,第二个生长发育高峰时期就在青春期。在青春期的生理发育时期,个体身体内部各器官系统的发育速度并不是同步的。人体的发育系统分淋巴类、神经类、生殖类以及包括身高、体重、胸围等,它们发育的速度各不相同。神经类发育到12岁左右基本已经定形;淋巴类在7岁之后开始,但到20岁左右才基本定形;而生殖类直到12岁之后才开始迅猛地发育。因此,可以说,青春期最典型的生理变化是第二性征的出现,以性本能表现非常活跃为特征。

青春期发育的开始年龄、发育速度和程度,在不同的人口居住地区、生活条件以及两性之间存在着一定的差别,表现为发育群体的差异性。一般说来,生长在大城市环境下的青年比农村青年的发育要来得早而且快。近些年我国青少年的青春期发育又有普遍提前的现象。1989年,上海社科院青少年研究所曾对上海、北京、广州和武汉四个城市的3 000名在校中学生进行过专项调查。调查结果表明,我国男性青少年初次遗精和女性青少年初潮的平均年龄分别为14.43岁和13.38岁,10年后再调查发现,这四座城市男女青春期提前为13.85岁和12.54岁。从性别差异来看,女性的性成熟要比男性早1~2年。

(二) 青春期发育的启动

青春期的发育主要受到内分泌腺激素的控制和影响。所以,内分泌的发育在青春期具有特殊的意义。内分泌包括脑垂体、甲状腺、甲状旁腺、肾上腺、胰腺、性腺、胸腺和松果体等,其中以脑垂体最为主要。

由脑垂体分泌的生长激素可以刺激骨骼和其他组织细胞的数量增多、体积增大,而且只有骨组织的这种变化才能导致身体长高和四肢变长。但是,过量的生长激素存在会使青春期的男女孩子患上"巨人症";生长激素分泌不足，又会发生"侏儒症"。而且，生长激素虽然可促进骨的生长，但并不保证骨骼的成熟。

骨骼的成熟表现为骺端软骨出现骨化中心，且最终与骨干融合。这个过程是由甲状腺激素来调节完成的。如果少年儿童甲状腺功能低下，其骨骼和其他器官组织的发育进程必然受阻。可以说，甲状腺激素与生长激素是保证人体生长发育，特别是体格发育的一对最紧密的合作"伙伴"。

由胰脏分泌的胰岛素能增进身高、体重的增长以及某些组织器官的体积、重量。因为，它有促进人体糖元合成、转化和蛋白质合成的作用。假如仅有生长激素的作用，而缺乏一定量的胰岛素，人体的生长发育将是相当迟缓的。

卵巢、睾丸及肾上腺皮质分泌相应的性腺激素。卵巢主要分泌雌激素、孕激素及少量雄激素。睾丸分泌雄激素（主要为睾丸酮）及少量雌激素（雌二醇、雌酮）。在青春期，肾上腺皮质除分泌肾上腺皮质素外，受促性腺激素的影响，产生雄激素的量会增加。雄激素还促进男性阴茎、睾丸、前列腺、阴毛、体毛、腋毛、胡须、发音等器官和第二性征发育，并促进肌肉和力量的增长及红细胞的增加。雌激素主要促进女性子宫、阴道、小阴唇及乳房的发育，促进月经周期的形成，并影响脂肪沉积。

人体处在青春期，甲状腺素分泌增加，碘泵活动加速，促使甲状腺摄取更多的碘，合成甲状腺素，进而促使组织的分化和成熟，尤其对神经和性腺的影响更大，是促成人生长、发育和成熟的一个重要因素。垂体的生长激素虽然是促进生长的主要激素，但其生长、分泌和发挥作用均受甲状腺素的影响。在以上多种激素的协同作用下，引起青春发育的一系列生长发育特征的出现。这些激素对下丘脑及垂体又起反馈作用，使身高、体重增长缓慢下来，最后达到停止阶段。

二、青春期身体的成长

男、女进入青春期后，在神经、内分泌的影响下身体迅速增长，成为人体生长发育的第二个高峰期。随着生殖系统的生长发育及第二性征的出现，男、女体形会发生显著的变化，最后形成真正的两性差异。

女孩子的身体发育高峰比男孩来得早，结束也早。一般开始于8岁半与11岁之间，顶峰期在12岁半。以后逐渐减慢，15～16岁间趋于平稳，一般在19岁，最多到23岁就不再生长了。男孩的成长模式与女孩子差不多，不同的是，男孩子的发育高峰来得较迟，持续也较长，开始于10岁半到14岁半之间，顶峰期为14岁半到15岁半，19岁后，渐趋平稳。23岁到25岁，其长势便由盛入衰。所以，11～12岁时，女孩看上去比同龄的男孩子高，而到 13～14 岁以后，男孩的身高常常超过女孩子。有许多因素影响青年身高的生长，如遗传、健康状况等。而性成熟的年龄，对身高有决定性的影响。

在体重方面，青春期体重的发育与身高的发育模式不同。体重的增加有特殊的意义，它反映了内脏的增大、肌肉的发达、脂肪的积淀，以及骨骼的增长与增粗的程度。在青春期，骨骼的长度、形状、各部分比例与内部构造，都有显著的改变。皮下脂肪的发育也从青春期阶段开始上升。女青年的脂肪发育可以一直持续到发胖的程度，而男青年的身高体重突增后，脂肪就逐渐减少。因此，女青年显得体态丰满，男青年显得结实健壮。

在青春期，身体的各个部位生长情况不同，使身体形态发育的比例各异。臀部与肩部开始加宽。较早成熟的男性其臀部比晚成熟的要宽些。臀部窄、肩部宽是成熟较晚的男性的特征。晚熟的女性，其肩部会宽于早熟的女性。一般的情况是，男性的肩膀比臀部宽，女性则相反。

（一）性的生理变化

生殖系统是人体最晚成熟的一个生理系统，性的成熟是标志着青春期到来的最重要的特征。从生理角度看，性发育主要指生殖器官的发育和第二性征的发育。

由于性腺活动增强，性激素分泌激增，导致青春期生理的全面成熟，这方面在第二性征上表现最为明显。男性表现为阴部和腋下生毛，长出胡须，喉结突出，声音变得浑厚低沉。女性声调变高，乳房发育丰满而隆起呈半球状，出现腋毛和阴毛，臀部、骨盆变圆变宽，胸、肩部的皮下脂肪增多，显示出女性特有的体态。性的成熟决定于是否具有生殖或生育能力，女性能否排出有受精能力的卵子，男性能否排出有足够数量和有质量的精子，它的标志是女性月经来潮，男性出现射精。性的成熟的起始时间，女性比男性要早 2 年开始，男性比女性要晚 2 年结束。

青春期是一个过渡时期，这一时期青年人的心理变化很大，随着性生理的迅速发育、体内由于性激素的刺激所引起的性体验和性冲动十分强烈。因此，青年性的发育，一方面使其有了生殖能力，另一方面唤起了潜藏在青年体内的性意识，出现对性的好奇、对异性的思慕等情绪，逐步形成完整的性心理结构。

（二）从幼稚到成熟

个体的生命有一个从幼稚到成熟的过程，这个过程一般在青春后期完成。一个人的成熟主要体现为生理的成熟和心理的成熟，而心理的成熟过程受生理发育的影响非常大，生理成熟过程与心理成熟过程往往呈现出同步性

的特征，人的成熟过程实际上是生理成熟过程与心理成熟过程的统一。心理的成熟主要表现为自我意识的独立水平基本稳定；生理的成熟主要是身体外形和内部机能发展完善、性成熟和性角色自我认同的形成与确立。

1. 成长自我的苦恼

青年学生处于青春期向成年期过渡的生理阶段，由于这一阶段是自我发展的最强烈阶段，青年人会因强烈关注自我，又往往不能正确评价自我和悦纳自我的原因，对于自己青春期身体的急剧发育与姿容的变化常常产生不安与烦恼，也使成人在关心和培育他们的成长过程中产生种种困惑。

男女身体方面的性别差异，使少男少女对自己与他人的变化表现出异常的敏感。每一个青年这时都十分关注自己的体态（成熟的体型和仪表）给予周围人的感觉、评价与期望。他们会常常去照镜子，开始注意自己的装束，进行自我修饰。特别是自己的身体变化如果超前或滞后于他人还会导致许多烦恼与忧虑。比如，在体型方面常有人为自己发育得太快、个子太高而走路弯着腰驼着背，也有人为自己发育慢而抱怨。有的少女因体态的突然变化，如乳房的突起、臀部的宽大而害羞和限制自己的活动范围。而那些身体矮小瘦弱的人会因为自己得不到他人给予的羡慕与赞扬评价而缺乏朝气和信心，虚胖而不结实的人常会因别人的取笑、议论而感到缺乏心理上的支持，此时如果对自身生理状态缺乏正确的评价或评价过低，不能悦纳自己，对自身心理状态的认识不足，就会否定自己，影响身心健康。

人的自我同一性，主要指主体我和客观我的统一、自我与客观环境的统一、理想我与现实我的统一，也表现为自我认识、自我体验、自我监督的和谐统一。

美国著名的发展心理学家艾里克森经过深入系统的研究，曾提出人格的社会心理发展理论，认为人的自我发展持续一生，但会经历不同的阶段，每个阶段都有一个核心问题，每个阶段都不可逾越，但时间早晚会因人而异。

艾里克森认为，自我在人生经历中不断获得或失去力量，以保证个人适应环境，健康成长。虽然自我的发展是随着人的发展而发展，但青少年时期的主要发展课题是"自我同一性"，即自我的建立和整合是青少年时期心理发展的主要任务。自我同一性发展不良者表现为对自己缺乏清晰而完整的认识，在他的心目中，"自我"各部分是混乱的、矛盾的、冲突的，以至于迷失自我和生活的方向，难以应付复杂的社会生活。相反，自我同一性良好者具有自我认同感，自我概念清晰，接纳自我，有生活的目标和前进的方向，这就为下一个阶段的发展打下了良好的基础。

青少年时期发展过程中心理的烦恼与不安对大多数青年来讲，会随着时间的推移和自我意识的相对稳定而逐渐消失，生理发育的现实会被自己逐渐接受。但如果主观上不能正视事实或受不良环境的影响，就可能出现各种各样的问题。比如，可能由于对外表美的过分敏感而形成求奇求怪求僻的审美观；可能由于在自己的容貌、体态方面经常受到别人的赞慕而变得举止轻浮；可能由于背后议论或讥笑他人而影响同学之间的正常来往；可能因成人的不理解与不善处理这类问题而造成师生之间、父母与子女之间的关系紧张；可能因为自己的容貌、体态的不甚理想而影响学习；个别青年更可能怀疑别人不接受自己而回避与人交往。这些青年人开始往往对同学、对集体表示冷漠，比较孤独，进而可能形成比较持久或明显的人际关系不适应行为。

实际上，身体发育对人的心理的影响不是单一的，它往往与人的性格和意志以及心理品质有着重要的关系。在同是有生理缺陷的人中，有的人在认识到自己的缺陷之后，便产生消极的情绪并从此屈从于它，以致产生压抑性的自卑感；有的人则是力求改变，用其他方面的努力来增进自己的信心，如以学习上的优异成绩来弥补身体发育上的不足，或通过体育锻炼来矫正自己生理上的缺陷。除个人的心理品质外，在很大程度上，周围的人特别是长者的态度，会对人的心理产生重要的积极或消极的影响。

随着身体外形和内部生理机能的成熟，青年自我意识的独立水平基本稳定下来。到了青年后期，青年的自我意识水平有了更显著的发展，自我感觉向理性认识发展，自我评价向抽象发展，评价能力上升到世界观的高度。能够在社会关系中正确评价自己，自我监督也日趋完善，能够把自我意识与自我责任结合起来，自觉地担负起个人在社会中的使命，同时自我控制和自我调适的水平也有明显提高。这主要表现在活动的主动性上，此时他们会强烈地希望自己有能力把握自己、控制自己、理解自己、塑造自己，注重"理想自我"与"现实自我"的统一。

2. 从情窦初开到性成熟

由于青春期性能力的发展，使青年对异性的认识发生了改变并产生了浓厚的兴趣。这时候的青年人对性的兴趣，大多是幻想性的、具有浪漫主义色彩的，他们最渴望能得到异性的关注与赞赏。

不论青年男女，每当他们和同性朋友聚在一起时会很容易谈论有关"性"的事情。彼此间越亲密，所谈的题材就越深入。他们所谈论的主题一般是：男性的遗精问题，女性的月经问题，性的感觉与诱惑，手淫问题，婚姻生活的性关系，校园和社会生活的性绯闻，情与爱的关系问题等。对于在校集体住宿的大学生来说，特别是男学生，熄灯后在宿舍里谈论的话题中，有关性方面的往往占很大部分。

进入青春期后，有些青年常以自慰行为（主要是手淫）作为满足性刺激的尝试。由于人们普遍认为自慰是一种见不得人的事，甚至，一些所谓的"性专家"也会宣传手淫会造成阳痿等性功能方面的障碍，这使得青年人在自慰过后，都会产生不同程度的罪恶感和愧疚感，但这种罪恶感却不致强烈到制止自慰行为的再发生。据研究，国外青年中100%的人有自慰行为，我国青年中也有60%~80%的人有自慰行为。在一项关于某中专师范院校男生手淫的调查分析中显示：在436名被调查者中，有331人回答有手淫习惯，占76%；65人不愿回答，占15%；40人回答无手淫习惯，占9%；在手淫者中，初次手淫的最小年龄为11岁。331例手淫者中，327人回答有精神负担，占98%，主要表现为后悔、内心冲突、悲观和恐惧。

伴随着"第二性征"的出现，青年男女便产生明显的性不安、羞涩甚至对自身性别特征的反感。刚刚步入青年期的少男怕被别人看到开始长出的阴毛，少女紧勒住日渐隆起的乳房……然而，他们对性的自我体验毕竟还很淡漠、生疏。尽管开始注意到男女之间的特殊关系，比如男女的亲近、相爱、拥抱等。但这还只是一知半解、略懂一些皮毛，离对性与爱的真谛的了解相差甚远。

青年性意识的成熟，主要体现在过去男女之间彼此讨厌的"严格界限"突然转变为相互吸引的发展过程中。一般青年人对性的兴趣首先表现为对年长的异性表示爱慕。他们这时所爱慕的人，既有已经相识，并有过接触的人，也有并不认识的人，往往表现为一种柏拉图式的仰慕与迷恋。青年所迷恋的对象，一般都拥有一些他们所敬慕的特质。不论是老师、运动健将、电影明星、歌唱家或亲朋好友，青年人总是有很强的欲望想模仿他们，如有接触的机会，这些人还会积极地为他们做任何事，以求引起对方的注意，并讨好于他们。这种迷恋与英雄式的崇拜现象在十几岁时最强烈，以后，兴趣逐渐降低。目前，仍未有任何事例证明显示这种迷恋对后来生活中的异性适应有何不良的影响。反而有很多证据说明，在迷恋与英雄式的崇拜过程中，青年人获得了一定的经验，并能较成熟地步入后来的异性交往空间。

男性与女性的特征区别

性生理：性器官发育、第二性征出现（女子月经、男子遗精）

性心理 { 性意识、性欲望、性情感、性梦
人对性的认识态度（性知识、性兴趣、性好奇、性吸引）

性别角色 { 外在的：社会规范要求、社会文化影响、家庭、学校
　　　　　　环境潜移默化与角色不断强化
内在的：人生观、价值观、人格特征

男性特征	女性特征
独立、自信、理智、耐性、深思、真诚、友谊、竞争、进取、宽容、幽默、坚强、慷慨、豪放	正直、负责、和善、周到、文静、含蓄、温柔、同情心、自信、自立、自控、精细、严谨

第二性征发育是青春期的重要指标，随着女子乳房发育和男子变声、喉结出现，男女腋毛、阴毛出现，青少年会产生一系列性心理体验，其中约有80%的男生和约有83%的女生持正常、自然态度。但是，研究也表明，在大学阶段有8.06%的男生和5.74%的女生对性征出现有害羞等心理特征。因此，从第二性征发育开始到大学生性发育成熟阶段，注重对性生理发育中出现各种生理现象的青少年的心理疏导，对性心理障碍做早期预防具有重要意义。

进入青春期，由于性生理发育，性心理也处于不断发展阶段，青年男女与异性接触的态度、形式、交往动因，对异性有向往倾向，都可以反映出人的性心理活动特点。研究表明，异性期望对性别角色起着重要作用，如女性愿意与异性交往的重要原因之一，17%左右的女中学生、38%的女大学生认为是男性较可信赖。从异性期望来看，男生要求女生气质要好，女生对男生则要求具有良好的性格、有较高的才智。性别角色的模式还会随着社会文化和男女两性社会分工的变化而演变。例如，近年来中国台湾对此曾进行大量研究，在此基础上提出了"双性化性别角色模式"的理论，即个体同时具有理想的男性化和女性化的特征，如生活中出现了越来越多的自信而温柔的男性和富有支配性而又善解人意的女性。

第三节
寻求心理发展的轨迹

青年期是人生从少年到成人的过渡阶段。在这个阶段中，一个人身体各方面发育接近成人，心理也由少年的半成熟、半幼稚状态趋于逐渐成熟。青年期是人的心理形成的一个重要时期，心理的发展受到多种因素的影响。在我国，面对社会转型时期多元的社会生活方式、道德意识的剧变，以及意识与存在等内部世界和外部世界的冲突，如何支撑和稳定心理平衡的方舟，保持自己的心理健康，是青年人不可回避的一大挑战。通过各种有益的教育与训练，以及良好的家庭氛围、社会环境来培养青年人的健全人格和身心健康，是社会各界共同面临的一项艰巨任务。

一、少年与青年心理

（一）不谙世事的少年期

从年龄阶段来看，11~13岁是人的少年期。与儿童相比，少年的智力、感情、个性、社会经验都有了进一步的发展，是青年心理发展的准备时期。少年期的心理特征主要表现在如下几个方面：

1. 兴趣广泛、多样化

少年时期，人的兴趣比较广泛，但大多数内容体现在科学知识、社会政治和劳动体育等方面，这是因为他们的主动性明显提高、生活经验比儿童期丰富、知识和技能有所扩大的缘故。少年的兴趣往往是有意识的，这反映在以间接方式表现出来的职业兴趣上。至于阅读兴趣，他们比较喜爱文艺作品。因为，文艺作品符合少年的主动性，以及认识客观世界和自我确认方面的个性需要。

2. 感情丰富而不稳定

少年的思想、信念和意见都充满热情，精力充沛，激昂慷慨。毛泽东诗词："恰同学少年，风华正茂。"正是这一时期少年心理特征的形象写照。处在积极探索阶段的少年对任何教育工作中的错误和疏忽，对任何限制其创造性探索的举动，限制其独立行使权利的尝试，都十分敏感。他们易受外界刺激而显得情感起伏较大，情绪变化急剧。他们也非常看重友谊，感情的发展开始出现相互矛盾的倾向。

3. 自我意识初步发展

少年往往对认识自己的机体，认识自己的个性特征方面表现出强烈的兴趣。他们比较关心周围生活中的各种现象，希望积极投身于其中。周围发生的各种事件，在更强烈的感受和更丰富的感情基础上，向他们提出了一系列认识问题。一般说来，此时少年对自己个性的兴趣主要表现在：力图自我认识并自我发展自己的智力、意志、道德、性格和信念。在性格的发展过程中，自我教育的作用不断扩大，个性发展的方向日渐明显，并初步定型。少年已经会通过自我信任、自我评价和自我监督来调整自己的行为，调整自己跟客观现实的关系。少年事实上已经有能力在生活中占有新的地位，与成年人一样，完成责任更重的任务；其次，对自己的能力有了新的认识，即自我意识向接近于成熟的方向发展。

4. 加入群体的意识较浓

少年阶段开始萌发私人友谊，他们共同学习、劳动与休息，相互帮助，每个人都关心与自己发生关系的群体状态，进而关心群体中的每个成员。此时的群体倾向和群体行为，要比任何说教都能更好地培养少年个体的集体主义意识。其实，人从小时候起就已经开始社会进程。到少年时期，一方面适应了周围环境，另一方面又由于年龄关系，心理的可塑性很大，这个进程就发展得特别快。这意味着少年教育中的疏忽和差错，实际上是无法弥补的。心理科学告诉我们，要特别重视12～15岁少年个性的正常发展。这是因为这个年龄段的少年正处在能够坦陈自己的意见，并不妥协地做出决定的反抗期，是"天不怕地不怕"的具有"逆反心理"的时期。家长和教师通常把这一少年阶段看作是"最难对付的时期"。

（二）走向成熟的青年期

青年心理的形成是少年时期心理的延续和发展。由于青年的生理逐渐成熟，青年的心理发展有了高度发展的物质基础和体能条件。可以说，青年时期是人的心理发展变化最为急剧、心理活动最为活跃、心理现象最为丰富的时期。青年心理的特点主要体现在心理诸因素上。

1. 观察力的显著提高

观察是观察者有目的、有计划、主动的知觉思维。全面科学地观察事物的能力称为观察力。儿童时期，对事物的观察往往具有随意、零散、肤浅和片面等特点。而青年期的观察力在观察的目的性、主动性、完整性、精确性和深刻性方面较之少年儿童都有了显著的提高。

首先，观察的目的性和自觉性提高。进入青年期后，青年已经历了一个由被动的目的性向主动的目的性过渡的过程。处在少年期的少年，其观察的时间往往随他们自己的兴趣高低而定。在观察中，对事物本质和主要属性理解得少，对现象关心得多。进入青年期的青年，能在心理上逐步发展到主动地制订观察计划，进行有意识的观察，而且通过观察，不仅能够认识事物的表面现象，还能进一步认识事物的本质特征及一事物与他事物之间的联系，能够较完善地反映事物的整体。其认识能力和行为自主意识有明显提高，能主动地探索周围的世界。

其次，观察的持久性增强。到了青年期，青年观察意图较明确，从而使他们能保持稳定而持久的注意力，使观察的方向和目标不至于转移。

再次，观察的精确度提高。青年已有了完善的神经组织、一定的观察经验、较高的感受性，为提高观察的精确度打下了基础。在观察问题时，他们一般能全面、周密、不遗漏地观察事物的每一个细节，精细地对事物的每一个部分进行综合分析，从而去掉杂乱无章的部分，找出事物及其变化的系统性，以此达到深刻地感知事物和正确地认识事物的目的。

2. 智力的高度发展

智力的核心部分是思维。青年的思维能力与少年比，出现了质的飞跃，其认识能力处于最为活跃的时期。第一，辩证逻辑思维能力迅速发展。由于青年人抽象逻辑思维能力的高度发展，导致了辩证思维能力的迅速发展，他们已经能深刻认识事物中特殊和一般、归纳和演绎、理论和实践的对立统一关系。第二，具有思维的独立性和批判性。在学习过程中，喜欢怀疑和争论，喜欢探求事物现象存在的根本原因。第三，思维的灵活性和敏捷性迅速发展。在思维的方向上，青年人能够从不同的角度和不同的方面，用不同的方法思考问题。就思维的敏锐性而言，青年人对新事物、新问题敏感性强，并容易接受。当然，由于青年经验和知识尚有不足，其思想还欠稳定，可塑性比较大。第四，创造性思维开始出现。青年的创造性思维特点有：一是处于创造心理的大觉醒时期，对创造充满渴望和憧憬；二是受传统的习惯势力束缚较少，敢想敢说敢做，不被权威名人所束缚。有一种"初生牛犊不怕虎"的创造精神；三是创新意识强，敢于标新立异，思维活跃，富有创造性。

3. 独立意识和求知欲强

由于青年身心的迅速发展和生活领域及交往范围的不断扩大，特别是伴随着社会文明的提升进步和青年自身年龄的增长，他们对自我、对社会均有自己独立的认识，不再轻易苟同他人见解，不愿因循守旧，勇于变革创新，特别是在社会控制日益宽松、个人价值受到认可的年代，青年的自我意识更是得到张扬。他们渴求获取更多新知识的欲望尤为强烈。1998年，有一项关于中国青年的调查，称这一代青年为注重学习的一代。其表现是90%的青年把读书看报放在了十大业余爱好之首，他们学习计算机、外语、法律、金融、公共关系、工商管理、财务等，其学习的内容格外丰富。各种资格证书也成为青年人竞相追逐的目标，如近些年来，国际行销经理人协会（SME）的行销经理人资格证书（CME）、美国邱博保险集团和美国特许财产责任保险学会的CPCV考试、美国保险学会的IIA考试、加拿大注册会计师协会的CGA考试等，由于他们对之兴趣浓厚而逐渐变得炙手可热，便是青年人求知欲强最好的体现。

4. 丰富而不稳定的情绪和情感

青年期内分泌发展与大脑皮层之间矛盾的复杂性，使大脑皮层的调节作用失控，形成青年易动感情、情绪强烈的心理特征。其主要表现在：一是情绪的两极性表现均为强烈。所谓两极性是指情绪中的肯定与否定、积极与消极、紧张与轻松、激动与平静的两极。例如，爱和恨、喜和哀、躁和静等都是不同的两极表现。作为青年来说，一般在情绪上都易出现强烈的极端性。

当各种需求能够满足他们的心理刺激感受时，就会喜形于色，倾注精力，全力以赴，以促使自我实现。当强烈的需求不能得到满足时，他们的情绪又会失去控制，以致在语言、神态、行动诸方面表现出异常状态，甚至完全丧失理智，导致发生不计后果的极端行为。因此，有的青年极易出现兴奋、激动和热情，或是出现极端地发怒、泄气和绝望，有时会导致丧失理智，从而失去控制。二是青年期的情绪还极易波动，即容易在极端的两极之间相互转化。他们会在欢乐的状态中忽然沉闷，或者时常由热情瞬间转为冷漠，自信突然转为自卑，忧愁忽而转为喜悦。当然，青年的情绪两极性的转化，不是瞬息万变、随心所欲的，它与外在客观条件的刺激、场景的感染、他人或群体的暗示等的强弱有关，同时也与青年主体的个性、经历、修养程度、思想水平相联系。

5. 尊重和自我实现需要较强

美国著名心理学家马斯洛把人的需要分为生理、安全、归属与爱、尊重和自我实现5个层次。他认为，这5种需要就像阶梯一样，从低到高，不断上升。一个层次的需要满足了，就会向较高层次发展。这5种需要不可能完全满足，越是较高层次，满足的比例越小。现在的青年，尤其是近年来在独生子女家庭里成长起来的青年，他们从小生活在父母的庇护之下和相对富裕的环境中，没有吃过什么苦，没有经历什么锻炼，普遍自我评价较高，尊重和自我实现需要较强。他们中的多数人认为自己已经成人，竭力想要摆脱长辈的约束和羁绊，强烈地要求独立自主。他们希望受人尊重、被人征询和获得信任，有时这种愿望十分强烈。中国青少年研究中心课题组曾通过调查发现：当代青年追求的是自我价值和社会价值的和谐统一，既要求个人为增进社会集体利益贡献力量，同时也要求社会和集体尊重、保护个人的正当权益，为个人正当利益的实现创造条件。对那种完全忽视或牺牲个人价值的观点，当代青年多表现为不赞同，他们从自己的生活经历出发，认为自己什么都能干，一定能成就一番事业，自我实现需要的愿望强烈。

二、活着就要心理健康

由于青年心理的形成是少年时代的延续和发展，此时已有的心理结构已远远不能适应新的变化了的形势要求，而新的更高的心理结构尚未完全形成和稳定，于是就造成了新与旧、肯定与否定、适应与不适应的矛盾冲突。在社会的急剧转化时期，青年的这种矛盾和冲突表现得尤其突出。回想在"五四"新文化运动期间，《新青年》翻译了丹麦作家易卜生的小说《傀儡之家》之后，社会青年曾展开了一场对小说中的主人公娜拉命运的讨论。娜拉的出走——走出只能充当傀儡的家庭，赢得了独立的人格。但是，她自己不会赚钱，经济上不能独立，社会没有个性发展的土壤。面对这样的处境，她徘徊、困惑。鲁迅先生提出：娜拉走后怎么办？其实是在揭示当时中国青年面对时代处境的那种内心冲突与矛盾。再如20世纪80年代初期，改革开放大幕刚拉开，社会急剧转型，西方社会的自由化思潮和价值观念对我国青年产生了消极的影响。在这个大环境下，1980年5月，《中国青年》杂志发表了署名潘晓《人生的路呵，怎么越走越窄》的信，信中提出了"人生的意义究竟是什么？"的问题，曾触动了许多青年学生的心灵，在全国引起了强烈反响。这也是青年心理出现矛盾冲突的一大反映。处在市场经济环境下的今天，社会瞬息万变、多元的生活方式，激烈的竞争环境，虚幻的网络空间，各式各样的诱惑，等等，都会对青年的心理产生强烈的冲击。处在转轨时期的中国社会，带给人们的心理问题较之过去要多得多，也复杂得多，它们会给正在成长的青年人造成不同程度的心理压力，导致心理问题或心理疾病群体的增加。医学专家认为，不良心理因素对人的健康的危害不亚于传染病；社会学家则认为，社会人群，特别是大、中学生的心理问题更不容忽视。面对复杂多变的社会环境，青年人如何调整自己的心态，保持心理的平衡，是青年能否心理正常发展的关键。

　　人本应是一个身心和谐与平衡的统一体，心理健康本是人身健康的不可或缺的重要组成部分。世界卫生组织明确地把健康定义为"不但没有身体缺陷和疾病，还要有完整的生理、心理状态和社会适应能力"。如果一个人身体结实健壮，但却心理不正常，整日情绪忧郁，悲观厌世，经常无故紧张、烦恼、猜疑，那他就不是一个健康的人。从某种意义上讲，心理健康更为重要。因为，心理不健康本身不仅可以使人成为一种病态，而且还会影响到人的身体健康而导致疾病。

　　什么是心理健康？心理健康指的是一种心理状态，这种心理状态使人对内部环境具有平静感，对外部环境能以社会认可的方式和标准适应。这里的平静感是指人的情绪比较稳定，适应是指人能懂得依照社会规范、公德行事。当然，上述心理健康的解释只能说是一个方面，许多心理学家还指出心理健康具有更为重要的另一个方面，那就是："具有正常的心理的人，对任何生活都热情洋溢"、"心理健康是指一种持续的心理状态，人在这种状态下能做出良好的适应性，具有生命的活力，并能充分发挥其自身的潜能，这乃是一种积极的进取的状态，而不仅仅是没有心理疾病"、"心理健康是合乎某一水准的社会行为，一方面能为社会所接受，另一方面能为本身带来快乐"。第三届国际心理卫生大会曾具体指明现代人的心理健康的主要标志是："身体、智力、情绪十分协调；适应环境，人际关系中彼此能谦让、和谐；有幸福感；在工作和职业中能充分发挥自己的能力，过有效率的生活。"

对于心理健康，目前心理卫生学尚没有统一的定义与判断的标准，但是，从上述这些观点，结合生活实践中人们对正常心理的理解，心理健康重要标志应是心理行为符合年龄特征，这是因为人的心理和行为总是随着年龄的增长不断发生变化的，不同年龄阶段的人都具有相对应的不同的心理行为表现。心理健康的人应具有与同年龄多数人相符合的心理和行为特征，如果一个人的心理和行为经常严重偏离自己的年龄特征，则是心理不健康的表现。例如，在正常的情况下，幼儿都是天真活泼、爱蹦爱跳的，难以安安稳稳、坐着不动；如果某幼儿经常像一个老年人一样独坐一隅、沉默寡言、萎靡不振，则这个孩子的心理发展可能有问题。相反，一个成年人如果还像一个小孩子那样喜怒无常、好吵好闹，经常耍小孩子脾气，也是心理不正常的表现。因此，一个人的行为方式必须处在与其年龄特点相适应的心理状态之中，才能说是健康的。

人类发展的历史实践证明，健康的心理对于一个人事业的成功比其他的因素都显得重要。世界上第一个飞上太空的宇航员加加林在当年苏联向宇宙"冲刺"的人员名单上并不是排列第一。然而，他所以最终成为人类第一个冲出地球的英雄，原因很简单，就是在火箭发射的前一天，预定的第一、二名宇航员因承受不住巨大的心理压力而临阵退却，使得原本为"第三梯队"的加加林的名字为全球所瞩目并载入史册。宇航员的心理，应该说是人群中最健康的，身体状况和技术状况也应是最好的。然而，对他们来说，最终决定谁有幸第一个上天的因素既不是身体也不是技术，最为主要的还是他们的心理水平。

进入21世纪，国外的心理学研究成果显示：一个人事业的成功，他的聪明才智占20%，而80%取决于他与周围环境的关系，即他的人际关系，现在流行的说法叫"情商"。在未来的人才竞争中，心理素质是人才竞争的重要内容，心理素质是业务素质、道德素质、文化素质及其他素质的核心和载体。

第四节
最好的心理医生是自己

人生在世，需要有身心的和谐统一，方能健康成长。然而，做到这一点并非易事。法国著名的思想家帕斯卡尔认为，人在自身的发展中存在着矛盾与困惑,"鉴于我们是以精神和肉体在合成一切事物的,谁会不相信这样一种混合对于我们乃是十分可以理解的呢?然而正是这种东西,我们却最不理解。人对于自己,就是自然界中最奇妙的对象:因为他不能思议什么样是肉体,更不能思议什么是精神,而最不能思议的则莫过于一个肉体居然能和一个精神结合在一起。这就是他那困难的极峰,然而这正是他自身的生存……"① 丹麦著名的哲学家克尔凯郭尔也这样认为:"正像一个医生说过的,很可能没有一个单个的活着的人是完全健康的。所以任何一个真正了解人类的人都可能说,没有一个单个的活着的人是多少没有点绝望的。没有一个活着的人不秘密地隐藏着某种不安、内心的争斗、不和谐,对某种不知道的、甚至不敢去知道的事情的焦虑,对某些生存中的可能性的焦虑,或对他自己的焦虑。所以,正像医生说到与身体的病痛周旋一样,他同这种疾病周旋,携带着这种精神疾病。这疾病通过他不能解释的焦虑而很罕见地表明自己的存在。"②

因为这样的原因,在进入21世纪后,随着医学科学的发展和进步,人类对于各种疾病都在一定程度上实现了更为有效的控制,发病率下降,唯独精神性疾患的发病率却在几乎不可阻止的状态中逐年上升。

心理健康问题是人类目前还没有解决好的一个重大问题。

一、心理疾病与判断标准

所谓心理疾病,是指一个人由于精神上的紧张、干扰,而使自己思想上、情感上和行为上,发生了偏离社会生活规范轨道的现象。通常,一个人心理和行为上偏离社会生活规范的程度越是厉害,其心理疾病也就愈显严重。

一个人发生心理疾病通常都有一些前兆,如本人变得较平常退缩、孤僻、食欲减退、睡眠不良、对平常有兴趣的事变得没兴趣、行为懒散、学习成绩退步等,这些存在状态因为通常容易被人忽略而因此延误就医;心理疾病严重的,本人会产生一些令人奇怪的或者不切合实际的想法,如自己认为正遭到别人陷害、被人跟踪等,由此而导致情绪容易激动或极度忧郁,甚至产生自杀念头和出现奇怪的动作行为与幻觉等,从而影响日常的生活与作息。

---

① (法)帕斯卡尔. 思想录. 何兆武,译. 北京:商务印书馆,1985:36.
② (丹麦)克尔凯郭尔. 致死的疾病. 张祥龙,王建军,译. 北京:中国工人出版社,1997:19.

(一) 心理异常——困扰青年人的疾患

据美国公共卫生署在21世纪初发布的报告,美国每年有20%的人患有精神病,即每5个人中就有1人患有精神病,其中大约5%的人患有狂躁抑郁症,且2/3的精神病患者得不到有效治疗。在我国,心理异常也是困扰公共卫生领域的一大症结。据调查,北京市综合医院门诊患者中,有70%～80%的患者所患疾病与心理社会因素有关,而且由情绪引起的心身疾病在人群中仍有增高趋势。据世界卫生组织2007年的调查,在上海的住院患者中,有24%为抑郁症,约占1/4。在上海市教育部门对1 168名中学生的调查中,有34%的学生存在学习障碍,包括厌学、恐学、逃学等;12.5%的学生有个性缺陷,包括孤僻、怯懦、说谎等;有28.1%的学生存在心理异常,其中5%为严重心理异常。

21世纪初,还有一些调查数据告诉我们以下触目惊心的数字:北京市海淀区的16所大学在校生因精神疾病所致休学的占因病休学总数的37.9%,占因病退学的64.6%;南京市大专院校的心理障碍发生率接近30%。国家教委调查的结果是:20.23%的大学生有心理障碍;中学生厌学率高达20%。

2006年,北京市公安机关处理了未成年人违法犯罪人员2 977人,其中初中生达1 939人,这中间除少部分外地来京人员外,绝大多数是本市籍在校学生。追及他们的犯罪动机,无不与心理障碍和疾病问题有关。

(二) 判定心理异常的标准

心理异常就是人的心理异化或变态,变态心理的形成通常受多种因素的影响,包括环境、主观经验、人际关系与社会文化等。在现实生活中,人的正常心理与异常心理之间的差别常常是相对的,很难有一个绝对的分界线。同理,所谓人的心理正常也只是一个常态范围。在这个范围内,允许不同程度的差异存在。这意味着心理医生判断人的心理活动的正常与否,应当结合当时当地和当事人的具体情况来进行全面地分析,以做出较准确的判断。

心理异常与常态心理难以严格区分,只是存在相对的界限。根据前人的经验和现代精神医学研究的结论,一般判定心理常态还是异常的手段与标准大致有如下几种。

1. 经验标准

经验标准包括患者本人的经验和观察者的经验两方面。研究者根据自身的经验和体验来鉴别常态与变态,或以一般人对正常心理的经验作为出发点和参考点。这种标准会因人而异,主观性较大。另一种情况是根据患者自己的主观体验去判断自己正常与异常。例如:神经症患者就医的主要原因是不适感或内心痛苦，主诉是判断其病情严重程度的重要根据。但此标准不适于缺乏自知力的重症精神病患者和某些人格障碍患者。

2. 社会学标准

这一标准是以社会的常态作为对照的指标，以人们是否适应作为衡量、观察、判断其心理状态是否正常的标准。因为，人们总是在特定社会环境中生活的，在一般情况下，人们也总是依据社会生活的需要而使自己去适应环境并进而改变环境的。所以，人们的思想、行为、情感应该是符合社会准则的，并依据社会要求及道德规范办事。

3. 病因与症状标准

某些变态心理表现及致病原因在健康人身上是不存在的，例如，突然出现的智力降低或个人行为特征的改变，或这个人存在药物中毒、麻醉剂癖，或有脑炎感染、脑部其他病变体征等。这时通过详细的临床检查及必要的实验检查就能明确诊断。一般说来，医学的这一标准比较客观，但确定范围比较狭窄。因为，人的心理方面的异常表现及产生原因一般说来比一般躯体疾病的产生原因更为复杂，判定也更为困难。事实上，很多精神性疾病是很难用临床症状来说明其发病原因的。

4. 统计学标准

这一标准是通过对大量的被认为是具有正常心理特征的人的心理测试，最后统计出数据结果作为依据的。对人群的各种心理特性进行心理测试的结果通常呈正态分布，处于平均数正负两个标准差区间的人数约占总人数的95%，我们将这部分人定为正常，而把远离平均数的两端视为异常。因此，决定一个人的心理正常或异常，就以其心理特征偏离平均值的程度作为依据。由于这一测量标准是对心理特征进行量化分析，比较客观也便于比较，所以有一定的实用价值。当然，选用心理测验应注意其信度、效度、适用范围，对测验结果的解释和社会文化的制约等因素。而且心理异常是从量变到质变的过程，要多少量的积累才算异常？统计表标准只能显示其当前心理，不能显示其追踪结果，这是其不足之处。如一个被测者 IQ 在 140 以上，只能在当前视为天才，视为超乎正常的智力，如追踪下去，一些人会降为正常智力，如昙花一现，其中少数人甚至会沦为精神病患者范畴。

二、常见的心理障碍与疾病

很多心理障碍的病因至今不明。众多的研究显示，不少心理障碍的发生与遗传有关，一些外伤、感染、中毒等也因破坏人的中枢神经系统进而导致精神障碍。心理障碍发生过程中各种因素相互作用，机体的功能状态也起着重要作用。

根据不同的学科系统研究特点，对心理障碍与心理疾病有着不同的研究范畴和分类。

（一）神经症

神经症曾被称为神经官能症，是一组主要表现为焦虑、抑郁、恐惧、强迫、疑病症状，或神经衰弱症状的心理障碍，也可视为是具有轻度表现的心理性疾病，但并不是"神经病"。神经病是指神经系统的疾病，主要是由于感染、中毒、外伤、血管病变等原因引起的神经系统的疾病，如脑血管疾病、中风、癫痫等；可称之为神经症样综合征，但不能诊断为神经症。

神经症是一组由精神因素引起的非器质性的大脑神经机能轻度失调的心理疾病的总称，根据不同症状可分为多种类型。其主要特征是在发病过程中，各种心理因素都具有直接的作用，其中个体神经系统机能的削弱是发病的先导，个性心理特征的缺陷则是发病的基础。统计数据表明，青少年期是该疾病的高发期。在我国，神经症是高等院校大学生中最为常见的一类心理疾病，一些调查显示，在校大学生神经性精神疾病的发病率高达9.48%。以对广东省高等院校大学生的调查统计为例，其大学生精神病发病人数占在校大学生的比率是：1986年为2.0/万，1987年为2.5/万，1988年为6.2/万，1989年为7.0/万，呈逐年增长趋势。[①] 2007年，来自广州市精神病院的统计数字是：社会人群中有心理疾病的患病群体高达10%，高校的大学生群体中则比例更高，普遍在20%～30%。每年精神病院收治的1 500余患者中，有100名左右是在校大学生。[②]

神经症有各种表现：

1. 神经衰弱

神经衰弱是一种由各种精神因素引起的神经系统功能失调症，其主要临床特点是易于兴奋和迅速疲劳，常有各种躯体不适感和睡眠障碍。睡眠障碍表现为睡眠不深，伴有多梦，疲乏无力，注意力不集中，头痛、头昏、记忆力减退、易激动、惊慌、多汗等。引起神经衰弱的原因，主要是长期存在的某些精神因素引起大脑机能活动的过度紧张，使精神活动的能力减弱造成的。神经衰弱在大学生中是一种常见的心理障碍，一般的结果是，少数人因此而不能坚持学习，被迫休学或退学，还有相当多的学生虽然能坚持正常学习，但其学习效率和成绩会受到不同程度的影响。

---

① 廖碧珠，屈次庄．广东省高等院校大学生精神病和心理障碍的发病情况分析．暨南大学学报，1991（2）：56.

② 薛冰，汤静贤．广州每年百名大学生被送进精神病院，情爱非主因．信息时报，2007－01－11.

2. 焦虑症

焦虑症是一种常见的以广泛和持续性焦虑或反复发作的惊恐不安为主要特征的神经症，主要特征是常伴头晕、胸闷、心悸、呼吸急促、出汗、口干等植物神经功能紊乱症状或运动性紧张。其焦虑情绪并非由实际威胁或危险引起，紧张不安与恐慌程度与现实处境很不对称。个体产生焦虑情绪反应的原因可能是在其不理解外部刺激因素或身体正常发育变化情况下所产生的一种消极情绪状态。如女孩因月经来潮或男孩因初次遗精而恐惧；不能达到父母或老师对他们提出的要求而受到严厉的批评；受到同伴或亲友的侮辱或嘲笑；家庭破裂以及出现不正当的性行为或因手淫行为而产生的罪恶感；面临考试的压力；等等。

患有焦虑症的人，常感到无明显原因、无明确对象、游移不定、范围广泛的紧张不安；经常提心吊胆，却又说不出具体原因。患者过分关心周围事物，注意力难以集中，从而使学习效率明显下降。

3. 抑郁症

抑郁症又叫忧郁症，因其发病率很高又被称为精神病学上的"流感"，是指以持久的心境低落状态为特征，常伴有兴趣减退、自觉疲乏无力、自我评价过低、悲观失望、不愿主动与人交往，自罪自责，病情严重到一定程度便会产生悲观厌世情绪。美国国家心理卫生研究所统计显示：40%~70%的抑郁症患者出现过自杀意念，15%最终完成自杀。

某校小C是理工科二年级女生。进入大二后，她的母亲发觉她变得越来越让人难以捉摸，主要表现是她和同学的关系变得冷淡而疏远，和平时要好的同学也断绝了来往；情绪低沉，连平时喜欢观看的电视节目也无半点兴趣。在和心理医生的接触中，小C透露了自己的"心结"。原来小C以前是市重点中学的学生，在班里一直名列前茅，刚入大学，就被任命为班长。但一年后，老师和同学都认为她性格不适合做班长的工作，加上期终考试成绩一般，在二年级班长选举时，她落选了。由于这件事的刺激，小C对自己失去了一切信心，精神空虚、疲乏少神、睡眠障碍、食欲不振，曾想到自杀。经诊断，小C患上了抑郁性神经症。

一般来讲，抑郁症患者在病前大多能找到一些致病的精神因素。如在生活中自己感受到不幸遭遇，学习中遇到重大挫折和困难，在公共场合自尊心曾受到过严重伤害等。该症的发生也与人的性格有一定关系。自卑心一向很强的人，在受到挫折后，会因此容易产生失望、自卑心理而导致发病，性格不开朗、多愁善感、好思虑、敏感性强、依赖性强的人，在精神因素的作用下，也容易导致抑郁症的发生。

4. 恐惧症

恐惧症是指对某一特定的物体、活动或情境产生持续的和不合理的紧张为特征的神经症障碍。患者明知这种反应不合理，但在相同场合或情境中仍会反复出现并难以控制。患者的心理、行为特点多为羞怯、胆小、内向、依赖性强。大多数成人的单纯恐怖主要来源于儿童期曾有过的体验，明显的精神刺激可诱发恐惧症的产生。常见的恐惧症有社交恐惧症、场所恐惧症、物体恐惧症等。

5. 疑病症

疑病症是一种以担心或相信患有严重躯体疾病的一种持久性优势观念为主的神经症。患者往往对自身的健康状况或身体的某一部分功能过分关注，怀疑患了某种疾病，真实情况是患者主诉的并不与实际情况相符，医生对疾病的解释或医学客观检查常不能消除患者对自身健康固有的成见。患者会因为自认为这种症状反复出现而不断就医，或者常伴有焦虑和抑郁，并为此而深感苦恼。有些时候，患者确实存在某种躯体障碍，但躯体障碍不足以解释所诉症状的性质或程度，或患者的痛苦和优势观念与现实不符，也属疑病症。

（二）精神病

精神病是一种严重的心理疾病，主要是指人的整个心理机能的瓦解，心理活动各方面的协调一致遭到严重的损害，而且机体与周围环境的关系也严重失调。

1. 精神分裂症

精神分裂症又称精神病中的"癌症"，是一种严重的心理疾病。常缓慢起病，具有思维、情感、行为等方面障碍及精神活动不协调表现。

在20世纪，瑞士的精神病学家布鲁勒（E. Bleuler）曾对本病进行过细致的临床观察，指出该病的临床特点是人格障碍、联想障碍、情感淡漠、意志缺乏和继之而来的内向性。第一，人格障碍。表现在因脱离现实而出现异常的举止和情绪波动。在很多情况下，患者通常认为其思想受自身之外的某人或某物控制。他们会赋予一些琐碎的小事以毫无根据的意义，这种人格障碍可能会存在于患者某些特定的时期，也可能一直存在。第二，联想障碍。是指患者在意识清楚的情况下，思维联想散漫或分裂，缺乏具体性和现实性，患者的言语和书写文字的语句之间、概念之间，或上下文之间缺乏内在意义上的联系，失去中心思想和现实意义。有时逻辑推理荒谬离奇，严重时言语支离破碎。第三，情感淡漠。是指情感反应与思维内容以及外界刺激不配合，这是精神分裂症的重要特征。患者的情感体验日益贫乏，甚至对那些使一般人产生莫大痛苦的事件，患者也表现得十分淡漠，丧失了对周围环境的情感联系。如亲人不远千里来探视，患者视若路人，也不能唤起患者任何情感上的共鸣。有时情感反应在本质上倒错，如患者流着眼泪唱愉快的歌曲，笑着叙述自己的痛苦和不幸。第四，意志缺乏。是指患者对社交、工作和学习缺乏要求；不主动与人来往，对学习、生活和劳动缺乏积极性和主动性，行为懒散，无故不上课、不上班，严重时终日卧床或呆坐，无所事事。长年累月不理发、不梳头，口水含在口内也不吐出。

上述思维、情感、意志活动三方面的障碍使患者精神活动与环境脱离，行为孤僻离群，加之大多不暴露自己的病态想法，沉醉在自己的病态体验中，自乐自笑，周围人无法了解其内心的喜怒哀乐。

精神分裂症病因目前尚不清楚，研究认为与遗传因素、环境中的生物学和社会心理因素、大脑病理和脑结构的变化以及神经发育异常等有着密切关系。

2. 躁狂抑郁症

躁狂抑郁症或简称躁郁症，是以情感高涨、活动增多、联想加快、极度兴奋与情绪低落、意志消沉、思维迟缓交替出现的一组精神障碍性疾病。

躁狂抑郁症患者表现为躁狂与抑郁状态的两极性。如果仅有抑郁发作就叫抑郁症，仅有躁狂发作就叫躁狂症。躁狂症患者常处于情绪上强烈而持久的喜悦与兴奋状态之中，思维奔逸，联想过程明显加快，口若悬河，滔滔不绝；行为活动明显增多，喜交往，爱凑热闹，好管闲事，整天忙忙碌碌，不知疲倦；自我感觉良好，言辞夸大；脾气差，动辄大动肝火，易激怒。抑郁状态则表现为情绪低落、无精打采、沮丧忧郁；思维迟钝和麻木，行动明显减少，动作迟缓乃至僵硬，兴趣减退，信心下降，动力缺乏，性欲减退，体重减轻，甚至有自杀念头出现。

（三）人格障碍

人格障碍是指人格发展和结构上偏离正常，主要表现为理智、道德观念、感情和意志的欠缺，但智力活动无异常表现。这使患者形成了特有的行为模式，且对环境适应不良，明显影响其社交能力和职业选择。具有严重的人格缺陷的人缺乏自控力，一旦形成难以矫正，有时会做出伤人等社会危害行为。偏执、强迫、敌对、人际关系敏感等，可以说是人格障碍的潜在因素和倾向性表现。

人格障碍不属于精神病。但是，根据传统习惯和实际临床诊治情况，人格障碍属于人的心理障碍或心理性疾病。因此，在处理方法上与精神病就有不同，如患者有犯罪行为，那么要对自己的犯罪行为负法律责任，但是量刑较轻。既然是心理疾病，患者除了接受社会教育、管理或刑事处罚外，还应该接受心理治疗和心理训练等综合防治措施的强化实施，以减轻症状。

诸多调查资料表明，大学生中人格障碍以强迫、偏执为主，反社会人格占有一定比例。

1. 偏执型人格障碍

一个人有主见，不人云亦云和随声附和，这是一般意义上说，是值得称道的好品质。但是，人在生活中不可能事事都如自己意，也不可能一切都不可改变，所以，那些遇事好钻牛角尖，具有"一条道跑到黑"的固执己见、自以为是的人，就成为一种不为人们所认可的具有偏执心理人格障碍的人。偏执型人格障碍以持久的、系统的且比较固定的妄想为主要临床特征，行为、情感反应与妄想观念相一致。主要特点表现为敏感、多疑、固执，自我估价过高和自我中心。或者觉得别人总是对自己怀有恶意，或者感到自己受到不公平待遇，难与人友好相处，人际关系紧张。出现偏执型人格障碍的人群中多见于男性。在学生中多表现为好与人争论，瞧不起人，认为别人虚伪，幼稚肤浅。如果别的同学考试成绩好，则怀疑别人作弊；如果自己考试成绩不好，则认为老师有意打低分。常独来独往，与同寝室、同组、同班同学都搞不好关系，思想认识和行为习惯常显得与众不同。

2. 强迫型人格障碍

大多数人都在孩童时期养成了一些日常习惯，比如因为避免踏在正在铺路的石头上而跳着走，或者总按一定的路线回家等。如果这种日常习惯没有伴随着焦虑，或者个人随着年龄增长改掉这样的习惯并没有感到焦虑不安，那么，这种日常行为习惯是正常的。如果这种行为习惯主导了个人的生活或工作，那么他就会成长为具有强迫型人格障碍的人。强迫型人格障碍的形成往往与人在生活中所受的压力相关，其特点是遇事犹豫不决，好怀疑和动摇自己的决定，过于自我克制，事事以十全十美的高标准要求自己，因而穷思细节，并为此而焦虑紧张和苦恼，职业和社交能力受到严重损害。他们可以在工作学习中取得好成绩，然而因少有挚友而显孤独。

3. 自恋型人格障碍

具有自恋型人格障碍的人往往拿放大镜看自己的长处，甚至把缺点也看成优点，他们的人际交往模式是"我好，你不好；我行，你不行"。像罗玉凤，这个被人称为"凤姐"的在网上走红的女子，就认为自己的智商很高。面对大众的质疑甚至是嘲笑，表现得高傲自大。她为什么这样，一些专家诊断的结果，认为她的表现符合一种需要赞美的，包括幻想和行为上漫延的无所不能模式以及缺乏同情能力的"自恋型人格障碍"大部分判断标准，是极为典型的"自恋型人格障碍"的患者。在心理学上，自恋型人格障碍的基本特征是夸大自我价值感，缺乏对他人的共感性。实际生活中，他们容易夸大自己的成就和才干，认为自己的想法是独特的，只有特殊人物才能理解。但自尊心实际上却很脆弱，他们往往过分关心别人的评价，要求别人持续的赞美，对批评则感到内心愤怒和羞辱。造成这种现象的原因多半是：患者在早年的经历中体验过人际关系上的创伤，如与父母长期分离、父母关系不和或者父母对其态度过于粗暴或过于溺爱等。因为有过这样一些经历，使得患者觉得自己爱自己才是安全的、理所应当的。

4. 依赖型人格障碍

以生命现象比拟人格，新生命的诞生是从剪断脐带开始的，生命所受到的最大束缚就是来自于它对于这一"脐带"（绳子）的依赖性。与此相似，世上也有那么一种人，总是存在极强的依赖心理，习惯于靠拐杖走路，尤其是依靠别人的拐杖走路。因此，我们将有这种人格障碍的人称之为依赖型人格障碍。其主要特点是对亲近与归属有过分的渴求，时刻想得到别人的温情，只要能找到一座靠山，宁愿放弃自己的个人趣味、人生观。有时表现为懒惰、脆弱，缺乏自主性和创造性。其实，生活上最大的危险，就是依赖于他人来保障自己，而作为有依赖型人格障碍的人，会因为依赖心理而失去自己的独立意识，其结果是自己给自己的未来成长与发展挖下了失败的陷阱。

5. 反社会型人格障碍

反社会型人格障碍也叫悖德型、违纪型或无情型人格障碍，其主要特征是表现为极端的自私自利，其行为不符合社会规范，经常违法乱纪，对人冷酷无情，有高度的攻击性，缺乏羞耻感，不能从经历中取得经验教训。这类人在幼年，往往有学习成绩不良、逃学、反复饮酒、性放荡、说谎、破坏公物、偷窃、对抗长者等表现。成长后，情感肤浅而冷酷，脾气暴躁，自我控制不良，对人不坦率，缺乏责任感，与人格格不入。另外，此类人法律观念淡漠，行为受本能欲望、偶然动机和情感冲动所驱使，具有高度的冲动性和攻击性。自私自利，自我评价过高，对挫折的耐受力差，遇到失利则推诿于客观，或提出一些似是而非的理由为自己开脱。对自己的人格缺陷缺乏知觉、悔恨感与羞愧，不能吸取经验教训，易走向多种形式的犯罪之路。

反社会型人格引起的违法犯罪行为最多，同一性质的屡次犯罪，罪行特别残酷或情节恶劣的犯人中的 1/3～2/3 都属于此类型人格障碍。

（四）性心理障碍

性心理障碍泛指两性行为的心理和行为明显偏离正常，并以这类偏离作为性兴奋、性满足的主要或唯一方式为主要特征的一组精神障碍性疾病。青年学生的性心理障碍主要有：性身份障碍（易性癖）、性指向障碍（恋物癖同性恋）和性偏好障碍（易装癖、露阴癖、窥阴癖）。

1. 性身份障碍

性身份障碍是指从心理上否认自己的生理性别和服饰，强烈希望转换成异性。易性癖主要特点是心理上对自身性别认同与解剖生理上的性别特征恰好相反。患者绝大多数是男性，通常开始于青年期、儿童期多与女孩子为伍，穿着异性衣着，但不产生性兴奋（与异性装扮癖不同），具有女性化的言语腔调、体态、举止表现，他们厌恶自己的性器官，寄希望于进行阉割手术以转换性别。这种愿望一般会持续存在，当愿望不能获得满足时，有的人会产生自杀动机和行为。

2. 性指向障碍

性指向障碍是指性欲对象与常人相异，指向某种物品或同性。

恋物癖是指反复出现以触摸某种非生命性物品或异性躯体作为性满足的刺激物。几乎仅见于男性，患者的眷恋物有女人的乳罩、内裤、卫生带，异性的头发、足趾、腿等。为得此物，患者会不惜冒险偷窃并收藏。至于恋物癖是怎样形成的，目前尚未得到令人满意的解释，这可能与患者幼年时代的某种刺激或体验有关。恋物癖如果不及时治疗，会影响到今后的婚姻生活，也会因在生活中的性变态而受到歧视，从而对人的身心健康和个人发展造成影响和伤害。

同性恋是指对异性不感兴趣而迷恋同性，表现为对同性具有性爱吸引力并持续表现性爱倾向，它可以伴有或不伴有性行为，同时对异性毫无性爱倾向或者仍有减弱的性爱倾向以及正常的性行为。近年来，同性恋性心理障碍在大学生中有蔓延趋势。据中国人民大学性社会学专家潘绥铭介绍，他于2001年对全国大学本科生性观念与性行为状况进行了一次随机抽样调查，结果发现，有6%左右的大学生在大学期间首次发生了同性之间的性接触。有同性恋心理倾向和同性接触的男生和女生一样多。[①]

同性恋在当下可被认为是一种"性指向障碍"，但已不再被视为是一种人的病态，只有当同性恋者伴发心理障碍，如个人不希望如此或犹豫不决，为此而感到焦虑、抑郁及内心痛苦时，才能被视为是一种精神障碍疾病。

3. 性偏好障碍

性偏好障碍是指性心理和性行为带有儿童性活动的特点，即以幼年时的方式求得性满足，如易装癖、露阴癖和窥阴癖等，矫治其行为一般需要让其接受系统的心理治疗。

易装癖是以穿着异性服装和戴异性饰物来激起性兴奋，以求获得性满足的不良嗜好，易装癖均为男性。

露阴癖是指在不适当的场合把自己的生殖器裸露在异性面前，从异性震惊、恐惧、惊慌的表情中获得性满足和产生性快感的一种不良性嗜好。露阴

---

① 吴焱. 调查显示中国6%大学生发生过同性之间性接触. 新民周刊，2006–11–09.

癖是一种强迫症行为,当事者自己无法克制,即使被当成流氓抓起来,释放后仍会复发。

窥阴癖是指借助窥视异性的裸体或性动作而获得性快感的不良性嗜好。窥阴癖者大多为男性。他们有时躲在女厕所,有时透过女浴室的窗户窥视女性,目的是看女性的阴部或裸体。有的人也通过边看边手淫的方式以达到性快感和性满足。观看的对象一般是陌生女性。

三、积极呵护自己的心灵

(一)"终极关怀"——让本真的生命归家

当前大学生存在的最大问题是理想信仰问题。理想信仰的缺失,郁闷、迷惘、困惑等心理问题由此而生;价值准则目标的不明确,加上急功近利和浮躁不安心理,使得当今部分青年学生的生命发展迷失了正确的方向。

如何使人的生命心理安定?这是中西哲学家、教育家常常研究与探讨的重大课题。

中国古代的老子说过:"五色令人目盲,五音令人耳聋,五味令人口爽,驰骋畋猎令人心发狂,难得之货令人行妨。是以圣人,为腹不为目,故去彼取此。"(《道德经·第十二章》)意思是说,颜色多了会使人眼花缭乱,失去辨别方向的能力。声音杂了会使人振聋发聩,失去辨别音色的能力。山珍海味吃久了,口舌会因此而麻木。纵横驰骋山野间涉猎,受刺激久了会变得狂野。拥有贵重财物会使人行动不便。所以对圣人来说,饱腹就可以了,不会去追求其他的诱惑。也就是说,因为生活上的各种追求和刺激,使人的自然生命向四面八方流散出去,心理的情绪也喜怒无常,出现了意念的造作。所以,道家提倡"无为","无"不是存有论的无,在这里是"否定"的意思,而"为"通"伪",即造作的意思。用现代的语言表达,就是否定自然生命的纷弛、心理的困扰和意念的造作,使人成为"真人"。

人生在世,因为思想的存在,使人成为具有目的性的动物。人在有限的生命历程中,虽然会有多样化的目的追求,但是,总会有一个目的不能抛弃,那就是对自己的生命归终选择。有了这个终极目的做支撑,人的心灵就不会像浮萍一样四处漂泊。这个终极目的,用中国人的说法,称为"安身立命"之本;用现代西方哲学的术语表达,就是人的"终极关怀"。

"终极关怀"(ultimate concern),是由美国当代神学家、哲学家保罗·蒂利希所创立的一个词语。它所蕴含的意义就是,人意识到他生存根本的有限性和无常性,而追求一种不变的精神世界并把它看成是自己的真实家园,这种追求就是人生的终极关怀。蒂利希认为是凡人都有 3 种终生挥之不去的忧虑,他称之为"存在性忧虑":一是人对死亡和命运的忧虑,二是人对空虚和无意义的忧虑，三是人对自我内疚和罪责的忧虑。而这3种忧虑都是人的理性所不能解决和对付的。即使我们的生活信心是由最健全的理性武装起来的，可是在这3种忧虑面前，还会立刻暴露出其全部的充满空隙的不稳定性。于是，人就需要有或者在努力寻找一个真实的家园，或者说这个人所追求的真实家园就成为人的坚定的理想和信念。青年人只要有了这样一种信念，就具有了人的生命活动的"终极关怀"，他就能在纷繁复杂的社会生活中和四处漂泊的境遇中找到自己的精神家园，困扰的心灵就可以在这个真实的精神家园中得到安顿。

（二）善待自己，对生命自我不要过分苛刻

面对复杂的社会环境，人人都会遇到心理矛盾，由此产生各种各样的心理问题，这是不可回避的。但有许多实验表明，人有心理问题的原因其实重要的不是在外界，而主要是在自己的认知评价上。人生在世，主要是自己对这个世界的认识与心态。中国有句老话说得好，"生活就是你对它笑，它就对你笑"。的确如此，生活过得去还是过不去，不在于别人，而是在于你过的心态。例如某医科大学的一位高材生长得一表人才，毕业前夕却在宿舍自杀。查点他的遗物时，在他的日记中发现，导致他自杀的原因竟是他不知如何面对3个都对他表示爱慕的女生。当年从上海最高楼顶跳下的大众汽车公司总经理方宏，其跳楼动机源于事业的发达，他不知如何摆平同周围人及亲人的关系。数年前因枪杀同学、导师、系主任和副校长然后自杀而轰动美国校园的中国博士生卢刚，事件起因就是因为没有得到导师写给他的就业推荐信，如此等等，这些在常人看来都不是不可解决甚至有些纯属"鸡毛蒜皮"的问题，在当事人身上却成了生命中不可承受之重和不可逾越的障碍。

心理学家认为，看一个人心理是否健康，一是看他有无充分适应社会的能力，能否客观地面对周围环境与现实；二是能否保持稳定乐观的情绪；三是是否有良好、和谐的人际关系；四是人格的完整和谐与否。所谓"知足常乐"、"遇事向前看"对许多人来说并不是一件易事。那些耿耿于怀的往事，那些难以释放的情结，周围总有摆不平的关系，人与人之间层出不穷的矛盾，甚至不能预测的前途，等等，都会带给人很多焦虑与压力。但只要我们遇事都有往好处想即利导思维，身心的精神紧张就能得到一定程度的缓和。细思之，任何事物其实都有两面性，在事实不能改变的情况下，利导思维的方法能使人保持乐观的情绪，由此形成健康的、积极的心态。例如，某个成功的人士在谈及如何缓解工作上的压力时说："自己常想一二，便一切都过去了。"什么是一二呢？我们说人生有八九成的事情是不如意的，只有一二成事情是如意的，那么就想一二吧。因为，当人们在困难时经常想到这些如意的事情时，心理上就会产生一种满足感和成就感。这对于我们保持心

理的平衡，维护健康，无疑是一剂最好的良药。

对于大学生来说，在自我的成长过程中，如何做一个最好的自己呢？我们以为应当具有如下的健康心理：

1. 悦纳自我，肯定自己存在的独特性

悦纳自我是指个体对现实自我的接纳、肯定和认同的态度。在社会生活中，每个人都有自己存在的独特性，都各有自己的长处和不足，为此决定了作为独特的自己不必和别人比高低，也不应拿别人的标准来衡量自己。我们应做到既能欣赏自己的长处，也能接纳自己的不足；既不盲目自满，也不盲目自卑，从中努力去挖掘自己的潜能，做最好的自己。

哲学家周国平说：做自己的朋友。

人在世上离不开朋友，但是，最忠实的朋友还是自己，只不过看你是否善于做自己的朋友了。要能够做自己的朋友，你就必须比那个外在的自己站得更高、看得更远，从而能够从人生的全景和高远的视野给自己以提醒、鼓励和指导。事实上，在我们每个人身上，除了外在的自我以外，都还有一个内在的精神性的自我。可惜的是，许多人的这个内在自我始终是昏睡着的，甚至是发育不良的。为了使内在自我能够健康生长，你必须给它以充足的营养。如果你经常读好书、沉思、欣赏艺术等，拥有丰富的精神生活，你就一定会感觉到，在你身上确实还有一个更高的自我，这个自我就是你人生路上的坚贞不渝的精神密友。[①]

2. 活出自我，为自己的生命存在鼓掌

面对整个人类世界，人生就像是一个舞台，每个人都在饰演着不同的角色，都希望演绎出辉煌的成就和有个性的自我，希望自己的一颦一笑、风度学识或是动人歌喉、翩翩身影能够得到他人的认可和掌声。然而，应当知道，人来到世上，也并不是每个人都能神采飞扬地站在灯光闪烁的舞台上。作为一个平凡的个体，大多数人也许只能在闪光灯的背后呢喃自己的独白，没有人会关注，没有人会在意，没有人会给予簇拥的鲜花和热烈的掌声。面对此情此景，何必嗟叹自己的渺小和庸常以及别人的优秀与成功，要用"和自己赛跑，不要和别人比较"的生活态度来面对生活。只要你在真真实实地生活，活出一个真真正正的自我，那么，即使所有的人把目光投向别处，你还拥有自我这一个最后的观众，你还可以为自己鼓掌。不是吗？在你出生之后，既然这个世界上那个属于你自己那特定的生命模子已被打碎，没有人能代替你自己来感受人生，为什么不用自己炽热的心来感受来自生活的点点滴滴，活出自我的特色和滋味来呢。

---

① 周国平. 周国平论人生. 北京：长江文艺出版社，2007：83.

3. 控制自我，培养自己的意志力

人应当有控制自我的能力，其实，自我控制的人主动去改变自己的心理品质、特征的过程，正是大学生健全自我意识、完善自我的重要途径。经验告诉我们，人有自我认识已是不易，实现自我控制亦很难。尽管如此，我们还是认为，人应当学会用自己的智慧和意志力控制自我。大学生应当根据现实环境的要求，能够及时调整个人的需要和愿望，做到正确对待学习、交往、恋爱、择业及生活中出现的各种困难，勇于承受个人成长中遇到的各种挫折，将困扰自己的事情当作磨炼意志的机会，进行情绪调整，尽快进入正常的学习与生活状态，使自己的思想和行为与环境相协调。

4. 超越自我，完善自己的健康人格

在心理学上，人格结构包括人的气质、能力、性格、理想、信念、需要、动机、兴趣等各个方面。大学生应努力完善自己的人格，使自身人格的各个方面都能得到合理而平衡的发展。首先，应做到加强自我的道德修养，陶冶性情，从点滴小事做起，从积极行动开始，知行并重。其次，将自己塑造成为一个"开放的自我"，应当善于学习和将自己不断地提高到较高的层次。现实生活中的每一个人都有自己与他人不同的天赋和才能，都有自己的独特之处。为此，大学生应当在相信自己有不断完善自我能力的同时，通过参加学校及社团组织的各种活动以及社会实践来发现自己的才能，从而在自己擅长的领域中发展自己，追求更好、更高的自我，做一个"自如的、独特的自我"。

完善自我、超越自我并不是一帆风顺的过程，需要付出艰辛的努力甚至是沉重的代价。正如民国的将领冯玉祥在自勉对联中所说的做人之理那样："欲除烦恼须无我，历经磨难好做人"，人生只有通过历练才能真正实现对自我超越。我们不会忘记，坐在轮椅上的加拿大残疾青年里克·汉森，曾靠一双手，"走"遍了五大洲，穿越了34个国家，行程4万多千米。从小集聋、哑、盲于一身的美国女作家海伦·凯勒学会了4种语言，最终写出了风靡世界的著作。人们称赞她对语言的掌握是"人类教育史上最伟大的成就……"如此等等，我们可以这样说：人生实际上是一条奔腾不息的河流，永远不会停留在一个地方，也不会停留在某一阶段，它需要不断地超越。超越，就是自我的升华。如果没有这种超越，一个人就是一个永远长不大的孩子，人类也就不可能从愚昧无知的远古走到文明昌盛的今天。

哲学大师尼采是这么说的："生命企图树起自己的云梯——它渴求眺望到遥远的地方，渴望着最醉心的美丽——因为它要求向上！"

一、资料库

（一）认识你自己[①]

一个灵魂在天外游荡，有一天通过某一对男女的交合而投进一个凡胎。他从懵懂无知开始，似乎完全忘记了自己的本来面目。但是，随着年岁和经历的增加，那天赋的性质渐渐显露，使他不自觉地对生活有一种基本的态度。在一定意义上，"认识你自己"就是要认识附着在凡胎上的这个灵魂，一旦认识了，过去的一切都有了解释，未来的一切都有了方向。人人都在写自己的历史，但这历史缺乏细心的读者。我们没有工夫读自己的历史，即使读，也是读得何其草率。

认识你自己！这是铭刻在希腊圣城德尔斐神殿上的著名箴言，希腊和后来的哲学家喜欢引用来规劝世人。对这句箴言可作3种理解。

第一种理解是，人要有自知之明。这大约是箴言本来的意思，它传达了神对人的要求，就是人应该知道自己的限度。希腊人大抵也是这样理解的。有人问泰勒斯，什么是最困难之事，回答是："认识你自己。"接着的问题：什么是最容易之事？回答是："给别人提建议。"这位最早的哲人显然是在讽刺世人，世上有自知之明者寥寥无几，好为人师者比比皆是。看来苏格拉底领会了箴言的真谛，他认识自己的结果是知道自己一无所知，为此受到了德尔斐神谕的最高赞扬，被称作全希腊最智慧的人。

第二种理解是，每个人身上都藏着世界的秘密，因此，都可以通过认识自己来认识世界。在希腊哲学家中，好像只有晦涩哲人赫拉克利特接近了这个意思。他说："我探寻过我自己。"还说，他的哲学仅是"向自己学习"的产物。不说认识世界，至少就认识人性而言，每个人在自己身上的确都有着丰富的素材，可惜大多被浪费掉了。事实上，自古至今，一切伟大的人性认识者都是真诚的反省者，他们无情地把自己当作标本，借之反而对人性有了深刻而同情的理解。

第三种理解是，每个人都是一个独一无二的个体，都应该认识自己独特的禀赋和价值，从而实现自我，真正成为自己。这种理解最流行，我以前也常采用，但未必符合作为城邦动物的希腊人的实情，恐怕是文艺复兴以来的引申和发挥了。

在一定意义上，可以把"认识你自己"理解为认识你的最内在的自我，那个使你之所以成为你的核心和根源。认识了这个东西，你就心中有数了，

[①] 李继勇. 时文选粹. 北京：北京燕山出版社，2009：410 – 411.

知道怎样的生活才是合乎你的本性的,你究竟应该要什么和可以要什么了。

然而,最内在的自我必定也是最隐蔽的,怎样才能认识它呢?各种宗教有静修内观的功夫,对于一般人来说,那毕竟玄了一点。而且,内观的对象其实不是上述意义的自我,而是这自我背后的东西,例如,在佛教是空,在基督教是神。

我觉得我找到了一个认识自我的方便路径。事实上,我们平时做事和与人相处,那个最内在的自我始终是在表态的,只是往往不被我们留意罢了。那么,让我们留意,做什么事,与什么人相处,我们发自内心深处感到喜悦,或者相反,感到厌恶,那便是最内在的自我在表态。就此而论,知道自己最深刻的好恶就是认识自我,而一个人在这个世界上倘若有了自己真正钟爱的事和人,就可以算是在实现自我了。

(二)人的性别发育特征

1. **女性的性发育**

8~10岁:子宫开始发育,臀部开始变圆。骨盆开始加宽,乳头发育,皮脂腺分泌增多。卵巢发育开始加速,随后即是直线上升趋势。

10~11岁:乳房开始发育,乳头开始突起,乳房出现硬块;阴毛出现。乳房发育是少女青春期发育最早、最典型的标志。

11~12岁:阴道黏膜出现变化,乳头、乳晕突出;内外生殖器开始发达。

12~13岁:乳头色素沉着,乳房显著增大并成熟。

13~14岁:初潮。在女性激素作用下,子宫内膜发生周期性"增长—坏死—脱落"的现象而形成月经。开始为不排卵的月经,不能受孕。由于此时卵巢功能尚未稳定,初潮1年左右月经周期常不规律。

14~15岁:月经变为规律的,有排卵的周期,有可能受孕。

15~16岁:变声,脸上长痤疮。

16~18岁:乳房丰满、紧张而有弹性;骨骼闭合,停止长高。

2. **男性的性发育**

10~11岁:睾丸、阴茎开始增大。

11~12岁:前列腺开始活动,喉头增大。

12~13岁:阴毛出现。

13~14岁:睾丸、阴茎急速增大。

14~15岁:腋毛出现,变声;乳部发胀,睾丸增长完成。

15~16岁:精子生成,出现遗精现象。

16~18岁:开始长胡须,脸上长痤疮。

18~22岁:骨骼闭合,停止长高。

二、思考与讨论

（一）健康人格论的中心论点

具有一贯、健康、和谐人格的人不会做出残忍与不义的事。确实，某些不道德行为来自变态的人格。但是，假定所有不道德的行为皆出自变态的人格，这是合理的吗？

这世界上是否有快乐的、身心调适良好的杀人凶手存在？

（二）红蟹脱壳

螃蟹没有与生俱来的唯一盔甲，当小螃蟹稍稍长大一些后，就会从坚硬的甲壳中爬出来，在肉体外面重新长一个新壳。

对一只螃蟹来说，在它的一生中，只有勇敢地连续几次脱壳而出，才能够生存下去。螃蟹每脱一次壳，身体就长大一些，数次脱壳之后方能长成大蟹。老壳脱落的时候，新壳未长硬之前，正是螃蟹生命中最具挑战的生死攸关的时候。它首先要防止自我伤害，因为柔软的蟹身脱壳时极易被锋利的旧壳扎破而致死。所以，螃蟹一定要等背上的裂口撑得足够大时才爬出来。随后，丢盔弃甲的蟹身最容易受到其他生物的攻击。即使危机四伏，蟹也是绝不肯退回老巢避难的，而是藏在石缝里，一直等新壳坚硬后才钻出来。

其实，人的成长又何尝不是如此呢。在经历一层层脱壳后我们才能长大成人。有时候，我们习惯抱怨命运把灾难与不幸降临给我们，与其自怨自艾坐以待毙，不如仿效红蟹脱壳的求生之道，把这些人生中的倒霉事儿当作我们重塑新生的一个最佳契机。

①我们在生活中应当向螃蟹学习什么？

②在我们身上是否正在背着一个老化的壳，需要让自己破壳而出？

三、建议阅读书目

①廖碧珠. 青年学生健康教育. 广州：广东高等教育出版社，2011.

②卡西尔. 人论. 上海：上海译文出版社，1989.

③别尔嘉耶夫. 论人的使命. 上海：学林出版社，2001.

④张伯钦. 绵延人生路. 广州：广东高等教育出版社，1993.

⑤樊富民，费俊峰. 青年心理健康十五讲. 北京：北京大学出版社，2006.

⑥黄雪薇. 大学心理健康教程. 广州：广东科技出版社，2007.

第三章

健康道德

内容提要：

● 疾病不是健康的对立物，而是人体受到伤害时一种自我保护反应；对人体健康的最大威胁不是疾病，而是导致疾病的伤害力量。

● 人的健康是一种身心健康、适应社会的积极状态。人最健康的生活方式，即是顺应自然法则生存的生活方式。

● 生理健康是人生命存在的基础，心理健康是生理健康的发展，道德健康是生理健康和心理健康的升华。

● 人并非"自己处在一座孤岛上"。一个人的健康状况如何，不仅影响到个人的生存状态，而且还会影响到与之相关联的人。因此，维护健康是个人权利，更是道德义务。

● 树立新的健康道德观，让每一个人都承担起拒绝吸烟、控制酗酒、谨慎用药、锻炼身体、维护心智、保护环境的道德责任。

现代社会里，有些人之所以在优越的环境里以极其轻率的态度对待自己的身体或不能保持身心的健康，是因为没有认识到道德对人的健康的重要作用。在追逐物质文明时放弃了对道德健康的恪守，或沉溺酒色，或损人利己，或唯利是图，以致使自己心理的压力逐步加重，健康状况日趋不良，"未老先衰"或"半百而衰"，甚至染上怪病、绝症。那么，怎样才能提高人的健康水平呢？我国国家心血管病科研领导小组组长洪绍光教授曾在中南海的一次讲座中提出：必须重视人的道德品行修养，保持和提高道德水平。重要的是要做到："一个中心"，即以健康为中心。"四大基石"即合理膳食，适量运动，戒烟限酒，心理平衡。"四个最好"即最好的医生是自己，最好的药物是时间，最好的心情是宁静，最好的运动是步行。

健康不但是每个人拥有的天然权利，更应成为每个人的道德义务。为了自己，为了家人，为了社会，每个人都应树立正确的健康道德观，养成健康、文明、科学的生活方式和行为习惯，提高自我保健能力和健康水平。

第一节
品味健康的状态

人类在长期与疾病的斗争中，在付出代价的同时也取得了很多经验。伴随着现代医学技术的不断进步，一方面，人类对于疾病的辨识判断能力大大增强，使过去人们不可认知的疾病到现代得以认识其内在病因，从而为寻找正确有效的治疗方法并因此使人均寿命延长提供了很好的前提。另一方面，在医学科学家们发明了疫苗并进入临床应用之后，人们在预防疾病尤其是流行性疾病方面也取得了长足的进步。尽管如此，实现人类健康的医学任务远未完成。

今天的全球化浪潮正在改变着整个世界的平衡，催促着人类进行新的医学领域革命。为此，追求全民的健康长寿和预防保健，而不只是只为减少患者群的痛苦，确立新的健康道德意义重大。然而，人的健康是一个复杂的系统性问题。例如，生理出现疾病状态是不是都需要选择治疗这一途径来解决问题？享有公费医疗待遇的人就可以进行非医学医疗的美容吗？疾病在医学上的人为判断是绝对可信的吗？何谓道德健康？我们应当如何坚守人的健康道德？所有这些问题都有讨论的必要。

一、健康是人类永恒的话题

生命健康对于生命个体是十分重要的，甚至是代表着人的一切。

10000000，读作一千万，是一个西方流传的故事。这一长串阿拉伯数字说明人的综合素质和生命价值。由最末的位数向前，每个"0"依次代表人的专业技能、学识、智商、情商、阅历、敬业精神、品行，最高位数"1"代表人的健康。由于"1"的存在，后面的每个"0"都呈现出十倍、百倍的意义，10000000 就是千万财富；没有"1"即失去健康，后面所有的"0"都不过仅仅是个"0"而已，一个人所有聪明才智都将化为乌有，所谓千万财富，何以有之？在这个典故的中国版本中，国人诠释为"身体是革命的本钱"，而将每一个"0"分别演绎为事业、成就、财富、友谊、婚姻、家庭、幸福。尽管在"0"所表达的内容上，东西方各有不同，实质却是一样，即没有健康的身体，个人的一切奋斗成果都将付诸东流。这个中西合璧的警世恒言告诫我们，生命的价值取自"1"——你的健康，它是幸福生活的基础，事业成功的保证，如同世界卫生组织所言：健康是金。

健康是人类永恒追逐的话题。对社会来说，健康是个人履行社会责任的必备条件；对个人来说，健康是个体生命得以存在的基础。然而，在不同的人类社会历史时期和处在不同发展水平的医学时代，人类对于健康的理解与认知是不同的，为此而设定的追求健康的目标也是不一致的。

在科技不发达的远古时代，人的生命健康所面临的危险主要来自于饥饿、猛兽及难以抵御的各种自然灾害。而对于身体疾病，限于当时人的智力水平，无法对其进行科学的解答，只能借助于超自然的力量进行各种超自然的解释：患者生病了，可能是由于鬼怪作乱或者是祖先的幽灵作怪，要不然就是旁人偷走了患者身上的灵魂或者什么东西，或者是什么东西将他迷惑住了。在这种令人恐惧的境遇中，患者作为一个受害者，不得不需要借助他人的帮助来恢复自己的健康，或者在无奈之下采取祷告的方式向神灵乞求健康。因此，那些具有类似祭司职能的人便会选择巫术驱逐魔鬼的方式，企图将病魔逐出人体。例如，古巴比伦人就认为人若冒犯了正直的天神，天神就会让疾病病魔降临到他的身上进行惩罚。在这种可怕的疾病观念影响下，对疾病的治疗主要是祈祷与驱邪，如在患者面前摆上粪便垃圾，让魔鬼觉得厌恶而使其停止作怪。古人有时也会根据自己的想象，选择在门窗边框上画上一些魔鬼的形象，因为那样做会使魔鬼见到后感到惊慌而逃走。

随着人类社会的发展，在人们饮食起居等基本条件得到改善之后，疾病日益成为危害人类健康的大敌，"没有疾病就是健康"的观念逐渐为人们所接受。同时由于人们对鬼神致病的认识实践产生怀疑，开始试图从现实世界的自然物质中寻找疾病的原因及治疗方法。此时，医学存在的根本目的已不是画符避邪，而是通过探寻疾病原因以除掉疾病。如古希腊时期的阿那克西迈翁就提出疾病的产生与人的体质有关的思想，认为健康就是一种和谐的状态，而疾病不过是和谐遭到破坏的表现，是一元素多于另一元素，或者一对元素多于另一对元素所致。希波克拉底是古希腊第一个完全将医学与超自然现象相分离并建构起完整医学体系的医生。他摒弃了各种神学思想，提出人的生命与性格决定于人身体中血液、黏液、黄胆汁和黑胆汁液体配比的观点。认为在人体中，当一种体液的流量过多或者缺乏时，人就会感到痛苦；当某一体液离开其他体液而孤立时，不仅仅是它原来的地方要闹病，就是它所停留的地方也要闹病。古希腊罗马时期的另一个从事医学研究的人是盖仑。盖仑用机体的自然功能和机体结构来解释疾病，认为人的机体所有部分的总和组成一个功能性的整体，而健康不过是机体的一种中间状态。医生治病的目的是处理那些使人感到不适的疾病，而对诸如身体有残缺但能正常活动者，可以视为是健康的人，医生不必过问。

进入工业化社会后，世界范围内特别是西方社会兴起的自然科学革命浪潮极大地推动了当时医学技术的进步，同时也深刻地改变了传统意义上"没有疾病就是健康"的医学观念，出现了生物医学模式的健康观。生物医学模式的健康观点脱离了神对人的控制，把人类的疾病与健康只放在物质、生物的范围去考察，认为人所生成的任何一种疾病都是在受到病原体侵害之后的局部细胞损害的结果，所有疾病都可以在器官、组织、细胞等部分找到形态结构、生化代谢的特定原因。反之，只要体内多种生化指标保持正常，人就是健康的。消灭了病原体，纠正了偏离正常的生物变量，就是疾病的治愈。

在近代社会较长的一段时期，生物医学模式的健康观实行的是以研究机体的物理、化学和生物学为基础，以探寻疾病的位置和原因为方法，以清除病灶、消灭病原体、修补损伤为目的的预防和治疗策略。这种单因单果的流行病学思维模式，曾经在指导人类增进健康、减少疾病、延长寿命的医疗卫生实践中做出过巨大的贡献。特别是20世纪上半叶，生物医学家们普遍采用预防接种、杀菌灭虫和抗菌药物三大武器来防治疾病，收到了较为明显的效果，仅用短短的几十年时间就使长期以来威胁人类健康的传染病和寄生虫病从人类死因构成的首位退居到次位，这在医学发展史上可说是创造了非常罕见的奇迹。可是令人遗憾的是，随着人类疾病谱系和死亡谱系的转变，生物医学模式在脑血管、心脏病、恶性肿瘤、意外事故死亡的防治方面却逐渐陷入了困境。传统医学如何走出困境？人类在呼唤建立新的健康观和新的医学模式的同时，开始致力于寻找安全、科学、有效的方法与措施，以求积极保护和增进人类的健康。

疾病产生的原因究竟是什么？人类能彻底消灭疾病吗？随着社会的发展和现代医学自身的进步，传统生物医学模式所固有的片面性越来越明显，尤其是在慢性病成为健康的主要问题的时候，越发显得无能为力。长期以来，正是由于受消灭疾病维护健康的健康观支配，医生们主要忙于应付各种疾病，然而对于探讨疾病的发生、发展、转归的内在规律因素，以及对健康本身研究得却不够。20世纪中叶以后，全球疾病和死因构成发生了很大的变化。脑血管病、心脏病、恶性肿瘤和意外死亡代替传染病、感染、寄生虫病等，成为威胁人类健康的最大敌人。社会疾病谱系的调查研究逐步清晰地表明，这些疾病的病因往往是人类自身一系列的不良社会生活方式、行为习惯、紧张刺激、不合理的消费所致。要征服这些疾病，人类在观念上必须摆脱身体无病就是健康观念的束缚，在行动上必须超越生物医学模式规范束缚，才能走向健康领域的新天地。

二、健康是人的一种积极状态

何谓健康，当一个人只要在未出现乏力、不适或者失调的症状时就算是健康的吗？其实，凡是对一个人所重视的需要和目的无妨的某一种身体体能缺欠或不足，虽然不能说是健康，但也不可以被视作为"不健康"。这一具有"中性"评价的观点一定程度上可以优于那种传统上认为主观上没有资格确定健康状态的观点。"在我们看来，真正健康的较合理的观点，应该注重人们在恰当地克服身体的和精神的某些缺欠时，怎样做出决定和怎样才能彼此相爱……这样，健康与否的判断便以一个人自己的价值观为基础。"[1]

疾病和健康本是医学领域最基本的范畴，"健康"一词最原始的意思就是人体的强壮、结实和完整。而在医学长期发展过程中，人们在对疾病的认识逐渐清晰之后，开始知道了人体健康的重要性。随着医学的发展，人们又对疾病本质及其规律的认识进一步深刻，开始把人作为一个完整的，受心理和社会因素影响的整体来认识，由此形成了新的健康和疾病概念。在新医学模式下，人的健康观念不再像传统的健康观念那样只用是否无疾病来定义，而是用健康本身所具有的特征来表达。健康不再仅仅被理解为没有疾病和不适，如果将健康作为第一状态，疾病作为第二状态的话，那么，生活中的许多人实质上是介于二者之间的一种状态。这就是说，许多人虽然没有疾病，但不见得是处在好的状态，好的状态还应包括人的身体健康、心理健康、具有良好的社会适应能力。对此，1948年，世界卫生组织率先提出了健康新概念："健康是一种身体上、精神上和社会上的完好状态，而不是没有疾病和虚弱的状态。"这一新的健康概念提出之后，虽然人们还有不同的争论，但是它毕竟在揭示人类健康的本质方面，把人们的健康认识引向了新的水平深度，反映了现代社会人们对健康的新要求。

1984年，世界卫生组织又提出了包含三方面内容的著名的健康新概念："健康不仅仅是没有疾病和不虚弱，而且是在躯体上、心理上和社会适应能力上三方面的完美状态。"由此，关于健康的生物心理社会医学模式真正形成。1990年，世界卫生组织在此基础上又增加了道德健康一项，即人们应当按照社会认可的道德行为准则来约束、支配自己的言谈举止，以不损害他

---

[1] （美）R. T. 诺兰，等. 伦理学与现实生活. 姚新中，译. 北京：华夏出版社，1988：202.

人利益来满足个人需要。2000年，世界卫生组织进一步增加了生殖健康的内容，即人只有在躯体健康、心理健康、社会适应能力、道德健康、生殖健康五个方面都具备良好的状态，才算真正意义上的健康。

建立在新的人类健康观基础上的新医学模式是人类整体主义医学模式，即人们对于人体健康和疾病的总体认识。这种整体主义模式认为整体不纯粹是部分的相加之和，各因素也不是彼此并列、外在联系的实体。相反，他们互相交叠和共存。他需要的是社会整体环境对人的健康的保证效应。基于此，我国1990年提出了"人人为健康、健康为人人"的社会道德观。这一理念的基本含义是：人们可以把健康道德看成是社会意识的一种反映形式，它是依靠社会舆论、内心信念、传统习惯的力量来调整社会经济发展与健康环境之间关系的行为规范的总和。人们的健康和维护健康的观念和行为认识只有达到一定的健康道德境界，形成一定的道德意志，才能自觉自愿地遵循有助于人的健康的行为规范，抵制不利于人类健康的有害行为，人类健康利益才能得到真正保护。

毫无疑问，人的健康是一种身心健康、适应社会的状态。尤其是人的积极向上的心理状态。人的心理是这样一种现象，它是人的思维、情感、能力等各种精神活动的总和，是高度有组织的人脑对客观现实的能动反映。而心理健康是指这样一种状态，即人对内部环境具有安定感，对外部环境能以社会上的任何形式去适应。这也就是说，人在遇到任何障碍和困难时，能做到心理不失调，能做出适当的行为予以克服，这种安定、适应的状态就是心理健康的状态。

三、健康是人的一种责任担当

同生理、心理一样，健康与道德有着重要的关联，它是一种人在道德层面上的责任担当。

所谓健康道德，就是人们在防病治病过程中所产生的维持自我身心状态完满和社会适应能力的行为规范的总和。就一般的意义上说，健康道德可以理解为具有综合性特征的道德形态，它的内容应当是十分丰富的。具体说来，也可以将健康道德划分为两个部分：一是关于医疗保健方面的道德，它体现在医务人员在医疗疾病、恢复患者健康的职业活动中所应遵守的道德规范要求，即医德；二是自我预防保健的道德，它体现在作为个体的人应当具有的维护健康的责任意识及其预防疾病的积极心态和诉求。

健康道德是一定社会中人人具有获得保健权利的思想基础和前提条件。我们知道，道德的力量是人的一种自我开发的内在的深厚的原动力，人的思想观念只有升华到理想的道德境界，才能有效地实现人所预设的价值目标。而健康无论如何是人最宝贵的财富，维护人的健康总是人们生活中的重要需求，就此意义上说，一切维护人的健康的正当行为都是符合人类道德要求的行为，一切损害人的健康行为都是不具有正当性诉求的行为，甚至是"自杀"与"杀人"的恶劣行为。

健康是人的一种责任，而生活在现实世界的人们却常常放任自己对健康的维护，把保证自己健康的责任交给医生。其实，我们知道，医生虽然可以治疗我们的疾病，却根本无法保障我们自己的健康。我们每个人都有创造自己健康的能力，只要我们有自觉的道德意识和责任，就能朝着健康的方向走好自己的路。

人的健康观念需要新的道德来维护。这即是说，人本是社会的人，并非"自己处在一座孤岛上"。一个人的精神状态如何，不仅影响着他个人的存在，而且还影响着他与之相关联的别人。因此，对健康道德的诉求就需要扩展到任何个人的行为中。如果作为个人存在无法控制的因素，诸如脑损伤，或者受条件制约等给人造成精神疾病时，我们不能认为这样的患者对本人的疾病负有责任。然而，对于那些有意放纵肉体或者有意造成疾病的人，应当承担道德责任。例如环境污染对人类健康危害的问题，长期以来一直没有得到很好的解决，其根本原因之一是人们把健康的权利与义务割裂开来，认为享受健康是每个人的基本权利，而维护健康是医疗卫生部门的责任与义务，把维护健康的责任放在医务人员的身上，缺乏在追求人体健康中权利与义务相统一的道德认识。然而，现代医学已经明确地揭示出这样一个事实。处在工业文明时代，危害人类生命与健康的四大疾病的病因，不是生物因素中的细菌、病毒、寄生虫等，而是社会和心理因素中凝聚的不良的社会行为、不良的生活方式、不良的行为习惯和不良的劳动环境及各种紧张刺激等。在当代社会，这些致病因素虽然也为人们所意识。但是，由于长期以来受到医学和医务人员是人的健康的唯一保护神观念的影响，尽管人们知道这些致病因素直接或间接危害其健康，但又视健康侵害不顾，从而既伤害自身又累及他人。如人们知道吸烟有害健康，但是一些瘾君子照样喷云吐雾，社会仍在大力发展烟草业，地方政府甚至用尽各种手段刺激卷烟企业的生产与销售就是一个明显的例子。

四、维护人体健康需要教育

世界卫生组织曾指出：对当代人应当进行健康教育。所谓健康教育就是通过有计划、有组织、有系统的教育活动来传播有关维护身体健康的知识，促使人们自愿地采用有益于健康的行为和生活方式，消除或降低危险因素对人的健康的影响，降低疾病的发病率和死亡率，以达到促进和维护健康、提高生活质量的目的。健康教育活动包括有关部门对实现预防疾病、促进健康、提高生活质量目标所做的努力，也包括建立一些有效指标对健康教育效果做出评价。

2009年12月18日，我国卫生部门召开《首次中国居民健康素养调查》发布会，发布了调查组对全国31个省、自治区、直辖市（未包括我国香港、澳门、台湾等地区）及新疆生产建设兵团的79 542人进行调查的结果。其中相关统计数据表明：我国居民健康素养水平普遍偏低，即总体水平为6.48%，每100个人中不到7个人具备健康素养。面对调查设计的对"四害"传播疾病的正确认识、对肥胖的正确认识、对镇静止痛药的正确认识和骨折伤员的处置、认识药品说明书以及成年人每天饮酒量6项指标的正确回答率低于20%，其中慢性病预防素养最低，基本医疗素养次之。

在生命健康领域，健康素养是个人获取和理解健康信息，并运用这些信息维护和促进自身健康的能力，包括基本知识、生活方式、行为与基本技能，例如会数自己的脉搏、知道拨打120电话、知道体重超标和肥胖的区别等，这都属于健康素养问题。而健康教育是提升人的健康素养的关键。健康教育的宗旨是在帮助并鼓励人们建立达到健康状态的愿望，知道怎样才能达到实现健康的目的。这意味着健康教育是一种超越于卫生知识宣传的文化教育，健康教育与卫生宣传的根本区别在于后者仅是着眼于卫生知识的传播，而前者则是在传播卫生知识的同时，重点强化人的行为意识和干预人的行为措施的落实。

对大学生来说，健康教育应是素质教育的内容之一。可以认为，对大学生进行健康教育是一种有明确目标的教育活动。这种教育不是为了让受教育的学生将来成为专业医生，而是为了使他们身体健康和尽力推迟成为患者的时间。要通过教育让他们明白，人们健康的获得、生命质量的提高不能全部依靠医生和医疗机构，重要的是要依靠自己努力，重视自我保健，依靠诸多非医疗因素的努力来实现。对大学生进行健康教育的目的具体可理解为：一是为了增强人们的健康，使个人和群体实现健康的目的；二是为了提高和维护健康；三是为了预防非正常死亡、疾病和残疾的发生；四是为了改善人际关系，增强人们的自我保健能力，使其破除迷信，摒弃陋习，养成良好的卫生习惯，从而实现文明、健康、科学的生活方式。

大学生健康教育的内容是人的健康与社会教育的有机结合，其中核心问题是教育大学生在躯体健康、心理健康、道德健康方面树立正确积极的健康价值观，从而使其能够自我养成良好的行为习惯和生活方式，进而促使个人与社会群体改变过去那种不健康的行为和生活方式，以增强自我保健和群体保健的意识和能力，创造一种全民族乃至世界范围内的人类健康意识。为此，健康教育需要为人们改变行为提供必需的知识、技能与服务，并促使人们能够合理地利用诸如免疫接种和定期体格检查等社会服务，以达到预防疾病和促进人体健康的目的。

第二节
身心健康的道德标准

在国人的意识中，对于健康的概念，似乎总是局限在人的肌体上，往往认为一个人只要是身强体壮和自我感觉没有疾病，那就一定是健康的。反之，如果个人的身体出现了异常或者某种不适，哪怕是头疼脑热，也会认为不健康，或者小题大做，赶紧要求上医院求医。而对于自我心理的健康，则表现得比较淡漠，甚至于无动于衷，认为那些心理问题无非是"虚病"，不值得大动干戈。只要搁置或者放任一段时间，就会自然痊愈。

其实，现代医学对健康不是这样认知的。根据世界卫生组织提出的健康定义，人的健康可分为生理、心理、道德和社会适应四个层次，它们之间存在着互相联系的特性。这其中，生理健康是健康的基础，是人们对健康最基本的认识和要求；心理健康以生理健康为基础并高于生理健康，是生理健康的发展；道德健康是以生理健康和心理健康为基础并在此基础上的发展和升华。社会适应健康是以生理健康、心理健康、道德健康为基础的高级健康层次和对人健康的最高要求。社会适应健康在个体身上应体现为不仅能胜任个人和社会生活中的各种角色，而且能创造性地取得成就以贡献于社会，达到自我实现的目的，它是人的健康的最高境界。

一、生理健康及其标准

生理健康包括两个方面的内容：一是主要脏器无疾病，各个器官系统发育良好，体形匀称，体重标准，生理功能状态正常，有较强的身体活动能力和劳动工作能力，这是对健康最基本的要求；二是对疾病的抵抗能力较强，能够适应环境变化、各种生理心理刺激以及致病因素对身体的作用。如果这两方面都具备，就基本上可以认为一个人正处于生理健康阶段。当然，对于生理健康而言，这只是一般意义上的理解。其实在现实生活中，由于人们对其选择的角度不同，其理解和认识也就有差异，如就通常的体格检查而言，各行业所选择的标准就有明显的不同，如征兵标准与升学标准就有区别，而纺织工业与其他工业又有区别，因为这些健康的标准都是按照行业的性质和要求来制定的，并没有统一的标准。例如，对于老年人来说，什么样的人才算是健康的老人？难道人到老年仍然腰不弯、背不驼、无病痛就是健康的老年人吗？作为个人的健康标准，我们也只能用本人的生活状况来认定评价。例如，肢体伤残人员，从体格检查上，他们或者是不健康的，但他们中的许多人具有自强不息的精神，就不能说他们是不健康的。因此，对于人的健康问题只能就一般意义上去理解与认知。

在健康认识问题上，具有辩证思维思想的平衡健康理论认为，人的躯体健康的核心即是"脏腑平衡"，指以人体五脏六腑为中心所构成的五大脏腑系统之间，其生命物质、生命能量、生命信息在生生不息的运动变化中达到一种最佳的生理稳态。只有当各脏腑系统处于和谐平衡的稳态，人体与生俱来的"自愈能力"才能充分发挥作用，维护健康，甚至使疾病不治而愈。

只有生理上健康的人才能增强对各种疾病的抵抗力。因此，人的健康价值事实上远胜过于人们追逐的声望和财富。如果单纯从生理上说健康，我们可以认为如下状态的人就是生理健康的人：首先是人在各年龄段上生理发育与反应正常，所有脏器没有明显的缺陷；例如对于成年人而言，体重适当，身材均匀，站立时头、肩、臂的位置协调；善于休息，睡眠良好；反应灵敏，眼睛明亮，眼睑不发炎，牙齿清洁无空洞，无痛感，无出血现象，齿龈颜色正常；头发光泽无头屑；肌肉和皮肤有弹性，走路轻松匀称，有充沛精力，能适应环境的各种变化，能抵抗一般的感冒和传染病，就是健康的人。

人的一生，吃、喝、拉、撒、睡是每天必做的功课。成年人的性，也是人的生理需要的重要组成部分。因此，确定人在相适应的年龄段上的生理健康程度，其对上述生活行为确定相对健康的指标就具有决定性的意义。

（一）健康诊断的一般标准

在现代医学界，医生一般从以下几个方面诊断和监测人的身体健康程度，以此认定人的生理健康水平。

（1）身体形态发育水平的标志是体形匀称、无发育缺陷、营养状况良好。

（2）各器官系统无疾病。

（3）生理功能测试结果为机体新陈代谢，各器官、系统的功能状态正常。

（4）身体素质能力和运动能力，包括速度、力量、耐力、反应、灵敏性、协调性、柔韧性、平衡性等素质，跑、跳、投、攀爬等运动能力方面达

到规定指标要求。

（二）健康体征的运行表现

据美国福克斯新闻网报道，生活中的我们如果身体有以下七个表现，就说明人体生理运行还不错：

1. 相对清澈、充沛的尿液

如果每日小便几次，且尿液呈淡黄色，不浑浊、色暗或者太黄，说明身体的水分充足，而且肾脏健康。如果尿液完全无色，可能意味着补水过多，或者身体流失了盐分以及电解质。除了尿液的颜色深浅变化外，还要注意气味，呈甜味或者怪味、颜色变红等应引起注意。

2. 规律排便

如果便中不含血、不太松散又不太硬，且排便时间有规律，能将体内垃圾迅速有效地排出体外，就说明饮食中有足够的纤维，消化系统也处于良好状态。

3. 稳定的体重

体重处于正常范围，而且保持大体稳定，也是健康的标志之一。如果体重突然出现大幅波动，或者食量猛增或骤减时，都应引起注意。

4. 伤口愈合快

小伤口如割伤、擦伤或烧伤，如果能很快愈合，那么说明血液处于健康状态。如果轻轻按压皮肤就会有莫名的淤青出现，就该及时就医检查了。

5. 健康的头发和指甲

皮肤系统（包括头发和指甲）常常能最先提示是否人体缺维生素。缺维生素通常表现为指甲脆弱、易变形，头发大量脱落等。健康个体的指甲通常呈粉色，而且坚硬圆润。皮肤要有弹性，用手按一下，能很快恢复正常。

6. 女性有规律的经期，男性射精量达一勺

按时到来的经期是证明女性生殖系统健康的最重要指标。健康中年男性每次射精量应为2~5毫升，少于2毫升可能是精子过少症的征兆；健康男性的精液应该呈白色的或灰色的黏稠状。如果精液带血或者太稀，应及时去医院检查。

7. 不错的睡眠

偶尔睡眠不足或者失眠都是正常的。只要睡眠大体有规律而且没有盗汗或多次起夜如厕的情况，就基本符合良好睡眠的要求。如果醒来时感觉精神不错，也是很好的健康信号。

围绕健康新概念，世界卫生组织曾于1999年提出了身体健康的新标准，即"五快"的机体健康标准：

①食得快，说明消化功能好，有良好的食欲，不挑食，不厌食，不偏

食，不狼吞虎咽。

②便得快，说明吸收功能好，一旦有便意，能很快排泄，感觉轻松。

③走得快，说明运动功能及神经协调机能良好，步履轻盈，行走自如。

④说得快，说明思维敏捷，反应迅速，口齿伶俐。

⑤睡得快，说明神经系统兴奋——抑制过程协调好，上床很快入睡，睡得沉，醒后精神饱满，头脑清醒。

二、心理健康及其标准

在现实生活中，人的心理活动会对生理健康产生较大的影响，而且我们对于自己的身体健康状况一般可说是容易了解和把握，但是对于心理健康状况如何就不一定清楚了。这是因为心理现象作为一种精神现象，对它的度量无法像对人的躯体健康与不健康有明显的生理指标那样具体、精确，很难有一个固定而清晰的界限，而且对心理健康的认识是随着社会的发展和进步、人类认识的不断深化和提高而变化的，所以，要区别人的心理是否健康并非易事。基于这样的认识，《简明大不列颠百科全书》对心理健康的解释是："心理健康是个体心理在本身及环境条件允许范围内所能达到的最佳功能状态，不是指绝对的十全十美状态。"世界卫生组织联合会则认为，心理健康是指人的"身体、智力、情绪十分调和；适应环境，人际关系中彼此能谦让；有幸福感；在工作和职业中能充分发挥自己的能力，过着有效率的生活"。

一般说来，心理健康的人都能够善待自己，善待他人，适应环境，情绪正常，人格和谐。这即是说，心理健康的人并非没有痛苦和烦恼，而是他们能适时地从痛苦和烦恼中解脱出来，积极地寻求改变不利现状的新途径。他们能够深切领悟人生冲突的严峻性和不可回避性，也能深刻体察人性的阴阳善恶。他们是那些能够自由、适度地表达、展现自己个性的人，并且和环境和谐地相处。他们善于不断地学习，利用各种资源，不断地充实自己。他们既会享受美好的人生，同时也明白知足常乐的道理。他们不会在遇到生活问题时去钻牛角尖，而是善于从不同角度看待问题。

判断人的心理是否正常，可以选择如下三项原则作为基本的判断：

第一，人的心理活动与外部环境的统一性。正常的人进行正常的心理活动，在内容和形式上应当与客观环境保持一致性，无特别明显的差异。

第二，人的心理过程与行为的协调性。这是指个体的心理与其行为是一个完整、统一和协调一致的过程。

第三，人的个性心理特征的稳定性。其中的人格是个体在长期生活经历过程中形成的独特个性心理特征的具体体现。

心理障碍是指心理疾病或轻微的心理失调。出现在当代大学生身上，大多数是因为自己心身疲乏、紧张不安、心理矛盾冲突、遇到突如其来的问题或面临难以协调的矛盾等，出现时间短、程度较轻微，随情境的改变而消失或减缓；个别则时间长、程度较重，最后不得不休学甚至退学。心理障碍的表现形式多种多样，主要表现在心理活动和行为方面。表现在心理活动方面如感觉过敏或减退、体感异常、错觉、幻觉、遗忘、疑病妄想、语词新作、意识模糊、紊乱的心理特点和难以相处等；行为方面如焦虑、冷漠、固执、攻击、心情沉重、心灰意冷，甚至痛不欲生等。

（一）心理健康的检测标准

判断人的心理健康的标准有如下几个方面：

1. **智力正常**

智力，是人的观察力、注意力、记忆力、想象力、思维能力、创造力及实践活动能力的综合，包括在经验中学习与理解的能力、获得和保持知识的能力、迅速而成功地对新环境做出反应的能力，运用推理有效地解决问题的能力等。人的智力通常分为超常、正常和低常三个等级。正常智力水平，是人们生活、学习、工作、劳动的最基本的心理条件，也是适应周围环境变化所必需的心理保证。

2. **情绪健康、稳定与愉快**

情绪稳定与心情愉快是心理健康的重要标志，它表明一个人的中枢神经系统处于相对的平衡状态，意味着机体功能的协调。如果一个人经常愁眉苦脸、灰心绝望、喜怒无常，则是心理不健康的表现。

3. **意志坚定，行为协调统一**

意志是人在完成一种有目的的活动时所进行的选择、决定与执行的心理过程。一个心理健康的人，其行为受自己的意志支配，思想与行为是统一协调的，并有自我控制能力，在行动的自觉性、果断性、顽强性和自制力等方面表现出较高的水平。如果一个人的行为与思想相互矛盾，注意力不集中，思想混乱，做事杂乱无章，就是心理不健康的表现。

4. **人格完善，人际关系和谐**

人格完善是指有健全统一的人格，个人的所想、所说、所做是协调一致的。人生活在社会中，总需要与人友好相处，助人为乐，建立良好的人际关系。人的交往活动能反映人的心理健康状态，人与人之间正常的友好的交往不仅是维持心理健康的必备条件，也是获得心理健康的重要方法。

5. **自我评价正确**

正确的自我评价是心理健康的重要条件，人在进行自我观察、自我认定、自我判断和自我评价时，做到自知，恰如其分地认识自己，摆正自己的

位置，既不以自己的某些方面高于别人而自傲，也不以某些方面低于别人而自卑。

6. 良好的适应能力

生活在纷繁复杂、变化多端的大千世界里，人一生中会遇到多种环境及变化。因此，具有良好的适应能力来应对现实环境的变化，显得十分重要。

以上是心理健康的主要特征。但是，心理健康并非是超人的非凡状态。一个人的心理健康也不一定在每一个方面都有表现，只要在生活实践中能够正确认识自我，自觉控制自己，正确对待外界影响，使心理保持平衡协调，事实上就已具备了心理健康的基本特征。

美国心理学家马斯洛和心理学家米特尔在1951提出的心理健康标准：

①有充分的安全意识；

②充分了解自己并能对自己的能力做适当的评价；

③生活目标符合实际；

④与现实环境经常保持接触；

⑤能保持个性人格的完整与和谐；

⑥具有从经验中学习的能力；

⑦能保持良好的人际关系；

⑧适度的情绪表达与控制；

⑨在不违背社会原则的前提下，能通过努力使个人的基本要求得到适当满足；

⑩在不违背团体的要求下，能有限度地发挥个性。

（二）心理健康标准的相对性

心理健康的标准作为一种尺度，可以为我们指明提高心理健康水平的努力方向。不过应当知道，现实生活中，心理健康的标准还只能是一个粗略的划分，由于人的心理活动的复杂性，决定了任何的心理诊断与判别都只具有相对的意义，而不是绝对的。就此而言，认识心理健康标准应注意以下几个问题：

第一，心理不健康是指一种持续的不良状态。人们偶尔出现一些不健康的心理和行为并不等于心理不健康。

第二，心理健康与不健康不是泾渭分明的。在许多情况下，人的异常心理与正常心理、变态心理与常态心理之间只有程度的差异，而没有绝对的界限。

第三，心理健康的状态是一个动态变化的过程。随着人的成长，经验的积累，环境的改变，心理健康状况也会有所改变。

三、道德健康及其标准

人的健康，不仅体现在生理健康与心理健康上，而且还体现在道德健康上。我们知道，人是社会性的动物，任何人都处于与他人的相互联系之中，生活中完全孤立的个人事实上是不存在的。因此，一个人的健康也必然与他人及社会环境有关。人要保持健康的身体状态，就必须能够正确处理人与人、人与自然、人与社会之间的关系，使之适应人类健康的需要，为此也就需要有良好的健康道德。

世界卫生组织的权威研究表明，影响一个人健康的因素主要是遗传、生活方式、医疗条件等。其中，人们生活中所依赖的医疗条件所起的作用占人的健康要素作用中的8%，属于生理因素的遗传占15%，因为人们的生活方式不同而对人的生命健康的影响则占到60%以上。这意味着，一个人能过着有道德的生活并以此来充实自己的精神生活，由此受到社会的认同、赞扬和人们的尊敬，对于人的身心健康是十分重要的。在这里，道德健康显然是平衡健康的重要因素。就此意义上说，人的健康应以"道德为本"。道德构成了人类所应当遵守的所有自然、社会、家庭、人生规律的总和。违反了这些规律，人的身心健康就会受到伤害。

一般说来，健康是一个人的权利，同时也是一个人的义务，它是人的权利与义务的统一。说健康是一个人的权利，是因为人的健康权利是其他一切权利存在的基础。人如果没有健康的体魄，就不可能从事物质文化和精神文化生产，也就失去了其存在和发展的基础，其他一切权利也就失去了意义。而且，健康权利是人类社会一种普遍存在的权利，它不受国籍、肤色、宗教、职业、年龄、地理环境等方面的影响。说保持健康又是每一个人的义务，是因为个人对社会和他人承担着不可推卸的责任，同时也是社会和他人对个人行为的一般要求。

一般说来，一个人的健康道德义务包括两方面的含义：

（1）每个人都有确保自身健康的义务，不能认为健康是纯粹个人的私事。因为，一个人一旦患病，其承担社会义务和责任的能力就会减弱（如残疾人不能服兵役、高血压患者不能从事高空作业等），同时给家庭和社会增加负担，对个人也是损失。因此，努力减少健康损失，是每一个社会成员不可推卸的责任。现代医学研究表明，许多疾病的产生和发展与人们的生活方式、生活习惯有直接关系。吸烟、酗酒、暴饮暴食、生活没有规律、忽视自我保护等，常常是导致疾病发生或影响健康的重要因素。因此，应当定期进行身体检查，患了病则要积极治疗，更重要的是防患于未然，建立科学的生活方式，养成良好的生活习惯。

（2）每一个人都有为他人的健康考虑和服务的义务。因为，人是社会关系的总和，不能脱离社会而孤立存在。每个人由于所处的时代、在社会生活中的地位不同，其思想、观点、文化素养、行为习惯也不同，这必然在相互之间产生影响。如果一个人在社会生活中不遵守健康道德的准则，不考虑对他人身心健康产生何种影响，那么世界卫生组织所提倡的"人人健康"的目标就不可能实现，健康道德准则就无法保证。因此，作为社会共同体中的一员，必须自觉遵守社会公德，克服和戒除给他人健康带来损害的不良行为，充分认识到不良行为导致后果的严重性，提高自觉性。同时，还应为增进他人健康做出积极的贡献，如积极参加与人群健康有关的一切公益活动，尽力不浪费公共卫生资源，积极为社会献血，自愿死后捐献器官或遗体等。

中国传统的道德健康核心应当是以"仁爱"为标准。"仁爱"本是中国传统伦理道德的核心，我们说讲道德就是讲仁爱，合乎仁爱就是善，违反仁爱就是恶。"仁爱"作为中华民族传统美德的根本，事实上已在当下受到世界各国人们的普遍认同。联合国教科文组织由提出着眼个体的"学会生存"而发展为"学会关心"，并把它作为21世纪教育的口号，其主旨就在于加强仁爱教育，希望人们从关心自我健康的圈子里走出来，去"关心他人生命健康"、"关心其他物种生命"、"关心地球生命的生存条件"等。

以仁爱作为标准的道德健康：
①对自己要严于律己、自尊自爱、养生惜身。
②对父母要孝敬。
③在夫妻关系上要相亲相爱。
④在对待子女上要严格、慈爱。
⑤在兄弟姐妹之间关系上应当互相关心帮助。
⑥在与他人关系上谦让友爱。
⑦对公物私物都要爱惜节俭。
⑧在工作上要爱岗敬业、任劳任怨。
⑨对国家民族要忠贞爱国、有民族自尊心。
⑩对自然万物要顺应自然、亲和万物、珍爱生命。

可以说，"仁爱"是中华民族传统道德的精髓，也是人的道德健康的核心，有"仁爱"之德的人自然会实现心身平衡，而且能与自然、社会、他人和谐相处，视他人为亲人，与人为善，乐在其中。

第三节
承担健康的道德责任

1989年,世界卫生组织提出了有关健康的新概念,即除了躯体健康、心理健康和社会适应良好外,还要加上道德健康。只有同时具备这四个健康才算是完全健康。它包括如下层次:生理健康是人们对健康最基本的认识,是指人体结构完整和生理功能正常,是其他健康的基础。心理健康是指人对环境有较强的适应能力,对精神刺激与打击有较强的耐受力,心理创伤后有较强的康复能力和正常的意识水平等。道德健康是人在健康问题上的道德水平,道德健康的最高标准是"无私利他",基本标准是"为己利他",低标准是"单纯利己",不健康的表现是"损人利己"和"纯粹害人"。道德健康以生理健康和心理健康为基础。社会适应健康主要是指社会角色的适应,包括职业角色、婚姻家庭以及工作、学习、娱乐中的人际关系适应。

当世界卫生组织提出人人享有卫生保健的社会目标时,我国提出了"人人为健康,健康为人人"的社会道德健康观,以提高人们的健康道德意识和增强健康道德的责任。这意味着:"人的健康,在很大范围内是一个选择的问题,而不是命定的事情;精神和肉体的健康是一个道德义务的问题,而不是可采取个人主义态度任意对待的、或道德上中性的事情……一个人的精神和肉体的健康对于个人并且对于社会都具有重要意义。"[①]

具体说来,作为个体的健康道德责任主要包括以下几个方面:

一、拒绝吸烟的道德责任

2007年,美国电影协会宣布,将考虑把影片中的吸烟镜头纳入影片定级标准中的R级。在美国,依据色情、暴力和粗言等内容在影片中的表现尺度,电影级别有五类,按照限制程度分为:G级,适合所有年龄层次观众欣赏的大众级;PG级,建议家长陪伴儿童观看的限制级;PG-13级,建议13岁以下观众在家长陪伴下观看的限制级;R级,要求17岁以下的观众必须有成人陪伴的限制级;NC-17级,17岁以下观众禁止观看的限制级。吸

---

① (美)R.T.诺兰,等.伦理学与现实生活.姚新中,译.北京:华夏出版社,1988:200.

烟镜头缘何成为美国电影定级因素？美国专家的观点是"有证据表明，青少年对吸烟镜头的'免疫力'很低"。

（一）吸烟行为及其文化现象

作为一种文化现象，人类吸烟有漫长的历史。早在两千多年前，墨西哥的土著居民就已成为会吸烟的民族了。15世纪时，著名的探险家哥伦布通过探险活动不仅带来了地理上的大发现，而且也把发现地的烟草带回到西班牙，从而使吸烟行为传播和蔓延到整个世界。

香烟在社会生活中体现为一种文化现象，具有符号象征的意义。例如，吸烟有"口受"和"鼻受"之说，"鼻受"就是闻鼻烟。鼻烟的制作工艺就非常考究，以至于在闻鼻烟方式退出人们的日常生活百年之后，其所形成的鼻烟壶艺术却历久不衰。抽烟具有社会性，在社交中具有一定的社会功能。所以，抽烟多是成年人所为。然而，一些青年人为了证明自己不再是小孩，便用吸烟这种外在形式来显示自己的成熟，从而使自己成为一个烟民。人类历史上也有好多伟人都喜欢吸烟。例如，英国首相丘吉尔的雪茄，苏联领袖人物斯大林的大烟斗，中国革命导师毛泽东的烟癖，这些伟人的形象也吸引着许多青年人去模仿。

（二）吸烟对人体的伤害

至21世纪初期，全球有11亿烟民，其中8亿多在发展中国家。中国是世界上吸烟人口最多的国家，烟民占了全球烟民的1/3，达到3.5亿。据中国疾病控制中心2002年所做的抽样调查数据显示，15岁以上人群吸烟率为35.8%，其中男性和女性吸烟率分别为66.0%和3.1%。此前，1996年全国吸烟行为流行病学调查结果还显示，全国15岁以上人群吸烟率为37.6%，其中男性和女性吸烟率分别为66.9%和4.2%。将两次调查结果用2000年人口普查数据标化后进行比较，2002年人群吸烟率比1996年下降了1.8%，男女分别下降了3.1%和1.0%。

吸烟是当今世界一大"公害"，它严重危害着人类健康。世界卫生组织把吸烟称为"20世纪的瘟疫"，认为是人类自己招来的疾病。吸烟就是慢性自杀，是人的自损行为，也是与健康道德相悖的行为。据世界卫生组织统计，世界每年有近600万人死于由吸烟引起的各种疾病，平均每10秒中就有1人死亡。英国每年因吸烟所引起的死亡人数约3万人，美国达3.5万人。世界卫生组织统计学家洛佩斯博士和英国牛津大学传染病专家皮托的研究报告表明，世界每天因吸烟而死亡的人数为8 000人。如果依这样的速率发展下去，还会有2亿20岁以下的青年和3亿成年人在2015年前将死于吸烟。我国每年有73万人因患有与吸烟有关的疾病而死亡。如果吸烟状况得不到改善，那么现在 0~29 岁的男性到了 2050 年将有近 1 亿人因吸烟死亡，女性死亡人数也将达到数百万。

吸烟所以危害人的生命，原因在于它燃烧时所产生的有毒成分过多。现代医学研究表明，烟雾中含有 250 种以上有害物质以及 40 余种致癌物质。吸一支 400~500 克的香烟产生的粒子状物质达到 10~30 毫克，形成烟雾的主要成分包括对人体危害性极大的尼古丁、苯并［a］芘、一氧化碳、二氧化碳、甲醛、二甲基亚硝胺等，对人的呼吸道黏膜能产生炎症刺激。美国医学专家研究表明，烟草中除含有害化学物质外，还有放射性元素。一个人如果每天吸 30 支香烟，则一年吸入肺部的射线剂量相当于接受 300 次胸外科 X 射线透视。吸烟越早，患肺癌率越高。15 岁以前开始吸烟的吸烟者比 25 岁开始吸烟的吸烟者死亡率高 55%，比不吸烟者高 1 倍多。长期吸烟还容易导致慢性气管炎、肺气肿、心脏病、肺癌、口腔癌、食道癌、喉癌、膀胱癌等疾病发生。医学实践调查表明，在患心绞痛和心肌梗死的人中，吸烟比不吸烟者多 12 倍，胃溃疡患者是 9 倍，膀胱癌患者是 4 倍，脚坏疽患者则 95% 以上是吸烟者。当然，吸烟的直接受害器官主要是肺，大量流行病学研究证实，吸烟是引发肺癌的首要因素。因肺癌死亡的患者中，87% 是由吸烟（包括被动吸烟）引起的。在北美地区，40 多万吸烟死者中大多死于肺癌。女性吸烟危害更大，一个女人如果和男人每天抽一样多的烟，其患肺癌的概率是男性的 3 倍，吸烟女性发生心肌梗死的危险性是男性的 2 倍。吸烟对女性的生育能力也有很大危害，与不吸烟的妇女相比，吸烟妇女患不孕症可能性要高 2.7 倍；发生宫外孕的危险高 40%。吸烟还会导致痛经，使妇女绝经期提前 1~3 年。吸烟可以加速人的衰老，减少雄性与雌激素分泌，让嘴唇和眼角过早出现皱纹，导致牙齿发黄和皮肤粗糙。

烟草作为仅次于"海洛因"等毒品的一种"软麻醉剂"，使吸烟的人具有吸烟成瘾的特点，这是因为烟草中的尼古丁具有兴奋提神功效的生物碱，它能对人体生理产生影响。生活中越是具有长期吸烟史的人，因为其大脑已习惯于尼古丁的刺激作用，部分受体与尼古丁的结合能力减弱，所以，越是需要供给更多量的尼古丁才能获得原有的欢快感受，于是对烟的需求量也会越来越多。所以，要求吸烟者戒烟，很难找到有效的灵丹妙药，成功与否，只有取决于自己的意志力。事实表明，要想戒烟成功，最为关键的是在心理上要有战胜它的准备，要有信心和毅力。无数事例证实的结果是，吸烟者可以靠顽强的意志力戒烟并取得成功。

吸烟有害健康，全世界都在强力控烟。每年的 5 月 31 日，是"世界无烟日"，国际社会确定这个节日在"六一"国际儿童节前一天，目的是呼吁人们为了自己的健康和人类后代的延续发展，戒掉烟瘾，健康生活。

在美国，戒烟是全社会的义务。例如，保险公司规定，如果投保人有吸烟习惯，其保险费就比正常人高出近3倍。在英国，所有封闭的工作场所和酒吧、餐馆等公共场所禁止吸烟，联合政府在2011年出台的新规定是：大型商场从2012年起，小型商店从2015年起，香烟相关产品都将不得摆在柜台上卖，只能放在柜台下面待售。日本从1998年始，不断对香烟生产和销售收入增加烟草税，经过层层加价后，一盒最普通的香烟也要卖到400日元（约合32元人民币）。

我国已签署了《国际烟草控制框架公约》。按照这个公约规定，国家将加强烟草控制中的综合性立法建设，如提高烟草制品的税率，禁止各种直接或间接的烟草广告及赞助、促销活动，提高烟草警示程度，扩大禁烟的公共场所，禁止向未成年人销售香烟等；国家将制定完整的传播策略，通过媒体开展强有力的控烟健康教育；开展综合性社区干预活动，控制烟草流行，如创建无烟家庭、无烟学校及无烟单位，开展戒烟竞赛活动，开展社区健康促进项目建设等。

（三）被动吸烟的伤害

吸烟不仅危害吸烟者本人健康，还会牵连身边的人。对于不吸烟者而言，如果处在受烟雾污染的环境中同样受其伤害，最常见的是眼部刺激，还有头晕、头疼、鼻刺激及咳嗽等，一些哮喘患者可因对香烟过敏而导致哮喘发作。患有心肺疾病的人受害更大，有时可诱发心绞痛或呼吸困难加重。国外的一些研究证明，在吸烟者的家庭中，其配偶也容易患上肺癌。不吸烟的女性和吸烟男性结婚后，发生肺癌的机会比一般人高2.4倍，被动吸烟对婴幼儿造成的危害也比较明显。如父母吸烟的，1岁以下婴儿患肺部疾病的几率比其他婴儿高1倍，并且婴儿更容易患感冒、支气管炎、扁桃体炎、肺炎，以及呼吸功能发育不良、哮喘等疾病。如果母亲在怀孕时，丈夫吸烟，可导致胎儿猝死或低体重等20多种疾病。因此，造成他人被动吸烟的吸烟行为是极不道德的。

国外一项关于吸二手烟的动物试验：把3只活蹦乱跳的小白鼠放在一个相对密封的大约0.17立方米的盒子内，再将3只点燃着的香烟的烟雾灌入盒子。不出10分钟，小白鼠全都死掉了。解剖后发现，这些小白鼠的肺变暗，并有黑色的斑点。而正常肺的颜色应是粉红色的。

事实表明，吸二手烟的人吸入的有害物质高于主动吸烟者的几倍到几十倍。这是因为吸烟者吸烟过程中所散发的烟雾，可分为主流烟和侧流烟。主流烟就是吸烟者吸入口内的烟；侧流烟就是烟草点燃外冒的烟。由吸烟者呼出的烟气和香烟点燃时散发的烟雾所组成的混合物被称作二手烟，又称被动吸烟。二手烟含的有害物质往往比主流烟所含的还要多。例如：有2倍的尼古丁，3倍的焦油，5倍的一氧化碳和约50倍的致癌物质。据计算，在通风不畅的场所，不吸烟者1小时内吸入的烟量，平均相当于吸入1支卷烟的剂量。另外，吸烟者吸烟有自己固定的时间段，而被动吸烟者却多次、持续、反复地吸到多个吸烟者吐出的烟雾。在通风不好的室内有人吸烟，不吸烟者最常见的症状是眼部的刺激症状，头痛、咳嗽。吸二手烟的人会产生与吸烟者同样的病症。因此说，吸二手烟的危害更大。

（四）控烟和戒烟

控烟，要从每个人做起。一定不要劝别人吸烟，自己尽量把烟戒掉。实在戒不掉，也要提高自身素质，做一个文明的吸烟人，以免贻害他人。

（1）在凡是标有禁止吸烟标志的场所，特别是公共场所，不要吸烟。在公共场合吸烟是不文明的行为。在美国等国家的咖啡馆、酒吧等公共场合是没有人吸烟的，大家都很自觉。

（2）在一些可以吸烟的场合，吸烟者想吸烟时，首先要征求一下周围人的意见，问一下周围人是否同意你吸烟。

（3）在医院等特殊的场合，吸烟者一定要到指定的吸烟区吸烟。

（4）敬烟是一种不文明的行为，应努力摒弃它。有统计表明，敬烟的习惯，培养了约4成的烟民。在很多场合，有些人有敬烟的习惯，美其名曰尊敬他人。有些人本来不吸烟，但经不住热情的敬烟人劝吸，久而久之，原来不吸烟的人开始吸烟了，烟瘾不大的人也开始上瘾了。

如果你是个烟民并有戒烟愿望，戒烟门诊的专家提供了一些具体的建议可供戒烟者参考：

（1）扔掉吸烟用具，诸如打火机、烟灰缸、香烟，减少你的"条件反射"。

（2）告诉别人你已经戒烟，不要给你烟卷，也不要在你面前吸烟。

（3）写下你认为的戒烟理由，如为了自己的健康、为家人着想、为省钱等。随身携带戒烟"理由"，当你"烟瘾"犯了时可以拿出来告诫自己。

（4）制订一个戒烟计划，列出除掉烟瘾对身体的好处，将它贴在冰箱上或者其他显眼的地方，同时每天减少自己吸烟的数量。

（5）安排一些体育活动，如游泳、跑步、钓鱼等。一方面可以缓解精神紧张和压力，另一方面可以避免花较多的心思在吸烟上。

（6）研究表明：在戒烟初期多喝一些果汁，例如橙汁，可以帮助将尼古丁排除体外，减少烟瘾。

（7）当你有想吸烟的冲动时，可以用喝水来控制。事实证明：水是戒烟的妙药，当你感到空腹或想吸烟时，就先慢慢地喝上一杯水。

（8）暂时避免或者尽量少去参加聚会，许多人喜欢喝酒时吸烟，所以喝酒和吸烟存在着很大的关联。

（9）若单独使用行为疗法难以促成戒烟，尼古丁替代法或非尼古丁药物疗法则常会帮助吸烟者戒烟成功。尼古丁替代疗法即用含有微量尼古丁的产品，如口香糖、鼻腔喷雾剂或贴在皮肤上的膏药等，来帮助戒烟者缓解戒烟过程中易怒、失眠、焦虑等剧烈症状。非尼古丁药物疗法，像 Zyban（载班）也被证明在帮助吸烟者成功戒烟方面有效性是常规方法的 2 倍。

（10）当你真的觉得戒烟很困难时，可以找专业医生咨询一下，寻求帮助。取得家人和朋友的支持对于成功戒烟也至关重要。

（11）药物治疗。目前，有药物能够使吸烟者解除对尼古丁的依赖。服用这些药物几个月后，会有明显的效果。但是，服用时需要遵循医生的嘱咐。

二、控制酗酒的道德责任

1994 年 9 月的一天，时任俄罗斯总统的叶利钦从华盛顿飞回莫斯科，按计划他将在途中与爱尔兰总理雷诺兹进行 40 分钟会谈。就在离开华盛顿的前一天，美国总统克林顿宴请他，尽管餐桌上没有烈酒，但葡萄酒应有尽有。叶利钦只吃了一小块肉，却频频举杯，杯杯见底。葡萄酒上头之后，叶利钦的话多了起来，说了不少粗野的"三级笑话"。翻译官为了"净化"他说的脏话，绞尽脑汁。当飞机抵近会面地点善农机场时，叶利钦醒酒了，夫人把衬衫递给他，但他扣纽扣的手总不听使唤。陪同的官员见事不妙，经过一番讨论后，决定让副总理代表叶利钦总统与雷诺兹举行短暂的会谈。

当副总理下机后，叶利钦掉下了眼泪，对陪同官员羞愧地说："你们这么做，让我在世界面前丢尽了脸。"

（一）酒对人类生活的价值

酒是一种世界性饮料，世界各民族几乎都有饮酒的习惯。人们喝酒多少对人体有益至今尚无定论，问题是纯酒精的饮用量和饮用是否得当。适量饮酒对人的身体有益，如使人的体力增加、记忆力增强、肠消化力提高、精力充沛等。还有的事例表明，成人少量饮酒，有助于保持健康和长寿。然而，酒与许多其他营养素一样具有两面性，过量饮酒会损害神经系统的正常活动，一次大量饮酒会出现急性酒精中毒，长期慢性嗜酒则不知不觉地毁坏人体的健康。因长期过量饮酒而不能自制，以致威胁自己生命的酒精中毒，则可视为是一种疾病。

酒是粮食、水果、甜菜等原料经过发酵制成的。考古学家的证据表明，远在石器时代，人们就懂得如何从果汁、粮食或蜂蜜中制取酒精了。我国最早关于制酒的记载可见于《周管》和《礼记》。在很多情况下，酒精被作为药用，或作为宗教仪式的一部分，也有许多民族是为了娱乐消遣的目的而饮酒。有人以为，酒给人快乐、令人陶醉，也是一种休息和交往的手段。在中国，无酒不成席，甚至在官场，建立关系更是离不开酒。酒被赋予了太多的内涵，酒桌上体现的是人们之间的地位与金钱，是面子与情谊。直到今天，酒依然在佳节良宵之时传递着亲朋好友之间的问候，酒场依然是社会交往中信息流动地和办事的润滑剂，酒文化可说是一种族群文化的重要标志。

适量饮酒对身体有益，长期过度酗酒则有损人体健康。明代李时珍在《本草纲目》中明确指出："若人沉湎无度，醉以为常者，轻则致疾败行，甚则丧躯殒命，其害可胜言哉。"现代医学研究表明，酒精对人体的各个器官都有影响，它袭击人体内的所有细胞，使人的大脑皮层功能发生严重紊乱，造成饮酒者失去自我控制能力，机体失去平衡。长期大量饮酒也可造成慢性酒精中毒，使人出现智力减退，精神淡漠，并可引起维生素缺乏，还可能出现慢性胃炎，心、肝、肾的变性，神经炎等疾病。酒精还会使人的心肌变质肿大，造成呼吸困难，导致肝脏功能紊乱，最终形成人的酒精性心肌病或酒精性肝硬化。酒精是一种性腺毒素，过量饮酒会使人体的性腺中毒，受到酒精损害的精子或卵子一旦受孕，往往会影响胎儿的发育，导致胎儿畸形或出生后智力低下。过量饮酒还可以导致人的早衰和引起癌症。据调查表明，酒精是仅次于烟草的第二个致癌因素，过度饮酒的人平均寿命比不喝酒的人减少 15 年左右。这是因为在啤酒和烈性酒中存在致癌物质多环烃和亚硝基胺，这些物质作用于 DNA，可使人体细胞基因发生突变。酒精还能辅助其他物质导致癌症。饮烈性酒与上消化道癌有关，尤其是啤酒和葡萄酒导致口腔癌的危险性更大，白兰地酒易导致食道癌，红葡萄酒易导致胃癌。最为严重的是酒精对肠癌的影响。1989 年日本公布的一项医学研究发现，每天喝啤酒的人得乙状结肠癌的可能性是不喝酒的 12 倍。这是通过对 40 岁以上的 265 万人进行为期 17 年的调查研究才完成的结论。伦敦帝国癌症研究基金会认为，喝啤酒的人得胰腺癌的危险性是不喝酒的人的 3 倍。

酗酒造成的后果不仅仅表现在病理性死亡上，而且还表现在其他死亡事件上。酗酒增加了人们的反社会行为，在它的影响下，社会产生了更多的自杀、凶杀等暴力事件。美国一份统计资料表明，在一个时期内调查的 12 000 人死亡的谋杀案中，杀人犯或受害者多有大量饮酒的既往史，至少在 1/3 的强奸案和近一半的人身袭击案中，酒精起了显著作用。我国 1986 年公布的一个统计资料表明，因打架、斗殴被拘役教养或判刑青少年中的 63%，流氓犯罪青少年中的 38% 与酗酒有着直接或间接关系。另一资料表明，饮酒后发生的事故往往比没饮酒者造成的事故高出 2 倍以上。70% 以上的交通事故肇事者是喝醉酒的司机或行人。同是在 1986 年，我国因酒后开车酿成的车祸达 28 000 起，其中伤亡 3 万余人。在美国所调查的 4 000 名淹死者中有

70%是因酒醉而落水死亡的。

醉酒有害，就需要禁酒。旧约圣经一再告诫醉酒的危险，劝喻人们要有所节制。按照古兰经规定的戒律，穆斯林是不许饮酒的。1920年，美国宪法第18号修正案曾通过一项决议，在全国实行禁酒运动，并强令推行13年。20世纪80年代，苏联也开展了反酗酒运动。然而，酒作为人类社会文化的重要组成部分及其适量饮酒并非无益的事实，使得人类对酒的禁令和禁烟相比要宽松得多。

（二）饮酒者应注意的问题

对于个人来说，控制醉酒是一个人具有意志力的表现，也体现着现代人饮酒文化中的文明道德。饮酒者要遵循适量、少饮的原则，不可过量、狂饮、暴饮。遇到喝酒场合，白酒以每次不超过50毫升为宜，最多不应超过100毫升。在这个限度内，酒一般对健康人不会造成损害。医学专家建议，提倡少饮或不饮烈性酒，以饮葡萄酒、黄酒、啤酒为好。而且不可空腹饮酒，喝酒前吃点水果、菜肴和小食品，喝点茶水，都可冲淡酒精对人体的伤害作用。

酒是一种兴奋剂，人在发怒、气愤、伤心等恶劣情绪下应尽量避免与酒接触。因此时肝火旺盛，"怒气伤肝"，酒与怒加在一起，等于雪上加霜，损害人的身体健康。

睡前不宜饮酒。因为，睡前饮酒有两大弊端：一是对中枢神经有害。它直接破坏了神经系统的兴奋与抑制的平衡，使人难以达到大脑真正休息的目的。二是酒精进入人体内要靠肝脏里贮存的酶解毒，白天人体的新陈代谢旺盛，能及时把酒毒排出体外，但夜晚入睡后，代谢减慢，肝的解毒功能也随之减弱，有害物质容易积存在肝脏，故而对人的身体健康有害。

如果经常饮酒过量，那么人的身体健康就会处于非常危险的状态。

如何判断自己饮酒是否过量呢？用"是"或"不是"回答以下问题，可知自己的饮酒量是否已经影响到自己与他人的生活方式：

①自己是否想过应该降低饮酒量？
②身边的朋友是否抱怨或者批评过自己的饮酒习惯？
③是否对饮酒有负罪感？
④是否在早上一睁眼就想到饮酒？

回答者如果有2个或2个以上的答案是"是"，那么，就意味着自己已成为酒精成瘾者，并为此会影响到自己的生活方式和与他人的关系。

（三）不健康的饮酒习惯及其解酒

酒能醉人，醉酒之后应当及早醒酒，以减轻酒精对肝脏的损害。那么，能否有解酒的办法呢？一般说来，牛奶、豆类和富含维生素C的食品具有一定的解酒作用；吃一些酸味的水果或饮用50~100克食醋对解酒有一定效力；酒后适量饮茶，也可以加速酒精的排泄，使人较快地解除醉酒状态。但酒后大量饮用浓茶，又会使肾脏受到酒精的刺激而伤害，所以酒后又不可大量地饮浓茶。

长期以来，人们对于饮酒有许多误区，甚至形成了许多不健康的习惯，而恰恰是这些不科学的不健康的饮酒习惯，进一步加大了危害人们健康的风险：

（1）啤酒与白酒同饮：会加速酒精在全身的渗透，影响消化酶的产生，导致胃痉挛、急性胃肠炎等症状的出现。

（2）酒与咖啡同饮：会使神经兴奋，刺激血管扩张，加速心跳，增加心血管系统的负担，易诱发心脏病。

（3）饮酒同时吸烟：酒中乙醇使烟中的煤焦油溶解，促其穿过黏膜扩散到体内。烟草毒素却不能及时促进酒精在体内代谢，从而加重酒精中毒风险。

（4）饮酒后服药：许多药物与酒精混合后会产生不良影响，如服阿司匹林可加重胃病和引起胃出血。

（5）饮酒后立即洗澡：洗冷水澡会使血管急剧收缩甚至发生痉挛，洗热水澡会加快心跳和血液循环，导致心脑血管疾病发作。

（6）吃海鲜喝啤酒：会使血中尿酸含量增加，不能及时排出体外就会以钠盐的形式沉积，聚集于关节和肾脏等处，诱发痛风或形成结石。

（7）剧烈活动后饮酒：会使血液中尿酸浓度迅速升高，引起关节炎和痛风症。

（8）酒后过量喝醋：过量喝醋解酒会对胃肠黏膜形成严重刺激，促进胰液大量产生，易诱发胃、十二指肠溃疡或急性胰腺炎等病症。

（四）克服过度饮酒的方法

下面这些方法对于克服人的过度饮酒行为具有一定效力：

（1）认知疗法：通过影视、广播、图片、实物、讨论等多种传媒方式，让嗜酒者端正对酒的态度，正确认识酗酒的危害，从思想上坚持纠正饮酒的成瘾行为。社会上舆论干预和强制的行政手段，对戒酒有绝对的效果，但应提倡主动戒酒。

（2）逐渐减量法：要有计划地戒酒，逐渐降低饮酒量。

（3）借助药物法：由于饮酒是一种成瘾行为，需要相当努力才能把这种不良的行为习惯改正过来。有时候借助药物的帮助也是必要的，这样能够提高戒酒成功率。

（4）反恶疗法：这是一种行为矫正方法，其目的是在饮酒时不但得不到欣快感觉，相反产生令人痛苦的体验，形成负性条件反射。

（5）辅助方法：为了达到纠正不良习惯的目的，常常结合生物反馈、系统脱敏等辅助方法，以获得满意效果，不过这需要心理医生的指导和帮助。

（6）家庭成员治疗法：酗酒往往给亲人带来不幸，但对其进行制约的最好环境也是家庭。因此，通过家庭成员帮助患者。让其了解酒精中毒的危害，及树立起戒酒的决心和信心，并与患者签好协约，从定时限量入手，循序渐进地戒除酒瘾。

（7）集体疗法：患者通过成立各种戒酒协会，进行自我教育及互相约束与帮助，达到戒酒目的。

三、谨慎用药的道德责任

（一）药物作用及滥用药物的后果

药物是指用于防治及诊断疾病的一类物质。从理论上说，凡是能够影响人的机体器官生理功能或细胞代谢活动的化学物质都属于药物范畴。

药物的种类很多，其作用也是多种多样，但是归纳起来，它们最基本的作用可以体现在三个方面：一是具有调节人体的作用，这类药物主要是增强或减弱机体某些器官组织的功能；二是通过干扰病原微生物的代谢，抑制其生长繁殖，使人体有利于发挥抗病机能，以此达到杀灭病原微生物和寄生虫的目的；三是当人的机体缺乏某些必要的代谢物质，如维生素、激素时，给予相应的药物以补偿治疗。

如今，药品的种类越来越多，人们以为药物可以防病治病，"药到病除"，是对付疾病的重要武器。殊不知，药品用得正确能治病，用得不好能害人。大多数药物对人体都有程度不同的不良反应，有些药品本身就是从毒物发展而来的。所以，产生毒副作用是常见的，甚至可说是药物固有效能的组成部分。人们常说"是药三分毒"，或者说"无毒不成药"，有些药物还会使人体产生过敏反应，形成药源性疾病。

长期以来，如同"有病乱投医"一样，人们也好"有病滥吃药"。可是问题正在于，药物的滥用会给人们带来意想不到的灾难，这就是药物依赖。[①]药物依赖俗称"药瘾"，对人的身体是十分有害的。例如生理依赖，有些人在反复使用或服食某些药物后，身体在生理上和生物化学方面发生变

---

① 章静波，王刚柱. 如何战胜疾病. 北京：北京少年儿童出版社，2002：34.

化，以致需要这些药物持续地在身体内存在并发生作用，停止后就会出现戒断反应，重者危及生命。药物依赖也包括心理依赖，有些人一旦用上药物，就会产生渴欲难消的依赖感，得之便兴奋，失之便情绪低落。

滥用药物是当前世界性卫生问题之一，我国表现得尤为严重。进入 21 世纪后，药源性疾病不断发生。据卫生部门统计："在全国住院患者中，每年大约有 19.2 万人死于药物毒副反应，为传染病死亡人数的 10 倍。""也就是说，他们不是病死的，而是吃药吃死的。这当中，40%死于抗生素的滥用，该数字使我国成为世界上滥用抗生素问题最严重的国家之一。资料显示，国内住院患者的抗生素使用率高达 80%，其中使用广谱抗生素和联合使用的占 58%，远远高于 30%的国际水平。"①

(二) 掌握用药常识，合理用药

人们应当树立合理用药的道德意识，克服药物带来的不良反应：如注意患者的病史和用药史以及患者的体质等，对症下药。对体弱者选用作用比较温和的药品，对过敏反应强烈的人用药时更是需要谨慎；依照疾病的轻重缓急、用药目的和药物性质选择用药方法；根据患者年龄和体质状况适当掌握用药剂量等。

1. **分清处方药与非处方药**

处方药，是指那些考虑到医疗安全，必须凭执业医师或者执业助理医师出具书面处方才可调配、购买、使用的药物，如抗生素、精神用药、麻醉药等。反之就是非处方药（非处方药专有标志为椭圆形背景下的 3 个英文字母 OTC），可自主判断、在药店购买和自行决定使用。就性质说，处方药和非处方药不是药品的本质属性，对国家来说，是药品管理的界定；对消费者来说，是获取药品的两种不同方式。

2. **用药时注意理解药品标签的提示要求**

对药的常用剂量要求，如果少于这个量，就产生不了治疗效果。超过这个量，就可能引起中毒。应当懂得提示用药中"慎用"、"忌用"、"禁用"的区别。"慎用"是提醒医生在对患者用药后，可能会对患者的某种病情产生一定影响，需要慎重对待。"忌用"等于是最好不用，此类药品对某些患者服后可能带来明显的不良反应和不良后果。"禁用"对一些人来说是用药最严厉的警告，此类不该使用的药物，一旦误用会出现严重后果。

3. **不要只看广告吃药**

许多人往往看药品广告吃药，哪种药品广告在媒体经常播放，就选择哪

---

① 肖永红．以生命的名义：专家谈抗生素的合理使用．中国妇女报，2005 – 03 – 31．

种药品，而不是对症选药。其实药品广告宣传总会有商业目的，难免有些片面性，因受时间限制，对疾病和药物也不可能有较完善的介绍。

4. 合并用药不宜多

有些药物之间会有一些不良的相互作用，出现或者增加毒性，或者使治疗作用相互抵消的现象。如果用药不当，还会产生人体的耐药性和过敏反应，加重脏器负担，反而不利病体康复。据研究，合并用5种药物产生的副作用发生率为4.2%，若合并用药21种以上，则副作用发生率达45%。

5. 药物并非越新越好

许多新药因为使用时间不长，需要有一个探索、实践、检验的过程，其中一部分新药可能经不起考验而被淘汰，此时患者如果盲目先使用，可能会产生不良后果。相反，很多老药之所以有几十年的历史却尚未被淘汰，说明有其自身存在的优势。

6. 贵重药、进口药不等于是好药

药品价格的高低主要是由它的原料价格及加工程序决定的，进口药贵，则与进口成本和加税有关。其实，药品的好坏不在于贵贱和产地，价格的高低也不是取决于疗效而是成本，治疗效果好，不良反应少的才是好药。

7. 补药不是有益无害

补药一般是指各种营养药，目前人们普遍营养过剩而不是营养不良，所以并不都需要补。何况补药也有一定的适用范围，并非是包治百病的万能良药。而且缺什么补什么为好，依中医理论，补药只能补虚，实症用补药只能是火上加油，显然滥补对人体有害。

8. 吃中药也要注意安全

在人们的心目中，中药无毒无副作用，服中药可有病治病，无病防病。然而经验告诉我们，中药虽然是较为安全的天然药品，但是其安全性也只是相对的，并不是绝对的安全。其实中药也有毒副作用，合理使用才是最安全的。

9. 预防安眠药物中毒

大量使用或误服安眠药、镇痛药，会使中枢神经系统受到抑制，引起中毒。

（三）抗生素的"双刃剑"效应

在现实生活中，人们滥用药物比较典型的是对抗生素的迷信，这是迄今为止令世界各国政府卫生和人口保健部门专业人员感到十分头痛的一个难题。

近代社会，人类抵抗疾病领域的一个重大成就就是抗生素的发明。1928年，当时还只是英国圣玛丽医学院细菌学讲师的弗莱明在实验中意外地发现

了青霉素菌，他为此以其论文成果问世。二战时，英国牛津大学的恩斯特·钱恩和霍华德·弗洛里在美国将其研究成功。因为如此成就，他们3人分享了1945年的诺贝尔医学和生理学奖。人们将青霉素、原子弹和雷达一起并列为第二次世界大战中的三大改变人们生活的重大发明。如今，青霉素在世界范围内得到了广泛的应用，而且形成了一个庞大的人丁兴旺的大家族，昔日曾被认为是不治之症的许多疾病，由于抗生素的应用而得到了有效的控制。

抗生素以前被称为抗菌素，它是一类在非常浓度下对所有的生命物质有抑制和杀灭作用的药物。事实上，医学实践表明，它不仅能够杀灭细菌，而且对霉菌、支原体、衣原体等，对其他致病微生物也具有良好的抑制和杀灭作用。因此，近些年来，通常将抗菌素称为抗生素。抗生素可以是某些微生物生长繁殖过程中产生的一种物质，用于治病的抗生素除由此直接提取外；还有完全用人工合成或部分人工合成的。他们的种类比较多，每一种类都有自己的特点，这就要求医生在使用时应针对不同的疾病、人群、细菌等，按照不同人群、疾病来予以适当的选用。

从严格意义上讲，抗生素是指在很低的浓度下能够抑制和杀灭生命体，比如细菌和病毒的药物。在现实生活中，能够杀灭生命体的物质是比较多的。例如，我们家庭中经常使用的消毒品就能杀灭生命体，它们被称之为消毒剂。然而，由于毒性大的原因，这种消毒剂不能用在人体里面，只能用在人体外的环境进行消毒使用。而抗生素是在很低浓度下并且能够在人体里面使用的毒性比较低安全性比较高的药物。抗生素与针对炎症发挥效力的消炎药不同，它不是直接针对炎症而是针对引起炎症的微生物发挥作用。抗生素与抗菌药类似，它们之间是大范围与小范围的关系。抗生素针对所有能够医治杀灭的生命体，包括细菌、病毒、寄生虫、肿瘤细胞等，而抗菌药物主要是用来杀灭细菌的。抗生素是比较广泛的，而抗菌药是比较专一的。抗生素也不是感冒药。有人认为抗生素可治疗感冒，或认为抗生素可以退烧。而事实上，虽然抗生素能抗细菌和某些微生物，但抗病毒有限，感冒大多是病毒感染，如果随便乱用抗生素，只会增加其副作用，并使机体产生耐药性。另外，患者发生细菌感染时会伴有发热，经过使用抗生素使得炎症消退，体温自然恢复正常。但是，不是所有的发热都是由细菌感染引起的。例如常见的伤风感冒就是由病毒所致，也会发热，但用抗生素却并不能完全奏效。

"好药"用得不好反而会适得其反。抗生素的副作用不可忽视，超时、超量、不对症使用的危害性更大。研究表明，每种抗生素对人体均有不同程度的伤害。如链霉素、卡那霉素可引起眩晕、耳鸣、耳聋；庆大霉素、卡那霉素、万古霉素可损害肾脏；红霉素、林可霉素、强力霉素可引起厌食、恶心、呕吐、腹痛、腹泻等胃肠道反应；氯霉素可引起白细胞减少，甚至成为产生再生障碍性贫血的致病原因。同时，链霉素、氯霉素、红霉素、先锋霉素会抑制人体的免疫功能，削弱机体抵抗力。一些抗生素的长期使用也会使患者出现耐药性，而且药品使用的频率越高，耐药情况的出现就越快。如大量高级抗生素的使用会引起肠道菌种的紊乱，过多杀死体内好的细菌，男性精子的数量和质量下降，导致不育症发病率越来越高。现已证明，人体获得性感染类疾病的抗生素耐药率特别高，一般三代头孢和喹诺酮类的耐药率达到30%~40%。医学研究表明，在泌尿系统感染治疗中，目前世界上只有中国的患者才会因用喹诺酮类包括环丙沙星、泰诺必妥等而出现耐药情况，主要就是因为药品用量太大所导致的结果。

在当代社会，细菌耐药性问题已经是国际社会必须面对的一个非常严重的问题。在发达国家，有5%~10%的住院患者发生过一次或更多的感染。美国每年发生医药感染的患者约为200万人，死亡9万人，经济损失达45亿~57亿美元。在发展中国家，发生医药感染的危险要高出发达国家2~20倍。我国存在滥用抗生素的现象尤为严重，相比欧美国家抗生素的使用量，大致占到所有药品的10%左右的水平，我国医院2000年统计的结果是住院患者中使用抗生素治疗率达80.2%，大大超过国际水平，以至于每年有20万人死于药品不良反应。在医学上，他们统统被称之为"药源性致死"，这当中，有8万人直接或间接死于滥用抗生素，其所造成的肌体损伤以及病菌耐药性更是无法估量，滥用抗生素使我们现代人战胜疾病的代价越来越高。

医学认为，抗体不是药物产生的，而是人体自身产生的，一般不会对人体有什么危害，仅仅对抗原也就是入侵机体的有害有机物有作用。而且抗生素主要是用来对抗细菌的，不会使人体产生抗体。抗生素之所以不能服用过量，是因为抗生素本身会引起人体的某些有益菌的死亡，杀死大部分的细菌时还会有一部分抵抗抗生素的细菌活下来，抗生素越强，剩下杀不死的细菌就越强，甚至会形成超强细菌，最后会导致人无药可用，只有等死。

据2010年8月11日出版的英国《柳叶刀——传染病》期刊介绍，当年有一种新出现的不明原因的病症正在一些国家流行，一些西方医学家把这种病叫作"新德里金属-β-内酰胺酶1"，或者简称为NDM-1。由于许多发病者曾在印度或巴基斯坦旅游和治疗，因而，研究人员推测这种携带NDM-1的细菌可能起源于印度次大陆。据报道，这种新型细菌几乎对所有抗生素都具有抗药性，死亡率很高。目前，对这种超级病菌具有效果的只有两种抗生素，但受到感染的病菌很快就能对这两种抗生素产生抗药性。研究表明，这种超级病菌的致命之处在于它拥有一种新的基因，能让正常细菌产生蛋白质来分解抗生素，从此之后抗生素便失效了。为什么出现了 NDM-1，显然与人们多年来滥用抗生素存在着密不可分的关系。

滥用抗生素所造成的隐性伤害令人担忧。有很多患者因为经常使用抗生素，一旦病重时再用，效果就大受影响。这是因为抗生素使某些生物为了维持自己的生存而被迫制造能杀灭其他生物的物质。而生物是不断进化的，在抗生素应用过程中，因为抗生素的滥用将一切敏感的致病菌都杀死了，同时它们也为新的抗药菌株创造了一种良好的生长繁殖的环境。在菌群中，遗传本质较弱的细菌消失了，而遗传本质较强的细菌就繁殖出新的具有抗药性的菌落，依此论之，可知长期使用抗生素，会使人身体中的病菌产生耐药性。如在 20 世纪 50 年代初期，最原始的抗生素盘尼西林能百分之百阻止葡萄球菌感染。但是，30 年后，有效率降低到小于 10%，细菌已变成超级病毒，从当初抗生素可以一举击破的虚弱有机体变成了坚韧、有弹性、高效率的对人体伤害的无情杀手。20 世纪 40 年代，4 天一疗程每天 1 万单位盘尼西林就足以对付最严重的链球菌感染，但是到了 1992 年，治疗链球菌感染得需要每天 2 400 万单位的盘尼西林，并且仍然保证不了细菌被全部杀死。

杨晓霞是一个山东女孩儿。1994 年夏天，她发现自己的右手拇指上有一个小黑点很痒，挑破小黑点后拇指开始溃烂。于是，父母把她带到乡卫生所，在那里用抗生素消炎，但没有治好。转到另一家医院后，她被拔掉了病变的指甲，但使用的仍然是抗生素，结果仍没治好。接着她到了省城济南，先后在 4 家大医院治疗，但无一例外，用得最多的还是抗生素，而她的手依然在一天天不停溃烂。3 个月后，她到了北京。而此时，杨晓霞的右手已经坏死，医生们不得不给她做了截肢手术。但手术后，细菌又在截肢的伤口上继续感染。此后，首都 13 家医院的 50 多位中西医专家先后两次会诊，经过几十次的细菌培养试验，在杨晓霞的伤口上发现了 12 种细菌，而让人担忧的还不只是细菌种类多，最为严重的问题是在她不断地使用抗生素治疗的过程中，这些细菌已经对大多数抗生素产生了耐药性……

抗生素在畜牧业中滥用的情况也令人担心。当代社会，在动物饲料中添加抗生素已成为普遍的事情，而其出现的后果与人体健康方面的后果也是一样的。抗生素杀死了动物体内的敏感细菌，把竞争力强而毒性大的细菌保留下来，繁殖出更多的抗药菌株，而这些抗药菌株又可以通过家畜肉制品和蛋奶传播给人，它们足可以引起用常规药物不能治疗的疾病持续发生和对人体疾病的耐药性不断增强。

1998 年初，世界卫生组织的一项调查表明，全球共有 5 000 万人感染了耐药结核菌，且有 2/3 的结核病患者处于发生耐药病例的危险中，这实际上是滥用抗生素的恶果。我国卫生部细菌耐药性监测中心在 2006—2007 年度对北京地区的大中型医院进行了长期监测,结果发现竟有40多家医院使用的抗生素药占到了全部用药的35%,全国医院抗菌药物年使用率高达74%。中国的妇产科长期以来都是抗生素滥用的重灾区。上海市长宁区中心医院妇产科多年的统计显示,目前青霉素的耐药性几乎达到100%。而中国的住院患者中,抗生素的使用率则高达70%,其中外科患者几乎人人都用抗生素,比例高达97%。

从健康道德的角度出发,控制抗生素的滥用,是国家、医疗卫生部门、医务人员、生产部门、患者的共同责任。尤其是政府需要在医疗体制改革中,应当加强对抗生素使用的有效控制。作为个人应当树立健康道德意识,克服滥用抗生素治病的误区,不能自作主张乱吃药,随心所欲服药,甚至为使疾病早日痊愈,轻易选择同时使用几种抗菌药。这些滥用抗生素的行为轻则达不到理想的疗效或使药效降低,重则增加药物毒副作用,危及健康。

当下人们在对抗生素认识上主要存在以下几个误区:一是认为抗生素越贵越好,治病越有效。其实,每种抗生素优势劣势各不相同,一般要因病、因人选择。比如,红霉素是老牌抗生素,价格很便宜,它对于军团菌和支原体感染的肺炎具有相当好的疗效。而价格非常高的碳青霉烯类的抗生素对付这些病就不如红霉素。药品不是普通商品,"便宜没好货"的规律并不适用药品。只要使用得当,几分钱一片的药也能达到药到病除的疗效。二是随意滥用。最典型的就是许多人用抗生素治疗感冒。感冒大多是病毒感染,抗生素能抗细菌和某些微生物,但不抗病毒,如果乱用抗生素,只会增大副作用,并使机体产生耐药性。三是不按医嘱服药。一些人患病后,病情较重时能按时按量服药,一旦病情缓解便随心所欲。抗生素的药效有赖于其有效的血药浓度,如达不到有效的血药浓度,不但不能彻底杀灭细菌,反而会使细菌产生耐药性。四是认为多多益善,越多越好,只要是抗生素就能消炎,甚至把几种抗生素一起服用。结果致使大量耐药菌产生,使难治性感染越来越多、费用越来越高。例如,肺炎链球菌,过去对青霉素、红霉素、磺胺等药品都很敏感,现在几乎"刀枪不入"。再如,目前临床治疗中人们认为对付金黄色葡萄球菌用"万古霉素"很有效,然而,大量使用就会出现耐药性的后果,患者一旦出现严重感染,可能陷入无药可治的境地。

四、锻炼身体的道德责任

身体是生命存在的根本。维护人的生命存在基本前提是身体健康。身体健康不仅使人容易适应环境,培育人的积极向上的心理品质,而且还会影响家庭及群体的生活质量。因而,锻炼身体,适应环境,积极向上,不仅表明一个人对待生活的态度,而且也是一种个人对社会负责任的道德品质。

（一）锻炼身体的意义

珍爱身体的根本要义是适应并尊重人体的生物节律。我们知道，在宇宙的漫长演变中，经过长期的适应过程，人体生物节律是有规律的。违背这个规律，就会给人的健康带来损害。持续违反生物钟规律的做法足以使人的免疫力下降，为病毒侵蚀身体提供条件。长期下去，会危及人的生命。别以为自己年轻，身体总是最棒的，如果不重视，它就会时常来骚扰。例如整天坐在电脑前，人们就会感觉眼睛发涩、手腕关节疼痛、腰及颈椎僵硬。开车，堵车，或者坐在沙发上看着节奏慢而长的韩剧，一个姿势窝在那儿，也有同样的不适感。长此以往，人的身体就会透支。

2004年，一次"知识分子健康调查"统计显示，在知识分子最集中的北京，这个群体的平均死亡年龄从10年前的59岁降到53岁。[1]社会上还有许多的精英逝于青壮之年，如2004年11月7日，均瑶集团董事长王均瑶因患肠癌医治无效死亡，时年38岁；2005年8月5日，浙江大学数学系博导何勇因患"弥散性肝癌晚期"去世，时年36岁；2006年5月8日，华为集团总裁胡新宇因病毒性脑炎被诊断死亡，时年25岁；2006年2月25日，东软集团总裁张东在周末加班时因心脏病突发猝死，时年36岁；同年的1月21日，上海中发电气董事长南民因突发急性脑血栓辞世，时年37岁……目前中国的白领几乎八成以上处于亚健康状态，工作生活压力大，每天身心处于紧绷状态，得不到充足睡眠，由此成为致病的根源。

珍爱身体的有力手段是有规律的作息和进行合理的体育锻炼。体育锻炼可以增强体质，提高人的肌体免疫功能、抗病能力和对自然环境的适应能力，从而预防疾病的发生。在体育锻炼中，自然界的各种因素对人体产生作用，如日光的照射、空气和温度的变化，以及水的刺激，都会使人体提高对外界环境的适应能力。对于儿童和青少年，有规律的体力活动具有促进发育的作用。近些年来我国的权威部门调查表明，如今的大学生肺活量下降，体能的速度、耐力、力量、爆发力指标下降幅度尤为明显。专家认为，导致这一结果的主要原因是我国学生普遍体育锻炼不足，锻炼时间和锻炼强度不够，长此以往，将会直接影响人的健康。

人体犹如一部机器，一生在不停地运转，不能等机器老了才维修、保养。人体保养的最好办法就是体育锻炼。但是为什么许多人认识到而做不到呢？也许有人会说，青少年时期学习任务重，壮年时期工作繁忙、负担重，没时间，等等。但根本的原因还是对体育锻炼的重要性认识不足，自我保健

---

[1] 程乐华，孙婉. 人为什么要累死自己. 中国教育报, 2005-11-23.

的意识淡薄。为什么一定要等年纪大了,医生对你讲"你要注意啊,要多活动活动啊",那时才开始认识到事态的严重,才开始锻炼呢?说是迟了,也许过分;在年轻时就注意锻炼身体,那该多好啊!善待你自己,不只是漂亮的CD、LV、兰蔻、江诗丹顿;也不只是法国大餐、意大利红酒或者是蓝山咖啡;还有一项你受益最多的,这就是:让细胞跳舞,让身体舒展,让心灵释放。

我们为什么不推崇更健康积极的生活方式呢?有些人是迫于工作性质无奈而为之。但是,可以说绝大多数人应该选择健康的生活方式。健康的身体来自于健康的生活,这样才会组成一个健康的社会。其实,我们常常会被自己的错觉所蒙蔽。这些错觉让我们既看不清自己的局限,也看不到自身生命的力量,"如果我们静下心来,仔细审视自己的生活方式,就会发现其中的矛盾和可笑之处:我们大量摄入高脂肪、高热量的食物,然后再服下各种减肥药物;我们乘电梯走进公寓、办公室,然后再到攀登器上练腿部肌肉;我们开车去不远的超市购物,回家再到跑步机上行走……物质与富有并不能使我们变得健康,而我们所做的事情、我们的生活方式、我们所吃的食物、我们的内心状态,甚至我们的信仰,都对我们的健康有重要的影响"①。

健康的生活就是应该包括健康的饮食、环境和足够的睡眠。

(二)坚持锻炼身体的原则

锻炼身体是为了增进健康,全面发展身体,以求增强体质。因而,强调几个原则是十分必要的:

1. 渐进性原则

渐进就是前进、发展、提高,而不是停留在一个水平上。是逐步地、依次地、循序地变化,而不是突然或急剧的变化。渐进性原则是根据体质增强的规律对应用各种体育手段去锻炼身体的过程所确定的规矩。科学锻炼身体过程中,最本质的是运动负荷的问题。渐进不是说天天地,每次地平均增大负荷量,而是按照人体对运动的适应性变化,根据适量负荷的要求,有计划地增大运动负荷。一定的运动负荷量,对身体作用一定次数和时间之后,才能引起身体的适应,然后再逐步增大运动负荷,使身体产生新水平的适应,最终达到增强体质的目标。渐进性原则就是按照这个适应性变化,有阶段地调整运动负荷的锻炼方法。

2. 反复性原则

反复是一次次重复的意思。反复性原则是指运用各种手段锻炼身体的过

---

① 李无忌. 健康启示录. 北京:中国广播电视出版社,2007:3.

程，具有一次又一次、多次重复的特性。经验告诉我们，在锻炼身体中，只练习几次对人的作用不大，只有多次练习到一定程度时，才能对身体产生良好的作用，而反复次数过多，也会对人体带来副作用。因此，反复是有规律、有限制的重复，是锻炼身体的又一个规矩。反复中要遵循哪些要求呢？首先是运动和间歇相结合，既要有充分的运动，又要有适当的休息。这并不是说，一次运动后必须有充分的休息，而是可以在几次或几天运动没得到充分休息时，给予更加充分的连续休息。其次是在周间、月间、年间、数年间都要连续不断地进行体育锻炼。

3. 全面性原则

人的身体是一个整体，要想增强体质，就必须使构成人体的各局部都得到锻炼和发展。具体说，就是要使身体各部分（如头颈部、躯干部、四肢）、各器官系统（如心血管、肺、神经、胃、肠等）功能、身体各种素质以及人体各种基本活动能力都得到发展。有些人认为全面性只是指大肌肉群的活动，这是片面的看法。体质的强弱是涉及构成人体各有关局部发展状态的大问题，就是一个不会危及生命的小局部不健全，也会对整体带来不良影响。例如，牙齿坏一个并不危及生命，但它却会给健康造成不良影响，所以古人健身就有"熨面扣齿"之法。青少年正处于身体快速发育时期，更需注意对身体的全面锻炼，切不可单凭兴趣去参加某一种活动而放弃全面性原则。

4. 意识性原则

意识性原则是指要有意识地从增强体质出发去进行锻炼，而不是盲目地或无目的地乱练一气。人的活动除了有机体的自律活动和反射活动之外，所有的随意活动都伴随着一定的意识。盲目性不是无意识，而是意识不清、意识程度肤浅、意识的指向性错误。增强体质的意识与竞技比赛意识有极大区别。在科学锻炼身体的过程中，要把意识指向发展身体、增强体质的目标，而不能指向单纯提高运动竞赛成绩和夺标上。有些青少年把参加体育锻炼的意识指向比赛、指向娱乐，而把增强体质看作是练习过程中自然可达到的结果，这就收不到发展身体、增强体质的效益。所以，在参加体育锻炼过程中，每一个人都要增强和树立起正确的意识。

5. 个别性原则

个别性原则是指在锻炼过程中，要根据个人的特点去安排锻炼的方法、内容和运动负荷。因为每个人的体质都有各自的特点，所以应当针对这个特点去锻炼才能有收效，所以，个别性原则就是要求按个人特点选择手段和运用方法的一条规矩。要贯彻这一原则，需要对自己自身有一个了解，这就需要对自己身体的形态、机能、素质和运动能力等进行测量和评价（这些已在其他提示中介绍），在取得一定数据的基础上，做出自己应该选择的锻炼方法。例如，一个学生心肺功能较差，跑步的耐力不强，就可以针对自身的弱点，在锻炼中增强这方面的内容。当前国内外提倡在锻炼中实行"运动处方"的方法，正是这一原则的重要性被人们重视的反映。

"没时间锻炼"这是有健康意愿又没付诸行动的一些人的借口。实际上，健身并不需要讲究场所、技巧，重要的是如何持久地参与。社会生活实践表明，坚持适当体育锻炼的人，其心脏、肌肉和骨骼的健康水平以及精神状态与不锻炼的同龄人相比，要"年轻"许多。

如何才能达到健身目的，是否长时间地跳健美操或没完没了地跑步、爬山，才能达到健身保健的目的呢？我们认为，虽然运动形式多种多样，但运动方式都基本相同，如有氧运动、力量训练、伸展运动等，只有根据自己的年龄来进行不同项目的运动以及坚持足量的运动强度，才能达到健身的目的。否则，过度运动反而有损健康。

大学生们锻炼时可参考以下几种运动处方：

①最大心率：用200减去你的年龄，就是你运动时所允许的最大心率值。如果你今年35岁，最大的运动心率就是200－35＝165次/分钟，一般在运动时要求心率控制在60%～80%之间为宜。

②有氧运动：游泳、骑自行车、跑步、跳舞、爬山、爬楼梯、跳绳及打篮球、足球、网球、乒乓球等，这些活动对心、肺功能和心血管系统以及神经系统都有很强的锻炼效果。

③力量训练：可以在宿舍做俯卧撑，也可以到健身房进行器械练习，对身体的肌肉和骨骼有很好的作用。最好在健身教练的指导下健身。

④伸展运动：练习关节、韧带的柔韧性，比如瑜伽功、体操等。

⑤能量掌握：一次持续半小时的中强度的有氧运动，消耗能量150～300大卡，同等强度的举重训练耗能只有100大卡。每个人每周的体育锻炼要消耗能量800～1 500大卡才能起到锻炼作用。

五、维护心智的道德责任

清华大学电机系四年级学生刘海洋为了验证"笨狗熊"的说法能否成立，在2002年1月29日和2月23日，先后2次把掺有火碱、硫酸的饮料，倒在了北京动物园饲养的狗熊身上和嘴里，造成3只黑熊、1只马来熊和1只棕熊受到不同程度的伤害。当年，这名大学生年仅21岁，且已通过研究生考试。这起事件的"新闻冲击波"震荡了全国。一家门户网站的读者评论条数创了历史新高，超过了以往任何一起重大事件的评论条数。原因在于刘海洋在中学里曾是响当当的名字，不光成绩好、守纪律、懂礼貌，而且热心班集体的事情，学校曾号召全校同学向他学习，3 000多名学生中只有他穿着打补丁的校服。可是，这一切都是外在的表现。掩盖不了他内心世界中的自我中心观，他缺少的是健康的人格心理。

心理健康对人的成长有重大影响，是人的全面发展的基础。一个人在心理健康上多一分弱点，其成长和发展就多一分限制和损失。然而，种种社会现实表明，如今的大多数年轻人生活在心理不健康的状态之中，随着社会的飞速发展，人们的生活节奏正在日益加快，竞争越来越激烈，人际关系也变得越来越复杂；由于科学技术的飞速进步，知识爆炸性地增加，迫使人们不断地进行知识更新；"人类进入了情绪负重年代"，人们的观念意识、情感态度复杂嬗变。作为现代社会群体的组成部分，在高等院校生活和学习的大学生们，往往对社会心理这块时代的"晴雨表"十分敏感。况且，大学生作为一个特殊的社会群体，还有他们自己许多特殊的问题，如对新的学习环境与任务的适应问题，对专业的选择与学习的适应问题，理想与现实的冲突问题，人际关系的处理与学习问题，恋爱中的矛盾问题以及对未来职业的选择问题等。事实上，我国目前大学生群体中还普遍存在着心理不健康的现象。例如，我们在网站上浏览学生发的帖子，总是能见到郁闷这个字眼："最近总是很郁闷，如何才能不郁闷？完了我又郁闷了。""我很郁闷，想找一件有意义的事情。"而一项关于高校流行语的调查中也表明"郁闷"一词排位在高校流行语之首。

大学生在使用郁闷这个词的时候，代表着不同的心情。归结起来，失望是一种郁闷，烦恼是一种郁闷，焦躁是一种郁闷，惆怅是一种郁闷，寂寥是一种郁闷，忧愁是一种郁闷……总之，不正常的心态都可归属郁闷的范畴。产生郁闷心态的根源，大致也可归结为，因为烦躁，因为痛苦，因为无聊，因为嫉妒，因为失望，因为怨恨，因为不满，因为落寞，因为惊扰，因为恐慌，等等，而这郁闷的心情，有时会在莫名其妙中降临，有时为外界因素促成，有时是自寻烦恼所带来。总而言之，忧郁、气闷乃至阴暗心理的普遍存在，会导致郁闷如龙卷风一般充塞在不健康大学生的胸间。曾几何时，郁闷不知不觉成了一种流行病。我们不难认同郁闷确实令人难受，甚至会带来不良的结果。处在郁闷状态的人，往往什么事都不想做，做什么都提不起劲，而越提不起劲就会越郁闷，如此恶性循环，对心情的影响无疑是越来越糟，使人犹如踏入沼泽地，越陷越深，不可自救。

如果进行行为归因，当代人的素质不能适应社会进步和发展的需要，最欠缺的是心理素质问题，具体表现为意志薄弱、缺乏承受挫折能力、适应能力和自立能力，缺乏竞争意识和危机意识，缺乏自信心，依赖性强等。在大学生中，有人因自我否定、自我拒绝而几乎失去从事一切行动的愿望和信心；有人因考试失败或恋爱受挫而产生轻生念头或自毁行为；有人因现实不理想而玩世不恭或万念俱灰；有人因人际关系不和而逃避群体自我封闭。所有这些因素都会导致郁闷情绪的产生。

应当说，郁闷是一种笼统的心理亚健康情绪的反映。大学生郁闷情绪如果长期积累，肯定会给自身成长带来不利影响，例如，转化为强制性、偏执性人格障碍、强迫性神经症、焦虑性神经症、抑郁性神经症等心理疾病。

以抑郁症为例，这是一种严重危害人类身心健康的精神疾病，具有高发病、高复发、高自杀率、高致残率和社会负担沉重等特点。它的严重性在于，人们尚未对其有足够的重视，整个社会对该病的认识、理解以及接受程度很差。因此，大学生对于心理健康的维护要有自觉的意识，有了心理疾病要及早医疗，就个体而言，对照以下相关问题，如果各方面都显示出突出的倾向，建议及早向心理医生请教，并请医生给予自己专业性的指导。

心理不良的自我诊断：
①我觉得闷闷不乐，情绪低沉；
②我一阵阵哭出来或觉得想哭；
③我晚上睡眠不好；
④我无缘无故地感到疲乏；
⑤我发觉我的体重在下降；
⑥我有便秘的苦恼；
⑦我心跳比平时快；
⑧我觉得自己对经常做的事情也存在困难；
⑨我觉得不安而且平静不下来；
⑩我对将来不抱希望；
⑪我比平常容易生气、激动；
⑫我觉得自己很难做出任何决定；
⑬我觉得自己是个没有用的人，也不会有人需要我；
⑭我的生活过得很无趣；
⑮我认为如果我死了，别人会生活得好些；
⑯平常感兴趣的事，我现在却是兴趣索然。

对于大学生而言，承担起维护自我心理健康的道德责任，以下两方面十分重要：

（1）注意培养良好的思想品质，增强免疫能力。因为，在生活环境中，影响心理健康的因素大量存在，而预防心理疾病，优化心理素质的关键在于树立正确的人生观和价值观。要学会客观地评价自我，积极地悦纳自我，调整自我的认知方式。

（2）加强自我的心理保健。应当自觉学习心理健康知识，了解自身心理活动的规律和特点，认识心理健康的意义和标准，掌握心理调节的方法，培养自己的生活情趣，学会控制自己的情绪，在感觉自己存在一定心理障碍时求助于心理咨询机构。这些都不失为加强自我心理保健的好方法，对于维护和保持心理健康有着重要的作用。

六、保护环境的道德责任

在一个暴风雨的早晨，一名男子来到海边散步。他发现在海边沙滩的浅水洼里，有许多被前晚的暴风雨卷上岸来的小鱼。小鱼被困在浅水洼里，回不了大海了——虽然大海近在咫尺。用不了多久，浅水洼里的水就会被沙粒吸干，被太阳蒸干，这些小鱼都会被晒干而死的。男子继续朝前走着。他忽然看见前面有一个小男孩，走得很慢，而且不停地在每一个水洼旁弯下腰去——他在捡起水洼里的小鱼，并且用力把它们扔回大海。男子忍不住走过去，好心劝道：孩子，这水洼里有几百几千条小鱼，你救不过来的。"我知道。"小男孩头也不抬地回答。"哦？那你为什么还在扔？谁在乎呢？！""这条小鱼在乎！"男孩儿一边回答，一边拾起一条小鱼扔进大海。"这条在乎，这条也在乎！还有这一条、这一条、这一条……"

进入21世纪，人类的环境健康问题及相关健康风险正开始从传统型向现代型转变。在发展中国家，由于贫困与快速工业化的双重压力，环境风险呈递增态势。我国作为经济发展速度较快的国家，也面临着同样的问题。据"国内外专家测算，我国年环境污染和生态破坏造成的损失占GDP的8%~13%，联合国开发总署认为中国空气严重污染地区死于肺癌的人数是良好地区的8.8倍。卫生部的官员说，2003年中国疾病经济负担达到了1.2万亿元，占GDP的10.3%，增长速度高于GDP的增长速度"[1]。显然，环境健康问题已给我们个人与国家带来了沉重的经济和社会负担。如果我们仍同以往一样只追求经济的增长而忽略环境污染与破坏问题，那么，对于我们自己及其后代子孙，都将处于生存健康不安全状态，其所带来的后果将十分严重。

人类生存的环境健康问题可分为两类：一是与贫困和发展不足有关的传统环境健康问题，如缺乏安全饮用水，公共卫生设施不足，病源体食物污染，燃烧和燃烧方式造成的室内污染，自然灾害，传染病媒介等；另一类是与不可持续发展、不可持续消费有关的现代环境健康问题，如城市人口密集，工业、农业发展所造成的水和空气污染，化学物质、放射性物质和重金

---

[1] 汪纪戎. 关注环境 保障健康. 文汇报，2006-03-15.

属污染，重复出现的传染病，气候变化，臭氧层破坏，滥用激素引起的食品污染等。

健康是人类生存的基本要求，是生产力的重要组成部分。一个人没有健康就谈不上快乐幸福，一个国家没有健康身体素质的国民，就不会有生机、活力。改善环境，改善健康状况，提高生活质量，是人类谋求发展的重要目标之一。寻求发展、环境与健康的相关协调对确保21世纪每个人的健康安全至关重要。对此，寻求人类社会与环境的可持续发展不仅成为一种新的发展观，而且成为一种新的道德观。这种道德观包含的道德原则是：

（1）所有的人都平等地享有生存环境不受污染和破坏，从而能过健康生活的权利，同时负有保护和不损害子孙后代满足其生存需要的责任。

（2）地球上所有的生物物种都享有其栖息地不受污染和破坏，能够持续生存的权利，人类负有保护和不损害生态环境的责任。

（3）每一个人都有义务关心他人和其他生命，确认侵犯他人和生物物种生存权利的行为是违背人类责任的行为，要禁止这种不道德的行为。

如此，大学生应当加强环境道德的修养，将自己投身于大自然中，通过俯仰宇宙，涤滤心灵，悟天地之正气，激励自己人生之理想。要知道，是大自然为人类提供了最明媚的阳光、最清新的空气、最甘甜的泉水、最丰富的食物；它以自己的千姿百态、形形色色的植物和动物来陪伴人类，使人类不致孤独和寂寞；它以壮丽的山河、宽阔的大海和灿烂的星空供人们生存与休闲；它以自己的灵秀来滋养人类的生活，人类所需要的一切，无不来自大自然的给予，人类还有什么理由不以感恩之心来对待这个与人类共生的伙伴呢。

人类目前仍然生存在地球上，地球是迄今为止在宇宙中发现的唯一有生命活动的星球，是人类赖以生存和发展的生命之舟。因为只有一个地球，就必须珍视地球，避免人类活动对它的污染和破坏；只有一个地球，就意味着地球上的每一个人都是"地球公民"，由此决定了作为地球公民必须友好相处，共同为维护地球生态环境承担起道德责任。基于此，大学生应当做出自己的努力，从自我做起，从小事做起，以感恩之心对待大自然，对待这个我们赖以生存的地球母亲。

保护生存环境，就是保护人类自己。

一、资料库

（一）世界卫生组织制定的衡量人体健康的十项标准

①有充沛精力，能从容不迫地担负日常生活中繁重的工作，而且不感到过分紧张和劳累。

②处世乐观，态度积极，乐于承担责任，事无大小，不挑剔。
③善于休息，睡眠良好，每天能正常入眠6~8小时。
④适应能力强，能适应外界环境的各种变化。
⑤能抵抗一般性传染性疾病，不易感冒。
⑥体重适中，身体匀称。站立时，头、肩、臂等位置协调。
⑦眼睛明亮、反应敏捷，眼睑不易发炎。
⑧牙齿清洁，无龋齿，不疼痛，牙龈颜色正常，无出血现象。
⑨头发有光泽，无头屑，无脱发。
⑩肌肉丰满，皮肤富有弹性。

（二）心理健康的十项标准

①有充分的安全意识。
②充分了解自己并能对自己的能力做出恰当的评价。
③与现实环境经常保持接触。
④具有从经验中学习的能力。
⑤能保持个性的完美与和谐。
⑥在不违背群体的意愿下，能有限度地发挥个性。
⑦生活目标符合实际。
⑧在不违背社会原则的前提下，能通过努力使个人的基本要求得到适当满足。
⑨能保持良好的人际关系。
⑩情绪表达适当并能及时控制情绪。

（三）亚健康状态

亚健康状态是介于健康与疾病之间的一种状态，是指机体在内外环境不良刺激下引起心理、生理发生异常变化，但尚未达到明显病理性反应的程度。从生理学角度讲，就是人体各器官功能稳定性失调尚未引起器质性损伤。在此状态下，如能及时调控，可恢复健康状态，否则会引发疾病。就生理发展性质而言，随着人的年龄增长，机体组织结构的退化及生理功能减退是一种自然现象，也可视为人从健康状态到非健康状态转化的一个阶段，目前认为人体衰老的表现就属于亚健康状态。

人体处于亚健康状态时，容易患病，身心感到不适，对学习、生活和身心健康造成不良影响，不能很好地发挥体力和心理上的潜力。亚健康在生理上具体表现是疲劳、乏力、经常感冒、出虚汗、无名低热、头晕头痛、腰酸腿疼、视力减退、性功能下降、血压不稳、食欲不振等；在心理上则表现为精神不振、反应迟钝、失眠多梦、记忆力减退、烦躁不安、易怒、情绪低落等。

二、思考与讨论

(一)(调查材料)大学生心理健康状况不乐观

《中国青年报》1988年1月13日报道，据天津市体育卫生验收资料统计，在被调查的全市5万名大学生中，16%以上存在不同程度的心理障碍，主要是恐惧症、焦虑症、多疑症、强迫症、神经性抑郁症和情感危机等。1996年3月21日《中国青年报》报导，在上海高校学生中3成以上有不同程度的心理疾病，在令学生烦恼的200多种原因中，为人际关系、学业、恋爱、择业而担忧的各占约两成。2004年，北京市高校学生心理素质教育研究课题组调查结果：北京市23所高校中抽取5 220个样本，按照学校层次的类别、男女比例、不同年级、不同专业的调查得出：有23.2%的大学生存在不同程度的心理卫生问题，女生的问题（17.34%）高于男生（16.07%）；低年级心理健康差于高年级，其中二年级心理症状最为突出，为17.56%；农村学生差于城市学生，为19%。2004年，重庆教育学院心理咨询中心调查报告：在问卷调查的600多名女大学生中，有效卷411份，结果是：52%需要别人帮助；48%惧怕失败；43%在没人提示下感到自己既无能力又缺乏吸引力；42%不喜欢竞争环境；48%经常压抑自己；29%认为别人的要求比自己的更重要。2005年，据全国著名心理学家、华南师范大学郑希付教授介绍，由于社会、学校、家庭和个人诸多因素的影响，全国大学生的心理健康状况极不乐观。华南师范大学在2年时间里，对全国的大学按照不同地域、不同门类的2万名大学生进行了心理健康调查，发现15%～25%的大学生存在严重的心理问题，一般心理问题则更多。大学生中因心理疾病退学的，高达退学总人数的54.4%。按此推算，全国至少有500万大学生心理存在问题。其表现主要在三个方面：一是适应性问题。包括对环境和人际关系的适应、对学业的适应、对经济状况的适应和对生活自主性的适应。二是人际交往问题。进入大学，人际交往面拓宽了，复杂的人际关系往往使学生不知所措。三是情绪问题。由于过分紧张，大学生通常会出现焦虑、抑郁等情绪波动。

作为大学生，你怎样看待这种现象？自己的观点是什么？

(二)刘勇的自我毁灭

1988年8月7日，在北航宁静的校园里，发生了一起凶杀案，该院管理系四年级学生刘勇，杀死了同院计算机系二年级的1名女生后自杀。

刘勇原在陕西省某县一所厂办子弟校上中学。高中期间，他是三好学生、优秀团干部，同时也存在着一种自命不凡的以自我为中心的唯我主义人格倾向。在大三时，他曾写过几十万字的《哲人世语——一个自由人的内心独白》一书，开头的话是这样写的："你崇拜谁——我自己。""只有自我才是构成世界的千百万细胞，如果没有自我，宇宙人类将是广袤的虚无……如果世人要问，谁说过我是伟大的？没有别人，正是我！"然而，正是这个自命不凡的人，却在读大学四年级时有5门课不及格，按学院规定应予退学，但学院还是给了他补考的机会。只可惜，他自己因为受到挫折而感到绝望，在补考两门仍不及格、已肯定不能毕业的情况下，与他相处的女生又公开表示不再和他往来，他觉得"太丢面子"。于是，在找不到报复他追求的那个女生的机会的情况下，就在8月7日那天，用谎话把该女生同宿舍的另一位女生骗到校园里，向她伸出了罪恶的手……

刘勇曾说过："如果正常的途径不能出名，就杀死一个无辜者。"这句话也终于成为了事实。（摘引《北京日报》1988年6月13日）

刘勇自我毁灭的心理根源是什么？

作为大学生，应当从刘勇自我毁灭的悲剧中吸取些什么经验教训？

（三）青春与健康是生命的最大财富

一青年总是抱怨自己时运不济，生活贫困，终日愁眉不展。

有一天，走过一个须发俱白的老人，问："年轻人，干吗不高兴？""我不明白我为什么老是这么穷。"

"穷？我看你很富有嘛！"老人由衷地说。

"这从何说起？"年轻人问。老人没有正面回答，反问道："假如今天我折断了你的一根手指头，给你1 000元，你干不干？"

"不干！"年轻人回答。

"假如斩断你的一只手，给你1万元，你干不干？"

"不干！"

"假如让你马上变成80岁的老翁，给你100万，你干不干？"

"不干！"

"这就对了"，"你身上的钱已经超过了100万了呀！"老人说完笑吟吟地走了。

这一寓言故事说明了什么？你有什么体会？

有人说，生活中不是缺少财富，而是缺少发现、缺少感受、缺少珍惜。因此，作为年轻人要学会关注、体会、珍惜自己的青春与健康。你说对吗？

三、建议阅读书目

①樊富民，费俊峰．青年心理健康十五讲．北京：北京大学出版

社，2006.

②徐宗良，刘学礼，瞿晓敏. 生命伦理学：理论与实践探索. 上海：人民出版社，2002.

③（美）R.T. 诺兰，等. 伦理学与现实生活. 姚新中，译. 北京：华夏出版社，1988.

第四章

防御疾病

内容提要：

● 疾病是生命存在的一种表现形式，同健康构成对立统一关系。它既是威胁人类健康的主要敌人，又是人类生命健康中不可分离的组成部分。

● 世界上目前已知的疾病种类多达 20 万种。这些疾病症状只反映了一个事实，我们的身体在进化过程中失去了平衡。疾病只是代表着一种状态，那就是人体正在遭受着某种力量的伤害。

● 传染病在历史上对人类有过重大影响，也是今后需要人类认真对付的主要敌人。由于传染病毒和细菌处于不断地变异和增量之中，人类同其斗争并没有结束。

● 生活方式病是 21 世纪人类健康的最大杀手。与传染病不同，它无法靠药物治愈，唯有采取健康的生活方式才能回归自然健康状态。

● 医学可以治疗疾病，但无法创造健康。我们不应把防御疾病和创造健康的责任完全交给医生，而是交给自己。由此需要确立新的健康模式，以应对病魔的侵蚀。

在 2003 年抗击"非典"的过程中，一些高校的学生曾经离校返家。这种行为一度引起社会的争议。然而，在危机到来之时人们所产生的恐慌与无措中，当意识到离校返乡不但不安全，而且还可能造成疫情的扩散和蔓延时，有众多的大学生最终选择了责任和坚强。北大的一个学生后来在征文中写道："如果不是'非典'，我不知道自己是否会有勇气直面脆弱的生命，严肃思考生与死的终极问题。在恐慌和混乱之时，人们已不再关心太阳明天是否照常升起，然而我分明看到云淡风轻，高山流水依然那么平静，地球仍然沿着那亿万年都不曾改变的精确轨迹在行走。恍惚发现，也许疫情并不恐怖，恐怖的却是恐怖本身。"

对人类来说，长期困扰自己健康的是疾病。每当有人感觉到自己病了时，总会对这种伤害感到恐惧、担忧和显得无助，尤其是在爆发流行性传染病时，给人的伤害更大。

在人与自然、人与社会、人与人相互作用的社会生活中，由病毒变异引发的各种疾病随时都会发生。当 1918 年西班牙流感导致 2 000 多万人丧生的时候，当非洲原始森林的猴子把艾滋病毒带给人类的时候，当21世纪初上海市甲肝爆发并流行的时候，当疯牛病、口蹄疫给人类健康带来巨大威胁的时候，人类曾一次又一次地面临严峻考验。此时别无选择，只有依靠坚定的信念、科学的知识、健全的理性才能战胜病魔，减少瘟疫灾害带来的损失。

第一节
疾病是生命的表现形式

健康与疾病是在人的生命活动中存在的一对永恒的矛盾，只要有健康的地方，就会找到疾病的影子。就此而言，疾病既是生命存在的一种表现形式，同时又是破坏人类健康的最主要的敌人。人类自从通过群居方式过上集体生活以来，就开始了与疾病的斗争。在人类对重大疾病认识不完全的情况下，疾病始终是人类发展史上一个沉重的话题，它对人类社会发展的破坏和影响与战争齐名。目前，世界上疾病名称种类已多达20余万种，而且还在继续增加。但是，从另一意义上说，疾病又是人类生存健康中不可或缺的组成部分，它同健康构成了对立统一的关系，这即是说，没有疾病，无所谓健康；没有健康，也无所谓疾病。疾病的客观存在，向人类的生存质量提出了强制性的要求，而因疾病所带来的一个人生命的结束，则表明这一生命个体因对社会环境的不适应而被淘汰出局的客观必然性。其实，病死与年老一样，是作为个体生命不可避免的生命存在与消亡方式。

在许多时候，健康与疾病之间往往不存在一个明显的界限。例如，某人体内滋生某种疾病且已病入膏肓，却谁也不知晓，表面上仍显得很健康。只有当他出现了痛苦症状或异常体征时，才被认为是"生病"了。这意味着在日常生活中，人们通过感觉判断是否生病的依据来自于身体"痛苦或异常的症状"，而对深层次的病理变化却往往一无所知。到目前为止，现代医学科学的发展虽然让人类懂得了更多的关于导致疾病发生的原因，但对于为什么人会有疾病这样一个问题却不能充分做出回答。例如，尽管医生会劝导人们：一个人长期摄入过多的高脂肪食物将是十分危险的，因为那样的话会使人发胖，可能引发心脑血管疾病；人如果接受紫外线照射时间过长也不是好事，可能会引发皮肤癌。但是，为什么人们对于含有高脂肪的食物及晒太阳乐于接受呢？阳光灼伤为什么会进一步造成人的体肤感染呢？这些问题像谜一样，还没有被人类已有的知识所揭示，需要一个进一步加深认识的过程。

一、疾病的含义

什么是疾病？一个人若是发热、头痛，或是有腹泻、腹痛症状，无疑是生病了。但是，有许多疾病在早期是无症状的，甚至有些疾病（如糖尿病）在患病初期，患者不但在体力、精神上如平常一样，而且还自觉"胃口很好"，并不知晓疾病已潜伏在身。显然，以人体"不适"的感觉来定义疾病并不十分可靠。这是因为，人们对于"不适"的感受性是不同的，有的人皮肤擦破一点就叫苦连天，有人却能忍受剧烈的疼痛。

疾病从汉字的字面解释，可以发现"疾"是一个病字框，里面有一个"有的放矢"的"矢"。这个"矢"就是"射箭"的"箭"。它告诉我们，远古时人们认为那些从外而来侵害自己身体的东西，就像一个人朝自己放的冷箭，比如，感冒、风寒、传染病这些外来因素引起的不适就叫作"疾"。"疾"还可以引申为快，如疾驰、疾速等。由此可知，"疾"这个东西来得快，去得也快，它是从外面来的，最后肯定还得从外面出去，它对于人只是一个匆匆的过客。我们再看"病"字，"病"字框里面是一个"丙"字。在中国语言文化中，"丙"是火的意思。因为，这个火是在人的五脏里面，所以丙又代表着人的心。于是"丙火"又可以称作"心火"。一个人心里如果有火，就会得病。另外，"心火"翻译成现在的话就是被压抑的情绪，就是失调的七情六欲，比如悲伤、忧虑、喜悦、恐惧、愤怒等。

关于"疾病"，目前医学界所达成的基本共识是：人体在内外因素作用下，机体的局部或全身有一系列功能、代谢和形态结构的改变。这即是说，人体表现出许多不同的症状与体征，机体与外界环境的协调发生障碍，就是疾病。

二、人们生病的原因

疾病一旦在人体内存在，就有表现症状，由此说明人得病了。然而，疾病的症状并不等于疾病的根源。那么，人为什么会生病呢？对此，传统医学认为，疾病是人体受到侵害所致。例如，我国史书《左传》记载着两个非常有名的医家故事，说有一个叫医和的人，在同另一医家讨论人为什么会得病时，他提出得病的原因有三：一是因鬼得病（鬼病），二是因食得病（食病），三是因蛊（gǔ）得病（蛊症）。这里所谓的鬼病，其实指的并不是鬼神之意，而是因果关系。从因果上说，人有什么样的不良生活状态和不良习性，就会引发出什么样的疾病。

《黄帝内经》是我国春秋时期的医学经典，它将人的疾病之因归结于受阴阳侵害所致，认为只有阴阳平衡的人才能成为健康人："夫邪之生也，或生于阴，或生于阳，其生于阳者，得之风雨寒暑；其生于阴者，得之饮食居处，阴阳喜怒。"意思是说，人得病了会有两种原因，要么得于"阴"，要么得于"阳"。得之于阳中的"阳"指的是风雨寒暑，也就是说天地间不正常的气候会造成人的疾病。得之于阴中的"阴"，就是人"饮食无节"、"起居无常"、"喜怒无常"三个方面起作用的结果，对此应当加以克服。所谓饮食应该有节，是说人的饮食应遵循节气变化进行，应吃应季食品。比如，随着科学技术的发展，反季节蔬菜遍布市场，冬天人们也可以吃到美味的西瓜，可西瓜性寒，按节气时令的规律应该在夏季享用，以中和暑热，平衡阴阳；在冬季食用，却会寒上加寒，对人体造成较大的伤害。所谓起居有常，就是说天亮时人就应该起床，这时人自身的阳气和天地的阳气一起生发。如果老睡懒觉的话，人就会没有精神。天黑了人就应该睡觉，使阳气得以潜藏，用阴气来养阳气。所谓人应当制喜制怒，其原因就是当一个人的情绪波动太大时会伤身体。中医上讲："喜伤心，恐伤肾，怒伤肝。"就是这个意思。所以，如果有较大的情绪波动，就会造成当事人的体内五脏六腑的损伤，导致一个人生病。

汉代时，我国出现了一本医书——《伤寒论》，其中把人们生病的原因归纳为三条：经络受邪、壅塞不通和外伤。所谓经络受邪，是因为它会造成人的脏腑损伤，从而导致生病。所谓人体经脉不通畅，是因为它会形成四肢九窍的血脉壅塞不通，从而人体内就会产生病变。所谓外伤，就是指一些受外因所致的像刀伤、虫兽所伤等。

许多医学理论强调人们得病的原因在于人体内部失去了平衡。

身体内部失衡的观点认为，人的身体本身是一个复杂、有序、平衡的系统，其生命过程是自体与外部世界发生各种物质和能量转化的综合结果。人体中的化学元素，人生存所需的营养素，都是通过人的呼吸、饮水和进食等活动，实现与环境的物质交换和能量交换并保持着某种动态平衡。如果这一平衡遭到破坏，人就会得病。分析现代人生病之因，除了外伤或意外事件外，大多与人体的平衡状态被扰乱和受到破坏有关，如天气的冷热、空气的燥湿、病毒的流行、动物昆虫的叮咬、过量的体能消耗、遗传带来的器官病变等诸多因素，无不影响着人的疾病的产生、发展、变化。这样一来，"我们每个人生来都会面对这两种力量：一种是导致人体生病的力量，包括有害的生活习惯、不合理的伙食、过度的疲劳、持续的压力、过激的情感、环境的污染等；另一种是保持人体健康的力量，包括良好的生活方式、平和的情绪、均衡的饮食、适度的运动、放松的身心等。两种力量的大小强弱，决定了一个人的整体健康状况"①。

上述观点都有道理，可是如果从人类长期进化与自然界变迁的影响出发，我们还会发现引发人的疾病原因存在着如下方面：

（一）生命进化中"人体设计的缺陷"

人体在长期的生命进化中曾得到了充分的发展。达尔文的生物进化论告诉我们，人体是一个精密的统一体，能够行使各自的功能。以四肢的长骨为例。首先，四肢骨的空心状结构，使它的重量达到最轻，且节省材料，在强度与韧性上，即使与同等重量的实心钢材相比也是最优。其次，长骨的功能设计得也十分巧妙，其形状足以实现负载最优化。很容易受伤的两端，在进化过程中变得粗大，受到肌肉杠杆作用力的地方，还可在表面形成钙化予以加固；同时，它的表面还预留有一些小沟，这是专门为娇嫩的神经和血管留下的通道。再次，它那空心的管腔，也被安排作为新生的血细胞的孕育之地，因为在其中充满了骨髓。

然而，尽管人体中充满了被精密设计的器官，还是有不少地方设计得不尽如人意，比如把食物经口腔送进胃里去的食管和把空气经鼻腔送进肺里去的气管恰好在咽喉处交叉，由软骨来完成食物进入食道、空气进入气管的任务。这种自然的设计可能因为人最初不会发声说话时不存在什么大的问题所致。但是，人的进化过程，尤其是语言的发展如此之迅速，以至于通过气流变化而发声的语言功能同时需要喉管来完成，这样的结果就会常常发生分流不及的"交通事故"，特别是人在吞咽食物时，容易出现因堵塞气管而噎住甚至致死的现象。据统计，全世界每年每10万人当中约有一个人被噎死。在"海姆利克操作法"发明之前，据说噎死事实上成为美国的重要死因之一，每年约有6万人被噎死。居住在美国的民国时期重要人物宋子文就是因为这样的原因而丧生的。

再如，我们身上的阑尾直到现在也没有发现对人有多大益处。那么它为什么会在生命体内存在，为什么不在生命的用进废退过程中被淘汰掉呢？而且由于阑尾的存在，才使人存在阑尾炎的发病现象。这正如漫画大师黄永玉所描述的那样"平时一点作用也不起，但一起作用就让你受不了"。还有人的很多疾病是由人体基因缺陷引起的，如近视眼、肥胖症、高血压等，基因缺陷疾病既然是一种遗传，为什么古代没有，而现在就有了呢？合理的解释或者是适者生存，不适应的部分被生命进化的过程淘汰了。如近视眼病，现代人得此病越来越多，为什么古代人就不多呢？一种解释可能是由于患有此

---

① 李无忌．健康启示录．北京：中国广播电视出版社，2007：54.

病的人在古代打猎时会遇到较大的困难，不仅打不着猎物，而且会有被猎物伤害的危险。实践表明，正是自然选择的结果，使患有近视眼病的人生存过程中遇到了较大障碍而无法获得自己生存和延续后代的能力，近视眼基因由此不易得到遗传。现代社会生活中失去了这一理由存在的根据，因为人离自然远了，少了动物攻击的可能性，由此遗传中近视的现象就保留下来，以至于现代人中有25%的人不能避免一生戴眼镜的麻烦。那么，我们不禁要问，人类最初的近视疾病如何产生的呢？自然选择的力量是很强大的，却为何不将它摒弃呢？为什么又会在没有动物攻击的情况下，近视基因不能再发生改变呢？由此可知，人类应当是一个有机世界的宠儿，但在我们身上仍旧存在着许多缺陷。

（二）人体受到伤害的一种自我保护反应

疾病作为代表人体正在受到伤害而存在的一种状态，其实许多时候是一种自我保护功能发挥作用的体现，是人体特定感受器在感受到了某种威胁时所做的应答活动，是当受到外来攻击时所激活的一种人体保护功能。如呕吐和腹泻就是身体排出毒素的一种保护性反应。咳嗽，就是为了保持呼吸道畅通，专门排除异物而设计的一种复杂的机制。人在咳嗽时，会牵涉许多部位的协同运作，包括膈肌、胸肌、声带腔的互相配合，借助气流把气管中的黏液和异物向上推送到咽喉，再由口中吐出，或者吞入胃里，让那里的酸液杀死大部分细菌。咳嗽疾病这一事实表明，每当身体的防御机制行使功能，作为相伴随的副产品本身也会被人视为疾病。再如，疼痛也是人的一种防御信号的表达，人的最大不幸之一是没有疼痛感，如麻风患者据说就不知道。所以，疼痛不是敌人，而是人体忠实的侦察员、运动员。

我们以发烧为例看看人体在受到外来伤害时，是如何做出防御反应的。人在发生感染后，大脑中管理体温的司令部就会立刻做出应急反应，通过各种途径来增加热量和减少热量的散失，使人的体温迅速升高，靠着体温的发热来加速血液循环，此时人体中的白细胞及抗体等抗菌物质会迅速随着血液集结到出事地点，并立即投入歼灭病毒的战斗。另外，由细菌所产生的毒素及人体受损组织的有毒分解物在人体发热时也会迅速地被血液稀释，及时通过血循环系统带到肾脏，从小便排出体外。人体发热时，其实是用高温杀死病毒和细菌以抵御感染。因此说，发热的人体是一种有效的自我保护措施，可以说对人的机体是有利的。然而，生活中的人们常常因为害怕发热而企图用药物来控制，此时受益的恰恰是细菌与病毒，结果使人的病情加重。人体发烧这一机理已被美国生理学家马特·克鲁格通过实验所证明，不仅如此，他还通过实验证明了某些动物具有保护反应的特性，像蜥蜴那些不能提升温度的冷血动物，会选择一个比较暖和的地方使体温升高以治愈疾病。如果找不到这样的环境，那么它多半会死于感染。所以，发热并不表明是由于体温调节失控，而是一种高度进化的体温调节中枢的重新设定。那么，人体为什么又不能老发烧呢？一直这样不好吗？原因在于发烧是人体本身最大的防御战争动员，其过程中耗能容易过多，并且对神经系统有伤害。此时的遗传基因会处于困难的局面，为防止生育质量下降不宜进行遗传。所以，男性在高烧状态会出现暂时不育的情况。特别是严重的高烧会引发惊厥，甚至是永久性损伤等反应，由此又意味着不能认为不使用药物退烧就是最好的选择，适当的降烧有时又是必需的。

可以认为，疾病只是代表着一种人体正在受到某种伤害的状态。而人体为了保护自己，就需要建立一种新的平衡方式，这就是疾病的产生和疾病症状的出现。就其本质上说，在生活中我们所见到的并不是疾病，而是疾病在人体受到伤害时所做出的一种积极的反应症状。从这一意义上认识疾病，不难发现"从本质上看，我们生命健康的最大威胁不是疾病，而是持续不断的伤害。当疾病发生时，最重要的是尽快找到致病原因，彻底消除那些伤害的力量，然后让身体慢慢自我修复。但现实情况却恰恰相反，人们大多非常惧怕疾病，却不担心那些伤害的力量。高血压的治疗就是最典型的例证。人体因为各种致病因素而使血压增高，人们却只管一味地降压，而不去消除造成高血压的根源"①。因为不能从根本治起，只求其末，也就不会收到好的效果。

（三）人类与细菌病毒博弈的表现

细菌感染是人类健康的大敌。直到二战以前，世界上因感染而死亡的人数占人类总死亡人数的 1/4 以上。自从医学上发现细菌并发明了细菌的克星盘尼西林后，今天这个数字已降到 3% 以下。然而，这并不意味着人类就已彻底战胜了细菌与病毒，就其根本上说，这也是不可能实现的事情。何以这么说呢？原因很简单，生命的辩证法则就是复杂的高级的生命并不一定能够战胜简单的低级的生命，而在生命界存活了以亿年计的细菌最具这样的典型。通常，我们用药物来杀灭细菌，可是细菌并不是永远被动好欺的，它会通过接受信息然后变异自己来做反抗。由此，在药物的持续重复使用过程中便增加了细菌的抗药性。医疗实践表明，人类几乎每一轮新发明的抗菌素都走过了有效、低效、到最后失效的过程。例如青霉素，以前投入使用初期，每次打肌肉针 40 万单位就行了，现在是 400 万单位进行点滴也不如以前有效。由此可知，人类为什么永远消灭不了细菌，而只能是抑制呢？原因在于

---

① 李无忌．健康启示录．北京：中国广播电视出版社，2007：56．

病毒与细菌也是处在进化的过程中。如病毒是地球上最简单的生命形式，它主要由核酸和蛋白质组成，体积要比细菌小100倍，长度亦不到千分之一毫米，但它们并不只是简单地侵害我们人体的坏蛋，而个个是老练的、极富经验的对手。人类在千百年来进化过程中所演变出来的对付它们攻击的防御手段，它们也会进行自我进化，继而演变出一整套克服医学防御的手段，有时甚至利用人类发明的防御方法来进行反防御。这也正是人类为什么不能消灭细菌与病毒，以及新的细菌与病毒会时时产生的根本原因。迄今为止，人类已发现有400余种可引起天花、脑炎、白血病、麻疹、艾滋病等疾病的病毒。而人类历史上，正是这个小小的病毒使这个世界上数亿人口丧失了生命。

（四）人类生存中因自然环境改变所带来的副产品

据世界卫生组织估计，全世界每年死亡的4 900万人口中，有3/4的人是因环境因素而死亡的。事实上，像重金属、持久性有机污染、环境内雌激素、白色污染、光化学烟雾、放射性污染等新老环境问题正威胁着城乡居民的身心健康。

关于维系人类生存的自然环境改变因素给人类发生疾病所带来的影响，苏联的医学专家们曾用"自然疫源地"概念来说明这一现象的存在必然性。我们可以想象出这样一种情形：在某地有一片森林，其中生活着许多动物和植物，这些动植物体内和体表存在着大量的致病微生物，只不过因为动物在进化的过程中已经逐渐适应这种致病微生物的存在和作用，体内形成了免疫力，所以对身体不会起到伤害作用，甚至有些致病微生物也构成了它们之间共生共存的组成部分。以往，这片森林与人类社会是隔绝的，因此这种以动植物为宿主的致病微生物不会接触到人。后来，由于人类活动领域的不断扩展，开始进入这片森林并接触到这些动植物，这就使得原本只存在于野生动植物体内或体表的致病微生物有机会袭击人类。而且，因为人一开始对它并没有免疫力，其流行性传染病就发生了。"从人类出现在地球上开始，几乎所有侵害人类、致使人类发病的病菌，全都先是在当时的动物身上一代繁殖、孳生、变异，然后以各种各样的方式传入到人的体内的。"[①] 当代美国著名学者戴蒙德在他1998年获普利策奖的著作《枪炮、病菌与钢铁：人类社会的命运》一书中就同样断言："近代史上人类的主要杀手是天花、流行性感冒、肺结核、疟疾、鼠疫、麻疹和霍乱，它们都是从动物的疾病演化而来的传染病，奇怪的是引起我们人类的流行疾病的大多数病菌如今只局限于

---

① 余风高. 流行病：从猖獗到颓败. 济南：山东画报出版社，2003：7.

在人类中流行。"例如，艾滋病就被认为是一种生活在非洲野猴身上的病毒演化而来的结果。

(五) 社会环境改变或者恶化的产物

许多疾病，尤其是传染病的蔓延多半不是因为医学本身的退步，而是工业化、都市化进程加快所带来的后果。工业化和都市化使人口越来越集中于城市，使得如今的城市人口集中程度极高，达到了全球总人口的45%。这就使得传染病不可克服和极易流行，同时，由于现代交通工具的发达，使得疾病通过日益增加的流动人口传播的危险性加大。以环境污染为例，随着科学技术的突飞猛进，人们的生活也进入到了日益现代化的文明时代，家用电器的广泛使用，汽车工业的飞速发展，建筑材料的不断更新等，使得人们在享受现代化成果的同时，也开始领略到享用这些成果所带来的烦恼。例如，汽车尾气的排放造成大气污染，刺激人的眼、喉、鼻等器官，危害着人体健康。尾气中的二氧化硫大量排放，极易导致酸雨的发生，造成土壤和水源酸化，影响农作物和森林的生长。

在日常生活中，我们不可避免地会接触各种现代工业环境下生产出来的产品，如广泛存在于生活中并为人们普遍使用的化妆品、洗衣粉、清洁剂、药物、饮料、食品、家具、地板等物品中的各种新产品，都可能存在着各种目前还不为我们所知的毒素，由此各物种致病因子引起的疾病，尤其是跨物种感染，对人的伤害严重且难以避免。"我们的一生要接触200万种不同的化学物质，其中有8万多种是生活中经常接触的，来自生活中各个方面的毒素，正以不同的方式进入我们的身体。也许几种毒素不会带来明显的问题，可是几十种、几百种毒素长期在我们体内积聚，就会给我们的身体造成严重的损害。"①

1986年，英国、法国、德国等欧洲国家先后发现了疯牛病。这是一种人畜共患的"可传播性海绵状脑病"，得病的人主要症状是痴呆、反应迟钝、对自己不关心，肌肉一阵阵地抽搐，走路跌跌撞撞，出现幻觉和伤人毁物等行为，3个月到1年内死亡。根据科学家们的研究，发现该病发生的原因是由于肉牛加工厂将牛屠宰后，将一些牛的器官内脏制成骨粉等加入饲料中饲养牲畜引起的。强迫本来是食草动物的牛食用同类的肉、骨等组织，显然违背了自然规律。尽管这样做有益于人们对食物的需求，但人类却要为此付出更为沉重的代价。

高科技也是如此。随着科学技术的不断进步，先进的技术不断地应用于

---

① 李无忌. 健康启示录. 北京：中国广播电视出版社，2007：57.

诊断和医疗之中，如超声波、核磁共振成像、光谱分极、胃肠造影等，显示出了超越人的某些方面的能力本领，同时对人体也会起到负面的伤害作用。再如电脑的普及，给人们的学习、工作带来极大的方便，因特网上精彩奇妙的世界使人们流连忘返。但是，因为电脑的广泛出现与使用，不仅使网瘾问题严重且难以克服，而且人们长期在电脑前工作，也会带来一些新的与电脑有关的疾病。

（六）人类不健康生活方式引起的结果

从本质上说，人是属于社会性的高级动物。因此，疾病这种自然过程、生物学过程不能不在许多方面受到社会因素的制约。然而，疾病又是可以能被人所认识的，对疾病的预防和治疗也都是依赖于一定的社会文化来完成的。种种社会文化因素不仅渗透在认识、预防、治疗疾病的全部过程中，而且会通过种种行为中介直接作用于人的生命过程。由此可以认为，积极的社会文化因素有利于人的身心健康，消极的社会文化因素则成为致人得病的重要根源，甚至是病理性死亡的直接根源。根据世界卫生组织公布的数据，一个人的健康状况，60%取决于他的生活方式，15%取决于遗传因素，10%取决于社会环境，8%取决于医疗条件，7%取决于自然环境。国外的研究发现，一个人20年前的生活方式，可以影响到20年后的身体状况。许多中老年人的慢性病其实是在青少年时期因为不良的生活方式埋下了种子，成为日后出现的隐患。事实上，令人恐惧的癌症、心脑血管病和糖尿病的发生，都与人们不健康的生活方式有着直接的关系。

当下的人类不健康状态，主要体现在两个方面：一是人们的生活方式不健康。例如，饮食水平是衡量生活水准的一个重要标志，营养的好坏对人体素质有很大的影响。不合理、不正常、无规律的饮食习惯会引起人体的疾病。然而，现代人的生活状态体现在饮食上，恰恰是因为追求"食不厌精"，所以，导致人们吸收的营养单一，饮食无度，忽视早餐，晚餐过量，食盐过多，爱吃烫食、腌食、熏食，结果引起的肥胖成为重要的健康问题，成为一种疾病。现代保健医学认为良好的卫生习惯是实现人体健康的重要保证，不仅体现一个人对现代生活的态度，也是精神状态的一种文明的表现方式。在卫生习惯上，衣着脏乱、懒于洗浴、不护牙齿；在起居行为上，起居无常、睡眠不足；在生理保健上，过度劳累、运动不足、滥用药品、讳疾忌医。这些都是生活方式不健康的表现。二是人们的精神压力紧张所造成的心理障碍性疾病。依照现代医学科学理论，衡量一个人是否有疾病，不仅要看是否得了病，而且要看是否有一个积极向上的健康心理。现代人生活在激烈的竞争环境中，许多人往往在心理上有巨大的压力，心神不宁、孤独寂寞、忧愁抑郁、生气发怒、情绪异常，长此以往就会形成一种超出生理与心理承受程度的"紧张状态病"。目前，全球约有5 000万人患有抑郁症，在年满20岁以上的成年人中，抑郁症患者正以每年11.3%的速度迅速增长。令人担忧的是，心理疾患往往会导致躯体疾病。许多有心理障碍的患者因精神因素引起头痛、失眠、乏力或胃部不适，甚至出现胃溃疡、心脑血管疾病。心理不健康被人们认为是需要世界范围内解决的21世纪重要疾患。

第二节
威胁人类健康的传染病

一、传染病与人类相随

在人类成长的历史上，健康与疾病存在着对应关系。疾病不仅意味着人的受伤和缺乏完全安适状态，还意味着没有能力完成个人的日常活动。

历史上，对人类生存影响最大的除了战争和自然灾害以外，就是流行性传染病和寄生虫病。走进工业社会以来，伴随着医学科学的进步，在显微镜、疫苗与抗生素问世以后，传染病得到了抑制，威胁人类的主要疾病谱系发生了历史性的转折。一些常常被人们称之为富贵病的疾病却开始大为流行，如癌症被人们称之为"20世纪的瘟疫"，它以变异细胞的疯狂繁殖为特点，侵蚀和瓦解人的肉体，最终使人死亡。心脑血管病也是一类能在瞬间使人致命的疾病，近些年来已成为中老年人的致命杀手。糖尿病具有较高的发病率、高致残率、高死亡率的特点，成为21世纪的流行病和威胁人类健康的第三大杀手。于是，有那么一段时期或者说是在较长的一个时期内，人们把注意力从传染病转向了对慢性病（非传染性疾病）的预防和控制。

进入21世纪后，医学科学家们进一步发现数百万年来一直伴随人类发展进程的那些恶性传染病毒与细菌并未彻底消失，它们仍旧躲藏在某些角落里繁衍生息，只要一有适当时机，便会卷土重来，兴风作浪。虽然到目前为止，这类疾病还不是或无法构成致人死亡人数最多的疾病，但其迅速爆发时对男女老幼的人体摧残，及其所带来的顿失亲人之痛的心灵冲击和对社会经济政治生活所产生的巨大震荡，使其成为令生活在近代社会的人类感到最为恐惧和最为凶恶的敌人。例如1994年，印度鼠疫泛滥，100多人丧生，近30万人被迫逃离家园。1999年，哈萨克斯坦和阿富汗爆发鼠疫和霍乱，塔吉克斯坦和吉尔吉斯斯坦出现伤寒和疟疾，蒙古和俄罗斯也刮起了可怕的疫

病风。这些疫情的出现，使人类不得不再一次将注意力集中到传染病上来。据1999年世界卫生组织的报告，近30年来全世界流行的传染病，如肺结核、疟疾、麻疹、痢疾、艾滋病及肺炎、流感之类的急性呼吸道感染性疾病正死灰复燃，以至于造成平均每小时1 500人的死亡。由于细菌病毒变异的速度加快，新发现的传染病已经超过30种，如军团病、库鲁病、拉沙热、莱姆病、埃博拉出血热、霍乱0～139新菌型病、疯牛病等，老病菌复发，新病毒不断，成为一次又一次造访人间的"不速之客"，侵扰人类生活的平静和安宁。

传染病是与人类同在的疾病。专家们在古生代的动物身上已发现了有寄生虫病毒存在的痕迹，古埃及金字塔内封存了4 000年的木乃伊曾透露出古埃及有过类似血吸虫病大流行的信息。另对一具女尸的病理分析，发现其身上就有梅毒的痕迹……与此相似，人类对流行病的记录可上溯到公元前400年的《希波克拉底文集》，其文中有2章就是以流行病学为标题的。

传染病流行与人类文明史的发展程度直接相关。当人类还在原始的文明时代早期，一些疾病可能是来自于人与动物的接触，当时的人在捕获到动物之后，剖杀和食用时会出现传染情况，但限于人口生存的较低数量、密度和居住地分散、生活区域相对独立等原因，从而减少了细菌和病毒感染的几率和途径，就不会在人群中酿成大规模的流行性传染病。相反，在人口集中形成城镇之时，流行性传染病就易兴起。人类历史上强大的罗马帝国，就是因为瘟疫的原因而瘫痪并走向衰亡。因为，当时被称作为"贾斯汀瘟疫"的鼠疫就造成每天近1万人死亡，最后人们离开了城市，国家垮了。

根据史料记载，在中世纪的欧洲，传染病曾长期肆虐，其影响规模之大、持续时间之长、涉及面之广、死亡人数之众、出现的疫病种类之多，可说是人类历史上空前绝后的一段时期。例如，6～7世纪在西欧就有了麻风病。随着十字军东征，麻风病变得愈加凶猛，到13世纪达到高峰。当时，限于医学技术发展水平，人们还没有治病的办法，唯一最好使用的手段就是隔离。当时的法国就有2 000余所这样的隔离院，这实际上就是现代医院产生的前身。1225年，整个欧洲大约有2万所。但是到了14世纪，麻风病突然绝迹，至今令科学家们大惑不解。

性传染病也是一样。例如，梅毒15世纪在欧洲开始传播，先从西班牙的巴塞罗纳城市作为起点，此后流行欧洲。为维护国家的荣誉，各个国家曾给它起了好多名字。例如，意大利说这是法国病，法国人说是那不勒斯病，荷兰人说是西班牙疮，西班牙则说是波兰疮。在争执中，这种病毒却一声不响地从一国传到另一国，以至于蔓延到了整个欧洲。最终，人们把罪名加到了航海探险家哥伦布的头上，都说是他将病带到了整个欧洲。

由于流行性传染病一般来势凶猛,人们一遇此非常境遇,便会不知所措,从而引发社会动荡。为了克服疾病流行,人们曾想尽各种方法,甚至是使用一些不人道和残忍的手段,以企图消除瘟疫。如为对付瘟疫,欧洲曾有鞭刑者运动。当时,由于长期横行的黑死病,人们相信《旧约》中所预言的末日审判即将到来。为此,成千上万心向上帝的赎罪者卷入到自我鞭挞和自我伤害的浩大行列中,结果虔诚而愚昧的努力并未阻止住疾病的爆发和人类的死亡,直到后来大批的神父也因染病而死,人们才动摇了"瘟疫是上帝对罪人的惩罚"的认识,最终停止了鞭刑运动。历史上也曾有过那么一段时期,人们认为之所以流行瘟疫,是社会中存在的女巫们勾结魔鬼对牲畜施法的结果。这种谣言曾引发了虐杀女巫的运动,大批被认为是有问题的女人在经历酷刑之后被烧死。后来,人们相信医学上的四体液说,企图用人工方法给人体放血调节血液平衡。但是,放血也没有取得实质性的效果。直到最后,还是公共卫生拯救了人类。到1750年,鼠疫之所以能在欧洲大陆灭绝,其重要的原因之一就是卫生检疫制度的建立和国家公共卫生体系的出现。1383年,为了防止传染病的流行,法国在马赛正式成立了世界上第一个海港检疫站,被认为有问题的船只必须在距离海港相当距离的指定场所停留一段时间,直到认为没有问题才允许进港。到18世纪时,政府对公共卫生的管理更为严厉。例如,所有被认为有传染嫌疑的房屋,都要强制进行通风和熏蒸,室内家具必须在阳光下曝晒消毒,有传染可能的衣物都要被焚毁。后来,政府制定各种公共卫生法令,加强治理。例如,改良下水道,解决污水污染,修筑街道和建设医院,及时清理死尸等,使得社会公共卫生环境得以改善,在一定程度上控制了传染病的大流行。

二、传染病是威胁人类健康的大敌

在医学领域,从是否具有传染性角度来说,疾病可分为传染病和非传染病两大类。传染性疾病在医学上是指由病原体引起的,能在人与人、动物与动物或人与动物之间相互传染的疾病,它是许多种疾病的总称。其基本特征是有病原体、传染性、流行性、地方性、季节性。流行性传染病具有一定流行规律,因其传染性较强乃至于严重危害人的健康,甚至引起大量患者的死亡。

我国2004年12月1日起施行的经修订的《中华人民共和国传染病防治法》规定,传染病可分为甲类、乙类和丙类三大类共37种。其中,甲类传染病2种:鼠疫、霍乱;乙类传染病25种:SARS、艾滋病、病毒性肝炎、脊髓灰质炎、人感染高致病性禽流感、麻疹、流行性出血热、狂犬病、流行性乙型脑炎、登革热、炭疽、细菌性和阿米巴性痢疾、肺结核、伤寒和副伤寒、流行性脑脊髓膜炎、百日咳、白喉、新生儿破伤风、猩红热、布鲁氏菌病、淋病、梅毒、钩端螺旋体病、血吸虫病和疟疾；丙类传染病10种：流行性感冒、流行性腮腺炎、风疹、急性出血性结膜炎、麻风病、流行性和地方性斑疹伤寒、黑热病、包虫病、丝虫病以及除霍乱、细菌性和阿米巴性痢疾、伤寒和副伤寒以外的感染性腹泻病。

从人类历史到当今时代，传染病仍是威胁人类健康的大敌，特别是一些危害严重的传染病，更是人类健康的凶狠杀手。

（一）鼠疫是人类第一个实现自然免疫的疾病原菌

鼠疫是由一种杆状细菌引起的传染病，在鼠群中流行。病鼠死后，依附在它身上的跳蚤一旦咬人，就会把鼠疫杆菌传染给人，于是人在发烧后很快死去。历史上鼠疫出现之初，人们并不知道鼠疫与老鼠之间的关系，更不知道这是一种由病菌引起的疾病。据史料介绍，鼠疫发病的特点是患者先出现寒战，继之产生呕吐、头痛、眩晕、畏光、背痛等症。由于患者发病时会出现腹股沟及淋巴结炎，同时会咳出或呕出暗黑色的血，而且在皮肤上出现暗黑色淤斑，并在24小时内死去，所以人们曾把鼠疫称之为"黑死病"，将鼠疫大流行叫作"黑色瘟疫"。

意大利人文主义作家乔万尼·薄伽丘在其所著的《十日谈》一书的开头部分曾对鼠疫有过描写：许多人就在白天或者黑夜连连倒毙在路上，全城每天死去的人数以千计，街道上尸体纵横。结果就常常是夫妻、父子、兄弟一家人，同装载在一具运送尸体的架子上；又往往是两三个神父，举着一个十字架走在前面，脚夫们抬着三四具尸架跟在后头；更有是神父以为只替一个死者举行葬礼，意外却招来了六七个，甚至更多的尸体同时下葬……于是，由于教堂的坟地和家族的祖茔已经无法容纳，只好临时在周围挖些又长又阔的深坑，把尸体成百成千地葬下去，就像将货物堆塞到船舱里去似的。据统计，仅这年的3月到7月这四五个月中，佛罗伦萨城里就死了10万人，郊外市镇和乡村也未能逃脱这一灾难。原因是，即使是健康的人，只要与患者一接触，即使只是跟他说几句话，碰一下他穿过的衣服，甚至仅仅是他摸过的用具，也会立即受到感染致病而死。[①]

鼠疫是人类历史上最骇人听闻的瘟疫，曾经有过3次在世界上的大流行。第一次大流行是在6世纪的东地中海，后来延伸到拜占庭帝国都城君士坦丁堡，估计当时的死亡人数多达1亿人，持续的时间大约50年。黑色瘟

---

① （意）乔万尼·薄伽丘. 十日谈. 方平，王科一，译. 上海：上海文艺出版社，1958：1.

疫的第二次大流行是在1347年的意大利城市热那亚开始的，持续250年之久，死亡人口2 500万，而当时欧洲的总人口也不过8 000万人。第三次大流行在1894年，直到20世纪30年代达到高峰，60多个国家受灾，死亡人数估计在1 000万以上。我国从1736年开始有鼠疫，最初只是在云南地区发生，以后时有流行。史料记载在20世纪开元之年，最为严重的欧洲鼠疫第三个浪潮从广东登陆后，一直向北延伸到内蒙古的满洲里爆发，3年后又出现在福建泉州地区，导致后来当地几乎年年流行鼠疫。

在长期与鼠疫抗争中，人类目前已基本实现了天然免疫和找到了基本消灭这类传染病的方法，现在鼠疫对人类已不再构成威胁。这个在历史上曾经令人恐惧的头号疫病已经逐渐远离了我们的生活。

（二）天花是第一个被人工消灭的病毒

天花是一种由过滤型病毒引起的烈性传染病。人感染后首先出现发热、呕吐症状，然后出现皮疹，最后干缩，直至病入其内致人死亡；其病死率在25%以上，没死的人则在身上留下永久的"纪念"疤痕，如果留在脸上，成为"麻脸"。天花存在的历史较长，3000年前，在古代埃及法老式拉米西斯五世的木乃伊和其他古埃及木乃伊上，均发现有天花留下的疤痕。据传，在3世纪和5世纪，古罗马帝国都有过大规模的天花流行。165年，一场可怕的瘟疫席卷了罗马帝国，而且整整肆虐了15年，杀死了意大利全国人口的1/3。那些在瘟疫中幸存的人不是眼睛瞎了，就是面部严重变形。846年，在入侵法国的诺曼人中突然爆发了天花，诺曼人的首领只好下令将所有的患者统统杀死。11世纪时，罗马教皇组织十字军远征，也是这种可怕的传染病致使十字军几乎全军覆没。1519年，当西班牙军队入侵美洲时，他们带去的不仅仅是枪炮，更带去了天花这种"秘密武器"。结果，美洲土著人认为这是神的意志，是神站在了入侵者的一方，因此他们放弃了抵抗。

天花在18世纪中世纪的欧洲也留下了阴影。流行了数十年，导致6 000万人的死亡。在当时，欧洲幸存下来的人中平均每5人就有一位是"麻脸"。不仅是平民，许多皇族权贵人物也逃不过天花。法国国王路易十四曾经得到了一枚非常名贵的钻石，名为"蓝色希望"，路易十四只戴了一次，不久后便得天花身亡，这枚名贵的钻石从此也成了邪恶的代名词，以至于以后无人再敢去碰它。在那个时期，荷兰国王威廉二世、奥地利国王约瑟、俄国皇帝彼得二世也都死于天花。在随后的几百年间，天花的数次大流行夺去了欧洲3亿人的生命，而20世纪所有的大战死亡人数最多不过几千万，还不及因患天花死亡人数的1/3。

1644年我国清军入关后，患天花的人特别多，为此当时的朝廷还特设一个官职叫"察痘章京"，担任这一职务的人肩负的重要使命是，只要发现天花患者，就将其赶出京城。天花对皇帝也比较"偏爱"。清朝皇帝 13 个，有 2 个就死于天花，即顺治和同治。天花也改变了一些人的命运。例如，顺治死时 24 岁，德国传教士为顺治的母亲孝庄皇太后出主意，皇三子玄烨生过天花，以后不会再生。而此前，顺治皇帝本来相中将来做皇帝的是二儿子。这样，康熙帝就出现了，是生过天花的履历成全了他。

天花严重威胁着人类健康。因此，人类在很早就研究和摸索防治天花的方法。据中国古代医学文献记载，北宋真宗年间，天花流行比较严重。当时的丞相王旦担心自己的小儿子感染天花。当听说四川峨嵋山有一位道士有预防天花的仙方时，便派人将道士请到府中。这位道士拿出一些药末，倒在一个小竹管内，拿起小竹管将药末吹到小孩的鼻孔里，并说种了这个以后，过 10 天大概会发烧，然后会出现一些红色的皮疹，再过几天，烧退疹消，小孩今后就不会再得天花了。后来果然如此。其实，所谓的"仙方"并不是什么神丹妙药，而是用天花患者身上的干痂研磨制成的粉末。将这种含有天花病毒的粉末吹入小孩的鼻内，他就会染上轻度天花。这样，人体因受其病毒轻微感染而有了抵抗力，就不会再得天花了。我国古代将天花称为"痘"，将道士的这种预防方法称为"种痘"。古代医学家的基本思想就是以毒攻毒，也就是取已经得过天花的人身上的天花病毒种植在没有得过天花的人身上。由于它带有毒性，人接触了一定量的有毒物质后就获得了对毒物的抵抗能力。

在人类历史上，天花长期以来是危害人类生命健康的一个最严重的疾病。有那么一段时期，人们认为天花是神对人的惩罚。因此不断向神祈祷，希望能平息她的愤怒，以免除灾祸。然而，向天神祈祷并不能免除天花的肆虐，战胜天花需要的是人类不断地探索与努力。经过无数次实验和经验积累，医务工作者及生物学家们终于发现种牛痘可以防治天花。经过不懈的研制，从 18 世纪起，人类用了 170 年的时间，通过接种牛痘，最后战胜了天花。这是到目前为止人类历史上用人工方法消灭的唯一疾病。战胜天花是人类医学史上最伟大的事件之一。虽然作为牛痘接种法发明者的琴纳并没有看到这一天。但是，人们并没有忘记他。在他去世后，在其墓碑上刻下了这样一句话：向母亲、孩子和人民的恩人致敬！

1980 年，联合国宣布在全世界范围内消灭了天花。现在，只有在美国的亚特兰大国家疾病控制预防中心和俄罗斯西伯利亚维克托实验室保存这种病毒。

（三）炭疽是最为古老的一种烈性传染病

炭疽是一种由炭疽杆菌引起的急性传染病。牛、羊、骆驼等食草类动物是其主要感染源，因而，炭疽病多发生在农牧区。炭疽病菌易感性表现在：

当人直接或间接接触这些有病动物时，即接触病体、食用病物、吸入含炭疽的尘埃，就会被感染。人感染多见皮肤炭疽，占总病例的98%，通常用抗生素可治好。但是，吸入炭疽进入肺部，通过淋巴结扩散到血液循环系统，死亡率可达100%。

炭疽杆菌是人类历史上第一个在显微镜下被发现的病原菌，它无色无味，经由空气传播，可以散播达好几千米远。处于室内的人也有可能受到感染。因此，炭疽杆菌被人称作"沉默的杀手"。炭疽不易死亡，它是一种芽孢杆菌，在环境不好时，病菌内部会有一小部分浓缩起来，形成坚硬的壳，外部则慢慢死掉。环境条件一旦变好，壳里面的部分发芽，一样会长出新的炭疽。由于炭疽病菌营养要求低，生命力顽强，对热、干燥、辐射、化学消毒剂等具有强大的抵抗力，易于大量培养，在有氧25 ℃~30 ℃的条件下易于形成芽孢，因而，炭疽病菌又被人们称为"永不死亡的细菌"，长期以来被军队作为生化武器材料加以研究。

有研究资料证明，炭疽杆菌的芽孢在干燥土壤中可以存活60年之久。在我国华北地区曾出现过这样一件事：抗日战争时期，有一批军马因为患了炭疽而被封死在一孔窑洞里。几十年以后，没有人知道那个早被人废弃的窑洞里曾经发生的事。到了20世纪80年代，由于一个偶然的机会，那个窑洞被人挖开。此时的战马早已成了枯骨，可扬起的灰尘却殃及到挖土的民工，在村子里引起炭疽流行，死了十几个人。

炭疽传染性强，万幸的是，一般的抗生素如青霉素、环丙沙星、强力霉素等对炭疽病菌都有效，但必须在接触炭疽杆菌的48小时以内使用。我国目前已能生产疫苗。但疫苗必须持续注射，而且疫苗有强烈的副作用。

（四）霍乱是一种"摧毁"地球的流行性瘟疫

霍乱是指由霍乱弧菌引起的一种烈性肠道传染病，主要通过饮水和食物途径传播。霍乱细菌能在肠内释放出一种强力霉素，从而造成患者腹泻脱水、抽筋而死亡。其流行的特点是传播速度快，短时间内引起人群爆发，甚至可以跨越洲界向世界扩散。如果不及时救治，其病死率可高达90%。在19世纪，每一次霍乱的爆发流行，都给人类世界带来了巨大灾难。

1832年，法国巴黎霍乱大流行。此时，正在此地生活的德国著名诗人海因里希·海涅在给友人的一封信中描述了当时霍乱流行的景象：封斋期中的那个晚上，假面舞会正在进行。忽然，那个穿着最艳丽的小丑倒了下来，四肢冰冷，面具后面的脸孔一片青紫。欢笑死灭了，舞蹈也停下来了。短短的时间里，一马车一马车被匆匆送往王宫医院后死去的人，还穿着化装外衣就被塞进草草建起的坟墓里。很快，公共会堂也挤满了尸体，缝制出大量麻袋来代替棺材。拉雪兹神父墓地外面，灵柩排成长长的一列。每个人都穿起法兰绒衣服,把自己绷得紧紧的,来防止传染疾病。富人们赶快收集自己的所有物逃往乡下。①

人类流行霍乱的故乡在印度的恒河三角洲。在历史记载中,一场曾发生在英国的大霍乱给人带来的恐慌是最大的,几十年内,英国就死亡15万人。有一本书的名字叫《霍乱时期的爱情》,我国作家池莉也写过一本书叫《霍乱之乱》,法国还有一部影片叫《屋顶上的轻骑兵》,都是以霍乱作为背景出版的文艺作品。我国对霍乱的认识和研究具有长期的历史。汉朝名医张仲景著有《伤寒论》一书,其中提到"呕吐而利,此名霍乱"。晚清时期浙江海宁名医王士雄在其所著的《霍乱论》中对于霍乱也有深入的研究。

现代公共卫生医学已基本弄清了霍乱的传播途径和掌握了治疗方法。霍乱菌虽然繁殖速度快,其生命可以存活2周以上,但它不耐高温,在55℃下,霍乱菌10分钟内就会死亡;直射太阳光下,2小时内也会死亡。日常生活中,人们使用漂白粉也能杀死它们。而在霍乱患者的治疗过程中,使用抗生素和补充体液的方法最终都能取得较好的效果。从20世纪70年代始,霍乱的病死率急剧下降,现在完全可以控制在1%以下。

(五) 血吸虫病曾是中国农村的瘟神

血吸虫是一种借助显微镜才能看清的寄生虫。它寄生在人体血管内,日夜吞噬着人体红细胞并破坏着人的机体,由它所引起的地方性疾病即为血吸虫病。血吸虫病流行的历史较长。1973年,我国科研人员对长沙马王堆一号汉朝古墓的女尸进行病理学研究时发现,其直肠及肝脏中就有血吸虫卵。据考证,早在208年,曹操兵败赤壁可能不是火烧之功,而是与血吸虫病有关。陈寿在《三国志》上说:"公至赤壁,与备战不利,于是大疫,吏士多死者,乃引军还。"

血吸虫病会侵蚀人体健康并威胁人的生命。当人患了血吸虫病后,"男不长,女不生,骨如紫,人变形,体无力,腹水盈"。儿童不能正常生长发育,成为侏儒;育龄妇女不能生育,青壮年丧失劳动能力。在一些血吸虫病严重流行地区,患病的百姓身体受到摧残。为除病驱虫,新中国成立前,人们求过医,拜过佛,但患者还是连续地死去,疫情还在不断地发展。于是,很多疫区灾民纷纷选择逃难,疫区慢慢地人烟稀少,十室九空。致使当地田园荒芜,满目凄凉,出现许多"无人村"和成为"肚大如冬瓜,体瘦如丝瓜,面色如黄瓜"的"罗汉村"、"寡妇村"。

我国历史上曾是血吸虫病的重灾区。自1905年在湖南常德县确诊了第

---

① 余风高.流行病:从猖獗到颓败.济南:山东画报出版社,2003:85.

一个血吸虫病例后，到1950年，全国统计的患者约1 000万人，大部分分布于长江流域的湖南、湖北、江西、安徽、江苏、四川、云南7省的110个县（市、区）。于是，政府开始大搞卫生运动，积极进行消灭血吸虫病的工作。到1958年，由于选择科学的消灭钉螺和杀灭尾蚴的方法，所以基本控制了血吸虫病的流行。如在浙江的余江县，当年验收鉴定，已在疫区找不到活的钉螺，见不到血吸虫患者。听到这个消息，毛泽东主席"浮想联翩，夜不能寐"，写出了七律二首《送瘟神》。"今日欢呼孙大圣，只缘妖雾又重来。"然而，进入21世纪后，由于生物、自然、社会经济、人口流动、政策保障因素变化的缘故，血吸虫病在我国又"妖雾重来"，一些地方呈现出老疫区疫情扩散蔓延之势。据2006年统计："全国血吸虫病流行县（市、区）448个，与2005年相比，流行县区增加了13个。受威胁人口达1亿，累计历史病人数1 200万。"[①]

血吸虫病是人畜共患的寄生虫病。除人外，有46种动物可以感染血吸虫病，它们与人类之间会产生交叉感染，这也是血吸虫病久治不绝的重要原因。医学认为，人对血吸虫无先天免疫力。不过，宿主经过初次感染产生抵抗力之后，在一定程度上能破坏重复感染的虫体，但不能杀伤初次感染的成虫或阻止其产卵，这种现象称之为伴随免疫。医学还认为，血吸虫病是能够预防的一种寄生虫病。只要采取有效的措施，包括消灭钉螺及其孳生地，杀灭尾蚴、治疗感染者，管好粪便、加强个人防护等，就能控制传染源，达到消灭血吸虫病的目的。

（六）流感是具有高度感染性的急性传染病

流行性感冒简称流感，但不是一般的感冒。流感是一种由上呼吸道病毒感染所引起的急性呼吸道传染病，其病情特点是传播速度十分迅速，一年四季都可发病。流感的临床表现为起病急，病程短但能多次反复，发病率高，迅速蔓延，容易引起继发性肺炎、中耳炎、鼻炎等并发症。孕妇是流感的特殊易感人群。孕妇在怀孕期间感染流感病毒后，因高热可能会给胎儿神经系统的发育造成不良影响，还有自然流产的危险。儿童患上流感后，高热很容易引起小儿嗜睡或惊厥。

流感是人类世界上最古老的传染病之一，对人的杀伤力很大。进入20世纪后，流感开始在全世界大流行。据统计，全球每年的流感病例为6亿~12亿之间，死亡人数为25万~50万人。重症流感的病死率可达8%~10%。流感在20世纪大流行5次。仅1918—1919年的"西班牙流感"，就

---

① 胡其峰. 血吸虫病防治：一场观念的革命. 光明日报, 2007 - 05 - 09（5）.

造成2 100万人死亡，其中印度死亡1 250万人。美国也受到这一可怕流感的强大冲击。宾夕法尼亚州的费城从1918年10月1日报告有635例流感患者时起，一周内有2 600人死于流感及其并发症，第2个星期受传染的人数上升到几十万，其中4 500多人死亡。1个月后，死亡的数字上升到1.1万。因为这次流感大流行，美国人的平均寿命下降了10年。1957年爆发的"亚洲流感"及1968年爆发的"香港流感"曾波及世界多个大洲，美国公布的统计数字是："亚洲流感"导致7万美国人死亡，"香港流感"导致3.4万美国人死亡。

流感的危害之大激发起科学家们努力寻求发病原因的动力。1892年，德国的微生物学家里夏德·普法伊弗尔经研究，宣称发现了流感的致病菌——"流感嗜血杆菌"。可是经过进一步实验，这种细菌并不能使实验动物得病。后来，科学家们开始从病毒领域去研究病原体，最终获得了流感病毒，找到了病原体，才对流感的流行之因有了真正的了解。

流感病毒最先是俄国的微生物学家德米特里·伊凡诺夫斯基发现的。伊凡诺夫斯基在研究烟草花叶病时，用一种"过滤法"以分离细菌，发现了一种极微小的感染性微生物，这种微生物即使在高倍显微镜底下也无法看见，但能通过实验设计手段来获取这种比细菌小得多的"滤过性病毒"。后来研究发现，病毒的直径只有80～120微米，大约1万个流感病毒并列才达到一根头发丝的直径大小，要用电子显微镜才能看得到。

流感如今经常以不同的病毒类型变种组合不断地光顾人类，给人类的生产和生活带来极大的困扰。为了对付流感，当今社会广泛流行的一种方法就是实行人工免疫法，即通过生产和使用流感疫苗来对付其病。常用减毒活疫苗和灭活疫苗，在疫苗株与病毒株抗原一致的情况下，均有肯定的预防效果。但是，由于流感具有变异性且变异较快的特点，决定了对其使用的疫苗不可能具有百分之百的杀伤力，再加上人与人个体之间的差异比较大，决定了使用流感疫苗不可能对任何人都有效。

（七）狂犬病是人类最早认识的人兽共患病

狂犬病是由狂犬病毒引起的主要侵犯中枢神经系统的人畜共患的烈性传染病。病毒主要侵害中枢神经系统。患者的临床特征是呈现狂躁不安和意识紊乱，最后发生麻痹症状而死。特别是恐水现象突出，即饮水时，患者会出现吞咽肌痉挛，不能将水咽下，随后患者口极度干渴亦不敢饮水，故又名恐水症。狂犬病毒储存宿主以野生食肉动物为主。人对狂犬病的主要感染来源是犬，其次是猫。由于犬与人接触密切，所以，患狂犬病的犬或带狂犬病毒的犬对人的危害最大。

狂犬病在世界范围内广泛分布，几乎存在于所有大陆。人群中的狂犬病绝大多数发生在亚洲（56%）和非洲（44%）。亚洲人狂犬病例中有3/4发生在农村，死亡病例中绝大多数是儿童和青少年。我国国内的发病率为0.4/100 000至1.58/100 000不等，死亡人数在法定传染病中的地位已跃居世界首位或第二位。

狂犬病毒主要是通过动物咬人时牙齿上黏带唾液中的狂犬病毒侵入人体而使人感染，病犬、病猫等动物的唾液中含病毒较多，病毒通过被咬者的伤口侵入人体内，黏膜也是侵入门户，人也可因眼结膜被病兽唾液玷污，肛门黏膜被病犬触舔等获得感染。感染者在潜伏期内无任何症状，在症状出现后的14天内，患者多数出现继发性呼吸和心力衰竭，昏迷而死亡。病死率高达90%以上。

狂犬病毒的特征是耐低温，在低温环境下可存活1年以上；耐腐败，在腐败动物体中可存活2～3个月；但不耐高温，在50 ℃的温度下2小时内就能被杀死。因此，患狂犬病动物的肉煮熟后，一般情况下人吃了并不能患狂犬病。但这并不意味着食用患有狂犬病的动物肉是安全的。在屠宰加工过程中，病毒可通过伤口的感染使人发病。

被犬咬伤后的应急处理：

①人被狗咬伤后，由于很难区别咬人之狗是否是疯狗，所以，都应按疯狗咬伤处理。

②立即用手帕、绳索等止血，防止或减少病毒随血液流入全身。

③立即挤压伤口，排去污血或用火罐排毒，但不可用嘴吸吮伤口。

④用20%的肥皂水清洗伤口，再用碘酒或酒精进行消毒。

⑤局部伤口原则上不缝合以利排毒，如需要缝合也应不妨碍引流，保证充分冲洗和消毒为前提。

⑥使用破伤风抗毒素和其他抗感染处理，接种狂犬病疫苗，伤势重者还应注射狂犬病免疫球蛋白，以中和伤口里的病毒。

（八）肺结核是一种古老的白色瘟疫

肺结核是由于人体感染结核杆菌引起的慢性传染病。结核杆菌可侵及许多脏器，以肺部受累形成肺结核最为常见。个体一旦感染结核菌后，将终身携带病菌，有10%～15%的感染者会在一定条件下发展为活动性结核病。临床上多呈慢性过程，表现为低热、消瘦、乏力等全身症状与咳嗽、咯血等呼吸系统表现。肺结核是一种古老的疾病。早在中国的《黄帝内经》中就有对肺病的类似描述。古希腊的希波克拉底医生也对此做过详细的论述。20世纪40年代以前，结核病又被称之为白死病，曾经在全世界流行。人们把它和中世纪的黑死病相提并论，说明它的死亡率之高。据统计，第一次世界大战爆发前，在20～60岁的成年人中，肺结核的病死率达95%以上。肺结核又被称之为艺术家或作家的疾病，因为，世界上一些著名的艺术家，如肖邦、劳伦斯、拜伦、托尔斯泰、鲁迅、郁达夫、萧红等都死于肺结核病。

历史上，人们对肺结核的治疗采取过许多办法。我国三国时期名医华佗在医学著作中记载过用丁香、麝香等制成香囊，悬挂在患者的居处来治疗肺结核。古代阿拉伯人也用蝗虫做药以求救命。而真正使肺结核菌遇到克星的是链霉素的发现与研究成功。后来，科学家发现雷米封、利福平等一系列药物相互配合，也对肺结核治疗有重要作用。卡介苗的发明，对于肺结核的预防则是功不可没。但是，这并不等于说人们接种卡介苗以后，一辈子就一劳永逸再不沾上此病了。专家提醒人们，如果人的免疫力低下，还是会有得病的可能。而且因为结核病菌的耐药性在逐年增强的缘故，所以，结核病还可能会卷土重来。据统计，1900年前后，因为患肺结核，全世界死亡人数是250万人，2000年是350万人。而且，全世界有1/3的人受过结核菌的感染。2003年，全球新发结核病例890万例，全年死于结核病的有180万人。我国是全球22个结核病高发国家之一，结核病年发病人数约为130万，占全球发病人数的14%，仅次于印度而位居世界第二位。2000年我国因结核病而死亡的人数约13万人，死亡平均年龄为55.2岁，为其他各种传染病和寄生虫病死亡人数总和的2倍。结核病在我国事实上已成为头号传染病杀手。

对结核病的预防，重在卡介苗接种，可预防发生儿童结核病。个人预防重在加强个人卫生习惯的培养和改进，加强锻炼，注意营养。对于曾经与传染源密切接触者及患有其他疾病者，可以用多选择抗结核病药物的方式进行药物预防。

（九）病毒性肝炎是一种流行最广的传染病

病毒性肝炎是世界上的多发病，传染性强，传播途径复杂，发病率高，流行面广，不仅直接影响人群的健康，甚至还危及人的生命安全。其所造成的直接和间接的经济损失也很大，严重地影响人们的生产、工作和学习。1988年春季发生在上海市的甲型肝炎爆发性大流行，曾在短短的4个月间，累计发病人数达数万人，死亡47例。据估计造成的直接经济损失约达5.08亿元，另有间接经济损失为5.57亿元，共计10.65亿元。

病毒性肝炎是由多种肝炎病毒引起的以肝脏病变为主的流行较广的常见传染病。目前，我国已发现的肝炎病毒至少有8种，根据病源不同可分为两大类：一类是甲型和戊型肝炎；二类是乙型、丙型、丁型肝炎。

我国是乙肝病高发地区。两千多年前的中医古籍中就有与现代肝炎临床表现类似的病例记载，诸如黄疸、胁痛、症瘕、鼓胀等病症。据血清流行病学调查，我国人群的乙肝表面抗原携带率为10%，约1.2亿人，其中1/4的人最终将发展为慢性肝病，包括慢性肝炎、肝硬化和肝癌。我国现有慢性肝炎患者1 200万人，每年死于肝病者约30万人，其中半数为肝癌。尤其严重的是携带乙肝表面抗原的孕妇，其中约40%可直接通过母婴垂直传播使婴儿感染，直接影响下一代的健康。

乙型肝炎主要是通过输血及血制品、不洁注射及围产期母婴垂直传播感染的。人们在生活中的密切接触，包括性接触，也能传播乙型肝炎。此外，经吸血昆虫（如蚊子、臭虫、虱子等）叮咬也有传播的记录。总结历代医家的看法，大多认为湿、热、毒三者是肝炎的基本病因。肝炎病有一定的潜伏期，早期症状不明显，往往因不能引起人们的重视而延误治疗。肝炎发病的早期表现归纳如下：食欲减退，消化功能差，进食后腹胀，没有饥饿感；厌吃油腻食物，如果进食便会引起恶心、呕吐；活动后易感疲倦。

病毒性肝炎是当今社会危害人体健康较为严重的传染病之一。可是迄今为止，对病毒性肝炎治疗并没有特效药。目前，最好的预防方式是进行疫苗接种。例如，乙型肝炎疫苗主要用阻断母婴传播和新生儿预防，可有效地降低乙型肝炎的发病率，注射后的保护率在70%～90%，免疫效果持续3～5年。

（十）疟疾是历史上致死率高的传染病

疟疾俗称"打摆子"，是由疟原虫寄生在人体血液内所引起的一种急性或慢性发作的传染病。疟疾主要通过蚊虫传播，其主要症状是周期性的发作寒热，关节和头部的严重疼痛及体温忽高忽低，患者贫血和脾脏肿大，最后因为大脑血管遭到破坏而死亡。

疟疾可能是人类最古老的疾病。通过考古化石，人们相信3 000万年前就已经存在这种疾病。专家们认为疟原虫最初以非洲为其发源地，后来可能被早期横跨太平洋的航海者携带到美洲新大陆，再从新大陆传到世界各地。

疟疾曾是致人死亡率较高的一种疾病。考古发现它的大流行曾影响到5世纪时罗马帝国与匈奴人的争斗。匈奴人因为畏惧疟疾而不得不放弃屠城的大好时机。也可能因为疟疾流行，加速了罗马帝国的衰退和灭亡。

2001年初，考古学家在离罗马70千米的卢纳诺镇附近的一小屋旁，发现一处婴儿的坟地。所有死者都死于450年前后的一个短时间内。里面的埋葬物有被砍了头的幼犬的骨骼，还有一只渡鸦的脚爪以及异教徒宗教仪式上的祭品。专家认为，这似乎反映了基督教徒面对突然而来的疾病和死亡所产生的恐惧心理。对墓中一个3岁婴儿的腿骨分离出的DNA标本所做的研究证实，死者中98%是被人类疟疾中最致命的一种——恶性疟原虫感染的疟疾所伤害。①

据资料记载，在19世纪，疟疾在印度大流行，医院里住满了大批疟疾患者。许多英国士兵因驻守印度孟加拉、孟买和马德拉斯等地而染病，每年死亡多达100万人。在我国历史上，早就有关于疟疾的记载。远在2000年前《黄帝内经·素问》中即有《疟论篇》和《刺论篇》等专篇论述疟疾形成的病因、症状和疗法。疟疾在我国的横行，曾影响到元朝于大德四年的出征滇南活动，阻止了清朝乾隆年间清军进军缅甸的战略决策。如今疟疾广泛流行于世界各地，在热带和亚热带地区最为严重。据世界卫生组织统计，目前仍有100多个国家和地区处于高度和中度流行状态，每年发病人数为3亿多人，死于疟疾者逾150万人，其中9%在非洲大陆。感染疟疾的主要对象是5岁以下儿童。

人类控制疟疾的努力由来已久，但是，没有哪种特效药或杀虫剂能够消灭这一疾病。目前国际社会研制的疫苗已进行试验并使用，对疟疾的保护率位于40%~60%之间。从而为减少疟疾最严重流行区的病例，并在病例很少的边缘地区消除这一疾病提供了可能。

（十一）艾滋病是20世纪最严重的传染病

艾滋病，即获得性免疫缺陷综合征，是一种因艾滋病毒侵蚀导致人体免疫功能丧失而死亡的传染病。艾滋病起源于非洲，后由移民带入美国，又经美国蔓延到全世界。1982年，这种疾病被命名为"爱滋病"。1985年，我国在北京协和医院第一次发现了艾滋病死亡患者。

1981年6月15日，美国出版的《发病率与死亡率周刊》登载了一份报告，报道了发生在洛杉矶5个奇怪的病例：第一个患者是个33岁的美国男人，他从前很健康，当年1月份却突然发烧、干咳、呼吸困难，医生诊断是肺炎，通过取出活组织解剖发现，由有一种叫作肺囊虫的单细胞原生动物引起的。接着，另外4个人也得了同样的病，而且其中的2个很快死去。1个月以后，来自纽约和旧金山等地也都报告了这类病例。医生们的分析结果发现，这种病都是患者的免疫功能受到损害，失去了原有的功能而受到感染，最后死去。因此，把它定名为"获得性免疫缺损综合征"。由于这个病名长，就取其中英文词的第一个字母组成AIDS，汉语译名就成了"艾滋病"。

艾滋病被公认为是20世纪最严重的传染病，被称为"史后世纪的瘟疫"，也被称为"超级癌症"和"世纪杀手"，也是进入21世纪后人类健康的大敌。

---

① 余风高．流行病：从猖獗到颓败．济南：山东画报出版社，2003：67.

人类免疫缺陷病毒本身并不会引发任何疾病，而是当人体免疫系统被艾滋病病毒（HIV）破坏后，人体由于抵抗能力过低，丧失复制免疫细胞的机会，从而感染其他的疾病，导致各种复合感染而死亡。艾滋病的主要特点是传播速度快，而且大多数为无症状的病毒携带者所传播，很难知道受感染的程度；其次是病毒本身的潜伏期很长，平均为12～13年，在发展成艾滋病患者以前，患者外表看上去一切都正常，可以在没有任何症状的情况下生活和工作很多年。

艾滋病患者的病死率极高。据联合国艾滋病联合规划署统计，从1981年第一例艾滋病出现以来，至2002年，全世界已经有2 800万人死于艾滋病。仅2002年一年，就有300万人为此丧生，另有500万人感染。进入21世纪初，全世界共有4 500万艾滋病病毒携带者。我国自1985年发现首例艾滋病患者以来，截至1999年底，全国共有31个省份（未含港、澳、台地区）发现疫情，当时排名在全世界第17位，在亚洲位居泰国、印度、缅甸之后，处在第4位。2011年底，我国累计报告艾滋病病毒感染者和患者434 459例，其中患者166 207例、死亡88 223例。根据卫生部和联合国艾滋病规划署、世界卫生组织联合评估结果，估计我国现存活感染者和患者约78万人，其中患者约15.4万人。

艾滋病，也有人将其戏谑地称之为"爱死病"，或者说成是"同性恋者的免疫缺损症"。对于这一说法，他们的解释是由于不正当的爱，如同性恋，才导致了这个恶魔的横行。如今大量的研究证明，艾滋病病毒的传播途径主要有性接触传播、血液传播和母婴传播3种途径。

1. **性接触传播**

现已证实，HIV在精液和血液中的浓度最高，活性最强。因此在性交时即使有微小的创伤亦可大大增加被感染的危险性。与艾滋病病毒感染者进行亲密的性接触，就可能感染艾滋病。在世界范围内，性接触是艾滋病最主要的传播途径。不论同性恋还是两性之间的性行为，都有着较大的传染危险。

2. **血液传播**

输入含有HIV的血液或血液制品也是重要的传播途径。静脉吸毒者，针头或针筒残留的含HIV血迹，若被他人使用，可以引起传播。同样，患者用过的未经严格消毒的注射器、手术器械等亦是感染源。在医疗、美容等服务过程中，使用被艾滋病病毒污染而又没有经过严格消毒的针头、针灸针、刀片或其他医疗器械如拔牙钳、肠镜、气管镜等划破皮肤或黏膜也可能被感染。医务人员在处理患者疾病的过程中，不慎被患者污染的针头、手术刀等弄伤，也有可能被感染。

3. 母婴传播

受 HIV 感染的孕妇，HIV 可通过胎盘引起胎儿感染，在分娩和围产期及哺乳期，亦可传染给新生儿，而且母婴传播率较高。有资料表明，艾滋病婴儿的父母一方约 73% 为艾滋病患者或是艾滋病的高危人群；所有被 HIV 感染的婴儿，其母亲均是血清试验呈阳性的病毒携带者；而在父亲带有病毒，母亲不带病毒的家庭中，到目前为止尚未发现过艾滋病婴儿。这说明：婴儿 HIV 感染总是来自母亲而不是父亲。在多数情况下，往往是父亲先受感染，然后传染给母亲，既而又传染给了婴儿。

现代医学认为，人们日常生活中的接触，如握手、拥抱、乘交通工具、看电影、共用游泳池、餐具、食品、门把手、厕所和电话、接触患者的汗液、泪液、被昆虫叮咬等，均不会引起 HIV 的传播。

艾滋病对人体伤害极大。在同艾滋病的斗争中，世界卫生组织号召各国人民：预防艾滋病的主要办法就是每一个人都要对自己的行为负责，用良好的行为习惯克服艾滋病的侵扰。

对于艾滋病的治疗，科学家们最初采用的方法是"对症治疗"，即身体内哪部分出现了细菌或病毒感染，就用抗菌素或抗病毒药剂杀死细菌或病毒。如果生了肿瘤，就把它割除。这种对症治疗的方法虽然可以减轻患者的痛苦，但是，最为根本的问题却得不到解决。如今医学上开展的是另一个层面的治疗，即设法在病毒的繁殖过程中找到薄弱环节将它切断，以控制病毒的增生。例如使用多种疗效比较显著的蛋白酶抑制剂类新药来抵御艾滋病。但是，艾滋病治疗的困难之处在于其病毒并不是一成不变的。在传播和繁殖过程中，HIV 常常发生变化，会产生很多可以逃避药物治疗的变异株。这时，即使使用原先有效的药，此时也不管用。这意味着人们要从根本上防治艾滋病，最为关键的还得靠洁身自好的生活方式，尤其是安全的性行为。

抗病毒治疗最有效的"鸡尾酒疗法"为艾滋病病毒感染者带来希望。

1985—1996 年间，美籍华裔科学家何大一博士领导的研究小组在治疗艾滋病方面取得了突破性进展。1997 年 7 月，在温哥华国际艾滋病学术会议上公布了一项令世界为之振奋的研究成果：联合应用蛋白酶抑制剂和逆转录酶抑制剂治疗 HIV 感染者，42 天后，大多数患者的外周血中几乎检测不到 HIV 抗原。由于这种药物的配置方法和配置鸡尾酒很相似，主要是将多种药物混合，用特殊的方法将其混合均匀，所以被全命名为"鸡尾酒疗法"。该疗法主要是通过 3 种或 3 种以上的抗病毒药物联合使用来治疗艾滋病。由于减少了单一用药所产生的抗药性，最大限度地抑制病毒的复制，使被破坏的机体免疫功能部分甚至全部恢复，从而延缓病程进展，延长患者生命，提高生活质量。现在国际上比较认可的是三联疗法，必要时四联、六联用药。此种疗法的缺点是只有早期应用疗效才好，而且剂量不易掌握，患者不可中断治疗，因为停药后会反弹。治疗费用也较高（平均每年需 8 000 ~ 12 000 美元），贫困家庭无法承受。

上述介绍的十多种传染病，从不同侧面反映出这样一个事实，传染病在人类历史上对人类有过重大的影响，也是今后需要人类认真对付的主要敌人。由于它处于不断的变异之中，人类同传染病的斗争并没有结束。举例说来，像 2003 年在全球引起最大影响的严重急性呼吸综合征（SARS），在我国曾造成 800 多人死亡。登革热作为一种"老牌"的热带传染病，进入 21 世纪以来随着传播媒介的活跃，在厄瓜多尔、巴拉圭、澳大利亚、沙特阿拉伯等国开始有不同程度的流行。西尼罗病毒作为一种新发现的病毒，自 1999 年在美国爆发以来，持续了 5 年的大流行。社会医学谱系调查研究表明，如今的人类社会还有许多不为人们所知或者不为人们完全了解的、已经变异了的细菌和病毒正在加入流行性传染病的行列。例如，1971 年发现的嗜肺性军团杆菌，1979 年在非洲刚果（原扎伊尔）北部出现的埃博拉病毒，1993 年在美国西南部发现的汉坦病毒，2001 年在西非一些国家蔓延的布卢利溃疡病毒等，这些似乎都在告诉世人：传染病伴随人类发展史全过程，阴魂不散。

第三节
用科学与理性防御疾病

面对疾病，尤其是流行性传染病，人类需要确立新的健康模式以应对病魔的侵蚀。虽然在自然界中，微生物和病毒在这个星球存在的历史要远比人类更古老，其所引起的严重的流行性传染病对人类文明也产生过较大的杀伤力，然而，人类从来就没有屈服过，在人与致病的细菌和病毒之间，从古至今，一直存在着旷日持久的殊死较量。

一、增强人体自身免疫力

人类同疾病斗争中所形成的经验之一就是使用一切手段增强人体的自身免疫能力。这是人类战胜疾病的最自然、最经济、也是最为有效的武器，可以认为是人类实现健康的重要保证。

面对生存的世界，人本是一种大生物，病原体只是一种很微小的生物，或者称之为微生物。微生物有不同种类，如细菌、病毒、衣原体、支原体、真菌、螺旋体等，它们大多数对人类无害，甚至是有益的。如在人体的大肠中，就生活着500多种细菌，如大肠杆菌、双歧杆菌等。但是，也有不少微生物会使人类致病。如鼠疫杆菌是存在于自然界中毒力很强的微生物，只要有少量接触人体，就可以让绝大部分健康的人很快感染并立即发病。而结核菌、伤寒或乙肝病毒，它们的毒力就没有鼠疫杆菌那么强。如果它们进入人体内的数量并不多，人体内就会产生天然抵抗这些病原体的机制，现代医学将其称为非特异性免疫。有了这种免疫机能，人体虽然可以被一些病毒击中，但却不会产生什么严重的症状。

那么，人体是如何实现这种防御机制的呢？主要是与病原体保持距离，例如，借助不断生长的皮肤，既可以避免一些机械性损伤，又可以减少病原体入侵的机会。如果皮肤的保护不能阻止伤害，人体会借助疼痛与不适感来要求肌体做出回避和逃遁的反应，此时身体产生的疲劳感，就是一种必要的人体防御信号。因为，卧床休息有利于人体的修复、调整，使免疫机制持续发生作用。人体还可以利用驱逐手段达到防御病原体的目的。例如，体表面的各种孔窍，都各自具备各种独特的防御机制：口腔不断地通过唾液冲洗，可以利用唾液中的溶菌酶杀死一些病原菌；眼睛一旦受到刺激，马上会流出眼泪冲出入侵者；鼻子被病毒感染，立刻通过排出大量黏稠的鼻涕来清理门户……这些器官事实上在受到刺激后，都会做出应激反应。

人体还能产生特异性免疫机能。所谓特异性免疫是指各种不同病原体进入人体后，体内会产生专门对付某一种病菌的免疫力，使得病原体不能任意繁殖。具有这种特异性免疫功能的细胞即是人体中的淋巴细胞。他们平时随血液循环周游全身，如果遇到外敌入侵，也就是免疫学所说的抗原来了，他们就会活跃起来，分裂、繁衍成许多新的与原来有所不同的细胞，与抗原进行战斗。而且，这些细胞具有记忆本领，如果同一种入侵者再来，它们就会立即认出敌人是谁并迅速增殖成致敏淋巴细胞去消灭敌人。我们人体在得过一种传染病以后，往往不会再生同样的病，原因正在于此。

人体的免疫机能是人战胜疾病、维系人体健康的保证。由于人的免疫力存在，病原菌与人体间会处于一种平衡状态。医学上将处于这种状态的人叫作"健康带菌者"。但是，这种状态只是暂时的平衡，一旦人的免疫力下降或某种因素使潜伏在体内的病原体繁殖活动起来，人就会发病。如果免疫机能受到破坏，则无法战胜病原体的侵蚀。例如现代瘟疫——艾滋病毒就是这样一种病原体，它直接攻击的对象就是人体免疫系统中较为重要的淋巴细胞，一旦打入其内部，就会以每天产生10亿~20亿病毒颗粒的速度大量繁殖，直至人体免疫系统全线崩溃，最终使人死亡。

人体的免疫机制十分重要。那么，如何增强人的免疫机能呢？以下内容十分重要：

1. 加强运动

锻炼身体无疑是增强人体免疫机能的一种有效的方法。因为，它可使血液中的白细胞介素增多，进而增强自然杀伤细胞的活性，消灭病毒与癌细胞，而且可以改变血液中的化学成分，使人脑产生愉悦的化学物质，例如多巴胺，以此减轻人的精神压力和紧张，让人感到充满活力。

2. 合理饮食

合理饮食，尤其是食用草本植物类食品显得十分重要。医学之父希波克拉底说："你的食物就是你的医药；不适当的食物可以致病，适应的食物可以治病。"据营养免疫学家研究，草本植物类食物有三大功能：一是调节内分泌功能，从而稳定免疫系统；二是有自然清除功效，可以清除潜入人体内的有害物，保护免疫系统；三是提供维生素、矿物质以及其他特殊养分，营养免疫系统。因此，在医生指导下，合理食用山楂、生姜、橘子、香菇、大豆等草本植物，对增强人体的免疫力大有益处。

3. 适当睡眠

睡眠时人体内会产生一种被称为胞壁酸的睡眠因子，可促使白细胞增多，巨噬细胞活跃，肝脏解毒功能增强，从而将侵入的细菌或病毒消灭。因此，按质按量睡好觉，也会使人的免疫力得以增强。

4. 晒太阳

合理晒太阳也很重要。日光中的紫外线光束能刺激人体皮肤中的T——脱氢胆固醇转化成维生素D_3，从而增强人的免疫力。

5. 饭前吃水果和生吃蔬菜

据免疫学家观察，人在进餐后由于熟食的刺激，会使体内免疫系统造成"狼来了"的错觉，从而调动全身"健康卫士"加强戒备。经常如此，会损害免疫系统，降低免疫力。若在饭前1小时吃水果，可以消除熟食的这种不良刺激而保护免疫系统。而蔬菜中含大量干扰素诱生剂，有防病抗癌之功效。但蔬菜的这种有益成分很娇嫩，不耐高温，在100℃时即呈现出不稳定状态，故宜生吃蔬菜。

二、切断传染病三个环节之间联系

预防流行性传染病，重要的是解决传染源、传播途径和易感人群等三个环节之间的联系。如果阻断其中的任何一个环节，流行性传染病就不会发生。

1. 控制传染源

传染源是指能够散播病原体的人或动物的存在。病原体在传染源的呼吸道、消化道、血液或其他组织中生存、繁殖，并且能够通过传染源的排泄物、分泌物或生物媒介（如蚊子、苍蝇、虱子等），直接或间接地传播给健康人群。例如，白喉、结核病菌就依附在能悬浮的空气飞沫中。一些飞沫，当外层水分被蒸发时会形成有传染性的飞沫核，它在空气中能飘浮一定时间，此时即使传染源已离开，易感者也会因吸入这类飞沫核而感染。再如，炭疽芽孢依附在较大的空气飞沫中，这类飞沫在干燥后可落在衣服、床单或地面上，当人们在整理衣服或清扫地面时，只要带有病原体的这类尘埃飞扬，就会使人通过呼吸道传播而受感染。因此，要控制传染源，对传染患者要尽可能做到早发现、早诊断、早报告、早隔离，防止传染病蔓延。对于呼吸道传染病，应该实行湿式打扫，防止灰尘飞扬，室内加强通风换气，采用紫外线照射消毒空气，用3%的来苏儿溶液喷洒地面、墙壁等，不随地吐痰。一些消化道传染疾病是由病原体侵入消化道黏膜以后所引起的传染病，包括细菌性痢疾、病毒性肝炎、伤寒等。这些病大多情况下发生在夏秋季节，患者和带菌的动物是其主要的传染源。病原体的原始寄生部位是消化道及其附属器官，主要是通过饮水和食物传播的。因此，不喝生水，不生吃未经洗净的蔬菜、瓜果，大力消灭苍蝇，饭前便后洗手等，可以在一定程度上预防消化道传染病的发生。

2. 阻断传播途径

传播途径是指病原体从传染源排出体外，经过一定的传播方式，到达与侵入健康人的过程。病原体传播的主要途径有：空气传播、水传播、饮食传播、接触传播、生物媒介传播等。阻断病源体传播途径的最好办法是进行必要的隔离，主要是讲究个人卫生和环境卫生。消灭传播疾病的媒介生物，进行一些必要的消毒工作，这样可以使病原体丧失感染健康人的机会。例如，一些传染病是由于健康人直接或间接与患病的人、动物接触，或者与含有病原体的土壤、水接触，病原体经过皮肤进入人体所引起的，因而又叫接触传染病，包括狂犬病、炭疽、破伤风、血吸虫病、沙眼、疥疮和癣等，病原体的原始寄生部位是皮肤和体表黏膜，主要通过接触传播。因此，与患者保持距离，不与带病原体的人或动物接触，就可以预防体表传染病的发生。

3. 保护易感人群

易感人群是指对某种传染病缺乏免疫力而容易感染该病的人群。而人群作为一个整体对传染病易感的程度叫作人群易感性。通常，影响人群易感性升高的因素有如下几个方面：第一，新生儿。出生后6个月以上未经人工免疫的婴儿对许多传染病都易感。例如，未出过麻疹的一些儿童，就可能成为麻疹的易感人群。第二，易感人口的迁入。在某些地方病或自然疫源性疾病的流行区，当地居民病后或隐性感染而获得了对该病的免疫力。但是，非流行区居民的迁入又会使流行区人群的易感性增高。第三，免疫人口的死亡，使人群易感性相对增高。例如，人在得了麻疹病后有长期免疫力，有的甚至能维持终身，然而一般传染病病后或人工免疫后，其免疫力会逐渐下降，最后还会沦为易感者。这意味着免疫人口免疫力自然消退，就会使人群易感性增高。

为此，在传染病流行期间应该注意保护易感者，易感者尽量不与传染源接触，并且进行预防接种，以提高免疫力。

三、通过接种疫苗预防传染病

抵抗病原体的侵蚀，除了增强人体的免疫机能外，依靠科学的医学技术来消灭病毒与细菌也显得十分重要。因为，人类的免疫系统在多数情况下，虽然可以应付并不太凶恶的病原体，但在一场场特殊的搏斗中，人类也并不总是强者。况且，在人类进化的同时，那些致病微生物也在不断重新塑造自己，改变与人类作战的方式。例如，能够引起人们患昏睡病的锥形虫在进入人体后，会通过迅速改变自己的外形来达到躲开免疫系统监视的目的。还有，长期存在于人体内的癌细胞，它同人体内的其他细胞一样，在不断地完成生长与增殖的过程，而我们身体内的众多细胞在不断地抑制它的生长。只不过当机体免疫力下降时，癌细胞便从细胞生长分裂调节机制出现异常变化的机会中寻找人体抗癌机制存在的漏洞。于是，这就决定了人类已无法被动地等待人体自身免疫功能的进化，需要用人工的手段来增强、修补，以获得战胜疾病的能力。

历史早期的人们曾使用过不科学的治病方法，如巫术、占卜、饮血、抽打人身体等去消除病魔。我国古代甲骨卜辞中怀疑祖先作祟的条目就非常多，正是关于疾病的神秘观念，才导致了采用神秘手段来治病和驱走病魔的方法广泛流行，并且将其看作是道德的行为。道教中炼丹术也包含着欲除病去邪，从而达到长生不老目的的追求。西方古代社会也有的医师劝患者吞服熔化的黄金和粉碎的绿宝石来治病；有的巫医则要人们把腐烂的动物尸体扔到街头以求远离灾祸。放血疗法在欧洲长期流行，直到19世纪还被采用。人们相信古希腊医生希波克拉底关于人体由4种体液构成，生病源于体液不平衡的理论假说。对于像急性感染、脾脏肿大、肝内疼痛等病症，认为"动脉切开放血术是首选的治疗方法"。直到今天，我们还能看到使用传统方法放血治病留下的痕迹。例如在理发店前，玻璃圆柱里的蓝、红、白三条色带，就象征着患者的静脉、动脉和绑扎臂膊放血用的纱布。因为，西方当时的理发匠就是人工放血的外科医生。这一医疗手段被应用了千余年，曾使不少患者不是死于病患，而是死于失血过多。像法国大文豪巴尔扎克患病时就是一次次地被放血，却仍旧挽救不了他的生命。美国第一任总统华盛顿则成为著名的放血疗法牺牲者。

用气功治病现在我国仍有市场。一般说来，通过练气功达到强身健体的目的是科学的行为。但将气功看成是万能的，有病的人可以不打针、不吃药，通过气功就可以治愈疾病的判断至少目前还缺少科学的证明。然而，类似这种不科学的对待疾病的态度和行为在我国的农村地区乃至城市中的部分群体中依然存在，迷信神秘力量治病的观念深深地扎根在民俗民风之中，具有持久的影响力。

显然，以不科学和盲目的方法来应对传染病不可能产生真正的保健身体的疗效，最终将会被医学发展的进程所淘汰。当然，有许多错误的医疗实践也曾为后来的智慧医学发展开辟了道路。例如天花，在历史上天花流行的时代，人们在经验中发现患过天花并得到康复的人就不再得这种病，于是推断人身上有了抵抗这种病的能力。既然如此，如果有意让人得到轻微的感染，那么不是也会得到同样的免疫效果吗？事实也是如此，10世纪时，我国医书上开始有了关于接种天花疫苗的记载，方法是把天花患者伤口上结的痂制成粉末，让健康的人用吸管吸入，或者在皮肤上开个切口，把粉末撒在伤口上。当人受到轻微病毒的感染后，就会产生对天花的免疫力。但这种依靠经验来掌控的免疫方法危险性极大。使用时若毒性小，起不到作用；毒性大，又会致人死亡。人们难以在量上加以有效控制。

18世纪末，英国的乡村医生爱德华·琴纳立志于医学研究以攻克传染病的难题。经过广泛的社会调查与对天花流行病史的研究，他发现：牛与人一样也会感染天花，牛痘成为牛的一种天然轻型传染病；而与牛接触的挤奶工染上牛痘后，从此不会得天花。基于此，他找到了从"种人痘法"到"种牛痘法"的药方。1796年5月17日，琴纳成功地进行了一次具有划时代意义的医学试验，将牛痘种在一个8岁健康男孩的手臂上，后来实践表明男孩不再感染天花。他的试验获得了成功。

20世纪初，面对着成千上万的人因患结核病而悲惨地死去，两位法国医生——卡尔美特（Calmette）与介蓝（Guerin）决心寻找一种能防治这种瘟疫的方法。他们在里尔的巴斯德研究院分院里，开始了长达13年之久的实验。当他们把结核菌移种培养到第231代时，终于获得了成功。这种疫苗在1921年进行了临床实验。1924年，他们正式公布了自己的发明，并用他俩的姓来命名这种减毒活结核菌苗为"卡介苗"。1925年，全世界儿童开始接种卡介苗并起到了极大的作用。

巴斯德是法国人，著名微生物学家。我们每天所见的牛奶包装袋上，注有"巴氏灭菌法"，即加温至 62 ℃，作用 30 分钟的消毒方法即指的是巴斯德灭菌法。巴斯德发明的疫苗是为治疗狂犬病而实验出来的。用这种方法，他救活了一个 9 岁的男孩，获得了成功。后来在巴斯德研究方法的启发下，一些科学家相继发明了抵抗许多疾病的疫苗，如白喉、破伤风、百日咳、麻疹、乙型肝炎、流感疫苗等，不胜其数。人类对传染病的斗争进入到一个新的阶段。

人类研制疫苗的目的是为了帮助人体的免疫系统抵御疾病。疫苗刺激机体产生对抗外来病原体的抗体而起到预防的作用。抗体是一种对抗疾病的蛋白质，接种疫苗后，人体免疫系统便会产生对应的抗体。当病毒、细菌和其他的病原体再次入侵人体时，抗体就会识别它们、包围它们、消灭它们。因为，疫苗可以成功地"欺骗"人体，从而预防和击溃疾病。为激活人体免疫系统，通常是接种疫苗，将致病的病毒或细菌注入人体，但这些病毒或细菌是经减弱毒性的，实际上不会导致人体发病。专家认为，使用灭活的或死的病毒来制造的疫苗是安全的，即使是免疫系统功能受到损害的人也可接种。

由于疫苗免疫是全球公认的最经济、最有效和最方便的预防疾病方式，所以，人们应当合理利用疫苗的功能来抵御疾疾的侵袭，例如，打乙型肝炎疫苗、流感疫苗、狂犬疫苗、流脑疫苗等。实践证明目前在全球范围内，大规模地进行预防接种，可以有效控制一些疾病的发生。如我国是病毒性肝炎的高发区，而目前远离乙型肝炎的最好办法就是打乙型肝炎疫苗。

在预防医学领域，预防接种的种类分为人工自动免疫和人工被动免疫两类。所谓人工自动免疫，是将无毒性的病原体或类毒素制成的疫苗接种到人体内，使其刺激人体自动地产生保护性抗体，以抵御病原体的侵袭。例如，给人体接种乙脑疫苗就是为了刺激人体产生乙脑病毒抗体，从而抵御乙脑病毒的侵袭。所谓人工被动免疫，是指将制好的保护性抗体（即含抗体的血清或抗毒素）注射到人体内，使人体迅速获得特异性免疫力。由于这样的抗体不是本人自动产生的，而是被动得到的，故称为"被动免疫"。如给人注射破伤风抗毒素、丙种球蛋白等都属于人工被动免疫。

常用的利用疫苗预防接种的方法主要有以下几种：

1. **皮肤划痕法**

如牛痘疫苗可用划痕法接种在人体的上臂外侧中部。

2. **皮下注射法**

皮下注射法是将疫苗接种到人体上臂外侧的皮下。如接种乙脑疫苗、麻疹疫苗等均用皮下注射法，这是最常用的接种方法。

3. 肌肉注射法

肌肉注射法是将丙种球蛋白、抗毒素等制剂进行臀部肌肉注射的方法。

4. 口服法

口服法简便易行，易于接受和推广。最常见的口服疫苗是小儿麻痹糖丸活性疫苗。

疫苗接种可说是一种健康投资，对于保护人的健康，预防和控制传染病的发生和流行有着非常重要的意义。由于疫苗是一种特殊的生物制品，其使用对象是正常的健康人群，所以对于疫苗的生产、运输和使用，国家都有明确的规定。只要使用者通过正规途径，在医生的专业指导下接种疫苗，正确掌握禁忌范围，疫苗的安全性是有保证的。

四、定期进行健康体检

健康体检是在身体健康时主动到医院或专门的体检中心对整个身体进行检查。健康体检的最终目的是有病早发现、早诊断、早治疗；无病早预防、早调理、早保健。通过健康体检，观察身体多项功能反应，适时给予改善。或者通过体检，来加强对自我身体机能的了解，改变不良的生活习惯，意义重大。在现实生活中，有些疾病存在着潜伏期，在它没有发作的时候，人们并不太注意它。有时通过健康体检，可以发现它的存在，从而提醒人们注意。例如，尿常规检查就能够发现肾脏方面的严重疾病，而高血压、乙肝以及明显的肺部疾病可以通过测量血压、验血和胸透发现。

近年来，随着人们物质生活水平的提高，对身体健康的重视程度越来越高，健康体检的广告也琳琅满目。如何正确选择健康体检，下面几个方面值得注意。

1. 认为没有疾病不用查

几乎每次体检都会遇到这样的人，他们往往身体不错，能睡能吃，从来没有觉得哪里不舒服，于是不主动去检查，或者干脆就不去体检。其实，这样做对自己是十分不负责任的。健康体检是对人的身体健康状况的一次清理，一定要定期检查。

2. 感觉身体不好不敢查

有的人平时身体显得比较虚弱，往往担心检查出这样那样的疾病，从而对学习、工作产生一定的影响。因此，体检时躲躲闪闪，不愿检查。这样做，只会导致原有疾病加重。

3. 害怕体检麻烦不想查

有些人感到事情太多，到体检时，觉得自己还有许多事要做，想到身体也没什么大病，干脆走走形式，有的甚至形式也不走，干脆找个理由一推了

之。这种做法，很有可能延误某些疾病的治疗，引发严重后果。

4. 盲目体检不细查

有的人体检，或者是出于经济方面的原因，只做自己认为重要的检查，而对于眼、耳鼻喉、血压等，总觉得无关紧要。这样会使部分身体健康信息遗漏，导致医生无法得到全面系统的信息，影响对身体整体状况做出正确判断。

5. 发现问题后不复查

体检发现了问题，应该及时到医院进行复查。复查是对体检发现的问题进行进一步的诊断，以确定是否患有某种疾病，同时也是为了对体检中发现的一些问题进行分析，找出对策。而有的人，体检发现了问题，出于这样或那样的原因，有的拖时间太久，有的甚至不去复查，实际上这对自己的健康十分不利。

6. 隐瞒既往病史不实查

在正常情况下，体检时应该将自己平时的身体状况向医生说明，以便医生更科学地做出健康评估。而有的人平时就患有某种疾病，体检时又不加说明，甚至当医生问到时，还隐情不报。这样，医生就很难判断你是体检中查出来的健康隐患，还是既往疾病，有碍于治疗疾病。

五、发现有病及时治疗

面对疾病，我们常常被自己的无知和错觉所蒙蔽。因为，准确认清自己的身体现状，对于我们大多数人来说，并不是一件容易的事情。例如，有病及时治疗，这个简单的道理人人都懂。可为何有些人不愿上医院接受检查诊治，只有等到小病拖成大病才会被迫接受治疗呢？如果究其根源，就会发现实在是因自己错误的疾病认识所蒙蔽了。具体可能有5个方面的原因：

1. 对自己的身体健康不重视

有的人身体已出现多种症状，但总认为这是一般的感冒发烧，自己身体好，不会有事。

2. 不知道问题的严重性

有的人出现疾病症状时，认为身体不舒服属正常，常常是自己去药店买点药一吃了事。特别是出现咳血、便血、头痛等可能是肿瘤、结核、支气管扩张等重病症时，也满不在乎。

3. 怕耽误时间不愿看

随着社会竞争和压力增大，有的人怕耽误学习和工作，一拖再拖。也有人正值招工、考试等"人生关键"时刻，明知有病，也不愿请假看病。还有些人因患有肝炎、肺结核、艾滋病等怕人嫌弃他、疏远他，不诊治也不向疾病预防和控制中心报告。

4. 害怕经济损失无力看

由于社会医疗保障体系还未健全，一些下岗职工和无业人员至今未参加医保，对一些疾病，特别是像"肝硬化腹水"、"癌症"、"白血病"和"肾病"等诊疗费用巨大的疾病因无力医治而放弃。

5. 因为恐惧社会压力不敢看

像在"非典"时期，有的人怕被感染，有病也不去医院看。

上述情况，往往使患者耽误了最佳的诊治时间，把小病拖成大病，不但影响了学习和社会活动，而且也搞坏了自己的身体。

我们需要学会认识自己的身体健康，及时消除那些伤害身体的病因。其实，很多疾病不是在一瞬间发生的，而是不良刺激日积月累的结果。在疾病尚未形成的前期阶段，因为症状轻微而容易为人们所忽视。不幸的是，我们中有许多人无视疾病症状给我们的信号，依然我行我素，或者习惯于用药物掩盖它们，结果耽误了将疾病消灭在萌芽之中的最佳时间，最终将小病拖成了大病。这不仅会增加患者的身心痛苦与经济花费，还降低了治愈率，尤其是一些传染病不抓紧治，还会增大传染危害。它对人体健康的侵蚀，如同环境污染对自然生态的破坏，刚开始好像无影无形，而到灾难来临时，已耽误了最宝贵的时间，此时花再多的钱和再大的力气，也无法挽回损失。例如癌症，科学研究证明，癌症并非天外来客，人的体内每个细胞都含有1 000个原癌基因，这种睡眠状态中的基因被称为癌遗传基因。在正常情况下，它们被控制着。只有外界因素和先天遗传因素激活原癌基因才会引起突变。但是，光有1个或2个基因突变成癌基因尚不能引起癌症，需要有几个甚至几十个致癌基因的共同作用才能引起癌症。这也就是所谓的由"点突变到面突变或整体突变"的一个量变到质变过程。这一过程也是一个由慢到快的历程，一般潜伏期有15~30年之久，潜伏期过渡到早期，一般不会有明显症状，早期之后，癌细胞增长速度就会出现惊人的变化，毫不留情地破坏正常细胞，肆意吞噬人体内营养，导致人体功能丧失、精力衰竭直至人的死亡。

六、选择健康的生活方式

由于现代医学的进步，如今许多曾经威胁人类生存的传染病已得到有效控制。但是，不健康生活方式所引发的生活方式病正在威胁人类。例如，癌症被称为"21世纪的瘟疫"。医学研究表明，激烈的社会竞争所带来的压力过大，不健康的衣食住行则是诱发癌症的重要因素。心脑血管病的发生也同生活方式有很大关系。研究发现，90%的心脑血管病患者都能从生活和心理习惯上找到原因。糖尿病则是21世纪威胁人类健康的第三大杀手，现代医学对其致病原因还没有清楚的认识，但已经发现它是一种跟生活方式密切相关的疾病……种种一切都在说明，"健康的秘密，就像是天上的星星一样，每个人都可以看到，可只有少数人能真正看清它。许多人以为，健康的钥匙在医生手上，在现代化医院里，在药物和手术刀中……没错，医学的确可以治疗疾病，但它永远也不能创造健康"①。还有久坐少动的生活方式也是引发疾病的重要原因，世界卫生组织曾将"全球每年约有200万人的死亡，归咎于缺少体力活动"。

我们知道，有些人从小身体瘦弱多病，后来却保持了一个健康的身体而长寿；有些人生来健康，后来却人到中年就疾病缠身，甚至未能正常走到人生尽头就弃世而去。这些现象都会使我们意识到：无论我们的父母赋予我们什么样的身体，我们都应当接受，并且可以通过后来自己生活方式的选择来改变自己的身体状况。因为，最终对我们的身体起作用的，并不在于我们已有的身体的好坏，而是我们如何选择好的生活方式，合理地增强体质。因此，现在人们普遍认为影响人类健康的行为生活方式因素、环境因素、生物学因素以及卫生保健服务四大因素中，行为生活方式因素排在首位。

不良生活方式对人体健康的损害是在不知不觉中发生的，由此会形成生活方式病。那么，如何克服生活方式病呢？医生给我们的建议是：应当在提高认识的基础上养成健康的生活方式。

1. **保持乐观的心态**

常言说得好："笑一笑，十年少"，乐观的心态可以使人体内的神经分泌系统的自动调节作用处于最佳状态，有利于身体健康并获得充沛的精力，也有利于促进人的感知、记忆、想象、思维等活动。力求使自己成为一个快乐积极的人、宽容大度的人、从容不迫的人、为别人所需的人，是保持健康活力的秘密。

2. **保证充足的睡眠**

一个人，不吃不喝可以维持7天的生命，而一刻也不让他睡眠，3天就会死亡。人一生中1/3的时间是在床上度过的。在所有的休息方式中，睡眠是最理想、最完整、最有效率的休息方式。充足的睡眠有助于身体机能自我调节，有助于食物的消化、吸收和废物的排泄，有助于食物营养和人体血液的供应。因此，每天保证6~8小时的睡眠时间十分重要。

3. **获取均衡的营养**

均衡的营养是实现理想健康的基本前提和保证。遵循多样、平衡、适度

---

① 李无忌．健康启示录．北京：中国广播电视出版社，2007：3.

的饮食原则来获取食物营养以及正确合理的饮食之道也可以抵抗疾病的侵袭。生物医学告诉我们，人体需要的营养素有42种，归纳起来分为七大类：蛋白质、碳水化合物、脂肪、维生素、矿物质、纤维和水。营养学家建议：不挑食、不偏食对人十分有益。每人每天最好能摄取35~40种不同的食物。因为，这些营养对于身体缺一不可，而"食物金字塔"就是均衡膳食的理想模式。

4. 坚持适当的运动

人的生命在于运动，持续适度的有氧运动可以大大降低人们得生活方式病的几率，是保持人的健康活力最好的方法。适当运动主要是根据个人情况来进行安排，一般提倡多做有氧运动，如步行、骑自行车、游泳等；多做伸展运动，如体操、健美操等；避免过多的无氧运动，如短跑、拔河、举重等。因为，并非任何运动都有益于健康，有氧运动才是增进健康的最佳方式。

一、资料库

（一）细菌与病毒

细菌（bacteria）为原核生物，是指一大类细胞核无核膜包裹，只存在称作拟核区或拟核的裸露DNA的原始单细胞生物，是只由一个细胞构成并且只能在显微镜下才可以看到的微生物。细菌的繁殖速度非常快。多数细菌对我们的身体无害。人体肠道内的细菌还可以帮助我们消化和吸收食物中的某些物质。少数细菌会使人生病。由细菌引起的常见的传染病包括：肺结核、脑膜炎及尿路感染等。

病毒（virus）是一类个体微小，无完整细胞结构，必须在活细胞内利用宿主来进行自我复制的非细胞型微生物。病毒由蛋白质和核酸组成，非常微小。一个人体细胞内可同时容纳几百万个病毒。

细菌和病毒均属于病原微生物（病原体）。细菌较大，用普通光学显微镜就可看到。病毒则比较小，一般要用放大倍数超过万倍的电子显微镜才能看到。在形状上，细菌的外部形态大多为球状、杆状、螺旋状，并且也因此命名为球菌、杆菌以及螺旋菌。而病毒为多面体结构，为了能达到最佳稳定结构，以及最佳比表面积，病毒多为12面体。在繁殖方式上，细菌根据其生存方式可以分为自养性和异样性，即一部分细菌可以通过光合作用或者是将无机物转化成为有机物质的化能方式而达到生存的目的，另一部分细菌则和人一样不能自己合成有机物质供自身的生长繁殖，必须从外界摄取营养来养活自己。

（二）"健商"走进大学生的生活

健商（HQ），即"健康商数"，指人们已具有的健康意识（HC）、健知识（HK）、健康能力（HA）与该时代应具有的健康意识、健康知识和健康能力之比值。它是继智商（IQ）、情商（EQ）的概念进入我国之后，又被大众所接受的一个新的概念。健商代表着一个人的健康智慧及其对健康的态度，所以也有人称其为健康智慧或健康智商。

用数学公式表示的话，即：健商＝已具有的（HC＋HK＋HA）/应具有的（HC＋HK＋HA）。当一个人的健商等于 1 时，说明这个人的健康意识、知识和能力已基本符合要求，而低于 1 时则说明对健康自我保护不够，而高于 1 时说明对自身健康的自我保护做得很好。

健康智商五要素：

1. 自我照顾

自我照顾是指在日常生活中自己照顾自己的健康，通过健康的生活方式、乐观的信念和对自己身体自我康复力量的认可来防治疾病，将机体调节至最佳健康水平，而不是将自己的健康交给医生或保健品。

2. 健康知识

健康知识是指学习和掌握健康知识。一个人对健康知识知道得越多，就越能够对自己的健康做出明智的选择。掌握健康知识，也是照顾好自己的基础，是拥有高健商的前提。

3. 生活方式

生活方式是指与一个人的生活、价值观以及情感友谊有关的生活习惯。健康的生活方式对自我健康的保护是十分重要的。

4. 健康心理

健康心理是指要有一个健康的心理状态，以保持乐观愉快的好心情。

5. 生活技能

生活技能是指通过重新评估自我和环境，包括供养系统的关系，工作和私人关系来改善核心生活技术，从而掌握健康的秘诀和方法。

二、建议阅读书目

①戴传昌，萧开延．人类疫情报告完全手册．上海：百家出版社，2003．

②余风高．病魔退却的历程．济南：山东画报出版社．2001．

③张大庆．人道主义的凯歌：科学技术与 20 世纪的医学．太原：山西教育出版社，2002．

④叶金．人类瘟疫报告：非常时刻的人类生存之战．福州：海峡文艺出版社，2003．

⑤李无忌．健康启示录．北京：中国广播电视出版社，2007．

第五章

性 爱 安 全

内容提要：

● "饮食男女，人之大欲存焉。"性是人的生命重要组成部分，性爱是人的本能之本。如果一个社会、一种文化重视人的生命价值，就应当重视性与爱。

● 当下，处于性旺盛期和性待业期的大学生群体普遍存在着性心理的困惑和性爱安全的盲点，尤其是大学女生的性商实在"不会比一个小饭馆的女服务员强出多少"。

● 性有益健康，但不安全的性行为又是不健康的重要因素。大学生预防性传播疾病尤其是艾滋病的最好良方是不要做，要做就安全地做。

● 性本是很私人的行为。但是，因此而传播了疾病且对他人健康造成了威胁，就会成为公共健康问题。由此决定了青年男女应当树立性道德意识，承担起性爱安全的责任。

2004年，一本名为《湿漉漉的玫瑰——中国大学生性现状调查》出版，作者是杨小诚。书中内容主要是对当代大学生的性态度、性行为、性安全意识方面进行调查结果分析。意在为大学生性教育工作者、性社会学研究者以及关心大学生性健康的社会人士提供一个辅助性的研究资料，并由此为在大学生中进行性教育提供例证。书中所设的标题向人们暗示，如今的性问题应当成为面向诸多大学生开放的话题：我也不知道为什么就没有拒绝；有一段时间我特别有一种冲动；我觉得我已经不算是一个处女了；我们寝室的一同看A片；我在意的只是找到一个性伴侣；我脱她衣服她也没反对……

如今的大学生对性知识了解肤浅，需求强烈，性安全意识淡薄。据2005年《东南快报》报道，记者从有关部门对福建省部分地区大学生所做的一次调查中了解到，有6.4%的被调查者有过性生活经历。但是，性知识比较贫乏，对性知识、性选择标准、性互动等相关内容的了解大部分是偷偷摸摸地从网络、书籍或"同伴教育"中获得的，由此出现了性行为不安全的严重问题。例如，一些大学生对艾滋病预防意识淡薄，认为安全套就是避孕套，主要是为了避孕才有用。一些调查显示，在大学生发生的婚前性行为中，有近半数不戴安全套。

性与爱是人类社会生活内容的重要组成部分，特别是在当今世界，爱已被人们滥用和性已充斥在具有诱惑性的文化之中。可以说，从诺贝尔奖获得者村上春树关于"性"的现实主义描写，到日本的动漫塑造下的人物蜡笔小新嘲笑妈妈长了个"扁平胸"；从我国作家王朔有意无意间将书名确定为"过把瘾就死"，到社会学家李银河大声地为国内出现的"一夜情"辩护。我们蓦然发现，关于性知识需求、性观念解放，在整个社会全部处于挺进状态之时，大学校园里处在性待业期的大学生们，却处在"性先锋"和"性压抑"、性需要和性道德之间激烈的心理冲突之中，而且性爱安全问题开始侵袭一些人的健康和生命，尤其是对一些女大学生来说，因为其"性商"实在"不会比一个小饭馆的女服务员强出多少"，以至于形成十分可怕的性爱安全盲点。所以，大学生们掌握科学的性知识，适当控制性冲动，树立正确的性道德和性伦理，防止不洁性生活带来疾病，十分重要。

第一节
性爱出自本能之源

"性"作为每个人生命的一部分，可说是一个包括生物、心理、社会三个层次的复合体，即性、性别和性角色。作为生物学上的词汇，性（SEX）是指男女两性在生物学上的差异，包括男女两性染色体不同、性腺不同、性激素不同、生殖器官不同和第二性征上的不同；还指人生来具有的性的欲望与本能，这是人类生存和繁衍后代的基础条件。作为心理学上的词汇，性别（gender）是指男女两性在生理差别基础上的主要表现在性格、气质、感觉等方面的心理差异。作为社会心理学和社会学意义上的词汇，性角色（sex rolf）是指一个人在社会生活中的有关方面因为性别的差异而应当所处的位置。

人本是具有性别的存在物，性不仅仅体现为人的机体的功能，而且是人的整个机体性质的表达。从人性来看，性与爱是人的本能之本，由于人的活动的社会性，使性爱打上了社会的烙印。可以说，性的问题已经远远超出了生理学和动物学的范畴，甚至超越了行为学的范畴，成为社会学、社会心理学、人类学、历史学和哲学等领域必须关注的问题。

一、性爱是人性的伟大表征

性，人人都有。我们每个人都是性塑造的生命，都伴随着性的发育成熟而长大。性是我们生命的组成部分，是人的生命的原动力。性又是生命世界中最自然的事情，如果没有性，生物将不复存在。由于人的性本能处于生命本能和生物欲望的核心地位，于是它成了人性最原始的基础。在18世纪中叶，善于描写色情和进行哲学思考的法国作家萨德（Sade）曾宣称："没有任何东西比性更伟大，没有任何东西比性更美好，没有性就绝没有任何拯救可言。"[1]著名人类学家马林诺夫斯基曾说："自亚当和夏娃以来，性冲动就一直是绝大多数烦恼的根源。"[2] 古希腊人以饮、食、色为人的三大欲望、三种快感；中国人早在古代就提出了"食、色，性也"的命题。性既然是人类生存和延续的一种基本需要，就不存在对错问题，亦不可分高级和低级行为选择问题。而从人本主义的角度认知，人类的性与爱体现的是具有智慧的人的一种非常崇高的行为，原因就在于性与爱同人的自我有着极其重大的关系。如果一个社会、一种文化重视人的自我，它就必然会重视性与爱。

在传统上，无论是东方还是西方社会，有许多习俗、文化和宗教确实是把性看成是一个令人不可谈论的话题禁区，甚或是一种罪恶。例如，在我国传统文化中，性就难以启齿。在人际交往中，对人言性是低俗和不健康的。而古今中外的各种宗教，除了极少数具有纵欲主义特征以外，几乎不同程度都有禁欲主义倾向。例如，佛教就认为，凡修习禅定达到阿罗果位者，就应断绝一切烦恼，禁止在性方面存在生理欲望，不仅要断绝男女性生活，甚至连梦中遗精、性幻想之类的事情也不许出现。一些极端的宗教和教派论及禁欲，就认为性是一种罪恶，纵使有传宗接代的需要，亦是如此，以至于在教义规定上奉行着极其严厉的苦行僧主义。其实，人的性欲并不神秘，它来源于人体性激素的作用，是如同人的饥饿与口渴一样在生命成长过程中必然存在的生理现象，而且人类个体的性认知和性意识从幼小时期就开始形成。

我国新文化运动的旗手、作家鲁迅曾对人讲起他对性的理解。用独身生活对人产生不良的心理影响为例，说明禁欲主义是不可取的。鲁迅认为："食欲是保存自己，保存现在生命的事；性欲是保存后裔，保存永久生命的事。饮食并非罪恶，并非不净；性交也就并非罪恶，并非不净。"[3] 可惜的是中国文化中的旧见解，竟与这道理完全相反。直到生了孩子，还是躲躲闪闪，唯独对孩子威严十足。这种行径，简直和偷了钱发迹的财主不相上下。鲁迅为了说明看人不能片面，还风趣地说："英雄是厉害的，但不能因为英雄也性交，就称得上'性交大师'。"性更不能说成是罪恶，圣经原文的

---

[1] 萨多克，等. 性文化探秘. 北京：作家出版社，1991：95.
[2] 韦克斯. 性，不只是性爱. 北京：光明日报出版社，1989：133.
[3] 鲁迅. 鲁迅文选. 上海：上海远东出版社，2011：72.

"性"是 Yata，意为"认识"、"自我敞开"、"庆典"等，具有丰富内涵。性也可指两个异性间最亲密、最深刻的表达；因为，性要带领一个人进入另一个人的生命，委身爱与被爱，进而延续下一代。正如耶稣对行淫时被捉的妇人所说的："我也不定你的罪，去吧，从此不要再犯罪了！"

奥地利心理学家弗洛伊德从精神分析学的层面，曾对性有过深入研究和说服力较强的论述。弗洛伊德早期宣称他有两个"足以触怒全人类"的基本发现：一是发现人有意识的思维活动底部还有一个广阔得多的"无意识"存在；二是发现"性本能"是人的精神活动的核心。他认为，离开人的意识更远，处于心理结构深层的是无意识系统。它是人的生物本能、欲望的储藏库。这种本能、欲望具有强烈的心理能量的负荷，服从于快乐原则，总是迫切地为自己寻找发泄的出路，力图渗透到意识中去得到满足。弗洛伊德强调无意识，并把无意识归结为人的基本的本能或内驱力，又把人的基本的本能或内驱力归结为原始性欲。原始性欲的能量，他称之为"里比多"。他强调，原始性欲是人与生俱来的，它的对象和表现形式随着年龄的增长而变化。他详细地分析了人的个体发展中所要经历的一系列心理——性欲过程。他认为，人在每个性欲发展阶段，身体上都有一个能使"里比多"兴奋满足的中心——动欲区。第一阶段是口腔阶段（出生至1岁左右），这时婴儿通过吸乳动作使乳头摩擦口唇黏膜来获得满足快感，动欲区是嘴和唇；第二阶段是肛门阶段（1岁半至3岁间），这时幼儿通过以肛门排便时粪便摩擦肛门黏膜所产生的快感作为快感来源，动欲区是肛门；第三阶段是生殖器阶段（4岁左右），以生殖器作为快感的主要来源，儿童开始恋慕父母中异性的一方，并通过对父母中同性一方来加以"认同"，动欲区是生殖器；第四阶段是潜伏阶段（从七八岁开始一直到青春期前），此时儿童的兴趣转向外部，开始注意发展各种为应付环境所需要的知识与技能；第五阶段是生殖阶段（起于青春期并贯穿于整个成年期），此时的动欲区虽然仍然指向生殖区，但人们不只是寻求自我满足，而是考虑他人的需要，在性爱的基础上建立爱情关系。

弗洛伊德还提出了人的全部活动都受无意识的本能、欲望支配的著名观点。他认为人有两种本能，即生的本能和死的本能。生的本能通过性爱等方式使生命存在和延续，促使人类和个人的创造及进取，是爱和建设的动力；而死的本能是一种暴力性的、破坏性的、侵犯性的冲动，它的最终目的是以破坏性或毁灭性的内驱力来支配人的变态活动。但是，无论是生的本能，还是死的本能，它的能量或势力都来自于"里比多"。对此，弗洛伊德几乎把人的一切行为动机都归结为性本能的冲动。在他看来，一个人从出生到衰老，一切行为无不带有性欲的色彩。性欲的决定作用不仅局限于个人，甚至就整个人类社会而言，也起着极为重要的作用。诸如人类社会许多禁忌风尚、宗教戒令、道德规范、法律条款等，最初都是针对人的性欲问题而产生和制定出来的。

如今看来，弗洛伊德学说显然有一种泛性欲主义倾向，它在一定程度上忽视了社会因素对人的作用。但是，弗洛伊德所强调的人作为生物所具有的本能和欲望，强调性爱在人性中的地位以及在人们行动中所起的重要作用的诸多观点，对于我们开展对性问题的研究，突破关于性问题的神秘性，具有一定的积极意义。

二、性爱打上了社会的烙印

不论是动物还是人类，性行为都是为了生殖和繁衍而设计的。动物和人类的生殖器都因这一内容而有价值。应该说，所有动物间的性行为都会伴随着"性快乐"，但不同物种的性快乐有所不同。美国著名的动物社会学家威尔逊说，只有社会性极强的动物，这种性快乐现象才会非常明显，而那些简单的生物或其他社会化程度不高的生物则很少或几乎没有性快乐。人类在获得性行为体验和性快乐方面，可以说在整个动物界首屈一指。其主要表现是，一方面，人类从爬行进化到直立行走，并使得性行为可以面对面地进行，而所有的其他哺乳动物都是面对臀部进行交媾的。由此带来的变化是，人类的性敏感区增加了许多部位，如口唇、生殖器部位、女性乳房等。这在人类的进化史上，第一次实现了两性共同发起、推进而享受的性生活。同时，由于手脚的分工，使人类两性在性活动中出现了爱抚行为，它作为男女交流性感情的一种有效方式，同时作为"性前嬉"与"性后嬉"的一个主要内容而大大增强了性交的快乐效果。另一方面，动物都有发情期，而且多半只有一年中某个季节或某一时期才会产生性欲。人类则没有发情期，不管春夏秋冬，不管白天黑夜，只要有适当的性刺激，人都可以进入性兴奋状态和进行性活动。而且，动物的外界性刺激主要是异性的直接刺激，至多还有形成条件反射后的第一信号系统。而人不同，人除了有第一信号系统外，还有第二信号系统——语言，人在听到对性爱行为的语言描绘，或看到相关的书报绘画，也能引起性兴奋。

人的性感水平在动物界是最高的，这意味着人的性本能十分活跃，不能压抑。如果按照人的原始动物本性，其必然的结果就是乱交和群婚。事实上，人类的原始祖先的确曾普遍地出现过这一情况。但人又是社会的产物，且作为各种社会关系的表现形式而存在，其性行为也必然是社会关系的表现形式之一，受一定的社会文化发展条件制约，受到社会法律、道德、习俗以及宗教戒律的规范。正因如此，马克思在谈到人的性行为时才说："吃、喝、生殖等等，固然也是真正的人的机能。但是，如果加以抽象，使这些机能脱离了人的其他活动领域并成为最后的和唯一的终极目的，那它们就是动物的机能。"[①]这就是说，不能脱离人的社会性来抽象地谈论人的性行为，否则，就会把人的真正机能变成动物的机能了。众所周知，人类经过从古到今的漫长岁月的发展，早已从动物的人变成了社会的人，社会性才真正是人的本质特性。

人类性行为的社会特性体现为以下几个方面：

1. 人的性活动及其关系是社会形成的前提

生儿育女作为性行为的基本目的，其实体现着一种社会关系。马克思认为，社会就其最本质的含义来说就是社会关系，而最初的社会关系形成于生命的生产和再生产。马克思说："生命的生产，无论是通过劳动而达到的自己生命的生产，或是通过生育而达到的他人生命的生产，就立即表现为双重关系：一方面是自然关系，另一方面是社会关系。"家庭是社会生产的单元，"每日都在重新生产自己生命的人们开始生产另外一些人，即繁殖。这就是夫妻之间的关系，父母和子女之间的关系，也就是家庭。这种家庭起初是唯一的社会关系"[②]。恩格斯在自己所著的《家庭、私有制和国家的起源》一书中发展了马克思这一观点，他指出：历史中的决定性因素，归根到底是直接生活的生产和再生产，但是，生产本身又有两种：一方面是生活资料、生产资料的生产；另一方面是人类自身的生产，即种的繁衍，人们生活于其下的社会制度受到两种生产的制约。这说明人类的性行为对历史和社会发展都具有重要意义。

2. 爱情是人表达性爱的最高内容

在人与人的性爱中实现相互自我奉献并感受到幸福与快乐，使性行为的需求成为可能，而且人在性生活与爱情中，和人所存在的其他任何地方一样，成为社会关系的一部分。人类由于情欲旺盛、冲动盲目和姿势特殊，使性行为进一步朝着有利于情爱的方面发展，而且人类的性行为体验，大概是动物界中最强烈和最愉快的。所以，这种愉快体验最后也就转化成了近似于最高内容。男女之间高贵的感情、愉悦的体验、难舍难分的情愫，其关键核心并不在于人具有其生殖功能，而是在于由生殖功能所牵涉和派生出来的心理情绪和生理体验。保加利亚哲学家瓦西列夫在他著名的《情爱论》中写道："爱情的根源在本能、在性欲，这种本能的欲望不仅把男女的肉体，而且把男女的心理推向一种特殊的、亲昵的、深刻的相互结合。但是爱情又不

---

① 马克思. 1844年经济学哲学手稿. 北京：人民出版社，2000：55.
② 马克思. 德意志意识形态. 北京：人民出版社，2003：24.

仅仅是一种本能，不仅仅是柏拉图式的神奇剧、淫欲、直观和精神的涅槃。爱情把人的自然本质和社会本质联结在一起，它是生物关系和社会关系、生理因素和心理因素的综合体，是物质和意识多方面的、深刻的、有生命力的辩证体。"[1] 人类歌颂的绝不是人与人相互之间的性行为本身，而是性行为的副产品——性行为的情绪体验，相爱之情和相思之念。这时，心理的东西反而压倒了生物的内容。正是这种微妙的变化，才使人类发展出了自身的"情感"，人们把男女之间的感情，男女间的婚姻行为以及成功的性体验，直接称为"幸福"。情爱本来是性活动的派生物，但是在人类的文明社会中，反倒成了人类最有价值的生命内容。男女性活动变得不再是为了生孩子，更主要是为了情感。

3. 性在私人领域追求隐蔽和含蓄

性从来都是属于私人领域的成人间的一种特殊活动，是私域文化。随着人类文明的不断发展，人们对性器官的隐蔽要求，发展到性行为的隐蔽要求。在西方文明中，人们往往认为婚姻内的生殖是道德的，而相伴随的激发性器官的淫欲或情欲，则需要在黑暗和隐蔽中得到满足。但是在中世纪，性行为的隐蔽性发展成为性禁忌，则是一种畸形的、不正常的性行为与性观念。基督教的禁欲主义认为：肉体是内心罪恶的证据；女人的全身和男人的腰部以下都是魔鬼的杰作；性欲的满足是"俯身试毒"，婚姻则是"生命的玷污和腐蚀"。性交是令人作呕的，是污秽而堕落的，是不体面的、不洁的、可耻的。这些观点的表述增强了人对性行为的耻辱观念认知。在我国的性文化中，性长期以来是一个禁区，对性的隐蔽和含蓄逐渐演变成对性的禁锢和封闭，以至于愚昧和无知一直给正常的性涂上了神秘的色彩和加以曲解。例如，月经本来是女性正常的生理现象，然而人们常常用例假代替月经这个词，甚至把女性来月经说成是"我这几天正倒霉"，谁也不愿意堂堂正正地说自己来了月经。由此可见性在中国文化中，是与肮脏联系在一起的。

4. 性具有排他性和严肃性

恩格斯曾经说过："性爱按其本性来说是排他的。"[2] 人类性行为的排他性是人类文明演变的一种表现。随着社会的发展进步，特别是人类社会道德文明水平的提高所逐渐滋生和发展起来的排他性，越来越强化。而且夫妇感情越好，性行为的排他性越强，严肃性的要求越高。理性社会强调的性价值取向是：必须依传统文化理念，保持性行为的严肃性，这是对社会、个人、

---

[1] （保）基·瓦西列夫. 情爱论. 赵永穆，范国思，陈行慧，译. 北京：生活·读书·新知三联书店，1984.51.

[2] 马克思，恩格斯. 马克思恩格斯全集：第4卷. 北京：人民出版社，1976：78.

亲属负责任的表现。性行为的严肃性也是社会秩序正常的基本要求。社会学家费孝通在为《性心理学》一书所作书评中说:"人类必须依赖两性行为的生理和心理机能来得到种族的绵续、社会结构的正常运行,以及社会的发展,但又害怕两性行为在男女心理上所发生的吸引力破坏已形成了的人际关系和社会结构,不得不对个人的性行为加以限制,这就是社会对男女关系态度的二重性。"[①] 为了维护性行为的严肃性,通奸、卖淫、嫖娼、强奸几乎在任何社会和任何时代都是道德谴责的对象或法律严惩的行为;当下我国社会出现的"一夜性"、"换妻"、"性伴侣"、"包二奶"、性虐待等现象,也与传统文化中的两性道德要求相距甚远,不为主流社会认同。

第二节
性爱的自由与放纵

一、性爱的自由与道德风险

"性自由",也称"性革命"、"性解放",曾经是西方世界意识形态下的一种时髦。它是20世纪初随着西方科学技术革命和社会商品的发展以及社会观念的变化而出现的一种要求两性开放的口号,同时也是美国的女权主义运动的主要目标之一,其要旨在于推翻传统的性禁忌。尤其是所谓的一夫一妻制或一世一婚制,在当时曾起过一定的积极作用。被认为是对封建社会婚姻不自由、禁欲主义以及两性不平等的否定。但是,"性自由"一开始就因伴随着私人生活上的性泛滥和公众文化生活中色情影剧而变了形。从本质上说成为纵欲主义的产物,是利己主义、玩弄异性、腐朽没落的表现。

一般认为,弗洛伊德的精神分析学和"泛性论"是"性自由"生活方式的始作俑者。弗洛伊德认为,在人的整个心理活动中起重大作用的是性的本能和欲望,人的各种活动都是由性欲产生的,一切行为动机都有性的作用,都受性本能冲动的支配。弗洛伊德的"泛性论"思想意识曾在西方世界引起极大反响,受到一些享乐主义学者的推崇。许多西方发达国家的青年接受这一理论之后,曾在自己的国家掀起一次次"性解放"的浪潮。比较

---

① (英)哈夫洛克·霭里士. 性心理学. 潘光旦,译. 上海:上海三联书店,1988:555.

典型的人物如美国法官林赛曾在20世纪初最先提出了"性解放"问题。林赛于1925年与弗恩赖特·埃文斯合著的《现代青年的反抗》一书，专门探讨了美国青年的性行为状况。他写道："开始拥抱接吻的人，有一半是无法加以制止的，相反，他们愈陷愈深。这样，不如促成他们走向性的解放——这当然与纵欲淫乱有别。"接着他于1928年发表了《伴侣婚姻》，对性解放的目标提出了设想，并做了广泛充分的表述。在书中，他直言不讳地提出："在男女同校的大学里，要解决学生的性问题，最好的办法莫过于结婚。为此，社会应当允许他们结婚，同时也应当为之提供避孕条件。"[①] 他解释说："伴侣婚就是合法节制生育，未有子女时双方同意就有权离婚，但一般不会要赡养费的合法婚姻。"由于当时美国在法律上是不允许避孕的，双方自愿的离婚一般得不到许可，以至于林赛的观点遭到人们的非难与攻击。

奥地利的"弗洛伊德主义的马克思主义"的创始人、"性革命"的理论奠基人赖希曾于1942年写了一本名为《性革命》的著作，赖希在这部书中系统地阐述了"性革命"理论，他特别强调"性革命"具有两方面的特殊意义：首先，"性革命"能带来"性健康"，而"性健康就是人的自由和幸福"。他认为，在现存社会里，绝大多数人的性生活都是不健康的，这主要表现在有些人因为对性生活过分神秘，以至于对自己实行禁欲主义；有些人因为对性生活太随便轻狂，以至于对自己实行纵欲主义。这两种人都没有从性生活中获得足够的幸福。"性革命"就是要创造条件，把不健康的性生活引入健康的轨道，使人们对爱情生活真正感到满意。赖希着重从性健康对人的生命的意义，与人的本质的实现的相互关系论证了"生活幸福的核心是性的幸福"。其次，"性革命"能"成为新社会的助产婆"，能创造新的社会形态。在他看来，统治阶级肆无忌惮地奴役人、压迫人，靠的既不是手中的权力，也不是"剩余价值"这种剥削手段，而靠的是"通过压抑人们的性本能创造出为保护自己所需要的那种性格结构"。既然赖希把性压迫视为统治阶级用于维护自己统治的主要支柱，那么必然得出这样的结论：一旦性革命推倒了这根支柱，整个统治机构便会土崩瓦解。赖希强调，面对压抑人的罪恶社会，性本能才是一种破坏力量，而对美好的人道主义社会来说，它将是最重要的建设者。通过"性革命"被释放出来的能量完全可以用于建设一个新的社会形态。他提出："应当把性革命看作是一个自由社会的必由之路。唯有性机制才能解决文化和人性之间的矛盾，因为它在消除本能压抑的

---

① 傅增文. 书桌里的玫瑰——高中生心动行动手册. 北京：团结出版社，2010：92.

同时也消除了邪恶的反社会的冲动。"①

　　近代西方社会另一位"弗洛伊德主义的马克思主义"者,美国哲学家马尔库塞于1955年出版了《爱欲与文明》一书。该书对弗洛伊德的精神分析学进行了哲学改造,提出了"爱欲解放"的理论。马尔库塞认为,在弗洛伊德的著作中,"性欲"一词有时指同生殖机能有关的对异性的肉欲追求,有时指人的机体追求快乐的普遍属性。为了更好地区分二者,他在后一种意义上使用"性欲"一词,以此与前者区别开来。显然,在马尔库塞那里,爱欲包含着性欲,但不能归结为性欲。他认为弗洛伊德的精神分析学的主要价值在于向人们揭示了人的心理结构的秘密,并由此在一种新的意义上规定了人的本质。他直言:"人的本质就是爱欲,人的解放就是爱欲的解放。而爱欲的解放关键是劳动的解放,这主要是由于人的所有爱欲活动中,劳动是比起人的其他爱欲活动来,更能体现追求快乐的本性,劳动为大规模地发泄爱欲构成的冲动提供了机会。劳动使爱欲活跃起来,或者说使整个肉体爱欲化。"马尔库塞认为,弗洛伊德在后期著作中引入爱欲一词肯定是有其深刻用意的。因为,爱欲作为生命本能,指的是一种较大的生物本能,而不是较大的性欲范围,"爱欲是性欲本身意义的扩大","爱欲是性欲的自我升华"。他强调,"性欲的自我升华"这个词意味着,在特定的条件下,性欲可以创造高度文明的人类未来,而不是屈从于现存文明对本能的压抑。他说:"在爱欲的实现中,从对一个人的肉体的爱到对其他人的肉体的爱,再到对美的作品消遣的爱,最后到对美的知识的爱,乃是一个完整的上升路线。"②在马尔库塞看来,当今社会对人的压抑主要表现为对爱欲的压抑,而对爱欲的压抑又主要表现为把爱欲降格为性欲,那么,将性欲转变为爱欲就是解放人的关键所在。关于爱欲的解放他有这样的名言:"解放爱欲不仅仅包括了解放里比多,而且也包括改造里比多,把受生殖至上原则约束的性欲,改造成整个人格所具有的爱欲。"

　　当前,西方社会奉行的"性爱自由"生活方式已使人们的婚姻领域承受难以挽回的道德风险和引发出严重的社会问题。由于受到性解放、性自由的影响,许多青年人性生活混乱,性犯罪增多,由此引发性病和艾滋病流行,非婚生子女激增,离婚率高居不下,家庭破裂严重,造成一系列的社会问题。

---

　　① (奥地利)威廉·赖希. 性革命——走向自我调节的性格结构. 陈学明,李国海,乔长森,译. 北京:东方出版社,2010:18.
　　② (美)赫伯特·马尔库塞. 爱欲与文明. 黄勇,薛民,译. 上海:上海译文出版社,1987:154-155.

据美国1976年调查，19岁以前有过性行为的未婚男子为85%、女子为55%。到了80年代，问题更为严重。一个典型的例子就是美国某地一所有男女学生3 000人的中学，1985年竟有1 200名女生怀孕，其中一名女生一年做了3次人工流产。当时美国社会中"孩子生孩子"的现象日趋严重，全国每年有100万未婚少女怀孕，47万人分娩，40万人堕胎，半数的"小妈妈"年龄不足18岁。虽然有些学校在校园放置了自动出售避孕套的售货机，有些还在发放课本的同时对15岁以上少女也发放避孕套，但由于狂情致使少女怀孕的现象还是大量出现。据《上海家庭报》（1991年4月14日）载《纽约富豪设"处女奖"》一文称：鉴于美国有5万名14岁以下女童怀孕和少女性关系混乱等情况，80岁高龄的富翁赖戈茨宣布在纽约斯泰登第三区设"处女奖"，属19岁仍是处女者获1 000万美元奖金，每年限额100名，超过名额则可抽奖决定。由此可见美国少女婚前性关系混乱的严重性。

"性自由"者主张性和婚姻分离，承认婚外性行为，使通奸合法化、公开化，这种开放意识造成了美国每年上百万例的离婚案。20世纪70年代，50%的婚姻以离婚形式而终结，致使无数单亲家庭、单身家庭孤儿流散于社会中，形成了一个"半孤儿"的新生代，这已成为美国社会一个越来越不容忽视的严重问题。据1993年美国人口普查的统计资料显示，当年美国的家庭中有30%是单亲家庭，其中80%是女性为家长的单亲家庭。美国的新生儿中，39%是未婚母亲所生。不少少女因父母离异而离家出走，沦为美国30万雏妓中一员。

进入21世纪，随着我国对外开放的发展，"性自由"观念也逐渐渗透到国民的精神生活中来，一些宣传色情淫秽的书刊小说、影视录像、广告海报等开始泛滥，对社会风气产生极坏的影响；新中国成立后已经绝迹的卖淫嫖娼现象，开始死灰复燃；在青年中未婚先孕、非法同居的现象，也逐渐增多起来。凡此种种，极大地污染了社会空气，亵渎了人性的尊严，败坏了社会主义的道德与文化生活。

二、性爱的开放与责任

"性解放"、"性自由"和"性泛滥"文化曾给西方社会带来一系列的严重社会问题，这已引起一些进步思想家们的关注与反思。有些学者出于维护人类发展利益的需要，开始注重性自由的同时，强调性对社会的责任问题。例如，著名的英国哲学家罗素和性心理学家霭理士就主张一个社会应当是在负责的前提下接受性开放，即性不受婚姻、家庭的限制，人们可以自由和快乐地满足需要。他们主张，凡是不生育的性行为、性结合，都与社会无关，社会不应当过问。霭理士认为："如果性行为不发生生育之事，那就绝对属于个人的私密。"① 他们认为，由于旧制度的伪善和不合人性，给人性自由带来了诸多问题，因而认为这样的婚姻制度是对人的自由和幸福的剥夺。罗素说："道德的准则不应当是使人类本能的幸福无法实现的准则。"②可是，在性的问题上，使压抑的人性获得解放，又易造成"性泛滥"。如何解决这一矛盾呢？对此，罗素和霭理士在倡导性自由的背后，不约而同地主张应把性道德建立在个人责任心的基石上。例如，霭理士认为，在性道德中，其责任问题举足轻重，它是一个社会的伦理和法律的中心，如果没有众多个人的社会责任心做背景和帮衬，那么，当下社会人们所倡导的性道德，就会成为一些好色之徒或奸邪之徒大肆进行淫乱而高高举起的旗幡。在他看来，性的自由也是以个人的责任为立足点的。他说："我们要的是性的自由，以及这样的自由所给人或社会带来的益处，但没有两个人的相互信任，这自由就无从谈起，两个人相互信任的基础就是彼此的责任心。"③

当前，我国的青年学生受到西方"性自由"观念的影响较大，大学生性观念的开放程度较高。一些大学生因为崇尚性自由观念，或者为了满足对"性"的好奇与探秘心理，或者为了达成追求功利的目的和为寻求用"生米煮成熟饭"的方式使爱情升级而形成占有心理，最终使大学生们成为性爱自由和放任的一族。

据首都师范大学高德伟教授2001年主持的全国大学生性健康状况调查，结果显示：对性自由和性解放认为"应提倡"和"不反对也不赞同"的各高校学生均超过60%，承认自己有性伴侣的男大学生有9.7%，女大学生有5.4%。另据中南大学郑煜煌教授2003年主持的对湖南省4所高校理、工、医、文各专业1999级和2000级大学本科、专科学生的问卷调查，结果显示：825名调查对象中，超过50%的大学生同意婚前性行为，超过30%的人同意可以有多个性伴侣和婚外情，16.9%认可商业性性行为，约10%认可同性恋和同性性行为。经比较，全国其他省市的调查结果都很接近。

在20世纪90年代初，女大学生们普遍认为只有在相爱的两人之间才可能发生性关系，这也暗示了他们的关系将进一步发展，直到确立婚姻关系。而现在的情况是一些女大学生们虽然仍然认为两人如果相爱才会发生性关系，但并不意味着就一定和他结婚。也有的女大学生认为，即使两人不相爱，只要不是互相利用，也可以发生性关系。越来越普遍的"性解放"现象表明，我国有众多的青年人正在实践着西方的性自由观念，他们用"同

---

① （英）哈夫洛克·霭理士. 性心理学. 重庆：重庆出版社, 2006：259.
② （英）罗素. 真与爱. 上海：上海三联书店, 1997：20.
③ （英）哈夫洛克·霭理士. 性心理学. 重庆：重庆出版社, 2006：260.

居"、"合同婚姻"等形式取代了正式的婚姻，而且多数人并没有较强的对婚姻负责的责任感，从而导致了越来越多的婚姻家庭危机，乃至社会问题。

其实，在两性道德关系中，责任就意味着在两性双方享有自主的性权利的同时，必须相应地履行义务。对此，可以将其概括为：对性关系对象承担关心、爱护、忠诚和扶助的义务；对性关系的结晶——子女，承担维系、巩固、保护的义务；对性关系的社会和法律形式——婚姻家庭，承担维系、加强、巩固、保护的义务；对性关系的存在空间——社会，承担遵守社会规范、增进社会安定、推动社会文明发展的义务。

对大学生而言，一个对性关系负责的人，应当具备以下条件：一是自己已经形成了一套清楚而又成熟的爱情、婚姻道德价值观，如能意识到以负责的态度来对待自己的爱情，尊重对方的选择，一旦明确了恋爱关系，就应当用情专一、忠诚，对未来婚姻、家庭和社会负责，自觉履行性道德规范；二是能按照自己所信仰的价值观生活，有自律精神和意志力，控制自己的情绪与形成稳定的情感；三是具有为自己的行为选择及其后果负责的勇气和能力，能正视现实和勇于担当。

从上面可以看出，性的责任包括了社会责任和自我责任。从生命发展的角度来看，青年的性责任主要是其自我责任。这就是说，看一个人是否有性责任心，就是看他对性行为的责任意识和如何行动，在必要时是否愿意或是否能够付出代价。目前，大学生的性开放程度较高，但是，不严肃的性活动给他们的生命发展带来了难以承受之重，在性自由观念的支配下，青年人对性活动给自身带来的有损生命健康的后果已经难以承担其责任。

（一）未婚先孕和人工流产

性学专家指出，性道德的全部中心，应该是围绕着因性行为诞生出来的孩子而展开。而一个青年人性责任心的确立，一个必备的条件就是经济上的独立，这个条件非常重要，没有它，性道德的责任无从谈起。对于青年人来说，面临的难题是在经济上往往还没有独立，或还处于创业时期，经济来源相当有限。一旦在性活动中出现未婚先孕的情况，他们大体上都很难承担起把孩子生下来并抚养起孩子的责任，于是，大多选择了人工流产的解决办法。

统计显示：中国有些城市未婚育龄女性的人工流产率已高于已婚妇女的人工流产率，其中很大一部分流产者是在校学生。上海，未婚人流占人流总数的1/3，未婚先孕则由1999年的25%上升到2004年的65%。另据报道，江苏省你我健康服务中心从2005年5月到2006年底，共为青少年进行人工流产500例，其中未婚者455例，占总数的91%，年龄在17～25岁的年轻女性占71.6%，在校中学生和大学生占6成以上。

《健康博览》2006年第9期报道：在南京市当时举办的"关爱女孩、行动起来"宣传活动周中，有关专家指出，现在未婚先孕者的年龄越来越小，分娩已造成15~19岁女性死亡及健康损害的重要原因之一。有一个生活在单亲家庭的初中女孩，当家人带着她到医院时，已经妊娠7个月，只能做引产手术。还有一个女孩几个月内连续性流产，医生手术时发现子宫很软，一问才知道已是第8次流产了。一些女学生未婚先孕后，害怕被家人、老师、同学知道，不到正规医院去做人流，而去私人诊所甚至游医处手术，从而引发子宫穿孔、流产不全、大出血、感染等严重并发症。

上述这些现象，事实上已引起了众多医学专家对怀孕少女频繁做流产手术行为所表示的忧虑。这是因为医学专家们普遍认为，由于青少年的性器官未发育完全，过早性生活不仅严重影响她们的身心健康，还会打乱她们的内分泌系统，极易引发宫颈癌、子宫内膜炎、输卵管炎症、附件炎、阴道炎等，甚至导致成年后无法怀孕。在心理上，意外怀孕会导致孩子焦虑、烦躁、羞于见人，形成心理阴影，致使成年后无法进行正常的性生活。医生在临床上经常可以遇到有的女性由于婚前有人工流产史，造成术后输卵管炎症或粘连，结果影响了婚后的正常生育或频频发生流产。

（二）性道德与自杀

由于性困惑的存在和性道德的缺失，近年来青年学生在性问题上出现心理障碍和行为失调等现象严重，甚至因为性问题而出现的自杀行为有逐年增加的趋势。

在校大学生谈恋爱相当普遍。青年学生由于缺乏自制力，感情冲动，为了满足一时的生理需要，男女之间容易发生性关系。《东方早报》2006年8月15日的一份关于浙江大学生性现状调查显示：平均13.1%的大学生发生过性行为，其中男生17.6%，女生8.6%，他们开始性行为的平均年龄为19.51岁，且存在少量的"援交"商业性行为，伴随性关系的混乱，出现的是性病和未婚先孕等问题。面对这些困扰，青年学生、家长和学校如果处理不当，容易使当事人走上行为极端的不归之路。据《2005年：中国教育发展报告》对2001—2005年大学生自杀情况的分析表明：自杀的主要原因是由于学业困难和恋爱问题，男女生因为恋爱问题而自杀的分别占总数的18.5%、34.6%，因为学业而自杀的分别占总数的27.4%、16.8%。恋爱因素在各自杀原因（如恋爱、学业、心理疾病、就业、人际冲突等）中高居首位。

另外，同性恋也是促使青年学生自杀的不可忽略的因素。资料显示，青少年同性恋自杀率明显高于同龄异性爱者。我国三次大样本调查发现，男性接触者中9%~13%的人因此有过自杀行为。

(三) 性乱与性传播疾病

1975年,世界卫生组织决定用性传播疾病这一概念来取代过去的性病一词,把凡是通过性行为,包括生殖器的性行为和类似的接触行为而发生的传染疾病通称为"性传播疾病",简称"STD"。而在当今的大学校园内,性传播疾病已成为大学生性行为中不堪承受的生命之痛。

下面是一则关于大学生放纵无度引发性病纠纷的典型案例:

在安徽某知名大学的校园里,许多女生都时常出没于校园周围的网吧,她们基本上都是上网聊天的。在同宿舍同学的影响下,二年级大学生艾娜也耐不住寂寞,想上网聊天,期望在这片虚拟的空间里,好好释放一下压抑已久的心情。后来,她认识了一个网友。2001年底,由于经不住网友的再三邀请,她只身从合肥赶到南京,与其在宾馆开了房间并发生了性关系。事后,艾娜发现染上了性病。由于经济不宽裕,没钱治疗,她的病情没有明显好转。一天晚上,艾娜产生了一个荒唐而罪恶的念头,认为既然自己的性病是由男人所传染,那么就应该报复男人。几经周折,艾娜又在网上认识了"帅哥"柳江。柳江在与艾娜恋爱并同居之后,不久发现自己染上了性病,并知道是艾娜故意传染给他,为此痛苦不堪。后来,柳江的性病虽然有治疗,但是经常复发,而且有加重的迹象。医生告知柳江,此病目前无法彻底根治,复发率高且有一定的致癌性,对今后的生育也有直接影响。随着艾娜与柳江感情的破裂,柳江在极度气愤与无奈的情况下把艾娜告上法庭。

现在,一些青年人把性放纵当成一种时髦,不加克制地盲目追求,草率从事,许多传播性疾病、艾滋病也正是由乱性而起。

据《广州日报》2005年1月1日报道:广东省21个地市1996—2003年每月性病疫情报告分析表明,性病以20岁和30岁两年龄段的人群为主;而20岁年龄段的性病患者比重上升速度较快,超过其他任何一个年龄组。据统计,广东省性病病例在2003年首次出现下降后,2004年又大幅度反弹,增幅达24.16%,总数超过10万人。其中一个显著的特点是高学历性病患者比例持续上升,大专以上文化程度占15.96%,连续两年同比上升。

浙江省疾控中心的一项社会调查结果是:浙江省大学生已处于性病、艾滋病的危险之中,未婚先孕、流产、性病、艾滋病可能成为未来大学校园内的严重问题。为此公共卫生专家们大声疾呼:尽快开展有效的性安全教育。目前,最为让人担心的是出现了学生的商业性性行为,这将成为大学校园性病蔓延的导火线。杭州市6家医院"关爱家园"(杭州最著名的官方防艾组织)披露出来的信息是:大学生性病发病率居高不下。每到周末,"关爱家园"总会看到很多大学生的身影,其中大学男生比大学女生多一倍。在"关爱家园"的门诊记录上,在校大学生比例已占到5%,其中淋病、梅毒等性病是主要疾病。随着大学生性观念的放开，很多男生拥有不止一个性伴侣。多次的不洁性行为，最终让男女双方染上了多种生殖系统疾病。

三、性病与性传播疾病

（一）性病与病原体

性病也称性传播疾病，是指以性接触为主要传播途径的一组传染病，俗称花柳病。

性传播疾病主要以性接触传播，但也常发生非性接触传播。性接触传播包括生殖器交媾、皮肤的接触和唇舌接触，其中生殖器交媾是传播性病的最主要方式。性交时生殖器处于高度充血状态，性交后复原时形成的负压可以起到对病原体的虹吸作用，由此成为病原体侵入的一种方式而直接感染对方。直接接触传播是因为直接接触患者的病变部位或分泌物所造成的感染。间接接触传播是因为间接接触患者污染的衣服、被褥、物品、用具、便器、浴池等引发的性病传染。血源传播主要见于二期梅毒、淋病菌血症或败血症、艾滋病病毒感染者或艾滋病患者，他们的血液中有病原体，输入后即可发生直接感染。医源性传播包括医务人员无辜感染和医务人员传播给患者所发生的传染。此外，还有胎盘传播和产道传播，如淋病可引发新生儿淋菌性眼炎；尖锐湿疣和生殖器疱疹病毒也可以通过组织损伤侵入新生儿，引发病变；梅毒也可通过产道传播使新生儿出现获得性梅毒病。

引起性传播疾病的病原体很多，有螺旋体、细菌、真菌、病毒、霉菌、衣原体、原虫、寄生虫等。但就其性传播疾病的流行来说，却与很多的社会因素有直接关系，可说是一种社会性疾病。随着20世纪70年代以来出现的所谓性放纵、性乱、性变态现象严重，以及人群迁移率的激增，使得通过性接触传染的疾病种类增多。性传播疾病的危害在于不仅殃及本人，也给家庭带来解体和婚姻破坏，给社会带来败坏风气、影响稳定、财力大量浪费等不良后果。

（二）常见性传播疾病

目前，已确认由性接触传播的疾病有20多种，被列入我国重点防治的性病除最为严重的艾滋病外，还有以下7种，分别是梅毒、淋病、软下疳、尖锐湿疣、非淋菌性尿道炎、生殖器疱疹、性病性淋巴肉芽肿。

1. 梅毒

梅毒，民间称为"杨梅大疮"，是由梅毒螺旋体引起的性传播疾病。母亲患梅毒还可通过脐带及胎盘传染给胎儿。在性病中，梅毒对人体的危害仅次于艾滋病。在临床上，梅毒被分为先天性梅毒和后天性梅毒；根据病情，梅毒又被分为一、二、三期梅毒。

  人如果染上梅毒，梅毒螺旋体会很快通过淋巴系统及血液循环散播到全身，不但皮肤上会出现病损，而且可累及体内所有器官和组织。在患病初期，人身体的免疫力可以消灭一部分入侵螺旋体，症状会一度减轻或暂时消失。此期称为梅毒潜伏期。此后，剩下的一部分螺旋体暂时存留下来，当身体抵抗力降低时，螺旋体趁机繁殖，对机体开始新的进攻，于是梅毒的内外症状又再度出现。这种时好时坏的再现可以多次出现，经过一期、二期，最后发展成三期梅毒，即晚期梅毒。梅毒晚期可以毁容、致残，甚至使患者备受折磨而死。胎儿如传染梅毒不经治疗，3~4年内死亡，幸存者如不治疗，可因眼、耳、神经受影响而成为残疾。

  梅毒治疗，只要及时并不困难，但应早期、正规和足量。

  2. 淋病

  淋病又称"白浊"，是通过性交及其他性行为引起的一种以淋病双球菌为病原体的性传播疾病，也是性病中潜伏期短且最容易传播的一种性病。据报道，目前在世界上淋病患者已超过2.5亿人，成为发病率最高的性病。发病特点是：女性比男性感染率高；生育年龄偏小的患病多；城市发病多于农村；发病率与性伴侣数目成正比；单身者比已婚者发病率高。

  淋病主要侵犯尿道，使尿道黏膜发炎。多发于青年男女，男性主要通过性交传染，异常性交也会感染。女性除性交感染外，也会通过污染的用具间接传染。淋病分为急性淋病和慢性淋病。急性淋病半年不愈者，即转为慢性淋病。严重的淋病，致病菌可通过血液播散全身，使多个内脏器官受累而引发多种疾病，如关节炎、虹膜炎、心内膜炎及败血症等。由于人类对淋球菌有易感性而无先天免疫能力，多数人虽然感染后可自然恢复，但又因其获得性免疫力极低，多会发生再感染及慢性感染。所以，对急性淋病患者应早期诊断、早期治疗，以防转为慢性期，而且用药要及时、足量和规范。

  3. 尖锐湿疣

  尖锐湿疣也叫阴部疣和性病疣，是由一种叫人乳头瘤的病毒传染引起的皮肤病，主要发生在生殖器部位，所以，又称生殖器疣。此病最易发于那些不讲卫生、阴部潮湿不洁、包皮过长或白带过多者。与患有尖锐湿疣的人性交，不论男女，会有60%~70%的人受到感染。而且尖锐湿疣多发于20~30岁的年轻人。非性交感染人群也占一定比例。非性交感染的途径是多方面的，例如，可以通过使用患者污染过的用具受到感染。

  据报道，尖锐湿疣往往发生在得过淋病、滴虫性阴道炎、霉菌性阴道炎、白带过多、阴部瘙痒、月经过多又长、不讲究卫生的人群中。这是因为人体患上上述疾病，局部潮湿，有利于病毒的生存和繁殖所致。目前，治疗尖锐湿疣的方法是以内治为主、外治为辅。外治的方法很多，有药物治疗、冷冻治疗、激光治疗、微波治疗、电烧治疗、手术治疗等。

4. 软下疳

软下疳，因其居梅毒、淋病之后，占发病的第三位，又被称为第三性病。它是由杜克雷氏嗜血杆菌引起的一种急性的有选择的外生殖器传染病，主要通过性交传染。主要症状是男性感染后，可在阴茎的龟头、冠状沟、包皮内部、包皮系带等处出现炎症性红斑和丘疹，之后可变成水疱或脓疱，破溃后形成糜烂和溃疡。女性感染后，可在大阴唇、小阴唇、阴蒂、尿道口和会阴部发生病损，其病状和男性相同。

除了男女生殖器损害以外，如患者自己用手触摸溃疡，还可能通过自身接种形成卫星状溃疡，使邻近的组织受累，可发生多处病变。有人采用口交、肛交、指交等性行为，所以在肛门周围、口唇、手指上也可发生软下疳的损害。杜克雷氏嗜血杆菌的特性是喜欢在新鲜的人体血液里生长，所以称为"嗜血性"。它和大多数病菌一样，耐寒怕热。开水烫、化学药物消毒，均可把它杀死。

5. 非淋菌性尿道炎

非淋菌性尿道炎是指由性接触，主要由衣原体、支原体感染引起的尿道炎，少数可由一些其他病原体感染引起。主要表现为尿道刺痒感和尿急、尿痛、尿道口有浆液性或黏液脓性分泌物、白带增多等症状。部分可合并男性发作前列腺炎、附睾炎、输卵管炎，可致育龄妇女不育、异位妊娠、流产、死产等后果。

非淋菌性尿道炎的传播途径主要是直接性接触感染，即与患有非淋菌性尿道炎的患者性交。间接的接触感染，如使用患有其病的患者用过的衣裤、床上用品、毛巾、浴盆、抽水马桶等。还可因产道感染引起。非淋菌性尿道炎潜伏期为1~4周，女性一般1~3周。临床症状，男性表现为起病不如淋病急，炎症比淋病轻，分泌物比淋病少。疾病持续期间，其症状时轻时重，有时患者无任何自觉症状，初诊时很容易被漏诊。

非淋菌性尿道炎可以完全治愈，但前提是应得到正规的治疗，应针对病原体，遵循及时、规则用药的原则，根据不同病情，选用相应的抗生素治疗。而预防非淋菌性尿道炎发生的关键是杜绝不洁性交。此外，在公共浴堂的卫生也很重要，不提倡洗盆塘，衣服要单独存放。淋病会加大本病的发病机会，所以，人在患淋病后要积极治疗，通过彻底治愈而预防感染非淋菌性尿道炎。

6. 生殖器疱疹

生殖器疱疹即发生于生殖器部位的单纯疱疹，是病毒性传染性皮肤疾病，中医属于"热疮"的范畴。本病在我国沿海地区发病率呈逐年上升趋势，人群感染高达80%~90%，10%无症状。

生殖器疱疹的传播与健康人和生殖器疱疹患者发生性接触有直接关系，有疱疹史而无症状的带菌者也是传染源。本病的特点是传染性极强。例如，凡与患有阴茎疱疹的男性发生一次性接触的女性，有60%~80%可受感染。感染后患者的患病部位先有烧灼感，很快在红斑基础上发展成病。原发损害为一个或多个小而痒的红丘疹，迅速变成小水疱，3~5天后可形成脓疱，破溃后形成糜烂、溃疡和伴有疼痛，最后结痂愈合。而后周期发生，缠绵不愈。

本病目前无特效治疗方法，预防的手段主要是保持局部的卫生清洁，避免与发作期生殖器疱疹患者性接触。如果是早期妊娠妇女，医生的劝告是患上此病后应当中止妊娠，晚期妊娠感染者还需要做剖宫产。

7. 性病性淋巴肉芽肿

性病性淋巴肉芽肿又称第四性病，与梅毒、淋病和软下疳统称为经典性病，患者多为男性。该病的致病因子为衣原体，是由不洁性交引起的一种性传染疾病。传播途径主要通过性接触，偶尔有因接触污染物而感染。本病初起时表现为外生殖器溃疡，以后出现腹股沟淋巴结化脓、穿孔和晚期外生殖器象皮肿和直肠狭窄等症状，并可出现如寒战、高热、关节痛、肝脾肿大等全身症状。

性病性淋巴肉芽肿以热带和亚热带地区为主要发病地区，在新中国成立前曾是主要的性病之一，但目前尚未见报道。对其治疗措施主要是通过药物或者外科手术，预防的办法首要的还是规范性行为和加强卫生以预防接触性传染。

第三节
性心理健康与安全

在校大学生年龄一般在18~22岁之间，正处在人生的青年前期。这一阶段，性的成熟与整个身体的发育已基本完成，但是性心理的发展速度会滞后于生理成熟速度，或者说远未达到成熟，这就使得在校大学生对性与爱存有神秘与好奇心理的同时，易出现各种性困扰，出现性心理健康问题。

一、性心理的困惑

性是人的生物属性和社会属性的统一体。人的性需要,不仅包括生理性需要,还包括社会性心理需要。人在青春期,由于性生理的成熟,受到性需要的驱使,常伴有强弱不同的性冲动。就此意义说,一个人的性素质是他最内在的、最深层的和最根本的部分。然而,人又生活在社会中,其性生理需求必然会受到社会的深刻影响。在我国,由于有着几千年的封建社会历史,传统文化中都是将性看成是下流的、肮脏的、难以启齿的东西,因而长期受禁。20世纪60年代,因为周总理指示:"要在女孩子来月经之前,男孩子发生首次遗精之前,把科学的性卫生知识告诉他们。"中学自此才有了《生理卫生》课本。可是到了"文革"时期,又再一次走进秘密和禁忌时代,刚刚萌芽的性咨询和性教育被扼杀于摇篮之中。此时的性、错、罪几乎三位一体;性发育得不到正确的指导,以至于女孩子来月经现象被说成是"倒霉",男孩子遗精现象被认为是"有伤元气",青春期和青年期的性自慰被认为是"危害健康的不良行为",性困惑基本上无处咨询,性机能障碍无处求治,青年男女在马路上做接吻和拥抱的亲密动作,都会被认为存在有伤风化行为而抓起来接受教育,同性恋更是被当作流氓犯罪行为予以处理。直到走进改革开放时代,有关性问题的传统文化观念依然影响着当代青年对性的认知,以至于有些青年人出现性意识的扭曲心理,如强迫自己否认、回避性需求,长期处于紧张、焦虑等状态之中,形成了严重的性压抑、性困惑和性行为上的失当。

(一)性象认同困扰

性象也可称为性向、性指向,本意是表示性的实际形态多种多样,或者体现为一种成系列的复杂现象,其中包括"性倾向"(持久地对某一特定性别成员在性爱、感情或幻觉上的吸引,如同性恋)、"性自认"(一个人内心对其自身是男性还是女性的性别自我认定,如易性癖)、"性偏好"(一个人被某一特定类型的人、特定的动情刺激、特别的物品、特殊的情境所吸引,如易装癖)等心理与行为现象。

每个男人或女人,受社会文化的影响,在自己的心目中,总有一个男女性别之间存在差异的理想性别形象。因此,为了追求性吸引,进入青春期的男女会尽其努力朝着各自认同的生理性别的方向发展。如男性一般希望自己能长得身材高大、体魄强壮、音调浑厚,以使自己拥有男性的磁力而能吸引女性;女性则普遍希望自己容貌美丽、体形苗条、乳房丰满、音调柔美,以此来显示自己的女性魅力以求吸引男性。一旦他们在现实生活中自感体征不如同性中其他人时,就会出现因生理问题而产生的精神烦恼和焦虑,如有的男性会因自己长得身材矮小而烦闷，一些女性也会因自己的体态发胖而产生自卑。

生活中的性别取向有向相反方向发展的心理倾向。如有一些性变异者认为自己被父母生错了性别，并由此希望改变成相反性别。这些人的遗传性别和解剖生理性别本是正常的男人或女人，可是在心理上，他们却极为强烈地认为自己不应属于生时的性别。我国著名的性学家刘临达教授在对全国大学生的调查中发现，"有一定比例的学生并不喜欢自己的性别。其中，男大学生不喜欢自己性别的占2.6%，女大学生不喜欢自己性别的占15.6%，正好是男生的6倍。近年另一项关于大学生性心理的调查显示，90%以上的男生对于自己的性别满意度较高，而有超过1/4的女生表示在可能的情况下愿意改变自己的性别"[①]。由于现实生活中这种心理倾向无法得到满足，他们会产生性别替代心理，如将自己打扮成异性或产生诸如易装癖、易性癖等行为，或者要求成为变性人。一旦这一愿望不能实现，或因自己的性象差异与社会的传统性别文化发生冲突，他们就会形成精神压抑和心理困扰。

（二）遗精恐惧困扰

遗精是指男性进入青春期后，在无性交状态下自然出现的射精现象。如果伴随着做梦而遗精被称之为"梦遗"，清醒时发生的遗精则称为"滑精"。遗精应是处于青春期的男子比较常见的生理现象，是身为男人性成熟的表现。然而，我国的传统观念通常把遗精现象看得很消极，认为精是人中宝，"一滴精，十滴血"，认为男人如果发生遗精现象就会大伤元气。受此观念影响，有许多青年人为自己有遗精行为而深感不安。实际上，男性每次遗精排出的精液与每次性交时排出的精液完全相同，射精和遗精对健康是无害的。男性进入青春期后，睾丸就会源源不断地制造出精子，平均每分钟生产5万个，每天7 200万，但这些精子并不会长期保存下来，它们或在一个月左右被自体吸收分解掉，或者自溢出体外，这都不足为怪。从人的遗精及其流失的营养物质看，精液的主要成分由精子黏液组成，人体每一次排放的数毫升精液中99%是水分，其余的才是蛋白质、果糖等。对于人体而言，这可说是微乎其微，那种认为遗精就是"泄阳"的说法是没有科学依据的。

处于青春期的男青年应当克服遗精恐惧，要正确认识遗精现象，顺其自然：第一，一旦发生遗精，及时清洗内裤、床单和性器官，以保持卫生；第二，应多参加文体活动，丰富兴趣，自我控制不看色情的书刊、录像，同时

---

① 蔺桂瑞，杨芷英. 大学生心理健康与人生发展. 北京：高等教育出版社，2010：157.

避免穿太紧的内裤，盖太重的被子，以减少性刺激；第三，应当知道遗精的次数有多有少，并不规则，有时一两个月1次，有时一星期2次，这都属正常。当然，如果一个人遗精过于频繁，如一夜数次或一有性冲动甚至是无性冲动就精液外流，那可能出现了病症，需要去医院进行检查治疗。

(三) 月经困扰

月经，又称作月经周期，成年女性每隔28天左右（一般在25~32天这一范围内），子宫内膜会发生自主增厚、血管增生、腺体生长分泌以及子宫内膜崩溃脱落，并伴随出血的周期性变化，这种周期性阴道排血或子宫出血现象，即称月经。过去有人曾存在"性愚昧"意识，像通俗小说《新红楼梦》中就写到少女薛蔼如月经初期，就以为是大病缠身，"好端端便下起血来"，不知"到底叫什么病症，会死不会死？"由此而被风流少男贾小钰大大地戏弄了一番。现实生活中，也曾确实存在过一些少女在初潮来临时不知所措、大为惊恐的现象。

在月经周期，女性的生殖系统以至全身会有一系列的规律性变化。月经期及来月经的前几天是女性生理曲线的低潮期，人的身体耐受性、灵活性会明显下降，易有疲劳感。尽管这些都属正常的生理反应，但确实会给女性带来一些不适的感受，此时应当是一个需要人们加倍体贴的"特殊时期"。但在现实生活中，也有一些女性不能正常接受这些来自自身的生理变化，她们往往过于担心经期不舒服能否产生严重后果，而正是这些消极的心理暗示会加重自身情绪的低落和躯体的不适感，甚至会造成恶性循环而影响月经的生理变化，如闭经和痛经。特别是经期前紧张综合征，更是因为人的心理因素影响人体内的激素水平和行为改变的结果。

处于青春期的女性应对月经有正确的认识，保持心情舒畅，避免情绪波动和精神过于紧张，不要对自我进行消极的暗示，这样做将会明显减轻月经给自己带来的不适感和心理困扰。女性月经期应注意生理卫生：一是了解自己经期的规律和特征，对自己情绪上的不稳定有心理上的准备。有了心理准备，便可以有意识地控制自己的情绪。二是注意在月经期回避一些矛盾，以减少刺激，尽量避免做出情感上的重大决策。一旦遇到不愉快的事情，要做到能控制自己，告诉别人近来自己情绪不佳或"别和我计较，这几天我容易激动"，以便得到别人的谅解。三是从事一些令自己高兴而又运动量不大的活动，如听音乐、看电影、会朋友、散步等，这有利于精神愉快和稳定情绪。

(四) 性自慰困扰

性自慰即手淫，是指人在性冲动时通过用手或其他物品摩擦，玩弄生殖

器官以引起性快感,从而获得性满足的行为。在心理学上,性自慰是指人所产生的一种性补偿和性宣泄行为。在现实社会生活中,性自慰是青少年和未婚成人的普遍现象,在已婚及老年人中也存在,以男性多见。国外有关资料调查表明,93%~96%的健康男性、60%的健康女性有过性自慰行为。性自慰对男性来说,往往伴随着精液排出;对女性来说,则会呈现出释放和缓解冲动的体验。

在传统的观念中,人们往往认为性自慰行为是邪恶的和不道德的,以至于直到今天,在青年人成长的社会环境中还始终弥漫着对其抱有鄙视的态度。这种情形,在西方社会的禁欲时代也曾出现过,甚至当时的人们还曾专门为青年男女制作过铁裤衩式的贞操带,以防止他们进行性自慰活动。其实,以现代医学的观点看,性自慰行为一般对人的身体是无害的。近几十年来,很多的性科学家检验了性自慰和健康之间的关系,结果发现性自慰和躯体病、心因病、神经衰弱或精神分裂症等毫无关联。实际上,性自慰行为就是人们性交的一种特殊方式,如果是自己隐蔽独处,根本谈不上道德还是不道德问题。从生理医学的角度看,性自慰不过是人的一种自然的性生活方式之一;从心理学的角度看,性自慰亦可说是一种性的心理安抚行为;从道德的视阈看,性自慰与人的道德败坏更无任何关联。

对于青春期男女来说,性自慰行为由于在一定程度上可以宣泄人的能量,缓解因为性生理成熟所产生的性冲动及其带来的心理紧张,从而使人保持身心平衡、避免性犯罪和不轨行为。所以,适当的、有节制的性自慰行为虽不是完美的性满足方式,但却既无害于他人,也无害于自己。对性自慰持"中庸之道"态度的性学家霭理士早在20世纪30年代就认为:"90%以上的男人在一生之中总会有一个时期手淫……我们可以一笔勾销前一世纪手淫可怕的一切说法。但必须指出,即使对于健康的人,过度手淫,依然会产生虽然轻微但有害的结果……我们必须永远记得,手淫虽可能有害,在没有正常的性生活时,它也可能是有利的。"①

当然,谈及性自慰,我们说它对人无害或无罪,只是主要从生理伤害本身而言,但这并不意味着这是人所必需,更不是说人们可以无度地进行也对人绝对的无伤。性自慰本身虽然不至于引起疾病,但性自慰习惯对于人的心理还是会产生影响的,譬如所产生自责、犯罪感和恐惧心理,就会对人的心理健康有害。这即是说,性自慰行为的危害并不在于性自慰本身,而在于一定社会文化背景下对性自慰行为所产生的担忧、恐惧、羞愧和罪恶感上。正

---

① (英)哈夫洛克·霭理士. 性心理学. 冯明章,译. 重庆:重庆文摘出版社,1944:100-107.

如美国著名精神病学家阿瑞教授主编的《美国精神病学手册》所说的那样："手淫是标准的性行为的一种。之所以成为问题，仅仅是因为手淫的时候伴有一种犯罪的感觉和内心的焦虑，因而造成了种种后果。"从心理与精神层面看，手淫的可怕、罪恶观念使许多手淫青少年陷入痛苦之中，而且这种影响还可能延续到婚后。有些男女青年误认为手淫会影响性功能，因而充满担忧、紧张，会使今后的性生活出现困难，并可能由此引起性功能障碍。

对性自慰的错误观念会对当事人产生一定影响，它在事实上既构成了青少年心神不安、烦恼的症结所在，也成为性自慰行为变得难以节制的心理原因，这是因为伴随着性自慰快感的消失，有些人往往会认为自慰行为是有害的，因而产生悔恨、多疑、自责的心理，而越是如此，就越是有可能沉溺于性自慰之中，借性自慰行为来暂时缓解自己紧张的情绪。结果，"手淫的主要原因就在于禁止手淫"，有自慰习惯的人常常会陷入恶性循环之中而不能自拔。对此，医生常常劝告那些有频繁手淫行为的未婚男女，如果过多地沉溺于手淫，会不利于以后婚姻生活中夫妻性行为的适应，而且易造成男性的尿道感染和女性的月经失调、盆腔炎等疾病发生，所以不宜性自慰。

（五）性幻想和性梦

性幻想是指在某种特定因素的诱导下，人的自编、自导、自演的与性交内容有关的心理想象活动。

性幻想是青少年男女生活中非常普遍的现象，处于青春期的青年人对异性的爱慕和渴望会很强烈，但往往因不能与所爱慕的异性发生性行为以满足自己的欲望。因而，他们常常会把曾经在电影、电视、杂志、文艺书籍中看到过的情爱镜头及片断，经过重新组合，在头脑中虚构出自己与爱慕的异性一起约会、接吻、拥抱、性交的情境，例如，他们会想象在影片中或实际生活中曾经见到过的一位漂亮明星，走到自己的身旁来和自己做爱，或者是由于搞不清楚的来自何时、何地的异性形象与自己发生性行为。有时，有的人会把这一想象中的情境用文字写出来，以达到自我安慰和满足性欲的目的。在社会生活中，人们存在的性幻想往往出现在入睡前及睡醒后卧床的那一段时间以及闲暇时间。

2005年，广东韩山师范学院学生会《韩师青年》编辑部组织了大学生"性观念与性行为"的调查，面向近500名学生发出调查表。对于所问"有没有出现过与性有关的性幻想？"，表示没有出现过性幻想的占调查总数的13.6%（男生1.2%，女生23.2%）；偶尔有性幻想的为56.3%（男生82.4%，女生37.5%）；经常有性幻想的为7.0%（男生11.8%，女生

1.8%）；说不清楚的为23.1%（男生4.6%，女生37.5%）。①由此可见，处于青春性需要期的大学生们普遍有性幻想现象。

性幻想对成长中的青年人是好事还是坏事？一般说来，性幻想本身是一种独立的一种较为安全的满足性欲的活动，它在一定程度上可以缓解人们的性需求，而且也是一种在青年男女中存在的较为普遍的心理现象。然而问题是，在现实生活中，有许多落伍的性观念却常常告诉人们不可胡思乱想，他们给人的性行为追求和性幻想划出许多界限和框框，似乎人的想象出了框框就是一种道德上的堕落。对此，许多专家有另一种看法："其实，任何一个人在幻想中都可以和多个女人、多个男人性交。性幻想是无罪的，无论你想什么，只要能增加你的性满足，便是正常的、可取的……性幻想可能帮助你改善你的性功能，性幻想也是丰富性生活的一条途径。人们通过性幻想，探求性生活的新变化。"②当然，应当注意的是，尽管这种性幻想的出现是正常的、自然的，但如果过分沉溺于其中，或者发生偏离，就可能会成为一种性异常现象，给人的身心带来不良后果，或者产生种种今后不利于夫妻关系的副作用。

性梦是指在梦中与异性谈情说爱，甚至发生性行为的现象。作为性幻想的一种重要形式，性梦的本质是一种性意识活动。人们通过梦的方式部分地达到自己被社会规范限制的性冲动的满足，从而缓解性紧张。一般说来，男性的性梦常伴有遗精，即梦遗。研究发现，性梦的发生主要与精囊中精液的积蓄有关，也与睡前身体上的刺激、心理上的兴奋和情绪上的激发有关。"日有所思，夜有所梦。"性梦也是青少年性心理较为普遍的一种表现，其存在和发生是性生理和性心理综合活动的结果。然而，性梦毕竟是一种心理的无意想象过程，所以除了性的特征外，其他情境就不免显得荒诞离奇，包括性梦者自己在梦中的所作所为。这意味着人在性梦中所出现的各种不合情理或不符合常规的性恋动作或性恋对象，既不表明性梦者的人格特征不良，也不表明他的性道德觉悟低下。相反，据有关研究表明，越是平时洁身自好，或者具有一定程度禁欲观念的人，越是不可避免地会有性梦发生。依心理学理论解释，人的性欲或性冲动是自然的东西，越是想用各种规矩束缚和压抑自己，在其潜意识中的性冲动或者反应就会显得更为强烈。现今一些青年人由于缺乏对性梦知识的了解，常常为自己有过性梦的经历而焦虑和自责，这实际上是没有正确理解性梦的性质所造成的。

---

① 从"心"谈"性"：来自调查问卷的数字. 韩师青年，2005-06-15（3）.
② 阮芳赋. 性的报告：21世纪版性知识手册. 北京：中医古籍出版社，2002：173.

性梦的心理效应在于给性意识或潜意识愿望以幻想性的满足,这在一定程度上缓解了因现实活动中性活动未能得到满足而带来的心理压力。从这个意义上说,性梦有益于青少年身心健康,是青少年性自慰行为之一,而且对于满足人的性心理需要有着一定的积极作用。因此,有过性梦体验的大学生,完全不必为自己的性梦经历而产生焦虑不安情绪。如果为此有了困惑,就应当顺应自然,以移情方式分散对性的注意力,把主要精力放在学习和工作上,或者培养自己广泛的兴趣爱好,加强人际交往,在丰富多彩的现实生活中全面发展自己,避免过多地接受性信息的刺激和受到干扰。

二、性行为的安全

当代大学生发生婚前性行为具有一定的普遍性。对此,教育专家和社会学家的主张依然是:"最好还是不做。"这是因为,发生婚前性行为对于大学生当事人的伤害较大。

在婚前性行为上,男女的性心理和性生理变化是不同的。例如,在恋爱中,男性一般会有很强的占有欲和冲动欲,而女方或者因为自制力相对较弱,意志不够坚定,在情欲高涨时往往无法把握分寸,在不知不觉中容忍了对方;或者女方在思想意识上就希望用给予与献身方式来锁住自己所爱男方的心,于是主动地提出性行为要求。但无论如何,男女双方对于婚前性行为的发生,都会有一定程度的突破禁区感,这种特殊的隐私活动的性质会使他们均怕被别人发现而偷偷地做。这种情形一旦发生,结果是除了对他们的生理健康有所伤害外,对于心理也会产生重要的影响,甚至发生一些变化。一般情况下,因为性行为的发生,男方便有女方已委身于他的感觉,以为"她再也离不开我了",故对女方开始态度随便,任意支配了。同时,处于婚恋的男子总是希望女友只信任自己,对自己开放。然而一旦轻易发生性关系,男方可能又会因此怀疑女方:"她对别人是否也这样?"若女方过去有谈过几个对象的经历,男方这种疑心就会加重。因此,对于女性来说,随便地给予,非但得不到对方的珍重,反而很可能会对婚后的生活带来不稳定、不安全的后果和隐患。

从医学角度看,人的性行为涉及人体健康与安全问题。和谐的性行为需要安全、舒适的环境。然而,大学生的婚前性行为多数在不安全、无准备和隐蔽状态下进行。处于这种情境之中,仓促发生的性行为谈不上和谐,相反,却常常伴随着内心的紧张、害怕,担心怀孕及不洁感,甚至由此产生不道德感、羞愧感和罪恶感,容易引起性反应抑制和性焦虑的产生,导致男性阳痿早泄和心因性性功能障碍,女大学生还会因性行为后过度或反复吃应急性的避孕药物而导致对身体的重伤害。如果不慎怀孕而被迫流产,其结果对

自身的心理与身体伤害更大。一是怀孕后会因防止被人知道而找江湖医生，在极不安全的条件下偷偷堕胎，使生殖系统受到很大损伤，容易引起大出血、感染等，由此导致婚后习惯性流产、宫外孕或早产的概率大大增加。堕胎后，由于没有恰当理由请假又面对集体住宿环境害怕被老师同学发现，身体与心理恢复都比较困难。二是在匆忙与不安全的环境下所发生的性行为，很容易损伤外生殖器，甚至发生意外死亡事故。

婚前发生性关系而不能结婚者，多个性伴侣的可能性增大，容易导致性病的发生。而不安全的性行为不仅会使人类享受性爱所带来的欢愉行为大打折扣。而且，还会引发严重的性病和艾滋病。近些年来，性病特别是艾滋病已成为我国严重的公共卫生问题，而其传染途径之一，恰恰是由不洁的性行为所造成的。青年是性爱的黄金时代，但是，当前却面临着一个性病、艾滋病肆虐的时代，随意的性爱会承受着极大的风险。据国内权威机构调查，中国在21世纪初，艾滋病病毒感染者的年增长率已达30%左右。就全世界而言，艾滋病病毒感染者70%以上由性接触传播，其中超过一半是14~25岁的青少年。中南大学湘雅医学院艾滋病防治实验室的一份调查报告显示：过度开放的性观念有可能成为大学生群体中艾滋病传播的高危因素。事实上，大学生是艾滋病传播的高风险人群，相对较容易成为受害者，艾滋病正在逼近大学校园。在当下，世界各国医学家们在性安全保护方面已达成共识，艾滋病虽然到目前为止，仍没有有效的疫苗和理想的治疗药物，但是只要人们选择比较安全的性行为，完全可以在享受性爱的同时，拒绝艾滋病。

朱力亚是国内首个公开自己是艾滋病病毒感染者的在校女大学生。2005年，朱力亚在与自己的外籍男友的深入交往中，不幸感染了艾滋病。在经历过一段痛苦的挣扎之后，她选择了公开自己的病情，并渐渐走进了公众视野，曾先后在国内20多所高校做普及预防艾滋病知识的巡回演讲。朱力亚说："我想以自己的亲身经历告诉这些在校大学生，艾滋病离我们的象牙塔并不遥远。大学生其实非常单纯，在预防艾滋病这一点上，他们必须得到正确的引导。"在征得校方同意后，她甚至会大方而得体地教大学生如何正确地使用安全套。

（一）增强性安全意识

在如今国人性观念开放的环境下，人们对性的自控意识下降，周围环境又充满诱惑，比如，从一些广告宣传、杂志封面上，不时都可以看到其中的性暗示。在这种情况下，大学生们如果有性冲动，最好的调适方法是转移自己的注意力，比如多参加一些文体活动，选择一些业余爱好相同的人为友，多交异性朋友。必要的时候，也可以选择自慰的方式，为性发泄提供一条安全的出路，甚至可以适当地用一些成人用具。

为了保证性安全，青年人在婚前最好避免或尽量减少真正的性接触。如果要选择非婚性行为，就一定要注意避孕和卫生，而且要忠诚于性伴侣。多个性伴侣是很危险的选择，这是因为，从医学上说，和一个人有性行为，就等于和他（她）以往所有的性伴侣都有了间接的性接触，只要其中一个有性病，所有的人都会被传染。

现代社会文化对性取向已比较通融，法律在事实上也认同"只要是自愿的性，都是可以接受的"这一观点（当然不包括性买卖）。从某种角度来说，性是很私人的行为，但如果因性传播了疾病，对公众的健康造成了威胁，那就不是私人行为，而是社会行为了。例如就艾滋病而言，性行为就不是单纯的医学问题，更是一个由吸毒、性自由和家庭解体派生出来的社会问题。在世界范围内，性接触是艾滋病最主要的传播途径，由此决定了性安全意识是遏制艾滋病流行的一道重要防线。性病和艾滋病的易感人群主要是那些性放纵或性变态行为的人。包括过早（中学年龄）开始性生活，与不相识或不了解的人发生性接触，有婚外性生活关系，搞同性恋、酗酒或用酒兴奋剂和迷幻药等激发性欲等。一些从事高危险性淫乱活动的人，碰上传染源的机会就多。性交过激、时间过长更容易造成因生殖器损伤而受感染。在各种性行为中，最危险的是男性同性恋用肛门性交，因为肛门易发生皲裂，HIV 易从创口处进入被交者，亦易从被交者创口处释放出来而感染主交者。性活动愈频繁，性伴侣愈多，被感染的机会就愈高。

因此，大学生有必要掌握有关性与性安全的知识。

1. 体象意识

了解男性或女性生殖系统的功能；对自己的身体有一个现实的和正确的体象意识；了解青少年期间性发育步骤和身体如何变化；知道自己的生殖部位，不为自己的生殖器官感到害羞；为自己的身体功能感到满意。

2. 人际关系

能与他人交流，感觉不为此感到害羞；能向父母和其他成人询问性问题，对自己的行为负责。

3. 做决定

能够做出对自己来说有关维护性安全方面正确的决定，并能依此而行动。

4. 性的亲密关系

不去为了证实自己的性能力而进行过早的性行为，知道性绝不仅仅意味着性交；知道性行为的后果；有正确的控制生育方面的知识，在与性伴侣发生性交之前有能力与性伴侣讨论问题并应用生育知识；尊重他人；能够接受性拒绝，并不为此而感到受了伤害。

（二）学会调节性冲动

青年学生处于性活跃年龄段的"性待业期"，这时容易出现性冲动以及由性冲动所带来的非婚性行为、多性伴侣、不洁性行为等。如果这些行为不当，就会带来健康方面的隐患，甚至可能对当事人今后的婚姻生活产生不良影响。又由于大学生处在学习阶段，加之没有独立的自我经济来源，尚不具备良好、稳固的性交条件，这又决定了许多人在这一阶段会选择多性伴生活方式，进而使得他们更易受到艾滋病侵袭。

2003年，一项有关对浙江省2所综合性大学的大学生性行为状况调查显示：[①]67.9%有性经历的学生认为自己通过性行为感染性病"不可能、可能性非常低和可能性较低"。其原因（可多选，8个选项）按照复选次数占总人数的比例，前3项依次为："我信赖我的性伴侣"为64.9%；因为"我实施安全性行为"为58.4%；因为"我忠实于我的性伴侣"为53.9%。调查结果也显示13.1%的大学生发生过性行为，结果与其他报道的数据基本一致。大学生首次发生性行为的平均年龄为（19.51+1.762）岁。大学多数学生首次性行为是在自愿的情况下发生的。另外，34.2%的女学生虽然自己开始不愿意，但最后还是同意或没有拒绝。首次性行为使用安全套的只有29%，而在发生性行为时从不使用安全套的占发生过性行为学生总数的19.7%，每次使用的只有16%。曾经使用过安全套的学生中，使用安全套的主要原因是为了防止怀孕，其次是预防性病，再次是卫生，最后才是预防艾滋病。

青年学生只有掌握了预防性病、艾滋病的知识，学会调节性冲动，才能避免轻率地卷入危险的性活动，给自己和他人造成危害。一方面，大学生应知道，性冲动是一个健康、正常人具有的自然和本能的行为表现，是处于青春期大学生生理、心理的正常反应，不存在不纯洁、不道德问题，因此不必为自己产生的性冲动所羞愧、苦恼和自责；另一方面，也应当明白，性冲动并不一定通过产生性行为才能得以抑制。对此，大学生对性的冲动首先应当接受其自然性与合理性，其次可以通过学习、工作等活动使性冲动的能量得到释放或者转移。对于性行为，最好的选择是不要做。如果要做，就必须安全地、卫生地做。例如，性交要戴安全套即是主要手段。

对于如何实现性安全，预防性病和艾滋病，国外的ABC原则我们可以借鉴：

[①] 马瞧勤，丛黎明，等. 大学生性病艾滋病关联性行为研究. 中国公共卫生，2005（2）：181-182.

1. **禁欲**（Abstinence）

禁欲就是不与任何人发生性关系。这是一条最可靠的途径。但是，在现实生活中绝对禁欲的可能性不大。因为人类不仅要繁衍后代，还希望享受性活动带来的快乐。极少有人能一辈子禁欲。但是，对于处在结婚年龄前的青少年，我们主张还是禁欲为好。

2. **忠诚**（Be faithful）

忠诚是指只与一个没有被 HIV 感染的配偶发生性关系，而本人也未被 HIV 感染。这一条最关键，是一个人洁身自爱、遵守性道德、预防性接触感染 HIV 的最根本措施。为此，应避免婚前和婚外性行为，不搞性乱、避免多个性伴侣。

3. **避孕套使用**（Condom）

坚持性行为全过程正确地使用避孕套是保护性伙伴双方，减少 HIV 感染机会的一种有效方法。

（三）培养性道德意识

人作为个体的性感觉并不是从青春发育后才有的，而是"与生俱来"的。但是，对于性道德的形成，却需要通过教育来完成。所谓性道德，是指一定社会提出的男女两性关系中所应遵循的有关性行为的准则和规范。我们以为，合乎规范的自然的性道德是这样一种道德：按照自然的法则控制之下，一个族群可以长久地拥有健康和活动。文明的性道德则是这样一种道德：即遵从它，就能激发人们从事更加精深而富有成效的文化活动。那么，什么样的性道德行为才是合理的呢？对于社会而言，性道德必须有利于维系婚姻的稳定和家庭作为社会细胞的完整。对于个人而言，性道德必须有利于人的自然生理需要、情感需要与心理需要的满足。有良好性道德观念的人，能够理解和遵从两性交往的性道德规范以及对他人的义务和责任，具有使自己的性行为自觉地服从于社会规范的能力。

为什么提出性道德问题呢？我们知道，在两性生活中，如果一个人的性行为只停留在手淫、性梦等方式上的自我宣泄，那还只是对自我产生影响的行为，不会影响他人。但是，如果性行为涉及另一个人，那么，就会与社会道德责任问题发生联系。这是因为，性行为可能会给另一方造成心理和肉体的伤害，甚至会在不经意间产生第 3 条生命，这意味着不仅会影响一个人的生活，也会影响自己家人的生活。在当下，一些青年人信奉"不管天长地久，只图曾经拥有"的人生信条，在没有明确责任意识的情境之下因为一时冲动而发生性关系，其所产生的生理、心理后果不仅会十分严重，而且还会涉及性安全问题。因此，处于性旺盛期、性待业期的青年人应当采取一些积极的、富于建设性的符合社会规范的爱恋方式来取代或升华性冲动，例如通过投入学习、工作或参加各种社会活动等途径来增强性道德意识和陶冶个人情操，十分重要。

在当下"性自由"和"性泛滥"时代，由民族文化组成的传统性道德中的积极健康部分，在帮助人们进行道德内省，用道德抑制性冲动，避免发生混乱的性行为方面有着一定的积极的意义。

中华民族传统性道德的内容包括如下几个方面：

1. 性行为的生育目的和非娱乐性

传统性道德观认为男女性行为的唯一合理性就在于它的生殖功能，在于它传宗接代的目的。如若超出生育的目的，出于生理欲望追求感官享乐、满足感情需要的性行为是不被认可的，甚至被认为是一种下流的、"淫荡"的、罪恶的行为。以至于"万恶淫为首"成为人们必须牢记的性道德戒律。为了有效地禁欲，封建法礼对人们的性行为甚至性交加以严格地限制，要求人们严守"男女授受不亲"的性道德。例如，伦理典籍《礼记》中规定："男女不杂坐，不同椸枷，不同巾栉，不亲授。叔嫂不通问，诸母不漱裳。"说明其性观念处于相当保守、朦胧和无知的状态。

2. 审慎的婚姻观和忠贞的爱情观

首先，对婚姻持慎重态度。在封建社会里，人们把婚姻看作是人生的一件大事，反对轻率随便的做法，主张以严肃慎重的态度来对待，认为"慎于始"、"善于终"。其次，对爱情的忠贞专一。虽然在地主阶级家庭中，由于多妻制的存在，男女双方互相忠贞专一的爱情难以巩固和发展。但是，在劳动人民和一些开明人士的家庭中，由于一夫一妻制是真实的，在共同的劳动和生活中有可能培育出男女双方互敬互爱、心心相印、生死与共、忠贞专一的爱情来。对这种爱情，封建性道德给予了充分肯定与热情讴歌。

3. 对女性贞操的珍视

贞操的最初含义是用来说明人的优秀品行，是一种社会通用的宽泛的道德范畴。传统性道德赋予女性贞操以独特的伦理规定，成为专指女子性道德的一种特殊道德规范。归纳起来有两方面的内涵：第一，妇女从一而终。传统贞操观源于丈夫对自己子嗣后代血统纯正的要求，因此妻子从一而终，不得与丈夫之外的任何男子发生性行为就成为贞操观中首要的道德内涵。秦汉时期的《礼记·效特性》写道："一与之齐，终身不改，夫死不嫁。"绝对服从和忠于丈夫，不得有任何私欲杂念和僭越行为。随着时代的发展，传统贞操观已经不再是片面地对女性而言，而是对男女双方的共同道德要求，它的基本道德内涵已变为要求男女双方对爱情的忠贞专一。衡量贞操的唯一标准就是看男女双方对爱情所采取的态度。对爱情始终如一、忠贞不渝就是贞操高尚。对爱情朝三暮四、见异思迁就是没有贞操。第二，女子不失身。传统贞操观认为婚姻是上承祖先下继后世的宗族之事，并非个人的私事。因此，婚姻大事必听父母之命、媒妁之言，女子必须为此等宗族血脉大计保持自己的纯洁与贞操。对于女子出于个人意愿而发生的爱情和性行为，传统贞操观视为洪水猛兽，认为是最大的失身、失节行为，并施以最严厉的惩罚。女子不失身的道德规定性最具普遍的要求则表现为：在婚前，女子为了保证未婚丈夫未来对自己的独占权利，必须保持自己的"童贞"。为了防止妇女婚前"失贞"，区分童贞与失贞标志就是处女膜的完整与否。例如，有许多地方的民俗是结婚要受到"验红"的考验。假如洞房花烛夜，垫在床上的那块白绫没有染上处女的鲜血，新娘也许就会被休回娘家，从此无脸见人。

　　传统的贞操观要求妇女自尊、自爱、自重，珍视自己的人格并保护自己的贞操。所谓自尊，就是要求妇女在两性关系中要自己尊重自己，即尊重自己的人格和尊严，不允许他人歧视和侮辱自己的人格尊严。所谓自爱，就是要求妇女爱惜自己的身体、人格和名誉，不允许随意付出自己的贞操。所谓自重，就是要求妇女随时注意自己的言谈，检点自己的行为举止，不允许放荡不羁、玩世不恭。传统贞操观认为，那种在恋爱阶段不能坚守自己的贞操，发生婚前性行为是不道德和不负责任的。那种乱搞两性关系，甚至从事商业性性活动的行为，则是道德败坏、十恶不赦的表现。

　　中华民族传统的性道德尤其是其中的贞操观虽然存在着违背人性之爱的糟粕，但是，不可否认，这种性保守观对于遏制性乱和规范性行为具有一定的价值作用。20世纪80年代以来，由于"性自由"、"性解放"所带来的一系列社会问题，国外已有一些教育家们主张回归传统的"性道德贞洁"时代。他们要求社会和学校应以传统家庭伦理道德来教育青年一代，主张青少年无论男女在婚前应该保持绝对纯洁，婚后则绝对忠于家庭，以"真爱"教育来培养他们高尚的人格。在他们看来，世界和平和家庭稳定的基石是性道德健全人格群体的存在。如果孩子失去了健康温暖的家庭环境，就极有可能受到酗酒、吸毒、暴力、性乱及其他犯罪问题的困扰。如美国的教育家C.穆勒就曾一针见血地指出："非婚生育是我们这个时代最紧急的问题，这一问题远比犯罪、吸毒、贫困、文盲等问题更具有灾难性。"[①]在对青少年的性道德教育方面，他们认为，应当对青年人进行纯洁之爱教育，强调绝对的性道德，即男女双方都要做到：婚前守贞，婚后忠贞，在爱里合一；强调配偶对性的相互拥有权。

　　传统性道德强调相对的禁欲主义，把性活动主要与生殖联系在一起，这有助于青年学生学会控制自己的性冲动和规范自己的性行为，从而减少HIV

---

① 陈一筠．新世纪的婚恋与性．北京：新世纪出版社，2002：241．

感染的可能性。其实,性作为人类的生物性功能,它不是满足任何人的毫无止境的性冲动,而应当是以符合自然规律、符合人类健康发展为前提,而且必须符合人类作为一个生物种类得以更好地繁衍发展的要求。这也正是传统性道德所要强调的地方。要控制性放纵,就必然要有"性禁忌",如"乱伦"禁忌、"群交之性"禁忌及"兽交之性"禁忌等。

　　传统的贞操观要求个体在结婚之前要保持童贞状态或者配偶专一的情感,这对于培养大学生的人格,使其认识到保持性贞洁的价值,防止商业性性活动,保护他们的性行为安全有一定意义。目前,不少大学生性道德观念薄弱,在恋爱中出现同居、婚前性行为、多角恋爱,甚至互换情人的现象比较普遍。这些现象反映了当前青年学生只顾性欲望的满足、追求性的快感,而无法理解爱与性的真正意义,结果往往为满足自己一时的性冲动需要,而最终使自己陷入性安全的困境之中。传统的贞操观能培养大学生在恋爱与性活动中实现自然美与社会美的结合,在这种"爱的合一"中,使人在享受性爱满足的同时又会使爱情不断升华,从而规范了他们的性行为,增强了防范艾滋病侵入的能力。

(四) 正确使用避孕套

　　使用避孕套不仅可以避免怀孕,而且还可以预防性病和艾滋病。据一组对2 600名大学生的调查数据显示:大学生对婚前性行为的态度普遍比较开放,不刻意追求。在感情成熟时,也不介意发生性关系的占70.4%;认为"不道德"和"不应该"的仅占7.2%。而承认有婚前性行为的男生达29.7%,女生达12.9%。[1] 目前,一些城市未婚育龄女性的人工流产率已高于已婚妇女,而其中很大一部分是在校学生。2005年,江苏省社科院曾做了一份《南京市大学生性知识、性行为、性观念调查研究》。调查发现:85.49%的大学生未接受过任何性教育,26.74%的人认为和感染艾滋病病毒的人有任何接触都是危险的。同年,广东省在对省内一些大学进行调查时也得出了类似的结论。由此可见,虽然大学生被大家普遍认为是高知群体,但在性健康知识和艾滋病防治知识上,他们与普通人并没有太大区别。由于大学生在校园内出现的性行为比率高而安全套的使用率非常低,在此情况下,只要有性行为,就一定会存在着感染艾滋病的风险。

　　避孕套是一种橡胶薄膜套,用时套在勃起的阴茎上,射精后可把精液滞留在套内。它好比外加一层皮肤,可以阻止精液进入阴道,起到防止怀孕的作用。在我国,避孕套长期被用作避孕工具,避孕套的名称也由此而来。艾

---

[1] 刘泱,汪明宇. 让安全套大大方方走进大学. 金陵晚报, 2007-01-23.

滋病开始流行后，由于没有疫苗和特效药，人们大力提倡使用避孕套，以防止性病的传播，这样一来避孕套又成了"安全套"。科学证明，只要每次性交都能正确地使用避孕套，就可明显地降低感染 HIV 的危险。

在使用避孕套的情况下，可减少高危性行为时受艾滋病病毒感染的机会。但是，不正确地使用避孕套，也会存在相当高的失败率。例如，新英格兰医学杂志曾发报告说避孕套预防艾滋病的失败率为 16.7%，失败原因主要是避孕套的质量不佳和使用不当引起的破裂、滑落。

正确使用避孕套的方法：

1. 注意有效使用日期。过期了的避孕套不能用。每次性交都要用新的避孕套。

2. 撕开包装时，注意不要损坏，不要用牙咬。

3. 在阴茎勃起后，接触对方性器官之前戴上避孕套。

4. 戴避孕套时，用手挤捏避孕套的顶端，或者说排空避孕套顶端的空气。捏着避孕套顶端的乳头状部分，将避孕套套在阴茎龟头上，然后将避孕套向根部逐渐展开。不要让避孕套紧贴在阴茎头上；要在避孕套顶端留下一点点空间（1～2 cm）以保存精液。避孕套顶端的乳头状部分的空间就是用于装精液的。

5. 如果在戴避孕套或使用过程中，发现小孔或感到可能有损坏，应立即更换一个新的避孕套。

6. 射精后，在阴茎还未松软的情况下，用手捏住避孕套的根部，小心地从女方的体内退出，注意避免滑落在女方的体内，或让精液从套中溢出。

7. 将避孕套取下时，要避免手作为媒介使附在避孕套外层的阴道液带到阴茎头上。使用后将避孕套口打结防止精液流出，然后扔到密闭的垃圾箱内。不要重复使用避孕套。

8. 如果要用润滑剂，请用水剂的；不能使用油性物质，如凡士林、雪花膏做润滑剂，也不要用唾液润滑。因为，它们会损坏避孕套。

9. 不要将避孕套置于过热、光照和潮湿的地方。因为，这些做法可使避孕套老化，并可致破裂。

10. 如果避孕套粘住了，或较脆，或已损坏，就不能使用。

（五）积极应对性骚扰

性骚扰一词最早源于美国在 1974 年发生的有人控诉性骚扰事件，主要是指男上司或男雇员用淫秽的语言或者下流的动作挑逗、侵扰女雇员，甚至强行要求与其发生性关系的行为。后引申为社会上以各种非礼的性信息侮辱异性或向异性提出性要求的违背对方意愿的不道德或违法行为。

一般说来，性骚扰有 3 种方式：一是口头性骚扰，表现为以下流语言讲

述个人性经历或色情;二是行为性骚扰,表现为故意碰撞或触摸异性敏感部位,诱导或强迫看异性黄色录像或刊物、照片等;三是环境性骚扰,如在学习、工作等集体环境中设计、展示淫秽图片、广告等。

对性骚扰现象,国外有专家做过调查统计。21%的法国女性、58%的荷兰女性和74%的英国女性曾经在工作中被上司利用工作之便所奸污,27%的西班牙女性则有过被异性强行触摸或污言秽语逗弄的经历。挪威1988年的一项调查发现,40%的女性被强迫爱抚、38%被迫发生性关系。在我国,2013年据广州社情民意研究中心发布的一项民调显示,他们通过"电话访问了北京、上海、广州共1 052位市民。对近三年的性骚扰行为,31%的受访者认为'增多了'。平均每10个中就有一个亲身遭受到性骚扰"①。

性骚扰具有一定的人身伤害性,它不仅对人权构成侵犯,而且有损社会风气及社会公共秩序,甚至助长犯罪倾向。对受骚扰的对象来说,因被侵害而形成的恐惧和罪恶感、不信任感、不适感等心理,会构成严重的精神损害或心理障碍。对此,一些国家,如美国、澳大利亚、加拿大、法国、比利时、西班牙等在法律上明确规定,性骚扰属于法律所禁止的非法行为,严重的则将其定以"妨碍风化罪"或"侵犯性自由罪"依法处罚。对性骚扰行为,我国在民国时期制定的刑法典中规定为猥亵罪,新中国成立后则将其构成流氓罪之一种或是归入强奸妇女罪来处罚。

性骚扰的行为会给受骚扰者带来心理上的不适和伤害。那么,大学生如何防范性骚扰呢?专家建议,对性骚扰行为应选择如下应对策略:

1. **参加活动和接受教育**

大学生应当积极参加学校举行的各种有关青春期性的安全教育活动,及时了解青春期卫生知识,树立正确的性道德和性安全意识;在自己感觉信心不足和心理有性困扰问题时,应当及时寻求心理咨询。在心理咨询室中,因为性不再是一个难以启齿的问题,同学们可以尽情地宣泄自己心中长期积压的郁闷。

2. **注意处所环境的安全性**

女生晚上尽量不单独外出,更不要单独在男性家中或住所长时间停留。如果必须单身外出,应当避免在隐蔽、狭窄、灯光昏暗的场所活动和在行人稀少的街巷单身行走。提高性防范意识,在生疏地方问路时,不要独自跟着别人走或单身搭乘陌生人的车。不宜一个人或少数几个女同学去歌舞厅或酒吧。周末或节假日,最好不要独自一人住宿。回宿舍就寝时,要留心门窗是否具有安全性。夜间如有人敲门问讯,要问清楚后再开门。如发现有人想撬

---

① 林圳,刘玉平. 10%年轻女性曾遭受性骚扰. 羊城晚报,2003 – 02 – 27.

门、砸窗进来，要大声呼救以吓跑侵害者，同时准备可供搏斗的东西，以防不测。在上述提及的所有的安全防范措施中，建议把自身的生命安全放在首位。

3. 社交场合行为大方，举止得体

大学生应当注意在不同场合中自己的穿着，要做到打扮适当，言谈举止得体。经验表明，许多性骚扰行为多是由受侵害者不恰当的衣着打扮和言语诱发产生的。过分暴露的衣着、妖冶浓艳的化妆等，都有可能激起他人的性冲动和错误联想。因此，在缺乏安全感的地方，尽可能不穿暴露过多的衣服。尽量不出入各种娱乐性场所。这些场所受到性骚扰的危险系数较大，大学生则是更易受到性侵害的群体。

4. 注意保持与人交往的距离，不贪图便宜

俗语说：天上不掉馅饼。人不可过分贪财，贪图享乐，否则，极易受到金钱或享乐的诱惑而带来不良后果。大学生平时应礼貌待人，有理、有利、有节地处理人际关系，不可过于软弱无能，也不可得理不饶人，用刻薄、狠毒的言语挖苦、侮辱别人。如遇同事、朋友在自己面前说出或做出具有性暗示的语言或动作，可直接表达自己的感受，明确表明自己不喜欢对方的言行，可向对方说"请您自重，您这样做令我感到不舒服"。或者以恰如其分的方式引开话题或寻找借口离开对方。否则，别人不是认为你软弱可欺，就是会激起别人的报复心理。

5. 注意所接触陌生人的安全性

对于不相识、不了解的陌生异性。不可随便向他说出自己的真实情况，不能轻易留下自己的姓名和地址。如遇陌生人问路，尽量不要带路；向陌生人问路，尽量不让其带路。不要单身搭乘陌生男子的机动车，有必要乘车时不要随便打瞌睡。不要单身上偏僻处的公共厕所，不要玩那些不健康的类似"征友"等游戏或色情网聊。

6. 发现对方不怀好意或有越轨行为，应当采取主动应对的态度

面对性骚扰者的越轨行为举动，可主动严词斥责，不可保持沉默与退缩。否则，他会得寸进尺。再如，在公共场所被他人用暧昧的眼光上下打量或予以性方面的评价时，可以的话立刻抽身离开现场；如果不行，就需要稳住对方，用眼神表达你对他的愤怒，或直截了当地说，"你看什么"，也可找人协助帮忙。如在公共汽车上遭遇到故意抚摸或擦撞的性骚扰，你可大声喊，"你放尊重些"、"请将你的手拿开"等，以引起公众注意并给对方以威慑力，使侵犯者知难而退。如在一些地方被好色之徒纠缠，可借口上洗手间为名或回复朋友电话而告辞，实现"金蝉脱壳"。又如男士抓住女士的手长时间不放，越抓越紧，女方可运用"声东击西"之术，向对方说"先别动，

看你什么东西丢了?"男方中计松手,女方随即快速逃离困境。

7. 有必要暴力反抗时,应讲究策略

一般女性的体力弱于男性,但因骚扰者多半是做贼心虚的人,在心理上也往往是脆弱者。所以,当遇有性侵害的危险时不要慌张,重要的是寻找机会进行自卫。当受到对方攻击时,就地取材,例如,灵活使用随身携带的钥匙,将其夹在拳头缝里,露出尖锐部位;或者握紧拳头,又狠又准地猛击其对方要害部位(脸部、生殖器和小腹部),使对方因疼痛难忍而四肢无力,然后女方乘机逃脱危险。

8. 如果遭暴力强奸,应想办法保留犯罪证据

对于暴力强奸犯罪,法律一般是根据事发当时的环境、双方平时的关系以及现有的证据来推断是否发生了强奸。其证据是:第一,精液和体液,如沾有精液的衣物。第二,要有其他的物证,如女方反抗时留在指甲缝里的男方皮肤组织、血迹,被强暴时的床被罩,被撕破的衣物,醉酒、药物迷奸使用过的容器等。第三,女方在反抗时身体受到伤害所留下的证据等。无力反抗时,也要尽力记清性侵害者的体貌特征,或在其身上留下抓痕。事后,也不要马上淋浴冲洗、洗手换衣服等,要保护现场和物证,以便于破案。

一、资料库

(一) 同伴教育

同伴教育(Peer Education)是在英美等发达国家较为流行的一种教育方式。它先对有影响力的个体进行有目的的培训,通过他们与自己年龄相仿,知识背景和兴趣爱好相近的人分享信息、观念或者行为技能,以实现某种教育目标。1973年,在明尼苏达州圣保罗市的中心中学设立了有关孩子们性行为的咨询室。与众不同的是,主持回答咨询的也是孩子。其内容无须说对教师,就连父母都保密。其结果是:这所中学的怀孕率比过去减少了50%,而且为已怀孕的姑娘提供帮助,使已怀孕的80%姑娘不用退学,带着大肚子直到临产前为止一直上学。这样的性咨询室,到21世纪初,全美已在14个城市中的32所公立学校中建立起来。把性教育课还给孩子,让性再也不要成为一种神秘的、必须要有人指导的课。这正是同伴教育所追求的目标。

(二) 性待业期

性待业期是指人从性成熟开始到结婚这一段时间,也有专家称之为"待婚期"。有关人口学研究表明,在20世纪的100年间,每过25年,少男少女的性成熟期就会提前1年。在20世纪初期,性成熟期一般是在十六七岁;而到了20世纪末,已经提前到十二三岁。随着人类受教育程度的普遍提高，年轻人结婚的年龄正日益推迟。20世纪初，婚龄一般是在20岁左右；而到了20世纪末，却推迟到26岁以上。而且，有相当部分观念"新锐"者当婚不婚、当嫁不嫁。这样的变化使青年群体的"性待业期"延长。经验表明，"性待业期"的时间越长，不稳定因素越多。非婚同居增多就是伴随着"性待业期"的延长而出现的社会问题之一。

（三）同性恋

同性恋是指在行动中或幻想中，喜欢以同性个体为满足性欲的对象的现象。同性恋者以抚弄阴部、乳房刺激、身体接触、口淫、相互手淫为常见方式，肛门交媾（鸡奸）较少见。同性恋一词，是由一名匈牙利医生本克尔特于1869年创用的，其词义所描述的是：对异性不能做出性反应，却被自己同性别的人所吸引。同性恋大致可分3种类型：真性同性恋，也称素质性同性恋，他们的性活动不仅仅是感性之间的相互吸引和依恋，还包括肉体上的性行为。假性同性恋，也称境遇性同性恋，是指由于长期生活在与异性隔离的生活环境，如军营、海轮、监狱等地方，由于没有合适的异性伴侣，而把同性作为满足自己性欲对象的同性恋者。这类同性恋者一旦生活情境改变，就会改变自己的情欲对象，与异性相恋。精神性同性恋，也称同性爱慕，是表现在个人精神上把对同性的欲望存于心底或幻想、梦想之中的一种精神恋爱现象。

在同性恋伙伴关系中常可改变扮演角色，如有时是主动者，而有时又扮演被动承受者。但是，有些同性恋者可形成固定配对关系，有的人总是主动者，另一方则总是被动者。一般来说，女性主动型、男性被动型往往是顽固的，甚至终生较难改变。相反，男性主动型、女性被动型则较易于摆脱同性恋关系或以后与异性结婚。男性同性恋通常不会持续很长时间，由于年龄不断增长，社会舆论压力增加等因素，长期维持性伙伴关系的困难日增。特别是到了中年时期取得相近年龄性伙伴更加困难，因此，他们此时多产生孤独、焦虑、抑郁和神经衰弱的症状。女性同性恋者多可与同性恋对象形成较持久的关系，但多数女性同性恋者在生活的某些时候可以从事异性恋生活，甚至因此取得部分性满足，有的还可以与异性结婚。传统观点认为，同性恋倾向是由遗传素质与性激素方面的原因引起的。但后来在这两方面的实验研究均未得到肯定结论。

如何评价同性恋？人们有不同的认识。我国著名社会学家李银河的观点是："是一种属于人类中的一小部分人的自然和正常的性取向。人有自由选择性生活方式的权利，只要不伤害他人，他人就无权干涉。"在社会实践上，如今由中华精神病学会主编的《中国精神障碍分类和诊断标准》第三版中，同性恋不再划归到性变态的范畴。

二、思考与讨论

（一）同性恋者的权利与立法保障

2004年11月30日，国务院防治艾滋病工作委员会办公室和联合国中国艾滋病专题组，联合发布了《2004年中国艾滋病防治联合评估报告》。这份报告公布的一组数据显示，处于性活跃期的中国男性同性恋者，占性活跃期男性大众人群的2%~4%。也就是说，中国有500万~1 000万男性同性恋者。报告还同时公布了另外一个数据，处于性活跃期的中国男性同性恋者艾滋病感染率达到了1.35%。这说明，在中国感染艾滋病的高危人群当中，男性同性恋艾滋病感染率已经上升到第2位，仅次于吸毒人群。目前我国对于同性恋并没有明确的法律条文加以禁止。发生在两个成年人之间的自愿的同性恋行为，只要不涉及未成年人，无人告诉，很少会导致法律制裁。但如果涉及未成年人受害的则有可能定罪论处；如有同性恋的配偶或其他人起诉，曾按照流氓罪论处。此外，警方一度在同性恋活动场所施行出于治安目的的临时拘捕，但一般会很快放掉被拘者。

1973年，美国精神病学会理事会确信，同性恋不是一种精神疾病。美国心理学会代表大会通过投票，赞成美国精神病学会将同性恋从精神疾病分类中删除的行动，并进一步呼吁"所有精神卫生专家发挥领导作用，消除长期以来与同性恋性倾向有关的偏见"。

从以上有关同性恋的资料中，你对同性恋持何种看法？我国是否应该立法保障同性恋者的权利？

（二）安全套走进大学校园的讨论

大学明令禁止大学生发生性行为。然而，在宿舍周边打扫出用过的安全套，早已不是新闻。在校女大学生未婚先孕的事情也时有发生。武汉高校一直在或明或暗地出售安全套。今天，安全套这一事物已经公开走进了大学校园。大学生这一最先感受时代进步的群体对此众说纷纭。曾有记者就"你如何看待安全套进入大学校园这一现象"对武汉各大高校师生进行过采访。

共有35名大学生接受采访，男生15名，女生20名。

其中50%的学生反对在校园内出售安全套，25%的学生赞成，10%的学生对此无所谓，15%的学生不愿对此问题发表看法。男女学生在"赞成"和"反对"上比例相当。

你对此持何种态度，为什么？

（三）"大学无处女"的网络新闻

在网络上流传甚广的帖子《北京高校毕业女生——非处女排行榜》，其榜上近似开玩笑的几个数据则造成了"大学无处女"的说法。在该"排行榜"上，有"北外女生处女率15.86%"的条目。按照媒体盛行的说法，北外女生在看了这个"排行榜"后，为了抗击网络对她们的"妖魔化"，做了一次性调查：6名女生从回收的459份问卷上，得出了不同的结论，并刊登在北外一份新闻系所属的学生报纸《107调查》上：北外女生曾发生性行为的比例仅为11.5%。由此，"大学女生性调查报告回击网络传言"成了媒体津津乐道的一个大学女生直面流言的英勇事件。于是有人在网上写道：

这是一个只有吃饭和做爱两项内容的时代。

我很奇怪这个原本纷繁复杂的世界怎么竟变得如此的简单。

我问一位朋友："你和女朋友在外面租房子都做些什么啊？"

"吃饭和做爱。"他回答得竟然如此的爽快。

——上帝死了，众神在堕落。

梁山伯与祝英台的真挚，罗密欧和朱丽叶的忠贞：

原来一个是传说，一个是小说。

牛郎和织女的凄美，白雪公主与白马王子的浪漫：

竟然一个是神话，一个是童话。

《泰坦尼克》沉没了，

《魂断蓝桥》陨落了，

《乱世佳人》在飘摇，

《人鬼情未了》也已经离逝了。

如今的这个世界不再有什么故事，有的只是赤裸裸物欲的现实。

——上帝死了，众神在堕落。

你怎样看待媒体的宣传？大学校园里是否存在着像社会上所传的"过度性行为"，如何认识大学生的性自由、性崇拜等现象？

三、建议阅读书目

①李银河. 中国女性的感情与性. 北京：今日中国出版社，1998.

②（美）马尔库塞. 爱欲与文明. 上海：上海译文出版社，1987.

③（美）海斯. 危险的性：女性邪恶的神话. 上海：上海人民出版社，1989.

④（英）哈夫洛克·霭理士. 性心理学. 李光荣，译. 重庆：重庆出版社，2006.

⑤蔺桂瑞，杨芷英. 大学生心理健康与人生发展. 北京：高等教育出版社，2010.

第六章

抵御诱惑

内容提要：

● 人的生命存在与发展是一个不断需要和选择的过程，人生有什么样的选择，就会有什么样的生命色彩。

● 各种诱惑充斥在我们每个人的现实生活中。大学生处于青春期，心理和人格还不是很健全，一些行为不加控制就很容易因诱惑而成瘾。

● 我们应当深知自然界的普遍法则——"天下没有免费的午餐"。如果需要去收获，就应当负有自己作为人所必须承载的责任、义务和使命，选择"对的事情"去做。

● 什么事情才是对的？对此，虽然不可能绝对正确地做出判断，但基本标准应该知道：第一，不做国家法律不允许的事情；第二，不做社会道德不认可的事情。

● 如果受其诱惑成瘾了或确切知道自己做错了，就应当坚决地克服和戒断。

哲学家老子说过："五色令人目盲；五音令人耳聋；五味令人口爽；驰骋畋猎，令人心发狂；难得之货，令人行妨。"（《老子·十二章》）意思是：五种颜色让人眼花缭乱；五种音调让人听觉失灵；五种滋味让人口不辨味；纵情于狩猎作乐，让人心狂乱；稀有的货品让人行为不轨。一个人如果总是心随物驰，身随欲行，最后定会偏离人生正途，而失去为人之根本。因此，在大学时代，培养起能够抵御诱惑的素养，对于大学生而言，是保证生命质量的一个基本前提，特别是在当今竞争激烈的市场经济条件下，尤其如此。而要培养起抵御各种诱惑的能力，必须首先了解自己的身心状况，正视自身存在的弱点；同时，还要了解各种"不知不觉"中陷入的"成瘾"状态所带来的危害，从而充分利用人拥有的理性能力和意志品质，控制自己的某些欲望和冲动行为，确立起积极向上的人生观，用这样的人生观引领自己沿着人生正途发展并实现自我的人生价值。

第一节
大学生潜在的个性弱点

一、大学生的个性弱点

当代大学生在性格方面存在着许多弱点。处在自我成长期的他们一方面过分自信,表现为自我膨胀;另一方面又时常低估自己,缺乏自信。由于涉世不深,大学生们对社会缺乏了解;由于有着青春活力,他们又兴趣广泛且对生活充满激情。他们对自己的未来既满怀憧憬又心怀忐忑,对自己的生活既目标明确又渴望放纵随性。于是,在日常的学习生活中,时而信心十足,时而焦虑不安……大学生这种性格上的弱点源于多种因素的影响。

（一）身心成长因素

青年期被称为人生的"第二次诞生期",是自我意识迅速发展和确立的阶段。进入大学的大学生,多是第一次真正离开父母,开始过独立的生活。与小时候的"断乳"不同,这次"断乳"是青年人在生活、学习、心理、社会等方面全方位的调整和变化,尤其是如何认识自我和理解自我成了这一阶段需要解决的一个重大课题。这一课题完成与否,直接影响到健全人格能否建立。

许多大学生在日常生活中,由于还不具有较强的赋予自己生命意义的能力,感觉每天过的是同样的生活,单调乏味,缺少新鲜感。于是,因缺乏生命的内动力,他们追求外部刺激的欲望强烈。此外,学习不顺、人际关系紧张、失恋、生活的窘困等,让他们吃不香,睡不好,令他们不安和心生烦恼。随着社会竞争的日益激烈,求学就业中充满着竞争、冲突、矛盾和挫折,也会使他们对社会环境以及校园生活中的诸多不完善方面感到不满意并有抵触情绪。严重的,还可能产生不同程度的心理障碍,进而影响学习、身体健康以及人际交往。

（二）社会环境因素

市场经济的公平竞争、自主平等、追求效率、开拓进取精神,使大学生们讲究时效、更加务实。他们自觉地按社会需要工具化地塑造自己,注重自我实现和自我素质的全面提高。但市场经济也诱导着大学生们更加注重实惠，忽视精神方面的追求；只注重文化知识素质的提高，轻视思想道德的修养；注重个人本位、淡漠集体的意识问题严重；德育和智育失衡，价值取向功利化。同时，西方社会各种思潮的纷纷涌入，使得大学生们在逐步开阔视野、寻求思想解放的同时，各种消极思想如拜金主义、享乐主义、极端个人主义以及色情暴力等也在思想意识领域不断地产生影响。通过大众传媒和文化产品以及消遣、娱乐场所大规模的传播、渗透，给大学生的生活方式和价值观念、精神和道德文化价值取向，也带来极大的负面影响。

（三）家庭环境因素

从家庭教育方面来看，由于现在许多家庭是独生子女家庭，后代因稀少而特别受器重。许多家长对子女极为娇宠，唯升学以求，无视对人的整体人格培育，忽视子女的全面发展需要。许多家长只注重子女的智力培养，忽视情商培养，从而形成了当代大学生一种特殊的人格：以依赖为前提的虚假主体性，并且这种主体性在他们不断苛求环境、苛求他人的过程中逐渐扩张，进一步发展为自私狭隘、畏惧艰苦、心理脆弱的自我中心式人格。

（四）教育体制的特别影响因素

在我国的中学教育中，目前仍然是通过考试进入大学的"应试"高考制度占主导地位。结果，高考成了最权威的"指挥棒"，"分数才是硬道理，别的都太虚"的价值目标追求成了压倒一切的真理，客观上也造成了青少年的喜好、兴趣、自主性与社会适应能力，无法受到学校与家庭应有的重视的事实。这种教育模式培养了学生的智力，但对于人的成长所必须具有的赋予自己生命意义的能力、自我成长的能力、实践性能力和创造性能力的培养就显得有些欠缺。致使许多中学生到了大学之后，因为当初的"考上大学"目标已实现，而新的发展目标尚未确立起来，从而处于迷茫之中，对人生意义的理解和自己未来的发展等问题模糊不清，以往被掩盖的问题逐渐暴露出来，许多生活上的烦恼、学习上的忧愁接踵而至。

二、大学生的心理偏好

（一）好奇心理

好奇心是人在遇到新奇事物时或处在新环境下所产生的注意与疑问等方面的心理倾向，是人学习、寻求知识的一种内动力，是创造性人才所表现出来的重要特征。从积极的方面来说，好奇心是青少年在成长过程中的正常心理。在人的成才道路上，兴趣是起点，而产生兴趣的直接原因就是好奇心。好奇心可以促成兴趣的形成和提升，进而影响一个人未来的发展方向。风华正茂的大学生们本来就好奇心强，兴趣广泛，如果带着健康的好奇心走进大学生活，会使他们精力充沛，对新事物充满激情，使自己的生命充满活力和阳光。从消极的方面来说，大学生如果带着不健康的好奇心走进生活，就会误入歧途，从而使自己的生命变得暗淡无光。因此，青年学子应该努力学习，增加自己获得知识的底蕴和厚度，培养积极健康的好奇心，避免因年龄、经验等因素而导致的对人、对事冷漠，或者缺乏评价和鉴别能力，缺乏主见、盲目从众、"随大流"的"随俗从众"现象。不能看到别的同学吸烟，自己也就跟着吸；看到别的同学染了红头发，自己也跟着染上红头发；看到别人好"为朋友两肋插刀"，自己也跟着或主动参与。

(二) 逆反心理

逆反心理是人们对待事物的一种特殊态度，主要指受教育者在接受教育的过程中，因自身固有的思维模式和传统的观念定式与特定的教育情景下产生的认知信息对立，与一般常态教育要求相背离的对立情绪和行为意向。

大学生在求学阶段，正好处在经济上尚未独立，心理上还没有完全成熟，社会地位还未确立的特殊时期。这一时期，大学生心中有了理想自我的独立意识，往往给自己设计了一个经济、学习、生活乃至心理上完全独立的蓝图。但是，他们对于父母和家庭不仅在经济上，就是在心理依附上也无法完全摆脱、扬弃与逃逸。这样，就会与父母发生心理冲突，或者产生逆反心理。其表现为他们特别强烈要求有一个独立的自我空间，希望自己对外部世界进行独立自主的判断和行动；他们特别需要一个隐秘的心灵世界，本能地阻止父母及其社会成年人介入自己的世界之中，产生设法避开父母及师长的监督和屏蔽所有视线的心理。

分析大学生产生的这种逆反心理的原因，主要表现在两个方面：一是主观上，大学生正处于"过渡期"，其独立意识和自我意识日益增强，迫切希望摆脱成人的监护。他们反对成人把自己当"小孩"对待，处理问题时往往以成人自居。为了表现出自己的"非凡"能力，对事物的评价与选择倾向于持批判态度。正是由于他们感到担心外界无视自己的独立存在，才产生了用各种手段、方法来确立"自我"与外界对立的情感。二是客观上，教育者的可信任度、教育手段、方法、场合的不适当，往往成为大学生产生逆反心理的主要原因。

(三) 行为成瘾

"瘾"，辞典释义为"极深的嗜好"，是指强迫性的对习惯形成的生理需求。大学生处于青春期，心理和人格还不是很健全，容易受到外部事物的诱惑，控制能力又较弱，一些行为不加控制就很容易成瘾，如网瘾、牌瘾、棋瘾、赌瘾和毒瘾等。

对于行为成瘾的基本原因，专家们普遍认为，人的大脑与周围神经系统既是一个网络，又是一种神经通路，无论是药物、酒精，还是一个人的行为、经历，都可能对中枢神经系统产生刺激。当这种刺激达到一定量时，便可以使大脑陷入一种强迫状态，这也就是通常人们所说的依赖和成瘾。比如，饮食和性行为本是实现人的生命存在与延续的最基本和最重要的行为，每当完成这些行为时，人的大脑中枢就会产生一种愉悦和欣快感，并传递到整个神经回路中，此时全身就会感到舒适。当生活中有某种行为能替代这种报偿或成为新的报偿时，就有可能让人成瘾。当然，这样的行为需要长期地反复地进行强化才能存在。

有关专家指出，各种成瘾现象无一例外地是由人体神经内分泌紊乱引起，以精神症状、躯体症状、心理障碍以及人格改变为临床表现，导致社会功能受损的成瘾综合征。

第二节
来自赌欲的冲动与克服

一、赌博及其赌博形式

据路透社2005年1月12日报道，德国科学家克利斯蒂安·布彻尔等科学家在《自然神经学》杂志上发表文章说，赌博也能成瘾，"赌瘾"和"毒瘾"在本质上没有什么区别，严重上瘾的赌徒与吸毒上瘾的人，其大脑中负责奖赏的活动区域是一样的。磁共振成像揭示，赌徒的大脑中会发生类似吸毒成瘾者大脑内的变化。布彻尔等人选择了12个嗜赌的人和12个平时不参加赌博的人做试验。他们给参试者两张面向下扣放的扑克牌，告诉他们任意翻开一张，如果是红色纸牌，他们将赢得一个欧元。布彻尔等人使用功能性磁共振影像装置观察他们大脑中负责反应在受到奖励后的活跃区域。结果发现，即使在两组人收到的彩奖相同的情况下，嗜赌一组人与奖励有关的脑部区域活跃程度也要比非嗜赌人群要高得多。

清朝的文学家蒲松龄曾说过："天下之倾家者，莫速于赌；天下之败德者，亦莫甚于博。"当今的世界存在着太多的诱惑：金钱与赌博、网络与黄色文化、玩牌与炒股行为等，现实生活中确实有许多大学生葬身于这难以抵御的诱惑之中。

例如26岁的金城，1998年考入某名牌大学，2002年因迷上赌博导致学业下滑，被留级1年，2003年因继续沉迷赌博而被学校退学。回家后，他参加2004年的高考，又以598分的优异成绩考回原学校原专业，直读大四。可是金城仍疯狂赌博，为筹集赌资，在校内盗窃，最终走上了犯罪之路。

22岁的毛建是一名在家休学的大学生，在一次打牌输光钱后，将家中的一台彩电当掉。为了赎回彩电，于2005年7月11日下午来到一电子游戏室绑架一名6岁男童，敲诈不成，被判刑10年。2011年，西安某校大学生暑假期间经不住熟人劝说，便糊里糊涂地进入赌场，身上的现金输掉后，还落入高利贷者精心设计的圈套之中，欠下4.5万元的赌债。由于无钱还高利贷，9月23日被放贷者绑架。之后，放贷者向其家人索要16万元的赎金。9月26日，灞桥警方将这名大学生解救出来。

（一）赌博的含义

赌博是指以金钱或金钱以外有经济价值的物品做台面的抵押，通过各种形式的输赢较量后而使得上述抵押品在报注人之间有所更易或转移的一种行为。在我国，赌博被视为违法犯罪活动。

历史上，当人类的功利意识开始萌动的时候，赌博就应运而生。世界上历史最悠久的文明古国往往就是赌博较早出现的国家。大约在公元前3000年，伊拉克和印度就出现了掷骰子的赌博游戏。中国古代最早的博戏——"六博"，相传就出于夏朝末期乌曹之手。由此算来，赌博游戏在中国也有3500余年的历史。

在通常情况下，生活中绝大多数参与赌博的人停留在业余闲暇时间的娱乐消遣阶段，所谓"小赌怡情"表达的正是这个意思。时断时续的小赌因为以娱乐为动机，通常赌注很小、仅在熟悉的社交圈子中进行，满足了一般人追求刺激的需要，使参与者的身心得到一定的放松，这对于当事人来说，并不是什么坏事。此外，也有一些赌博者只是一时为了逃避现实。他们开始赌博的主要动机多在于逃避家庭、社会和自己过去的经历所造成的压力，从而达到麻醉自己的目的。还有的人不过是为了一时寻求刺激而走进赌场。依现代心理学的观点，人在生活中需要一定的刺激才能维持心理功能的正常平衡，而需要的刺激大小与个体素质和个性有关。对于以寻求刺激和冒险为动机的赌博者来说，概率越小，赌注与赢利的差额越大，就越富有刺激性和冒险性。赌博时间持续过久之后，就有可能会转变成病态型的赌徒。

赌博具有"成瘾"的特征。在赌场上，有一种现象十分常见，就是当一个人赢了钱时，不是见好就收，而是期望赢得更多的钱，从而继续不断地赌下去。当一个人输了钱时，也不是适可而止，而是总想要赢回来，不到黄河不死心，不见棺材不落泪，甚至举债都要继续赌下去。这种因人性中的贪婪与欲望引发生成的现象便是"赌徒心理效应"。

(二) 赌博形式

目前，社会中常见的赌博形式花样繁多，其中影响较大的有如下几个方面：

1. 赌球（主要是足球）

赌球指人们拿足球、篮球等比赛结果、球员以及相关的事务进行赌博的行为。由于赌球是以足球比赛的结果作为输赢的评判手段，因此它的构成要件已经符合了赌博的要求，是一种国际范围内存在的新型赌博方式。

赌球的流行培育出赌徒群体。足球世界杯之时，足球场上的精彩，让球迷们度过了那么多不眠之夜。但在有些人眼里，世界杯却是另外一副模样，滚动的足球更像是翻动的骰子，沸腾的球场更像是喧嚣的赌场。他们为此而成为参与赌球的赌徒。我国《治安管理处罚条例》第三十二条第一款规定：赌博或者为赌博提供条件的将受到处15日以下拘留，单处或者并处3 000元以下罚款或者依照规定实行劳动教养。这只是对参与赌球人员的制裁，但如果是赌球的组织者，则会受到法律的严惩。我国《刑法》第三百零三条规定：以营利为目的，聚众赌博、开设赌场或者以赌博为业的，处3年以下有期徒刑、拘役或者管制，并处罚金。

2006年初到2008年6月3日，两年半时间，利用境外赌博网站，在钱葆春和同伴邹军、刘必清等人构建的赌博网络上，下注资金达到了66亿元。而这66亿元，仅仅是警方能确切掌握证据的一个网站上的流动资金。另外2个网站上的账目，由于被销毁或者终端服务器在境外的原因，无从查证。据中国公益彩票研究中心2008年出台的报告，中国一年有3 000亿元赌金通过钱葆春们代理的赌博网站流向境外。2009年2月15日，上海市普陀区人民法院对涉案金额高达60余亿元的"上海网络赌球第一案"的20名被告人进行一审宣判：以开设赌场罪判处主犯钱葆春有期徒刑6年，并处罚金500万元；判处被告人温翔霖有期徒刑5年，并处罚金101万元；判处被告人邹军、刘必清、林兴等18人有期徒刑2年8个月至1年不等，并处2万～100万元不等的罚金，其中朱春燕等5人因犯罪情节轻被判处缓刑。

2. "六合彩"

在香港，"六合彩"属于合法的一种游戏。而在内地，参与"六合彩"活动属于赌博行为。

正式的六合彩是香港奖券管理局委托香港赛马会经办的一种奖券游戏，在1975年推出的"六合"即为人的生辰八字同另一人的生肖相合，即为"彩"，"彩"即好之意。"六合彩"由此而得名。作为合法彩票，香港的"六合彩"是彩票业中乐透型彩票的一种，它由14选6、36选6、42选6，直至发展到目前的45选6，其底数号码不断增加，中奖几率减少，但奖金数目越来越大。为显公正和扩大影响力，"六合彩"每周二、周四摇两次奖，由电视台现场直播。

内地"六合彩"是一种利用香港"六合彩"规则，以发售非法彩票形式所进行的赌博活动。主要表现为各类大小"庄家、赌头"自行设赌，以高赔率诱使那些梦想"一夜致富"的人参赌。其投注途径有2种：一是庄家直接接受参赌者授注，其范围较小，投注者一般和"庄家"较为熟悉；二是"庄家"在各地物色一些代销点接受投注，代销点向庄家收取5%～8%的"回扣"。由于这些代销点不需要资金投入，而且有较高比例的"回扣"，所以愿意代销的人很多。而有的代销点又物色另外的分销点，因而出现了二道贩、三道贩等多层次的代销关系，形成一种不断向周边地区扩展的代销网络。如中奖便用投注单向"庄家"索兑。

地下"六合彩"20世纪90年代中后期开始在广东、福建一些地方盛行，后在全国许多省市蔓延。由于地下"六合彩"中奖率高，奖金不封顶，无需与中同样奖项的人分享奖金，无需纳税，加上该赌博活动的赌法花样多达几十种，操作又极为简便，中奖的奖金可以很快兑现，以至于暴利的诱惑俘获了众多试图侥幸致富的普通民众。又由于没有法律保障，地下"六合彩"奖金的兑付主要依靠庄家的个人信誉，所以一旦有码民中了大奖，很多庄家就会逃之夭夭。事实上，地下"六合彩"成了一些不法分子牟取暴利、诈取群众钱财的重要工具。内地假冒"六合彩"常用手法还包括声称有内幕消息、假冒香港赛马会名义出版各种传单、小册子、报纸，或提供虚假的香港电话号码声称有咨询服务等。网上还有大量虚假的"六合彩"网站，有的甚至贴出不存在的"委托证书"，或同时附上戒赌热线等伪装正式网站，以增强说服力。然而，正式的香港赛马会在香港唯一进行的宣传是介绍"六合彩"投注如何用于慈善用途，绝不会以任何方式主动招揽民众投注。由于假冒"六合彩"没有接受政府的规管，因此投注资金会流向背后操纵的非法集团。另外，由于中国内地协助戒除赌瘾的组织不足，使假冒"六合彩"在不少地区造成严重的社会问题。

中国内地的任何"香港六合彩"服务都是虚假及非法的，它与香港"六合彩"并没有实质联系。由于"六合彩"赌博玩法种类多样，又比较迎合"买彩"人的投机博弈心理，因而吸引了大量参赌人员，并向社会各个阶层、各个年龄段的群众传播蔓延，在一些地区甚至形成了"彩祸"，严重影响了社会正常的生产和生活秩序。

3. 赌牌

玩扑克、推牌九、打麻将、掷骰子等，是中国最常见的，参与者最多的赌博形式。早期纸牌大部分为数码牌，中国的玩法通常是高点数为胜低点数为败，或以特殊组合牌型取胜，目前此二原则仍为两大牌戏派别中论胜负的标准。传说印度有棋盘式圆牌戏，它纯以技巧较胜负，但史籍未予详载；而过去的波斯国有所谓的"阿斯那斯"（As Nas）玩法，被认为是现代牌戏活动发展的一个重要里程碑。自从有了波斯玩法后，尽管时闻昔日君王、贵族或政府，以严刑峻法禁止纸牌与牌戏，但此风仍盛行到社会各个阶层，由一国传播到他国，直至走向世界，这其中也导致了不少有名的纷争与决斗事件发生。当今世界，赌牌在有些国家和地区依然属于合法行为。例如，我国的特别行政区澳门向有赌城、赌埠之称，而且这种活动是政府财政收入的主要来源，它与蒙特卡洛、拉斯维加斯并称为世界三大赌城。当然，有些玩牌活动与赌徒也没什么关系，如桥牌就已成为在世界范围内推行的高雅的社交与智力活动。

我国内地长期以来就有玩牌传统，那么又如何看待这一行为是否算作不合法的赌博呢？早在2005年1月，当时的公安部副部长白景富就明确表示：要区分赌博行为和群众娱乐活动，对群众带有少量彩头的打麻将、玩扑克等娱乐活动，不以赌博行为查处；对参与赌博活动情节轻微、赌资数额较少的，将以批评教育为主。这意味着玩牌行为可视为是一种游戏，但是如果以营利为目的且彩头过多就成为赌博行为了。

4. 网络赌博

网络赌博是近年来新流行的赌博形式，通常指利用互联网进行的赌博行为。因为这种赌博方式属于新兴事物，所以现在还很难对它做出准确定义。网络赌博的类型复杂繁多，基本上现实生活中主要的赌博方式在网络中都可以进行。但由于受时间、地点等不确定因素影响，一般还是以"结果"型的赌法为主，例如赌球、赌马、网上百家乐、时时彩等，而现场操作比较复杂的方式就相对较少。2005年1月20日，北京警方向社会公布：在集中打击赌博违法犯罪活动专项行动中破获的10起赌博案件中，涉及赌球的网络赌博案已占到一半。网络赌博有赌博者需要的优点。利用现代通信网络与网上银行，网络赌博能跨越时间与空间上的限制，所有现实中的赌博方式都能很直观地在网上再现，赌起来更便利也更隐蔽。到2003年，全球共有1 400多家网络赌博站点，赌资总额超过600亿美元。[①]随着中国网络的迅速发展与普及，境外网络赌博集团加紧了对中国的渗透。权威部门指出，到2011年，面向我国大量发展会员的境内外赌博网站有2 000个左右，有些网站的会员多达几十万人，甚至上百万人。全国各省区市都不同程度地存在网络赌

[①] 江泛. 好赌的中国人. 北京：团结出版社，2010：28.

博活动，每年流往境外的赌博资金以天文数字计。

网络赌博的方式主要有2种：一种面向公众，世界各地包括中国的赌客可以随时上网参赌；另一种面向特定人群，这些网站采取会员制，会员有独立账户与密码。受制于结算账户等因素，这些网络赌博公司需要不断在中国发展代理机构，通过各级代理开设专门账户，聚集赌资并以多种名义汇往国外，从而完成跨国网上赌博的资金转移。

由于存在隐蔽性、便利性、范围广的特点，赌博网站传入中国境内时间虽不长，发展却迅速，现在已形成一个庞大系统的赌博链条。为逃避打击，网络赌博越来越隐蔽，赌博网站类似传销的管理模式，组织结构呈现"金字塔"形状。在顶端的是大庄家，多为境外人员。他们很少直接下单，而是在中国境内设二级代理或三级代理接受投注。在发展二级庄家时，大庄家会向他们提供密码、银行账号，供参与者进入网站投注，其潜规则是大小庄家之间不能"越级"联系。网络赌博之所以如此泛滥和危害严重，在一定程度上而言，正是拜网络所"赐"。网络赌博涉及的资金数额也越来越大，由此给参与者造成很大损失。

2010年6月13日，公安部网站对一些网络赌博案情进行了通报：苏州警方在查处"乐天堂"开设赌场案中，抓获第三方支付平台"快钱"公司的高级管理人员梅某。经查，梅某与境外赌博集团勾结，协助境外赌博集团流转资金30余亿元。

二、赌瘾的原因与表现

（一）赌瘾是一种心理病态

人偶有赌博行为不能说是心理异常的表现，嗜赌行为则可认为是一种持续的、反复发作的异常的心理疾病，虽然赌瘾表现一样，但其内因不同。例如，有的人是因自己遇到情感障碍，以赌博来发泄自己愤怒的情绪；有的人是因为个人有人格障碍，加上空虚无聊，最后为赌博吸引并嗜赌成性。当下社会，随着人类文明的进步，赌博已有逐步演化为博彩的趋势。尽管如此，在博彩业蓬勃发展的今天，人们对其他赌博方式的痴迷依然胜过对福利彩票、足球彩票的热情。

赌瘾的表现一般是娱乐性赌博和社交性赌博延续数年后，突然起病，表现为嗜赌如命，典型的病程为慢性发展，日趋严重，使日常工作和生活受到明显的影响。病态成瘾的赌徒迷醉于赌博过程中的刺激，对赌博有一种难以控制的强烈渴望，并对胜利充满期待，脑中甚至会经常幻想赌博时的场景和各种牌局，将自己置身其中，从而扰乱了正常的工作、学习和生活。例如，据报道，湖南省汨罗市某镇村民卢某就是一个痴迷"六合彩"的赌徒。他在最后一次赌博"买码"输得血本无归后，决定服毒自杀，死前还给儿子留下遗书，叮嘱下次买码押"鸡"对应的是10号。这种痴迷真是可悲。

（二）嗜赌的心理原因

导致病理性赌博的人与其生活经历、生活环境、性格特点等往往有某种关系，并且本人往往有程度不同的心理缺陷或障碍。如不良生活事件的刺激导致其心理畸变，或是性格发育不完善，等等。此外，还有心理原因：一是执著的追求。接触过这些赌徒的人都会感受到他们心里存在的那份执著，尽管不断在输钱，但他们也会坚信下一次就是自己翻身的机会，为此而要下更大的赌注。他们常常对自己的命运抱有一种不切实际的幻想，认为好运会偏爱自己。二是难以控制的幻觉。打麻将者认为自己技术好，就是欠缺一些运气。赌"六合彩"的人认为是自己选号码，自己掌握有主动权，由此可以通过自己的主动选择而赢得金钱，认为自己能控制命运。因此，面对一次次的失败，他们也会照样执迷不悟。"只差一点点"、"差点中了"，他们觉得自己离中奖已经很接近，往往会天真地认为自己预测的准确性非常高，下次的大奖非他莫属。三是微妙的动机强化。一个人在决定开始赌博时是上述的片面认知起作用，而决定赌博是否持续下来则是行为强化的结果。这其中，偶然赢过一次或看到别人赢钱都能成为极为有力的强化手段，假如赌博从来没人赢过，那它肯定就没有市场。四是捷径的深渊。看到人赢钱，一夜之间成富翁，个个想走捷径，但在赌场上毕竟输的人占绝大多数。法国有一谚语说："赌徒的钱包上没有锁。"输了想翻本，越输越多，难以自拔；赢过的又想再赢，最后形成恶性循环，很少有赌徒会见好就收的。因为，他们的行为已在其赌博活动中持续地得到强化。最后，总是以全部输光，没有赌资而无奈收手。

（三）赌瘾的发展过程

一般说来，赌瘾的发展过程大致可以分为4个阶段。第一个阶段是获利阶段。一些人之所以迷恋赌博不能自拔，往往在初试身手时大获其利，因此而一发不可收拾。第二个阶段是输钱阶段。很多赌徒是在自己毫无心理准备的情况下进入输钱阶段的。许多时候，一些人由赢到输的过程转变得非常迅速，有的则让人觉得意外。多数人在此时输钱虽然感到难受，但并不会服输，还想东山再起，把输掉的钱赢回来。第三个阶段是绝望阶段。当通过赌咒发誓"最后一次"从亲友处借到的钱付诸东流，或遭受多次失败后，一些人会进入绝望阶段。这时其中的一部分人会采取不道德或非法行为来收集赌资以求翻盘，或者在感到自己无路可走时，出现"一了百了"的绝望念头。第四个阶段是放弃阶段。经过反复的折腾之后和各种条件限制后，有一些赌徒们终于不得不认命了，放弃了能捞回来的想法。此时多数人虽然能停止赌博，但是可能会染上其他恶习，例如因为情绪低落，不少人"借酒浇愁"从而染上了酒瘾。

赌博成瘾的表现形式：

①沉溺于思考或想象赌博行为或有关情景。

②高频率、长时间参赌。难以控制的强烈赌博欲望，只要增加赌博时间、频率，就会感到满足和兴奋。

③持续而反复地出现难以控制的赌博欲望，伴有行动前的紧张和行动后的轻松感。

④赌博行为呈进行性加重，个人生活和职业能力严重受损。

⑤当自己试图消除赌瘾时，会出现坐立不安，容易发脾气、失眠、头疼、食欲不振、心慌、多汗等表现。

⑥将赌博作为解除烦恼逃避麻烦的手段，或将赌博作为排遣情绪困扰的手段。

⑦参赌心切，输了想扳回老本，赢了想再捞一把。否则就六神无主、如坐针毡，整天考虑赌或是盘算如何捞钱来赌博。

⑧向亲人、朋友或医生隐瞒自己卷入赌博的程度。

⑨因赌博出现债台高筑时，依赖于其他人为自己提供资金以缓解目前的窘境。

⑩赌博的过程中和完成后能获得心理上的满足，而不在于其他目的和得益。常常不顾实际情况和后果来增加赌注，赌资越大，感觉越好。

三、赌博的危害与救治

（一）嗜赌行为的有害性

赌博行为对人与社会是有害的。参与赌博的人因为身心受到持续的强烈刺激而被伤害。金钱的快速运动流转也会麻痹赌博者的神经，社会关系中的互助道德由此而黯然失色，人性之光也悄然泯灭，最终使这个纷扰的社会陷入混乱和无序之中。例如以打麻将成瘾为例。打麻将作为一种益智游戏在日常生活中常见。尽管在许多时候，我们可以将其看作是一种智慧与趣味相结合的娱乐活动，但是，倘若一个人入迷成瘾，夜以继日搬"砖头"，砌"围城"。那就可能与娱乐健康适得其反，成为危害人的身心的一种活动了。何以至此？其一是超负荷运转，身体疲劳不堪：这是由于打麻将可使人上瘾，尤其是带赌博性质的，更有刺激性。赢时兴奋不已，以致心动过速；输时垂头丧气，郁郁寡欢，又拼命想翻本，于是夜以继日，靠烟酒提神，为输赢而苦战、激动，身体无疑会受不了。这样很容易导致高血压患者发生脑中风，有冠心病的患者发生心肌梗死而猝死。其二是腰肌劳损：搓麻将一坐半天是常有的事，由于长时间练"坐功"，致使腰椎间盘和棘间韧带长时间处于一种紧张僵持状态，日久就会出现腰背疼痛僵硬，影响下肢血液循环，从而出现两腿麻木和肌肉萎缩症状尤其是膀胱和肛门部位，形成重压，长时间不活动，血液循环就会出现停滞，形成充血乃至发炎。不少人搓到兴致极高时，甚至大小便告急也得强行憋着，其后果可能导致代谢废物中毒。其三是饮食不规律：整天沉湎于搓麻将环境之中，扰乱了饮食、起居规律，使肠胃蠕动减弱，消化液分泌减少，于是出现食欲不振、恶心呕吐、胸闷腹胀、大便秘结等症。此外，还有些人手摸的是牌，心想的是赢，一旦输了，盘算的是如何扳回来，至于肠胃神经传出的饥饿信息早被大脑的高度兴奋所淹没；而一旦感觉饿时，再猛吃一顿，同样有损于健康。

其实，各种赌博活动一旦成瘾，都会对人的精神造成伤害。例如，在一些"六合彩"盛行的地方，就盛传"早起去借钱，上午猜玄机，中午去押码，下午心痴痴，晚上哭啼啼"的民谣，这其实是许多"六合彩"赌民生活的写照。长此以往，心理难以健康。

（二）大学生形成赌瘾的害处

当下，在大学生中，也有一些人有乐赌成瘾的行为。这种赌瘾存在，对于自己、他人与学校都具有伤害性。

1. 败坏风气，荒废学业

高等学校是造就人才的摇篮。学校只有通过教育和严格的管理，形成良好的学风和校风，才能培养出具有良好道德品质、掌握基本理论和专业技能及良好身体素质的人才。赌博作为一种社会现象，是我国法律明文所禁止的活动。然而，有许多大学生却参与赌博，其中少数学生甚至视赌为乐，为了赌博不惜旷课、逃学，这样势必造成学习成绩下降，影响自己的休息和身体健康，并且败坏了校园风气。

某校一同学许某，经常与高年级的同学一起搓麻将赌博，且输多赢少。他觉得自己的技术太差。为了练好摸牌的"本领"，许某竟将麻将牌带到了课堂上。老师在讲台上讲课，他却在课桌里摸牌。当老师突然向他问及某道选择题的答案时，他匆忙中脱口而出："白板"，引得同学们哄堂大笑，良好的学习氛围也随之被破坏。

2. 破坏同学关系，影响生活秩序

赌博总会有输有赢。然而，赢的同学想赢得更多，容易随心所欲，挥霍无度；输了时，因债台高筑，拼命地想翻本，致使赌博无休止地继续下去。这样必然在赌友之间经历着一种输赢交替的恶性循环，有时甚至为打了错牌、发了臭牌而引发争执、斗殴。此时，同学之间的关系变成了纯粹的金钱博弈，这样势必扭曲了人与人之间的正常关系。此外，赌博行为还不可避免地要影响其他同学的学习和休息。虽然身居一室的同学们碍于情面有时不愿直接出面制止，但久而久之，势必造成同学之间的感情疏远，关系紧张。

3. 诱发犯罪，对社会具有危害性

赌博易使人产生贪欲冲动，形成好逸恶劳、尔虞我诈、投机侥幸等不良心理。因赌博造成的经济困难和家庭矛盾的激化常会促使一些人走向绝路。由于大学生经济来源有限，主要依靠家庭供给，而且许多家庭并不富裕。这样的话，输了钱的大学生就会为还钱而不惜铤而走险，实施盗窃、抢劫等犯罪活动。2002年6月16日，北京"蓝极速"网吧发生重大火灾事故，造成数十名大学生死亡，纵火犯就是沉迷于电子游戏机赌博的2名少年。

某大学生洪某、董某，进入大学后总感到空余时间难以打发，精力无处发泄，于是交上麻将这个不离不弃的"朋友"，并逐渐成了赌桌上的"瘾君子"。一次，两人从赌桌上一齐败下阵来，为此还欠下了不少债，可一时又弄不到钱，过去向父母处已伸手太多，同学那里借过了还是一样要还。想到这些，钱使他们利令智昏。在准备了工具后，他们对出租车司机实施了抢劫。最后，洪某被判处有期徒刑12年，剥夺政治权利3年；董某被判处有期徒刑10年，剥夺政治权利2年。

（三）赌博行为的救治

赌博对一些人来说，是一种最消极的人生态度和放纵自己的行为选择。就像喝了迷魂药一样，他们的生活，从此或者是迷乱在赌场，或者是迷乱在去赌场的路上。伴随着赌博一路走来，带给赌徒的是极度狂迷和喜悦，也同样带给他们或者他们的亲人疯癫、死亡和凄惨生活，使他们在苟延残喘中挣扎叹息。因此，赌博向来被认为是万恶之源，"赌徒"则成为一个为人所痛斥，甚至是鄙视的称号。

源于赌博的害处，我国古代有许多禁赌规定。历史上最先把赌博用法律规定来予以禁止的，是在战国时期李悝制定的《法经》。其中规定：士民赌博者，处以"罚金三币"。此后自秦到隋，虽然没有完整的禁赌律文传世，但从秦用《法经》、汉承秦制以及汉以后修律均以汉《九章律》为基础这一情况来推断，这一时期在民间也应当是禁赌的。而后，留传至今最为完整的禁赌律文是《唐律疏议》中的相关规定。在唐朝，不仅参赌者，而且开赌场及提供赌具者均在惩处之列，发现赌者，"杖一百"，并没收家籍"浮财"。如在京城设赌被抓获后，处以极刑，民间设赌抓获则处以充军。宋朝时颁布的《宋刑统》基本沿袭了《唐律疏议》的相关规定。而在金、元以后，各朝法律加重了对参赌官员的处罚力度。金朝时期曾专门制定禁止品官赌博的法律。元朝规定，不论参赌者及开赌场者，一经发现，各杖七十七，钱物没收入官。有官职的罢免，一年后在杂职内叙用，再犯则加徒一年。参赌者自首免罪。必须当场抓获、人赃俱获才能科罪，不得辗转攀指，否则还要追究主管官吏的责任。明朝制定的《大明律》及《大明律集解附例》对赌博分三等治罪：官吏参赌者罪加一等，初犯受杖刑，惯赌者重罚。清承明制，《大清律》关于禁赌的规定，与《大明律》的规定基本相同。在禁赌法律方面变化比较大的，是清末的重修律法。以后北洋政府以及南京国民政府在禁赌方面基本沿袭了清末的有关规定。

我国现在对赌博犯罪也是严厉惩处。《刑法修正案（六）》第303条规定："以营利为目的，聚众赌博或者以赌博为业的，处三年以下有期徒刑、拘役或者管制，并处罚金。开设赌场的，处三年以下有期徒刑、拘役或者管制，并处罚金；情节严重的，处三年以上十年以下有期徒刑，并处罚金。"可见，"聚众赌博"、"开设赌场"或"以赌博为业"等"职业赌徒"、"庄家"和"组织者"是打击的重点对象。当然，我国法律也明确规定："不以营利为目的，进行带有少量财物输赢的娱乐活动，以及提供棋牌室等娱乐场所只收取正常的场所和服务费用的经营行为等，不以赌博论处。"

1. 大学生要拒绝赌博

大学生处在人生成长的关键时期，应当尽量远离赌博的诱惑，抵制和拒绝参与任何形式的赌博活动，应当注意如下几点：

（1）违法往往从违纪开始。要自觉遵守校纪校规，养成遵纪守法的良好习惯。

（2）充分认识赌博的危害，培养高尚的情操，多参加健康积极的文体活动，充实自己的业余活动。

（3）要防微杜渐，分清娱乐和赌博的界限。很多赌博成瘾的人都是从"消遣"、"派夜宵"、"来烟"、"带点刺激"等开始的，久而久之，胆子也壮了，胃口也大了，从而陷入赌博的泥潭。

（4）思想上要警惕，不要因为顾及朋友、同学的情面而参与赌博。遇到他人相邀，要设法推脱。拒绝时态度要坚决，语气可委婉，并晓之以理，劝说他们也不要赌博。对于不听劝说者，及时向老师或有关部门报告。

2. 大学生赌瘾的救治

大学生如果染上赌瘾，应当在意识到赌瘾的危害后，主动及时地接受治疗。我们知道，赌博是一种习惯成瘾行为，戒除赌博一点也不容易。但是，如果你拥有坚定的意志，绝对可以应对或克服赌博问题。

（1）充分认识到赌博的危害性，提高其戒赌自觉性，化解心理压力和危机。心理学家认为，赌瘾是仅次于毒瘾的心理疾患。欧盟的心理学家早把赌徒列入"心瘾患者"行列，赌徒需要接受专业心理治疗。

（2）避免不良刺激。戒赌期间，避免出席任何赌博场合，主动远离赌友、赌具、赌场以及可用于赌博的钱物等，培养其他可取代赌博的兴趣，转移注意力。如定时做运动（如缓步跑）及学习松弛的技巧（如冥想或瑜伽），或进行休闲活动（如听音乐、与朋友逛街），借此驱走闷气，舒缓紧张的情绪。

（3）既然赌瘾是一种"瘾"，那么其治疗康复过程与其他成瘾行为就非常相似。患者伴有焦虑和抑郁，意味着已成为一种心因性的疾病，因此，需要求助医生，用一些抗焦虑或抑郁的药物治疗。

第三节
网瘾情结的危害与救治

目前全国在校千万名大学生中，有超过1/3的大学生在玩网络游戏。其中超过7%的大学生对网络游戏有依赖性。因沉迷于"网游"之中而性情变得暴躁的人数占27%；玩游戏与校园暴力相关的事件占29%。

年仅19岁的鲁新（化名，男生）从小学到高中几乎每年都被评为三好学生。2007年，鲁新高考一举夺得当地高考"状元"，如愿进入北京一所全国著名大学；入学不久就开始在校外网吧上网，逃课，彻夜不归；大一下学期4门专业课不及格；大二上学期被学校勒令休学一年。

2006年12月，徐州工程学院做出了一个处罚决定，对113名考试8门以上不及格的学生做出了退学处理，对156名考试4门以上不及格的学生留级一年。这个消息传出之后，学生们颇为震惊。一方面，大家说是罚之者重，这么多同学被退学和留级。其中一个很重要的原因，就是这些被处理的学生当中，绝大多数是因为染上网瘾而荒废学业的。

2011年5月，武汉一名沉迷网游10年的32岁男子离世。他留给父母的是几个游戏账号和写着"肺结核、双肺坏死、脑膜炎……"的死亡报告。

人类发明了网络，要求它服务于人类自身。网络适用于人类社会各个领域和各个层面，影响极为广泛，它对所有使用者都会产生巨大的影响。可以预计，未来仍将会以巨大的能量来改变人类的生活方式、思维方式、价值取向及伦理道德。在我国，2006年1月1日，"中华人民共和国中央人民政府"网站正式开通运行，这是我国网络发展史上的一件大事，意味着从此以后，普通公民也可以与中央政府"零距离接触"，标志着政府上网进入一个新阶段。这从一个侧面反映出互联网对我们生活的影响之深。现在,很难设想离开了互联网,我们的生活会变得怎样。虽然互联网的应用也就是十几年的时间,但它已经与我们的生活方式、学习方式、工作方式乃至思维方式都紧密地融合在一起了。很多人了解信息,他们直接占击键盘进入新闻网站、娱乐网站;学习查资料也不用总去图书馆了,"百度"一下收获就很大;嫌逛商场人多,可以去网上商城,价廉物美还送货上门;什么水电费、电话费、煤气费,以前缴费要排队,现在鼠标一点就轻松搞定;亲朋好友就算远在大洋彼岸,也不用担心高额电话费,QQ、MSN随时聊天,还可以视频;写写博客、上传自己录制的音频视频,我们真的进入到了虚拟世界的生活状态之中。

然而,网络所产生的诱惑,也给大学生带来一些伤害。网络成瘾,就是大学生应该预防、克制和救治的行为。

一、网络的发展与诱惑

(一)来自网络的巨大吸引力

网络是高科技时代传播文化的重要阵地,是人们获取信息、生活娱乐、互动交流的重要渠道。网络以其信息量大、易进入、易支付、交互性、虚拟性、交往的无限制性、多边性、匿名性、社会规范的弱化、人格多元性等特点,对使用者形成强大的吸引力,并构成了人们生存的"第二空间",成为继报刊、广播和电视之后的"第四媒体"。

网络作为吸纳、承载人类生活和创造的大平台,从某种程度上改变了目前的文化和娱乐形态,深刻地影响着人类的精神生活。网络媒体可以集文本、声音、图像、动画等形式于一体,网络媒体有能力在技术上实现多媒体传播,达到时空交融、视听兼备的综合性艺术效果,营造出特定的情感氛围。网络媒体把文字阅览、画面浏览和声音聆听融为一体,将欣赏者的各种感觉全方位打开,使视觉、听觉、触觉甚至味觉和嗅觉协同活动,获得多感官的刺激,让人体验到心跳、体温、眩晕、紧张等微妙的心理变化,达到真正的审美情感,从而获得精神上的满足与愉悦。

2011年7月19日,中国互联网信息中心在北京发布的《第28次中国互联网络发展状况统计报告》显示,截至2011年6月底,中国网民规模达到4.85亿,手机网民数量更是不断攀升;微博受到广泛推崇,网民使用率高达40.2%。

当代大学生是一个知识较密集的群体,也是最先接触和接受互联网的群体之一。目前,互联网普及所有的高校,以意想不到的发展速度,迅速占据了大学生生活和从事学习、活动的教室、宿舍和校园周边等生存空间。面对互联网构建的丰富世界，当代大学生们表现出了极大的认同感和参与热情。在网上参加游戏、聊天、听音乐、看在线播放电影、读娱乐性网上文章是大学生网上娱乐的重要方式。据山东省委高校工委对2003年全省高校大学生思想状况滚动调查中得知，在对个人影响最大的信息渠道方面，有60%的学生选择的是"国内广播、电视、报刊等"，居第1位；而排在第2位的便是"计算机网络"（占48%）；大学生上网的目的主要有"从网上收集材料"（占59.8%）、"提供新的学习渠道，促进专业学习"（占51%）、"从网上了解或谈论国际、国内大事"（占34%）。上述各项数据显示，电脑网络等高科技事实上已在大学生的日常生活中发挥着愈来愈重要的作用，已经成为他们学习知识、获取资料、了解世界、对外交往的重要途径和重要工具。对于网络，作为对新事物敏感的大学生，已表现出了极高的认同度和参与热情，并且由此率先成为迷恋网络的新生代。虚拟世界的网络已成为越来越多的大学生不可缺少的"生活伴侣"。

然而，网络自诞生之日起就注定了它是一柄锐利的"双刃剑"。网上在为人类快速、便捷地传递有益信息的同时，也存在着大量不良信息和许多风险，网络黑客、网络欺诈、网络信息垃圾和病毒、网络黄色网站等层出不穷。例如，网上有许多流行的游戏点卡（即给游戏账号充值的卡），但往往是使用者买了点卡后使用不久，账号便无法使用；一些网站谎称"代练"，收费后却盗窃付费者"网上仓库"中的"高端武器"，不法分子暗装"木马"程序，利用QQ发消息称有特价高级装备出售，一旦玩家登录其指示的网站，便侵入玩家电脑，玩家以后进入网络游戏，其账号密码便外泄，不法分子还可进行"网窃"；网络游戏给消费者安装的服务协议都是单方面的，存在不合理的条款。如当消费者停止使用网络游戏时，游戏点卡中的余额是不退还的；并且在一定的时间内不使用，就会出现无法使用的情况。消费者进入网络游戏后，有些网络营运商擅自使用或公开传送消费者的个人资料，侵犯了消费者的权益，如此等等，构成了对网络消费者的诱惑和伤害。

（二）大学生难拒网络诱惑的心理原因

1. 网络可以帮助大学生克服失落感

进入大学，大多数学生需要从原来家庭中的中心角色向校园学生群体中普通角色的转变。如果不能够很好地适应这种角色的转变，自信心便会受挫。由此而产生失落感和自卑感。或者走向另一极端，由起初的心理压抑进而产生了一切都无所谓的态度，一味地原谅自己，放纵自己，进而到网络上寻找满足感，找回原来的"辉煌"的自我。而网络的匿名性、交互性、社会规范弱化等特征，为补偿他们的失落感创造了条件。

2. 网络在一定程度上可以满足大学生的成功需求

大学生有很多需求，但许多需求的满足，需要付出艰苦的努力和奋斗。然而，在网络这个虚幻的世界里却能轻易地得到满足。在网络虚拟社区里，他们可在游戏中体验成功的乐趣。尤其是在网络对抗游戏中，每升一级或者是打过一关，游戏者都会产生一种愉悦感和"高峰体验"。这是一种转瞬即逝的极度强烈的幸福感，甚至是一种欣喜若狂、如痴如醉、欢乐至极的感受。这就使一些在学校活动中少有表现的大学生也能从中体会到成功的乐趣。而这种感觉又会进一步强化他们参与网络游戏的行为，使他们沉湎其中而不能自拔。

3. 网络可以进行虚拟的角色扮演

在虚拟网络社会中，人们的网上身份是想象的、多样的和随意的。每一个进入网络空间的人，都可以创造一个从来没有过的生活环境，过一过他们从来没有经历过的生活。在匿名的网络世界里，美丽文静的女孩可能变得很泼辣，且满嘴的土话；粗犷剽悍的男生也可能变得乖巧、可爱、含羞、羞涩。没有人会知道他们的真实姓名、性别、年龄和社会地位。这种"身份丧失"的变化可以让大学生尝试新的角色，起到"角色扮演"的作用。创造虚拟人物角色，获得权利和认同感，使他们过去某些被压抑或潜意识的个性释放，并产生愉快的体验。这就满足了大学生的心理和社会需要，容易使他们混淆了虚拟世界与现实生活的区别，导致对网络的深度依赖。

4. 网络可以满足大学生交友的渴望

大学生的思想比较活跃、渴望友谊以及同学之间的相互理解和支持。随着年龄的增长，生活空间的扩展，社会阅历的不断增加，交往的愿望也就越来越强烈。然而在现实生活中，由于人际关系的复杂性和大学生心理的单纯性，常会使部分学生在交往中遭受挫折，表现出了不同程度的人际交往障碍，如多疑、害羞、社交恐惧等，从而使他们的自我价值感得不到满足。而网络这个虚拟的世界能为进入者满足自己的价值感提供便利。如在网络里，不再强调相貌的作用，人们在一个非以貌取人的环境下相互认识、相互了解；每一个网民拥有平等的发言权，人们根据你的话语来形成对你的印象；这对那些现实中觉得地位卑微的学生更有吸引力。网络满足了大学生交友的渴望，在互联网上，人们可以跨越时空彼此相识，陌生的人可以发展友谊甚至产生爱情。

5. 网络为大学生提供了情感表达的渠道

情感表达是大学生网民的一个重要需要。通过上网来寻求人与人之间的，以互相关心、互相理解和互相尊重为要素的广义人类之爱，是一种潜藏在大学生网民内心深处的极为深刻的上网动机。而网络给他们提供了一个最好的、使每个人都有的、对爱的需要得以满足的场所。他们在网络中结识朋友，从中获得了现实生活中无法得到的情感交流、尊重和满足感。在网络里，他们通过聊天、建立个人主页、网恋和在 BBS 上发表自己的观点及见解。在网上，一个人的所思所想都是经过一定时间的筛选才反映为文字的，它展示的自我从某种程度上说更容易转换成为经过粉饰的或者是理想中的自我。而且在这里可以较为方便地寻找到理想化的白马王子或白雪公主，可以找到没有缺点的恋人。这种现代的、纯真的、柏拉图式的爱情童话既能够满足他们内心深处对浪漫爱情和友情的渴求，也可以慰藉内心深处孤寂的心灵。

6. 大学生可以通过网络宣泄被压抑的情绪

由于网络具有隐匿性、开放性、便捷性和互动性等特点，这就为大学生适时地转移、倾诉和宣泄自己的不良情绪提供了机会和场所。通过网络，他们可以时时宣泄被压抑的不良情绪，从中获得一定的心理治疗需求，以求自己从日常的精神紧张中解脱出来。因此，网络极易成为大学生躲避孤独和排解心理压力的场所。上网成了他们释放心理压力、松弛身心的一种方式。他们或到 QQ 聊天室向网友倾诉自己的不快，或到对抗游戏里冲杀一番。这正如同人们喜欢唱卡拉 OK、听摇滚乐、看足球比赛一样，个中原因是这样可以借此尽情地呼喊而发泄心中的郁闷和排遣被压抑的情绪。

（三）网络诱惑对大学生的伤害

网络是一个信息量巨大的宝库，也是一柄影响人生成长的双刃剑，它既可以给大学生的生活带来便捷与舒适，满足一些需求，同时也隐藏着各种各样的无奈甚至陷阱，给大学生带来一些负面影响。"信息技术的发展，一方面不断改变人们的生活方式，但另一方面也增加了人们对它的高度依赖性。当人们感受到其负面影响并试图摆脱它时，却又无奈地发现信息已经成了生活中不可或缺的重要部分，而根本就离不开它，所以也就不得不在各类信息汇集成的巨大漩涡里打转而不能自拔，以至于长期陷入一种由各种信息汇集的梦魇之中。"[①]

大学生作为社会中一个特殊的群体，正处于青春发育期，心理发展并未完全成熟，思想还不稳定，对外界的各种诱惑没有足够的抵御能力。网络交往的自由性、虚拟性和广泛性，符合了大学生这一年龄段的心理特征。因

---

① 徐秉君．如何摆脱信息垃圾的困扰．光明日报，2006－04－25．

此，他们往往也易接受错误的网络信息和诱导，从而受到一些伤害。

1. 网络不文明行为的大量存在

只要是经常上网的人，几乎都会遭遇如垃圾邮件、强制弹出广告等网络不文明行为的侵扰。目前，电子垃圾邮件几乎成为一种全球性的灾难。国际电信联盟的报告中曾指出，全世界80%以上的电子邮件都是垃圾邮件，它们每年给计算机用户造成大约250亿美元的损失。每一天都有一百多亿封的电子垃圾邮件不分国界地传播到世界的每一个角落，堆积在人们的电子邮箱中。只要打开电脑，人们就不得不面对它们。垃圾邮件还给我国国民经济带来极大的影响，每年造成的经济损失高达60亿元人民币。还有一些人在网络上传播谣言，散布虚假信息以混淆视听；有的人在网络聊天室相互谩骂，使网络风气变得低俗；还有的人制作、传播网络病毒，盗用他人网络账号，传播他人隐私，让广大网民深恶痛绝。

2. 黄色淫秽信息令人担忧

网络淫秽信息即网络色情，是指在网络上以性或人体裸露为主要诉求的信息，其目的在于挑逗引发使用者性欲，其表现形式有色情文字、声音、影像、图片、漫画等。如今黄色网站大量传播淫秽色情内容，以极其不健康的手段污染着网络空间。在互联网上，色情网页已经超过3.8亿个，如世界上著名的色情刊物《花花公子》就以合法的形式在美国进入国际互联网。这些黄色网站、网络色情对青少年造成的危害尤为严重，一些社会经验欠缺和自制力较弱的大学生往往会出于好奇或冲动，刻意去寻找一些色情信息，点击一些网址去看那些低级庸俗的东西，结果在受到网络色情内容的影响后而走上了犯罪道路。

3. 网络欺诈等犯罪行为令人发指

在网络交往中，由于交往的双方一般只是通过对方的语言以及自己的直觉、想象来感知对方，极易因对对方了解不全面及自己的直觉和想象偏差，导致上当受骗。例如，随着求职需求的扩大，越来越多的骗子和违法犯罪分子从中设置求职信息和招聘陷阱，引诱大学生交保证金、押金而实现诈骗目的。在网上银行、网上购物、网上交易迅速发展的今天，网络欺诈行为也日益增多。比如，网上频频出现一些假网站，它们假冒中国工商银行、中国银行等金融服务机构的正规网站，通过骗取用户账号密码而牟利。这种诈骗网站被称为"钓鱼"网站。进入21世纪，网络诈骗呈现出案发数量与涉案金额大幅增长的趋势。网络诈骗有时还会对大学生的人身安全造成严重危害。

广东省某高校一位大学生在网吧里跟一个网名为"小楼昨夜又东风"的美眉初相识就情意绵绵地聊了 5 小时，结束后还不过瘾，于是相约在僻静的小山脚下见面。没想到"东风"没来，竟遇到几个彪形大汉说他在勾引自己的女朋友。大汉三拳两脚就将这位大学生打翻在地，把钱包、手表、手机等值钱物品一扫而光。后来，这位可怜的大学生只能借用路人的手机求救，才得以返回学校。

二、网络成瘾的病态存在

网络的迅速发展和对大学生产生的过度诱惑，会使大学生形成网络依赖心理，最终导致形成网络成瘾的病态行为。

（一）网络成瘾的含义

网络成瘾也可称为网络依赖（Internet Dependency）或病态的网络使用（Pathological Internet Use）行为，其具体含义是：由于重复使用网络所导致的一种慢性或周期性的着迷状态，并带来难以抗拒的持续的使用网络的欲望。同时产生想要增加使用时间的张力与耐受性以及克制、退瘾等现象，对于上网所带来的快感一直有心理和生理上的依赖。1994 年，在世界卫生组织编写的医学辞典中，将其理解为由于过度使用互联网而导致个体明显的社会、心理功能损害。

通常，人们确定网络成瘾的前提是：由于上网给青少年的学习、工作或现实中的人际交往带来不良影响。在这一前提下，只要网民满足以下 3 个条件中的任何一个即可判定他属于"网瘾"：总是想着去上网；每当因特网的线路被掐断或由于其他原因不能上网时会感到烦躁不安、情绪低落或无所适从；觉得在网上比在现实生活中更快乐或更能实现自我。

（二）一般意义上的网瘾

一般意义上的网瘾包括下面一些类型：

1. 网络信息成瘾

由于网络所固有的广泛性和开放性，导致了网上信息的海量性，在网络上的信息是应有尽有。有的网民就不停地浏览网页，观看并收集各种无关紧要的、无用的或者不是迫切需要的信息，导致信息崇拜和信息焦虑或者超载，对海量的信息形成难以摆脱的依赖。

2. 网络色情成瘾

网络色情成瘾是指上网者迷恋网上的色情音乐、色情图片、色情影视、色情笑话以及色情文学作品、虚拟性爱等。此类成瘾者沉迷于观看、下载和交换色情作品。

3. 网络交际成瘾

网络交际成瘾是指上网者利用各种聊天软件、聊天室或者是专门的交友网站、多人用户游戏等进行虚拟人际交流。具体表现是使用者深陷网恋、网络黑客联盟、网络游戏群体、网络自杀群体等各种各样的在网络交往基础上形成的网络群体而不能自拔。

（三）不良的"网络游戏成瘾"

网络游戏成瘾是指沉迷于电脑程序性游戏或网上下载或购买游戏软件在网上游戏或交锋比拼，以致严重到影响正常的学习和工作的程度网络依赖行为。一般的电脑程序都带有游戏，如常见的扫雷、纸牌、弹球等，通常设有级别，每完成一次电脑都会自动给出分数，给出英雄榜上的排名等。网上经营的诸如养宠物、偷菜等游戏，模拟生活中人们渴望的各种心理需要，从而无形中将人们置于脱离真正的现实生活，沉迷于虚拟世界的状态。

网瘾，一定意义上等于说是网络游戏成瘾，这是因为就一般意义上说，网络只是像一面镜子照出真实的世界而已。所谓的"网络交际成瘾"、"网上购物成瘾"等，折射到现实生活世界中，不过是社会上存在一些喜好聊天交友的人、喜好购物的人罢了。但是，网络游戏却不那么简单，网络游戏成瘾与一般的网络成瘾不同，它对于青少年的影响面之广和毒害之深，是其他的网络成瘾行为对人的伤害所不可比拟的。

2009年，中国青少年网络协会在京发布的《中国青少年网瘾报告（2009）》调查结果显示，网瘾青少年主要是"网络游戏成瘾"。网瘾青少年的上网活动特征十分明显，近一半（47.9%）把"玩网络游戏"作为其上网的主要目的并且花费的时间最长，属于"网络游戏成瘾"；在以"玩网络游戏为主要上网目的"的网瘾青少年中，38.1%"参加过网络游戏公会"，而在这些"参加过网络游戏公会"的网瘾青少年中，72.0%认为"参加网络游戏公会后"上网时间增加；在网瘾青少年中，最受欢迎的网络游戏类型是"角色扮演"，其中，"魔兽世界"是最受欢迎的角色扮演类游戏。[①]

一般说来，普通的益智类游戏本身是个好东西，可以给人们以轻松娱乐的放松感觉。但是，因为追逐利益的需要，一些网络游戏公司利用在技术上所具有的绝对优势，用生产不良的网络游戏手段来吸引和毒害消费者，使之

---

① 蔺玉红，董城. 2009年中国青少年网瘾报告显示：城市未成年人网瘾比例与4年前比下降. 光明日报，2010-02-03.

"网络游戏成瘾",这对于青少年的身心来说,伤害是极大的。结果在当今社会出现了"父母买单,玩家受害,网游公司获利"这种不健康的网络游戏发展失当局面。

所谓不良的网络游戏,当下主要指如下几类:第一,打着免费游戏的幌子,诱使玩家进入并沉迷其中,而后又利用玩家的心理弱点疯狂圈钱。第二,宣扬暴力、迷信、色情,教唆犯罪。第三,现实中法律所禁止的赌博、彩票、传销等变相移植到游戏中。第四,置玩家的利益于不顾,随意更改游戏内容。第五,无视国家的知识出版法律,利用技术优势规避国家行政主管部门监管。

不良的网络游戏培育了网络游戏成瘾者,不良的网络游戏成瘾甚至可说是与毒品一样在危害着意志品质较弱的大学生。我们知道,在医学原理上弄明白毒品为什么会让人成瘾并不太难,存在在吸毒者身体上的生理毒瘾也相对容易在强制下戒掉。但是,"破山中贼易,破心中贼难"。谁都知道,吸毒者最难以戒掉的是具有依赖性的"心瘾",而不良的网络游戏直接指向的恰恰就是对玩家心灵的一种毒害。这一游戏从寻找人性的弱点出发,精心设置了使人上瘾沉迷其中的机制,一旦进入其中,欲罢不能,直至走向无尽的苦海。这正如有教育者讲述的体验一样,在这"一片色彩斑斓的世界,在'适度游戏益脑,沉迷游戏伤身'的引导下,我激动地体验着游戏丰富的内容所带来的快乐,而游戏本身完美的画面、动听的音乐、曲折复杂的情节、方便的交流环境,以及各种各样的社会帮派系统等都使我感受到网络游戏不同凡响的巨大魅力……在玩游戏时,我结识了许多玩家朋友,一起升级,打怪,做任务;一起对话,聊天,分享着彼此的经验与快乐,由此对游戏引力的认识也是越发深入。但快乐并不是永恒的,与之俱来的常常是被无端地屠杀。这种以激发起别人仇恨为快乐本源的屠杀行为,在游戏中被称为'PK',眼下已成为一个代表对决的时尚词汇。复仇是正常人的最本能的心态,而实现这一目标的唯一手段就是在能力上要超过对手,树立自己在游戏中受人尊敬的地位无疑是每个玩家的不懈追求"[1]。于是,玩家们就不得不在越陷越深的网络世界里走下去。显而易见,不良网络游戏以激发起别人仇恨的"PK"为快乐本源的屠杀行为大行其道,玩家在游戏情境中可以无视法律随意杀人,崇尚战争光荣和和平可耻,崇高弱肉强食和有仇必报,信奉拜金主义和冷血主义。这种在大脑里不断被灌输的价值观、世界观,可说是对善良人性赤裸裸的改造。

---

[1] 明宗峰. 一位大学教师的刻骨体验,不良网络游戏就是精神鸦片. 光明日报,2009 – 12 – 17(5).

不良的网络游戏比毒品还毒,对此,我们进行比较就可发现其中的差异:

共同点:二者都有让人成瘾的特点。

不同点:

(1)毒品直接伤害的对象是人的身体,而不良网络游戏直接毒害的对象是人的精神世界。

(2)毒品消耗吸毒者大量的金钱,而不良网络游戏可以吞蚀玩家大量的时间和金钱。

(3)从侵害对象看,毒品毒害的大多是空虚无聊的人,而不良网络游戏毒害的是国家的未来和栋梁,尤其是作为玩网络游戏的骨干力量——当代的大学生。

(4)毒品是卖淫、嫖娼等性犯罪的帮凶,偷偷摸摸地危害人类,而不良网络游戏是抢劫、暴力、自杀等恶性案件的催化剂,但在当下却能做到光明正大地危害社会。

(四)"网络成瘾"的典型表现

网络成瘾是使作为网络行为活动主体的人丧失了行为活动的自主性,从而蜕变成为互联网的奴隶。由于进入网络空间好比是进入一个浩如烟海的信息、知识、娱乐的数字化迷宫,尤其对求知欲望强烈、易于接受新鲜事物的大学生来说,如果自我控制力差,极容易沉溺于网络虚拟空间而不能自拔,形成上瘾综合征。例如有一些学生平日里无精打采,一上网就处于亢奋状态;一天不上网,手指便会发痒,把桌面当键盘敲;每天虽然告诫自己不要泡网吧了,可一到傍晚,还是不由自主地走进那里,一玩就玩到凌晨,想停也停不下来。有些人甚至在街上看到俊男靓女就想"page"(传送信息给)人家,看到杂志上有意思的文章就想按"R"来"reply"(回复),见到窗户就想找"最大化"按钮,看到精美图片就想按鼠标右键存档。类似这样的有"网络成瘾症"的大学生目前在高校的"发病率"正不断攀升。有关专家曾抽取上海市8所高校3 970名大学本科学生,采用分层随机取样的方法,对大学生网络成瘾进行研究,发现上海市大学生网络成瘾发生率为12.9%。男生的成瘾发生率为17.4%,女生的成瘾发生率为9.8%。大四学生网络成瘾比率为39.6%,比其他年级高出20多个百分点。大一学生网络成瘾比率最低,为11.3%。美国德克萨斯州大学的心理学教授发现,至少有14%的在校学生患有网络成瘾综合征。

有研究表明,网络成瘾者每周无意义使用网络平均达38.5小时,而非成瘾者仅为4.9小时。78%的网络成瘾者是使用聊天室、网络游戏和新闻组这类偏重双向沟通功能的网络工具,而非成瘾者上网多数出于工作或学习的需要而将网络视为工具；网络成瘾者普遍认为使用网络对他们的学业、人际关系、经济状况和职业会造成中等的或严重影响，但又普遍忽视网络成瘾给自己身体带来的伤害。据调查了解，在高校学生中主要存在着网络交际成瘾和游戏成瘾。一般情况是，女大学生热衷于上网聊天，通过网络和素未谋面的"网友"海阔天高地神聊，其成瘾者都有自己的QQ、每天定时在网上守候、有十几个以上的网友、如果不能上网则有强烈的失落感等；男大学生则更多地热衷于游戏，追逐游戏的级别，感受的是游戏级别越高，自我人生价值实现就越大的一种体验。

网瘾的典型表现：

①每月上网时间超过144小时，即一天4小时以上。且越来越长，无法自控、特别是晚上，常至深夜；上网时间每次都超过预定计划。

②上网后精神极度亢奋并乐此不疲，网上行为不能自制，或通过网络来逃避现实、消除焦虑。经常在网上与陌生人聊天、通电话、约会等。

③对家人和朋友隐瞒自己是"网虫"。

④无法控制上网冲动，头脑中一直浮现和网络有关的事，下线后继续想象上网情形。

⑤出现网瘾病态，不上网时手指会不停地运动，表现出情绪低落、无愉快感或兴趣丧失、睡眠障碍、生物钟紊乱、神经衰弱、食欲下降和体重减轻、精力不足、精神运动性迟缓等生理特征和激动、自我评价低和能力下降、思维迟缓、社会活动减少，甚至大量吸烟、饮酒和滥用药物，以及逃学、废寝忘食、不与人交往、焦躁不安，甚至萌生自杀意念和行为等。

（五）网络成瘾的原因

国内外许多学者认为，网络成瘾现象与赌博现象特别相似，是在没有致醉物情况下的行为冲突。当代大学生作为青少年中的优秀群体，应当是一个比较成熟和理性的群体，但事实上却出现了部分同学沉迷于"网游"而不能自拔的情形。究其原因，可以归结为两个方面：

1. **外在原因**

（1）网络的交互性、超链接性、虚拟性容易使大学生网络成瘾。

网络的交互性为大学生网民提供了同步通信环境。通过网络，大学生可以就自己感兴趣的话题加入不同的论坛，进行平等的交流，还可以根据自己的需要建立论坛。网络的超链接性为信息传递和转移（甚至干扰）提供了方便，如声带的信息资料容易被人窃听，数据在传送过程中容易被拦截，储存在系统中的信息资料库存往往被侵入，由此造成了网络产品在安全上的漏洞。网络的虚拟性也容易使大学生上网成瘾。"在互联网上，没人知道你是一条狗。"这句话便是对互联网虚拟性的最典型表述。网络的虚拟性和隐蔽性为大学生浏览色情信息、图片、色情作品等提供了天然的屏障。他们可能甚至从没想过在现实生活中做他们在网上做的事，但屏幕的安全性允许他们放纵无意识的欲望和做禁忌的事或发泄被抑制的感情。网络的虚拟性带来了网络行为的去抑制性，自控能力低的大学生更是容易把弗洛伊德所说的"本我"在网上展示出来，"自我"和"超我"的控制力和约束力则不复存在。

（2）大学生所处的外在环境容易使他们陷入网络空间不能自拔。

在中学阶段，家长们"望子成龙，望女成凤"心切，对孩子的期望值特别高，使孩子们成才的压力变得特别大，由于长期忽视孩子的心理问题，促使不少青少年将网络当作发泄情绪的场所。一旦受到挫折，他们就容易到虚拟空间寻找自信和自尊。青少年沉迷于网络空间，学校教育的不完善也是需要检讨的原因。虽然素质教育已提倡多年，但是由于升学就业压力的存在，使得学生习惯于通过网上聊天及网络游戏等来释放自己的压力，网络成了他们消解自己情绪的最好通道。上了大学后，离开了父母监督看管的环境，大学生觉得无论在时间上还是在经济上，都比以往有更多的自主权。加上大学每天的课程同中学相比并不多，校园管理相对轻松，突然面对大学空闲的时间，一些大学生不知如何打发，就会倍感无聊和空虚。而上网最容易打发这些无聊的时间，并且网络世界比现实世界约束更少，进入者不必为自己的行为负责，这样，一些学生便开始尽情享受"网络自由"而不能自拔。

2. 内在原因

青少年的身心发展特点、人格特点以及部分青少年所固有的心理障碍是大学生上网成瘾的充分条件。青少年时期作为人生成长的一个特殊阶段，往往被喻为人生发展的急风暴雨期，即生理和心理迅速走向成熟的时期，是个体社会化的关键阶段。大学生渴望自我独立，但自制力较弱；他们渴望友谊和交流，但又受现实社会条件的限制而自感不能满足需要；他们追求自我实现，寻求自我认同，但激烈的竞争环境和单一的社会评价标准让他们的成就感无法在现实世界得到满足。如此等等，正是由于大学生特殊的身心发展需要无法在现实社会中得到满足，他们才纷纷转向虚拟世界，把网络空间当作满足自身需求的舞台。网络游戏里的高手头衔，游戏过程中的每一次升级和虚拟奖励，都能让他们体会到愉悦的成就感和满足感。网上聊天让他们很容易找到倾诉的对象，结交到志同道合者，即时满足交流的需要。当他们在虚拟世界里一次次获得快乐与满足时，便会希望重复获得。由于现实生活的不尽如人意，他们便自然地将其注意力转向网络，宁愿沉浸在虚幻的网络世界之中，让自己容易受伤的情感驰骋在具有隐秘性、欺骗性的无限空间，以求在那里去获得些许安慰和满足。

三、网络成瘾的危害与救治

在互联网成为青少年生活、学习帮手的同时，上网成瘾又使在校大学生的世界观、人生观、价值观、道德观以及认知途径、行为方式等方面发生了剧烈变化。网络游戏、虚拟交友、网络迷信正悄悄地影响着大学生的身心健康。使得其中有不少人表现出程度不同的网络成瘾倾向，他们在网上花费了大量的时间，产生了偏离社会正常轨道的社会心理问题，如上网成瘾、网恋、网络犯罪等，甚至还出现了因长时间过度上网而猝死现象。

(一) 网络成瘾对大学生的危害

1. 学业易受挫折

大学生花费大量的时间通宵达旦地"泡"在网上聊天、打游戏，必然影响学业。有一位网迷写道：该死的网吧呀，你夺走了我的学业、夺走了我的大学。我咬牙切齿，有切肤心痛！但就是不能自控！这位同学说：我一闭眼，就看到键盘，手指碰到任何物体都有鼠标的感觉。鼠标一点，导弹就发出了。如此而言，我们无法真正进入那些网迷们的内心世界去体味他们的感受，但可以想象到他们游离的眼神、涨红的眼睛、疲惫的心理到底有多少精力去注意学习。据报道，贵州大学曾对500名大学生上网情况的调查，结果显示，超过6成的大学生因上网而逃过课，仅有24.1%的学生从未接触过非法和不良信息网站。据华东某高校对237名退学试读和留级学生的调查，发现其中有80%的学生是因为迷恋网络而导致成绩下降。广州上网的青年学生中有1/3的人患有网络综合征，有的人顾不上听课学习和做作业，甚至备足了方便面，坚持足不出户地上网鏖战，结果是考试成绩"大红灯笼高高挂"。北京某高校就曾发生过2个专业90多名学生中竟有超过1/6的学生因沉迷于网络而导致考试不及格，最终退学的事件。美国宾州某大学调查表明，58%的青年学生因为花在网上的时间太多而影响学习。纽约的一所大学调查发现，在辍学的新生中有43%的学生通宵达旦地上网。这些事例说明：网络成瘾对学生的学业构成了严重的威胁。

2. 损害身体健康

网络成瘾对身体的影响主要是造成眼睛疲劳、视力下降、肩酸腰痛、头痛和食欲不振以及其他症状。长期这样下去，势必影响人的健康，导致大学生的抵抗能力下降、视力衰退、紧张性头疼、肌腱炎、腕部综合征、背部颈部疼痛等症状频频发生；甚至造成大学生智商下降等症状。很多人因此产生脊柱弯曲、"键盘肘"等生理性病变。由于网络游戏的强烈刺激和惊心动魄的打斗，游戏者血压升高，心跳过速，又加上过度疲劳，也曾发生过最后猝死网吧的案例。大学生沉溺于网络，易养成"日落而作，日出而息"的不良生活习惯，由此严重地损害身体健康。电游、网吧空气混浊，人多拥挤密度大，正所谓"烟味、食物味、汗臭味，味味俱全；机器声、打闹声、脏话声，声声刺耳"。卫生、环境条件极差，学生的身体健康受到严重影响。所以，玩通宵电子游戏的网迷走出网吧时，眼睛涨红，蓬头垢面，两腿发软，形似缟素，所受到危害不亚于大麻、白粉等毒物。据调查，常用电脑的人中感到眼睛疲劳的占83%，肩酸腰痛的占63.9%，头痛和食欲不振的占56.1%和54.4%。

3. 损害心理健康

网络成瘾还会对人的心理造成一定的影响。过多地沉迷网络，导致网瘾者出现心理焦虑和浮躁。这是因为一般网络游戏的设计内容往往包裹着许多一时难以拆开的厚重外壳。每拆一层，里面还有一层，层出不穷，由此吸引上网者不能自拔而成瘾。一旦停止上网，网瘾者就会产生不安、焦躁、失眠、情绪低落、心情不佳、思维迟钝等类似于"中毒戒断"的症状。还有一些大学生形成"人格异化"，表现为与同学、老师交流的时间减少，人际关系紧张，与父母、朋友产生矛盾，严重的会患上"电脑自闭症"。网络成瘾也会影响大学生人格的发展。上网时，大多数人善于隐匿自己的真实身份，而习惯性地用虚拟身份，容易形成人的软弱、虚幻的人格。另外，出于好奇而"易性"上网者，容易导致产生易装癖、同性恋倾向等不健康人格，如喜欢独处、敏感警觉、倾向于抽象思维、缺乏社会交往、不拘泥于社会规范等，以致形成性格内向、自制力差、无成就感、自卑，进而在人际交往中感到困难。

4. 社会适应能力下降

网络使大学生在生活中的负性情绪得到调节。但产生的问题是，当人习惯于这种调节后，在网络外找不到属于自己的空间，在现实生活中就会丧失勇气和决心，无法应对现实给自己带来的挫败感受，从而社会适应能力下降。这是因为互联网世界打破了传统的时空观，实现了形式上的"天涯若比邻"。可是由于这一切都是借助电脑完成的，脱离了这个特定的环境，也许就会出现不相识的情况，反过来成了"比邻若天涯"。而生活中这样的现象的确并不少见。有的大学生迷恋网络，导致人际关系疏远，代之而来的是力求建立一种虚拟的人际关系。他们觉得，在网络上人们可以撕掉一切假面具，网友之间可以进行自由地交流，实现亲密地接触，这要比复杂的现实生活来得更加轻松、随意。其结果是网络上的"真人"没认识一个，而现实中的同学、朋友却纷纷和他拉开了距离。

5. 道德情感的弱化

长期置身于网络社会中，大学生很容易抛弃在现实社会中具有的道德意识和责任感，甚至将网络社会的肆无忌惮的行为延伸于现实社会，造成道德冲突和道德失范。例如，为了筹集到上网的费用，上网学生有时可以不择手段，轻者花掉学费、生活费，欺骗父母亲友，债台高筑，给父母、亲友造成沉重的经济负担和精神压力。严重者甚至通过到处说谎行骗、偷窃、抢劫钱财等手段来达到上网的目的，由此给社会带来严重的危害。根据在2007年网上报道的对北京5所高校的调查结果，有12.5%的人曾经获得他人的邮件，5.4%的人曾发布不健康的信息。有31.4%的青少年并不认为"网上聊天时撒谎是不道德的"，有37.4%的青少年认为"偶尔在网上说说粗话没什么关系"，还有24.9%的人认为"在网上做什么都可以毫无顾忌"。他们认为，网络是"安全"的，网络行为可以不符合社会规范，可以不负责任，甚至可以撒谎、欺骗、伤害他人，可以不必担心不诚实的网络行为会受到别人的指责。

6. 诱发违法犯罪

上网需要一定的经济条件作为后盾，可是大学生中的绝大部分还不具备独立谋生的经济能力。当沉溺于网络而不能自拔，又没有正当经济来源做保障时，因为上网的需要，便有可能走上违纪和犯罪的道路。现在的网络又不是一块纯洁的净土，网络的隐蔽性和距离感使人们可以毫无顾忌地说谎和行骗，在互联网上也因为有很多不健康的内容。例如，色情、暴力等各种不良信息充斥着网络，所以使广大青少年为此受到不良的影响。

在震惊全国的河南连环杀人案中，凶犯黄勇因为迷恋网络游戏中的血腥和暴力，所以将自家的一个面条机架改装成杀人器械"智能木马"。黄勇是上网高手，每次将崇拜他的男性青少年从网吧、游戏厅、录像厅骗回家中后，就借用"智能木马"功能将其捆绑杀害，如果被骗回的人多，他感到自己力量不足时，就借酒将其灌醉勒死。黄勇用借酒灌醉的方法作案2次，在"智能木马"上作案14次，共杀死17人。也因此，他最终走上了不归路。

青少年一般没有独立的收入来源，为了能弄到进网吧的钱，有的结伙敲诈，有的偷盗抢劫。还有一类人进出网吧不只是为满足"网瘾"要求，而且是为了寻找合适"对象"进行敲诈勒索，以至于打架斗殴的事在网吧经常发生。由此可见，网吧已成为滋事生非甚至是培育暴力犯罪的一大聚集地。

（二）网络成瘾的自我救治

网络用好了可以造福人类，用不好也可以贻害无穷。网络是"利人"，还是"伤人"，关键在于跟网络打交道的人能否有"节制"的道德意识和良好品质。在网络世界里，大学生可以拥有虚拟的身份，但这不应成为放弃自身道德感和责任心的借口。每个人都希望拥有一个清新安宁的生活空间，每个人都愿意自己拥有一份有价值的文化遗产，为了这份希望与心愿，每一个上网的大学生，都有尽力做一个有道德、有品味、讲文明、懂礼貌的新时代网民的义务，都应力图克服网络成瘾的陷阱。

1. 确立现代网络理念，理智上网

互联网的发展使人类迈进了信息时代，人们的生活空间大大扩展，生活中的资讯内容、信息内容也大大丰富。大学生作为网络时代的"旗手"，理所应当掌握网络这一重要的增长知识和心智的工具。网络上各类信息和资讯应有尽有，重要的是我们做出怎样的选择。因为"天使和魔鬼的距离，仅是一步之遥"。决定了大学生上网时应理性地对其进行选择，文明上网，网络就会起到帮助我们增长知识和智慧的作用。所以，对于沉迷于"网游"的大学生朋友，我们提出如下建议：第一，努力促成心理年龄的成长，积极养成独立决断、抗挫应难等非智力素质。第二，树立远大理想，制订符合实际的计划。有了明确的目标，"网游"的所谓能起到"缓解"空虚迷茫的作用也就失去了存在的价值。第三，积极参加社会实践，注重全面发展。培养一两个特别的爱好，对于克服沉迷于虚拟世界的病态行为能起到很好的替代作用。

2. 培养网络道德意识，遵守网络规范

网络世界具有与现实世界相同的基本道德规范。所谓网络道德，是指以善恶为标准，通过社会舆论、内心信念、传统习惯来评价人们的上网行为，调节网络时空中人与人之间以及个人与社会之间关系的行为规范。网络道德是传统道德规范在互联网环境中的一种特殊表现形式。一切网络行为必须服从于网络社会的整体利益，这就要求个人参与网络活动时，不得以任何形式损害网络社会的整体利益。为此应当恪守以下礼仪：第一，面对扑面而来的信息潮，大学生应当像节制午餐一样进行"信息节食"。特别是对于反动、色情、迷信的信息，自觉地做到不看、不听、不信。要善于运用信息科学手段，学会筛选有用的信息，提高抵制信息污染的能力，使自己不仅成为网络的使用者，更是网络的建设者和真正的主人，以良好的姿态去迎接信息社会的挑战。第二，应当"记住人的存在"。互联网为来自五湖四海的人们提供了一个共同交往的平台。当我们面对电脑屏幕时，不要忘记对面就是另一个人的真实存在。为此，应当遵守与人交往的道德，网上网下行为一致。不要因为网上的交往就可以降低现实生活中做人的原则和做事的道德标准。第三，与人分享你的知识。在与人争论问题以及回答问题时，应当平心静气，以宽容的态度待人和以理服人，不应进行人身攻击。例如，当看到别人写错字、用错词，问一个"低级"的问题时，不要在意。如果真的想给对方以建议和帮助，那么，最好用电子邮件私下提出。总之，自由与自律是网络礼

仪、网络道德的基本原则。大学生应当清醒地认识到电脑只是个工具，而不只是有了烦恼就可以上网玩游戏的朋友，或者对着屏幕另一端的网友随意地诉说衷肠。大学生应当道德上网，不浏览和传播不良信息，不侮辱欺诈他人。要科学用脑，提高自己的互联网免疫能力。一旦发觉身心不适，应停止上网，以免有损生理、心理健康。

3. 形成良好的上网习惯，戒除网瘾

强化自己的意志力，以养成健康良好的上网习惯，这对于克服网瘾十分重要。为此，大学生应当做到：第一，如果你有借网消愁的嗜好，不要把上网作为逃避现实生活问题的工具。应当明白，上网并不能解决你的现实问题，"逃得过初一，逃不过十五"。当你几小时后下网的时候，问题仍然摆在那儿。相反，用上网来转移愁绪的方法会不知不觉地强化自己的不良习惯，借网消愁愁更愁。第二，上网之前应当先选定目标。每次花2分钟时间想一想你上网干什么，把具体要完成的任务列在纸上。然后，根据任务来限定自己的上网时间。到时即止，时间长了，就能消除自己的网瘾。不要让自己的灵魂在茫茫无边的虚拟空间中迷失方向。

网络交友要慎重：

①交友网站很多。要选择内容健康的合适网站。自己要取一个合适的网名。不要登录不良网站。不要随便发出征友广告。

②充分认识网络世界的虚拟性和险恶性。如对方询问你的三围问题、床上问题、经济问题，应果断地与其断绝来往。

③保护好个人的相关信息。对自己真实姓名、所在学校院系班级、宿舍电话、手机号码等，不要轻易给对方。对网友的网上交谈内容不能信以为真。

④使用防病毒软件与防火墙软件，将不良信息拒之门外。不要轻易和网友视频、见面。因为，通过网络不可能了解到一个人的真实情况和真正的性格。

⑤如果与网友的关系发展到了足够信任对方，并且，有把握觉得可以见面的时候。那么，在和网友见面时，应注意约会的时间与地点的安全性。首次见面时，最好叫上一个同伴。

⑥网络交友过程中如果受到不法分子的侵害，应当及时向公安机关报案，让不法分子受到应有的制裁，以避免更多的人上当受骗。

3. 用自己的意志力克服和摆脱网瘾

对于已经存在网络成瘾问题的大学生来说，要戒除网络成瘾，首先要勇于承认并正视这个问题。不要以为沉迷网络又不像毒瘾那样因毒品依赖而有生理痛苦与备受折磨的症状，所以不以为然。其实目前在很多国家，网络成

瘾在精神医学的就诊分类上已被列在"冲动控制疾患"中，和强迫症、病态性赌博、购物狂是同一类型，而且不好矫治。网络成瘾行为与药物成瘾相类似，成瘾者必须认清成瘾行为的危害，主动寻找帮助，摆脱网络成瘾的困扰。

大学生应当有自己的人生发展规划，找到自己的兴趣与特长，树立一个比较长远的目标，进行科学合理的人生设计并且为之努力。人一旦有了人生的目标和规划，能够对自己的生活负责任，就不会在网络上消耗太多的宝贵时间。也因为有了目标，而不会觉得生活充满了无聊和失败，就会在一些不愉快的事情面前，有了面对困难的勇气和战胜困难的毅力，同时也会进一步增强自己战胜网魔的自信心。

对一些中毒过深的网络成瘾的大学生而言，如果仅凭自身的力量难以摆脱成瘾行为，就得需要专业人员的指导和家人、朋友，特别是老师的支持和帮助。对此可以采取以下一些方法进行救治：

（1）时间控制法。

上网最难把握的是时间。不管是成瘾者还是一般的上网者，在网上时间总是在不知不觉中流失，特别是成瘾者上网以后几乎没有时间的观念。因而，上网之前应给自己限定一个时间且不宜过长。应当说，用自己的意志力来控制上网的时间是一种行之有效的办法。但是，要真正限制成瘾者的时间，那又是一件非常不容易的事。这就需要别人帮助打乱他的惯常的网络时间表，让其适应一种新的时间模式，从而改进其上网的习惯，以帮助个体建立一种积极的应对策略，取代消极的成瘾行为。

（2）自我警示法。

在很多情况下，成瘾者由于具有错误的思维方式，往往夸大自己面临的困难，并缩小克服困难的可能性。为了帮助成瘾者将精力关注在减轻和摆脱成瘾行为的目标上来，可以让成瘾者分别用两张卡片列出网络成瘾导致的主要问题和摆脱网络成瘾能够带来的主要好处。然后，让成瘾者随身携带这两张卡片，时时处处约束自己的行为。另外，让成瘾者列出网络成瘾后被忽略的每一项活动，并按照重要性进行排序，使其意识到自己以前在成瘾行为和现实活动之间所做的选择差异，并使其从现实生活的有益活动中体验到满足感和愉悦感，从而降低从网络环境中寻求情感满足的内驱力。

（3）"家庭"治疗法。

家人、老师、寝室同学、朋友以及这些"大家庭"的成员对网络成瘾者戒瘾给予支持和理解很重要。首先，"家人"应当明白网络具有强烈的致人成瘾的倾向，在帮助过程中应尽量减少对成瘾者的责备，尽可能与成瘾者就其成瘾的原因进行交流；通过倾听成瘾者的感受，与之外出度假或帮助其培养新的爱好等措施，促使其恢复正常状态。其次，成瘾者与"家人"最好共同制定具体的行为契约、计划，让成瘾学生接受外界监督，"家人"给予有效的督促和及时的鼓励与鞭策。

（4）群体支持法。

任何人都是社会的人。针对网络成瘾者独来独往、不合群的特点，可以实行带有一定强制性的措施要求他们参加诸如互助小组、学生社团、才艺班等社会团体活动，以提高其个体结交朋友的能力；要把他们的时间和精力从网络上抢回来，强迫他们参加有益的校园文化活动，使其生活步入正常人的轨道，从而减少或降低乃至最终脱离对网络的依赖。

（5）药物治疗法。

国际上已经公认，网瘾和吸毒、酗酒、赌博成瘾一样，都具有化学成瘾的性质。所以决定了药物治疗"网瘾"的原理和戒毒是一样的。这是因为现代医学研究表明，人体内有一个"奖赏系统"，这个系统的物质基础主要是多巴胺。多巴胺的增加、减少调控着人的情绪。成瘾，就是多巴胺的自我调控失衡。瘾君子吸食毒品，就是通过外源性的物质摄入使体内多巴胺含量骤然增加，使人有快感。而网络、赌博等行为的依赖者则是通过内源性物质获得多巴胺成分的增加，得到快感。令人欣慰的是药物对多巴胺的起伏有着很好的平衡作用，特别是有"除瘾"的功效。

一、资料库

（一）网络综合征

网络综合征又称网络成瘾症、网络后遗症、网络性心理障碍，是指没有一定的理由，却花费大量的时间和精力，沉迷于网络聊天、浏览等活动而引发的各种影响生活质量的甚至是病态的生理和心理障碍。其典型表现有：情绪低落；无愉快感和兴趣丧失；睡眠障碍，失眠、早醒，生物钟紊乱；食欲下降和体重减轻；精力缺乏，做事费力；精神运动性迟缓和激动；自我评价降低，自责，能力下降；思维迟缓，思考困难；严重者有自杀意念和行为；社会活动减少；大量吸烟，酗酒，饮用咖啡或浓茶，药物滥用。

美国心理学家金伯利·杨格（Kimberly Young）提出诊断网络综合征的10条标准：

①下网后总会念念不忘网上之事；

②总嫌上网的时间太少而不满足；

③无法节制上网；

④一旦减少上网的时间就会焦躁不安；

⑤上网就能消散种种不愉快；

⑥上网比上学做功课更重要；
⑦宁愿失去重要的人际交往和工作也要上网；
⑧不惜支付巨额上网费；
⑨向亲友掩盖频频上网的行为；
⑩下网后有疏离、失落感。

杨格认为，只要有以上4种的症状，便可判断为患有网络综合征。

美国匹兹堡大学心理学家设定了8项检测标准，符合其中5项就可诊断为初期"网络成瘾症"。如果每周上网时间超过40小时，就意味着患有深度的"网络成瘾症"。这8项标准是：

①全神贯注于互联网上活动，下线后还想着上网的情形；
②在网上需要花更多的时间才能获得满足；
③多次努力想控制或停止使用网络，但总是失败；
④企图减少或停止使用网络时，觉得情绪低落，易发脾气；
⑤花费在网上的时间总比预期的要久；
⑥为了上网，宁愿置重要的人际关系、工作或教育机会于不顾；
⑦向家人、朋友或他人说谎，以隐瞒自己涉入网络的程度；
⑧上网是为了逃避问题或释放情感，如无助、罪恶感或焦虑沮丧。

（二）亚洲赌王尧建云

尧建云说："赌博是一把无形的刀，你自己被砍死了，却浑然不知；赌场也是一个看不见的战场。在这个战场上，没有朋友，也没有父子。在赌场上，每个人眼里都只有钞票，这里是看不见良心的；赌博永远没有赢家，赢了钞票，你就得输掉良心。"

尧建云1963年出生在江西省抚州市一个普通居民家里。十四五岁的时候，他在当地已经是出了名的"坏孩子"。刚满16岁时，父亲把他送到南昌一处建筑工地打工。生性懒散的他，无法忍受工地上的苦力活。工作间歇时，工地上的工人闲得无聊，便聚在一起赌赌饭票、布票等。出于好奇，他参与进去。由于赌运不错，赢了几次后，尧建云很快便迷上了赌博。18岁那年，尧建云认识了名噪江西地下赌坛的"千王"杨某并成功地拜他为师，经常跟着他出入各种赌场。细心的尧建云眼观六路，刻意"揣摩"，再加上杨某的点拨，很快就掌握了赌场上的"千术"。

尧建云在"赌圈"里小有盛名。1992年，尧建云来到浙江金华。一场赌局下来，尧建云便名声大噪，很多人都折服于他的高超赌术。赢来大量的钱后，他穿名牌，吃山珍海味。无论走到哪儿，身边随时都有数名"保镖"陪着。

1998年10月，珠海的渔船老板邀尧建云去广东赌一次大的，赌注有

500多万。他便带上100多万元现金和几名得力助手去了珠海。船驶入公海后，一场豪赌便开始了。尧建云不愧是"千王"。第一天上午，他就轻轻松松赢了200多万元。下午继续赌时，尧建云发现自己的马仔竟向对方老板使眼色，但他当时并没有多想。下午3时，尧建云与对手每人在桌面都投下了好几百万元，尧建云使出绝招，巧妙地出千换了牌。就在那一瞬间，站在尧建云身旁的马仔突然大喊："他出千！"对手似乎早有准备，大吼一声。6名身材高大的男子立即冲进来，把他控制住，在他身上搜出那张换下的牌。于是，按"江湖规矩"，对方用来福枪对着尧建云的两条腿各打了一枪，还砍去了他3根手指。第二天，当尧建云醒来时，已躺在香港中环的一家私人医院里。虽然命保住了，但由于来福枪打出的是霰弹，医生不得不把尧建云的双腿从膝盖处锯掉了。

失去了双腿和3根手指的尧建云出院回到家里，什么也没干，整天就像个傻瓜一样坐在家里发呆。他昔日的一些手下，也纷纷弃他而去。此时妻子向他提出离婚，并执意要带走5岁的女儿。事已至此，他只得同意了妻子的离婚要求。

一下子从人生的"云端"跌到了"谷底"，身残家破的尧建云，败走麦城回到南昌。钱花光了，一无所有的他想用死来解脱，割腕、跳楼、绝食，数次尝试轻生，均被好心的人救过来。走投无路中，他开始在街头流浪卖唱，饿了向行人讨饭，困了睡车站候车室，先后流浪到贵州、云南、广西等地谋生。

1999年，当尧建云再次回到南昌时，结识了同是残疾人的万伟。时年30岁的万伟，因患小儿麻痹症，一直与双拐为伴，靠自己的拼搏成为江西省残联艺术团的一名歌手。身残相同的境况，让两人成了挚友。在尧建云的提议下，两人四处物色有艺术天分的残疾人，成立了"爱我中华歌舞团"。一年后，尧建云当上了歌舞团团长，团里的艺人也发展到近20名。岂料，不久歌舞团因一些骨干跳槽而难以为继，不得不解散。尧建云的人生再次跌入低谷。2004年3月，一个朋友介绍他去江西省新宜市一家娱乐城共同表演口技。尧建云上台之后，遭到主持人的百般刁难。为了争口气，在娱乐城的表演台上，面对无数观众的目光，尧建云用他那双残缺的手，第一次演示了曾被他视为"发财秘诀"的各种"千术"。同时，尧建云声泪俱下地讲述了自己惨痛的人生经历，劝告那些爱赌的人远离赌博。

令尧建云没想到的是，第一次以这样的经历进行表演，观众席上竟然掌声雷动。特别是他那番劝赌的真情告白，更是让无数的观众为之动容。生动又感人的表演使尧建云的名字很快在当地传扬开了，而他也终于找到了自己立志反赌的人生方向。从此，尧建云走出江西，走向全国，开始了他的以身劝赌之旅。每到一处，他用自己的经历以身说法，让人们认清赌场骗术，不要上当受骗。为了使演出效果更佳，同时也为了劝更多的人戒赌，尧建云表演时还把赌徒们惯用的一些千术破解给观众看。见到一个又一个的赌场陷阱被揭开，大伙儿既觉过瘾，又深深地感到：赌场到处是阴谋与陷阱。要想不跌入深渊，就不要沾赌。

尧建云走上反赌之路，并非一路平坦。有人说他赌王的经历是编造的，有人说他是江湖骗子。对人们的误会，他全然没有理会，坚定地认为自己做的是个"善良工程"。曾有赌徒出重金要向他拜师学"千术"，他严词予拒。济南一所牌技学校，以72万元的巨额年薪聘请他去讲学，他也婉言谢绝。

面对一些不理解他的作为的人们，尧建云推心置腹地说："我曾经因赌博富甲一方，名噪一时，风光无限，但拥有的一切终究是海市蜃楼，因为这一切都是昧着良心取得的，积累的财富是肮脏的，到头来我不得不接受妻离子散、家破人残的事实。那是我迷恋赌博落得的报应，证明嗜赌是条不归的绝路。赌博赌掉了我的青春年华，输掉了我的做人人格。我现在出来劝人戒赌，不仅仅是发生在我身上残酷的现实促成，也是我个人良心发现使然。我现在用现身说法去和赌博恶习斗争，唯一的底牌就是我的残躯和惨境。如果哪位听了我的劝说，能以我为戒，与赌博绝缘，就是为这'善良工程'添砖加瓦了。"在广西柳州，一个房地产老板听了尧建云的反赌演讲，散场后守在大门口，将一把钞票硬塞给尧建云，道："我参赌多年损失惨重，听了你的劝说，振聋发聩，我决心不再去赌了。今天如果不是遇见你，我这把钱就会扔在赌场上，不如资助你进行反赌宣传！"①

二、思考与讨论

（一）目前互联网新变化的主要表现

1. 博客大行其道

博客的英文为 BLOG，就是你在网上的日记本或私人空间，一切由你做主。每天用几分钟，写下当天值得记录的人和事，发几张对你来说有趣或值得纪念的照片等。任何一个网民，只需要几分钟时间就可以在网上建立完全属于自己的博客，抒发自己的感受、看法。

2. 播客的出现

播客一般人可能不熟悉。但是，你可以把它看作是博客的"升级版"。博客是自己写东西，播客则是自己录和拍东西。如果说博客是个人网络报

---

① 亚洲赌王尧建云. 法律与生活，2006年9月（上半月刊）.

纸，那么，播客就是个人网络电台和电视台。由于提供的信息量大，播客很有代替博客的潜力。2006年我国播客数量达50万。

3. 即时通信的广泛应用

即时通信是指网民之间通过相应的软件实现文字、声音、视频等信息的实时交流。它比传送电子邮件所需时间更短，比拨电话更节约方便，是目前最方便的网络通信方式。大家熟悉的"QQ"、"MSN"等都是即时通信软件。

4. 对等联网的使用

"对等互联"，很多人叫它P2P，意思是"伙伴对伙伴"，也就是说，不通过网站，个人与个人之间直接进行数据的互传共享，让高速下载、海量下载成为现实。近年来得到广泛使用的下载软件"电驴"、"电骡"和BT等，就属于对等联网技术。

5. RSS的崭露头角

RSS是一种阅读器，目前还没有统一的译名，但并不妨碍我们去使用它。形象地说，它像一个不知疲倦的邮递员，不停地把我们订阅的报刊送上门来。有了RSS，我们就可以自己订阅感兴趣的信息，不用一个网页一个网页地去找了。而且一旦信息有了更新，它还会主动提醒，再也不用我们反复刷新网页了。

你能否设想，网络的上述变化会对大学生产生什么新的影响？

(二) 网瘾可以一戒了之吗

有人认为，未来的世界急剧变化，充满不确定性，孩子们从虚拟世界获得的体验，将会成为一笔宝贵的精神财富。在高科技产业中，昔日的游戏迷，有很多已经身居高位，成为优秀的企业领导。在这种背景下，网络和网络游戏还有什么值得害怕的？成千上万的青少年成为"网迷"或"电脑迷"，难道不是一件值得欢欣鼓舞的事情吗？

有人认为，是网络游戏使正值青春年华的大学生宁肯逃课，付出数门功课不及格甚至是被退学的代价而乐此不疲，使一批批尚处于花季的少年因此而沦为绑架、抢劫、勒索、偷窃等案件的帮凶，使许多人身体受到伤害以及无辜生命陨灭……而在形形色色的网络游戏背后，一方面是网络游戏公司财富的积累，另一方面是天下父母的血泪。所以网络游戏充满了罪恶。

你认为上述哪一种说法更有道理？

三、建议阅读书目

①陶宏大. 学生戒除网瘾实用指导与案例分析全书. 哈尔滨：黑龙江少儿出版社，2005.

②约翰·卡特. 如何成为心理治疗师：成长的漫漫长路. 上海：上海社会科学院出版社，2006.

③詹姆斯·爱伦. 人生的思考. 天津：天津社会科学出版社，2009.

④艾温·辛格. 我们的迷惘. 桂林：广西师范大学出版社，2002.

⑤阿尔弗雷德·阿德勒. 生命对你意味着什么. 北京：国际文化公司，2007.

⑥理查德·斯皮内洛. 铁笼，还是乌托邦——网络空间的道德法律. 北京：北京大学出版社，2007.

第七章

远离毒品

内容提要：

● 毒品，有一个重要的别名叫死亡，被人类公认为是当代社会的白色瘟疫，它和战争一起被列为过去与未来危及人类生存的两大杀手。

● 吸食毒品，使人在生理上形成奖赏性和惩罚性强化和在心理上产生强烈的依赖感而最终成瘾。吸食者一旦染毒，就会成为毒品的奴隶。他们吸进去的只是白净粉末，最终吐出来的则是自己的生命。

● 无论是鸦片、吗啡、海洛因，还是冰毒、K粉、摇头丸，毒品泛滥轻则毁掉一个人、一个家庭，重则可使一代人、一个民族蒙受灾难。

● 让生命远离毒品，关键是唤起全民族的禁毒意识。拒绝毒品的侵蚀，永远是每一个人需要时时警醒的防线。

在国际社会，毒品泛滥的形势已超出了当代人的想象，非常严峻。毒品被人们公认为是现代文明社会中的白色瘟疫，它和战争一起被列为危及人类生存的两大重磅杀手。有人说，毒品有一个共同的名字叫死亡，毒品的泛滥轻则可以毁掉一个人、一个家庭，重则会毁灭一个民族。曾有一副对联形象地描述了一个人吸毒对家庭所造成的危害："烟枪一支，未闻炮声震响，打得妻离子散；锡纸半张，不见烟火冲天，烧尽田地房屋。"这是无数吸毒者的共同遭遇。过去的我国，也曾因为毒品鸦片与英国发生争端，引来一场改变中华民族命运的战争。

如今，毒品已在全球泛滥成灾，大学校园也处在毒品威胁的环境之中。对大学生而言，拒绝毒品，关爱生命，永远是一个需要时时警醒的防线。

刚满18岁的在校女大学生邱某没有把心思花在学习上，平常就喜欢玩乐、寻找刺激。2010年4月8日凌晨，其男友林某携带从一朋友处购得的"冰毒"，约上邱某找个地方一起吸食。他们二人及另三人来到深圳罗湖区某招待所内继续这一行为。正当5人在房间内边吸毒边玩牌兴致正浓时，公安机关根据线报当场将他们抓获。

朱洁毕业于中央戏剧学院表演系，原本是个很有表演才能的漂亮女孩。

她与著名演员江珊、徐帆、陈小艺等都是同班同学。在电影《长大成人》中，朱洁曾担任女主角，扮演一名吸毒女。这部影片也是朱洁的一部处女作。谁料到，在电影拍摄的过程中，朱洁假戏真做，染上毒瘾，结果电影还没上映，她已因吸毒过量而踏上了不归路。一场明星梦变成了一个令人心碎的噩梦。

近几年来，随着吸毒贩毒问题再一次闯入国门，自新中国成立后平静了30多年的大地上，又一次掀起了轩然大波。一些旧中国"培养"出来的瘾君子旧病复发，重端烟枪；万恶的毒贩子以种种无耻的手段贩卖毒品，并引诱涉世不深的青少年迈向吸毒深渊；一些因为改革而先富起来的大款们为了追寻刺激，也走上了吸毒的不归之路；更有一些无知的人甚至将毒品当成"良药"来治病而成瘾，最后不能自拔……我国吸毒人数在不断增加。根据国家禁毒委员会办公室2010年发布的数据，截至2009年底，全国登记在册吸毒人员1 335 920人，比2008年底增加209 158人，其中男性占84.6%，女性占15.4%。从年龄情况看，35岁以下人员占58.1%，与往年相比继续呈下降趋势。从滥用种类看，吸食海洛因人员97.8万人，所占比例下降至73.2%。滥用冰毒、氯胺酮合成毒品人员36万人，所占比例上升至27%。尤其是滥用冰毒人员上升较快，2009年各地公安机关在执法活动中共发现吸食冰毒人员75 505名，占该年新登记吸毒人员总数的37.9%。

面对毒品，高校也不是一片净土。已有一些大学生在不知不觉中成了瘾君子。

2004年，"全副武装"的上海禁毒教育宣传大巴开始进入全市部分高校。这是因为，当时在上海戒毒所治疗的25岁以下青少年吸毒群体中中专和大专以上学历的青少年吸毒人员呈上升趋势。据上海劳动教养管理局教育处曹老师透露：2004年前，进上海戒毒所治疗的25岁以下的青少年中，几乎看不到大学生。但从当年开始，就陆续有4至5名大专以上学历的青年吸毒人员出现。他们都是在离开学校不到两三年，就成了瘾君子。上海戒毒所里还有20多名中专学历的青少年正在接受治疗，比往年增加了近3成。上海"禁毒办"一位女士告诉记者，高学历吸毒人员的微增，一方面反映了部分青年人工作、生活压力过大；另一方面，这些人尽管学历较高，但社会经验不足，一踏上社会就比较容易受外界不良诱惑的影响而失足。[①]

---

① 胥柳曼. 离开学校两年就成了瘾君子. 青年报，2004-06-18.

第一节
走出潘多拉魔盒的毒品

自从毒品从潘多拉的盒子里跑出来,就没有人能够阻止这场灾难。人们甚至无法准确地统计出全世界到底有多少人公开地或者悄悄地走进吸毒者的行列。据 2009 年新华社北京的公开资料报道,当今毒品滥用已遍及全球五大洲 200 多个国家和地区,全世界每年有 2 亿多人在吸毒,有 10 万人因吸毒而死亡。毒品已成为许多国家仅次于心脑血管疾病和恶性肿瘤的第三大死因。每年全球消费的毒品价值在 3 000 亿美元以上,交易额高达 8 000 亿美元,超过石油贸易,仅次于全球军火买卖,占世界贸易总额的 10% 左右。[①]在世界上全部刑事犯罪中,和毒品有关的案件就占 2/3 以上。

毒品的泛滥已成为世界公害并得到广泛认同。联合国自 1945 年成立以来,尽管各成员国在许多重大问题上争论不休,意见不一,但在对付毒品问题上意见却相当一致,赞同对毒品生产、贩运及使用进行严厉打击,并在 1961 年通过了《麻醉品单一公约》,将非法种植罂粟、大麻和古柯列为应予惩处的罪行。但是,问题在于,从古代直到现代,人们所认识到的毒品的种类和作用都是有限的,更不要说对它们的有效打击和利用了。而且,世界广泛关注下的毒品交易所以禁而不绝,更是因为它能给生产者或生产地带来巨大的经济收益。事实上,在当今世界范围内已形成了三大毒品产地。据 1999 年联合国麻醉品管制署公布的数字显示,有 10% 的世界人口卷入了毒品的生产、销售和消费等过程,并正在以年 30%～40% 的速度增长。每年用于毒品交易的金钱数额高达 4 000 亿～7 000 亿美元之巨。这个交易额仅次于军火交易,位居全世界所有交易额的第 2 位。

一、毒品的概念及特征

毒品一般是指通过植物种植、生产加工而成的一种毒物。毒品也是以各种方式进入人体,并最终能给人带来身心危害的各种非食物的自然物品或化学合成物品的总称。毒品一词的使用最早出现在欧洲,它是人们在认识到鸦片等麻醉药物的危害之后才开始出现的。当然,如同对其他任何事物认识与

---

① 全球每年 20 万人吸毒致死. 深圳商报,2009 – 06 – 26.

界定一样，毒品的具体内容与含义，也会随着时代、国家、民族、文化以及使用者的认识角度不同而不断地发生变化。

一般说来，"毒性药品"和在药物学中所说的毒物是有所不同的。毒性药品指的是毒性剧烈，治疗剂量与中毒剂量相近，因使用不当会致人死亡的药品。而药物学中所说的毒物是指凡是一种物质在小剂量进入机体以后，通过化学或物理的作用，破坏了机体的正常生理功能，引起功能障碍、组织损伤，甚至危及生命、造成死亡的物质就被称为毒物，例如砒霜、有机磷、一氧化碳、亚硝酸盐等。而"毒品"则是指这样一类物质：它的性能会引起使用者对其形成依赖性，一旦无法使用该物质时就会出现脱瘾症状，对中枢神经系统产生兴奋或抑郁，以致造成幻觉，对生理状态、心理状态和行动机能造成损害。

根据我国现行禁毒法律规定，毒品是指国家依法管制的能够使人形成瘾癖的精神药品和麻醉药品。这意味着现行法律范围定义的毒品只是一个相对的概念，从中表明，生活中其实有许多"毒品"类物质一开始只是作为药品而存在，只是后来才从传统的药品脱胎而来。从自然属性上讲，这类物质在严格的管理条件下合理使用，可以具有临床治疗的价值，那就是药品。从社会属性讲，如果为着非正常需要而强迫性觅求，这类物质便失去了原有药品的本性，此时就转变成了毒品。当然，也有一些物质因为成瘾性大，早已淘汰出药品范围而被视为毒品，例如海洛因就是如此。这意味着所谓毒品，必须是在国家法律规定的且被非法使用的情况下，从药品领域退出来的，转化为具有真正意义的有毒药品才是毒品。如果是对能够使人形成瘾癖的精神药品和麻醉药品依法使用，如以医疗为目的的合法使用，则不能定性为毒品，而只是一类特殊药品而已。

1997年3月14日修订的《中华人民共和国刑法》第357条对毒品所下的明确定义是："本法所称的毒品，是指鸦片、海洛因、甲基苯丙胺（冰毒）、吗啡、大麻、可卡因以及国家规定管制的其他能够使人形成瘾癖的麻醉药品和精神药品。"这个定义在一定程度上反映了现今社会中人们所理解的"毒品"的本质。

法律意义上的毒品应当具有如下四个典型特征：

第一，依赖性。包括生理依赖性和心理依赖性，即不可抗力。生理依赖性是指在某一时段内强制性地使吸食者不断地使用某种药物，由此带来一种周期性的或慢性中毒的状态，需要继续使用该药方能维持机体的基本生理活动，否则断药后会产生一系列的机能紊乱和损害的反映，即戒断症状。心理依赖性是指人在多次用药后产生的在心理上、精神上对所用药物的主观渴求或强制性的觅药心理。

第二，耐受性。耐受性是指在不断使用一种药物之后，需要不断地增加剂量才能获得与以前相同的药效，以至于吸食者在连续使用后有加大剂量的趋势。

第三，社会危害性。毒品不仅损害使用者的身体和精神，还给家庭和社会带来极大的危害。直接引发的社会问题具体为种植毒品、制造毒品、贩运毒品、销售毒品、走私毒品、持有毒品以及引诱、教唆、欺骗、强迫他人吸食、注射毒品等一系列犯罪活动。尤其是因贩毒而形成的犯罪集团和黑社会组织，以及由此引发的暴力、凶杀、收买、贿赂、洗钱等犯罪活动，具有严重的社会危害性。

第四，非法性。任何能形成瘾癖的麻醉药品和精神药品都对人体有积极和消极的作用。只有受到国家管制、为法律明文所禁止滥用的才能称为毒品。

二、毒品的分类

（一）国际上的分类

如今毒品的种类很多。联合国《1961 年麻醉品单一公约》、《修正 1961 年麻醉品单一公约的 1972 年议定书》、《1971 年精神药物公约》和《联合国禁止非法贩运麻醉药品和精神药品公约》等，都分别附列有经联合国麻醉品委员会认定的毒品和制毒物质的种类表。根据联合国的有关规定，受管制的天然毒品和人工合成毒品达 150 多种。

联合国麻醉药品委员会将毒品分为六大类：①吗啡型药物，包括鸦片、吗啡、海洛因和罂粟植物等最危险的毒品；②可卡因和可卡叶；③大麻；④安非他明等人工合成兴奋剂；⑤安眠镇静剂，包括巴比妥药物和安眠酮；⑥精神药物，即安定类药物。

世界卫生组织（WHO）则将毒品分为八大类：吗啡类、巴比妥类、酒精类、可卡因类、印度大麻类、苯西胺类、柯特（Khat）类和致幻剂类。

国际上对毒品的排列分 10 个号，主要是鸦片、海洛因、大麻、可卡因、安非他明、致幻剂等十类，其中海洛因占据第 3、4 号，即 3 号毒品和 4 号毒品，通常在世界上被人们普遍习惯称之为"3 号海洛因"、"4 号海洛因"。由于这样的习惯叫法，常使人们误以为还有 1 号、2 号海洛因。其实，1 号、2 号不是海洛因，实际是吗啡（盐基物）或吗啡类。

（二）基于不同视角的毒品分类

毒品发展至今，五花八门，种类繁多。从不同的角度研究，有不同的分类方法。

(1) 法学家根据法律条文的规定，把毒品划分为合法毒品和非法毒品两大类。合法毒品是指根据医疗的需要限量生产、使用的毒品，如临床需要使用的吗啡、杜冷丁等。非法毒品是指非法种植、贩运、销售、吸食的毒品，如非法市场交易的可卡因、海洛因等。

(2) 医学家和精神病学家根据毒品作用于人体后的不同效果以及改变感觉和意识的情况，把毒品分为抑制剂、兴奋剂、致幻剂、止痛剂和催眠剂。

抑制剂：作用于中枢神经系统，减弱其活动，缩减生命机能，包括反射机能。抑制剂会引起镇静和放松。医学上主要将剂量适当的抑制剂用来镇静和催眠。

兴奋剂：能刺激和增强中枢神经系统活动。可卡因、安非他明属于中枢神经系统兴奋剂。

致幻剂：作用于中枢神经系统，引起情绪和感觉上的变化，从感觉假象到产生幻觉。如大麻、麦角酰二乙胺、苯环哌啶等。

止痛剂：用来解除不同程度的痛感，但不使服用者丧失知觉。如鸦片止痛剂等。止痛剂有麻醉性的，也有非麻醉性的。

催眠剂：能催眠的中枢神经系统抑制药物。如巴比土酸盐、安眠酮、水合三氯己醛等。

(3) 依照毒品的作用原理，通常分为麻醉药品和精神药品两大类。

麻醉药品是指对中枢神经有麻醉作用，连续使用后易产生身体依赖性、能形成瘾癖的药品。在我国，麻醉药品包括：阿片类、可卡因类、大麻类、合成麻醉药类及卫生部指定的其他易形成瘾癖的药品、药用植物及其制剂。卫生部1996年1月公布的《麻醉药品品种目录》中共列入118种药品。在这个目录中，就有民众比较熟悉的麻醉药品如海洛因、吗啡、鸦片、大麻、可卡因、美沙酮、二氢埃托啡、杜冷丁等。

精神药品是指直接作用于中枢神经系统，使之兴奋或抑制，连续使用能产生依赖性的药品。依据精神药品使人体产生的依赖性和危害人体健康的程度，分为第一类和第二类。我国卫生部1996年1月公布的《精神药品品种目录》中共列入119种精神药品。其中第一类47种，第二类72种。人们一般比较熟悉的药品如咖啡因、安钠咖、去氧麻黄碱（即冰毒）就属于第一类精神药品；巴比妥、安定、三唑仑等属于第二类精神药品。

(4) 根据毒品使用年代的不同，分为传统毒品和新型毒品。如鸦片、吗啡、海洛因、杜冷丁、大麻、咖啡因和可卡因就是经常被滥用的几种传统毒品。而冰毒、摇头丸、K粉、三唑仑等则是近年流行的新型毒品。

追求新奇刺激的年轻人喜欢冰毒、摇头丸这些新型兴奋剂类毒品，被专家称之为是"21世纪毒品"中的新型毒品,其来势凶猛,大有取代海洛因等传统毒品而成为吸食毒品群落最主要的消费品之势。相对于传统毒品,这类新型毒品因为以"娱乐性"为幌子来开辟市场,所以更容易被人接受认同。同时,新型毒品系人工合成的化学类毒品,制造工艺简单、成本低廉、价格便宜,这也是其所以泛滥成灾的一个重要原因。例如,平喘发汗的麻黄素经过简单的制备就可以生产出冰毒来。在盛产冰毒地区,有"厨房工厂"的说法,意即有个普通厨房就可以生产冰毒。据报载,中国曾有7个农民在2003—2004年间在一个小山坳里用土制锅灶,居然成功地制造出上吨的冰毒。另外,冰毒、摇头丸等苯丙胺类毒品价格相对低廉,日消费在百元左右,而海洛因平均日消费却达500~1 000元。一些药理专家指出,相对于海洛因对生理的摧残,冰毒、摇头丸等新型毒品的危害更隐蔽地体现在心理成瘾上,也更容易使青少年上瘾、不能自拔。例如,许多年轻的吸毒者很难准确地说出摇头丸的危害来。

公安部发布的《2006年中国禁毒报告》显示,目前,海洛因等传统毒品仍是我国消费的主流毒品,全国现有海洛因吸食人员70万,占吸毒人员总数的78.3%。但滥用新型毒品问题正呈现不断扩大蔓延之势。而且,滥用新型毒品的种类增多,冰毒、摇头丸、氯胺酮及安钠咖、三唑仑等在部分地区均形成了一定规模的消费市场。在一些地区,例如辽宁、吉林、黑龙江,吸食新型毒品人数已超过吸食传统毒品人数。歌舞娱乐场所已成为新型毒品蔓延的温床。现在许多禁毒工作者都担心会出现20世纪80年代中期海洛因替代鸦片时的情况。

三、吸食毒品的方式

吸毒,是指非法吸食、注射毒品的违法行为。在我国,过去传统使用的毒品主要是鸦片(大烟),因最初吸食大烟的方式是从口鼻吸入,所以人们将这种吸毒方式统称为"吸"。在民间,"吸毒"与"抽大烟"即是同义词。现在,"吸毒"一词的内涵已经扩大。这是因为:一是吸毒范围在不断扩大,即凡不是以医疗为目的的滥用麻醉药品与精神药品的,都属于吸毒的范围;二是吸毒的方式事实上在增多,由过去单一的烟吸发展为烫吸、鼻嗅、口服、注射等多种方式。

当下,吸食毒品主要有以下几种方式:

1. 口服

口服多为毒品的片剂。过去,曾有口服阿片酊、大麻油的方式。现在,这种方式多为麻醉药品与精神药品的制剂。如口服可卡因片剂、二氢埃托啡片剂、含阿片的糖浆剂等。一般情况下,通过口服使药物进入体内的速度较慢，产生依赖性的危险相对较低。

2. 吸入

100年前，人们吸食鸦片主要是借助烟枪点燃烟土口吸。现在的"吸入"，多是鸦片的提取物海洛因，吸食更为方便。烟吸就是将毒品掺入烟丝，通过吸烟将毒品吸入体内，例如大麻的吸毒方式，很多人就是抽大麻烟。烫吸是将海洛因放在铝箔纸上或金属匙上，下面用火加热，毒品升华为烟雾，吸毒者用力吸吮缕缕毒烟，所以称为吸烫烟，吸毒者称其为"走板"或"追龙"。"鼻嗅"，又称鼻吸，就是用小管对准鼻孔，通过鼻黏膜将毒品吸入体内。通过呼吸道途径吸食毒品，这是指毒品加温后通过呼吸道进入人体的吸食方式。长期吸食对呼吸道系统会造成恶性刺激，轻者易患气管炎，重者导致肺炎、肺气肿和肺癌。

3. 注射

注射就是通过静脉、肌肉或皮下注射毒品。海洛因、可卡因、冰毒等毒品均要采用静脉注射。是近些年来国际上最为流行的方式。目前，在我国云南、广西等地，注射也有蔓延趋势。这种吸毒方式被吸毒者称之为"扎"。因为长期不洁注射，其注射部位的皮肤会出现脓肿、感染、色素沉着、疤痕硬结等症状。

在各种吸毒方式中，静脉注射毒品对人体的危害性较大。这是因为：

（1）吸毒首先是一种违法行为，这就使吸毒者在注射毒品时环境条件受到限制，往往因为一时间找不到蒸馏水稀释，就用自来水或抽自己的血液稀释，注射器也不消毒，极易感染。许多时候，吸毒者还共用同一个注射器，所以交叉感染各种疾病的几率增加，如细菌性心内膜炎、破伤风、败血病、横断性脊髓炎感染，并极易传染乙肝、丙肝等血清型肝炎等。不洁注射还是传播艾滋病毒的重要途径。调查数据表明，我国艾滋病患者中有90%以上就是因为静脉注射毒品所造成的。

（2）注射阿片类毒品对人体的免疫功能有着直接和全面的损害。

（3）由于注射量难以控制，最容易引发注射毒品过量死亡。国内外大量的统计已经充分证明了这一点。

4. 开天窗

"开天窗"是一种特殊的注射方式，就是吸毒者用注射器将毒品直接注射进颈动脉、股动脉，以求迅速获得快感。在现实中，或者因为吸毒者身上的血管已被扎得太多太烂，效果不好，或者因为不想扎到胳膊上怕人看到，于是就开了"天窗"。"开天窗"可说是吸毒者选择的最为恐怖和最为危险的死亡游戏。因为，这样注射毒品，会使毒液直接融进血液并进入人的脑子，吸毒者极容易当场猝死，而且心脏也根本承受不起这样的刺激和冲击。

所以吸毒者只要开天窗一次，就意味着已经和死神签了约，离开人世只是时间问题。

第二节
毒品成瘾的原因与危害

一、毒品成瘾的原因

（一）药物依赖性

毒品成瘾即"药物依赖性"。药物依赖性作为专用术语，又称药物成瘾性，即俗称的"药瘾"。世界卫生组织对药物依赖性定义是："药物依赖性是由药物与肌体相互作用造成的一种精神状态，有时也包括身体状态，表现出一种强迫性或定期用该药的行为和其他反应，为的是要体验它的精神效应，有时也是为了避免由于断药所引起的不舒适感。它可以形成耐受性。同一个人可以对一种以上的药物产生依赖性。"

药物依赖性有生理依赖性与心理依赖性之分。

生理依赖性亦称身体依赖性，是指中枢神经系统对长期使用依赖性药物所产生的一种身体适应状态。这就是所谓的"上瘾"。例如，吸毒者成瘾后，必须在足够量的毒品维持下，才能保持其生理的正常状态。一旦断药，生理功能就会发生紊乱，出现一系列严重的生理反应，即"脱瘾症状"。此时吸毒者为了避免发生戒断反应，就必须定时补进药物并不断地加大剂量，以至于终日离不开毒品。

心理依赖性亦称精神依赖性，是指吸毒者在多次反复使用毒品后，心理上所产生的一种无法用语言表达的愉快满足的特殊的安然自得兴奋感受。在这种状态下，个人开始飘飘欲仙，暂时忘却了人间的痛苦和苦恼，没有了任何忧虑，也不关心外界的影响。这种心理上的欣快感觉，导致吸毒者在心理上形成对所吸食毒品的强烈渴求和连续不断吸食毒品的欲望，继而引发强迫性用药行为，以获得不断满足的心理活动感受。吸毒者成瘾后的"终生想毒"和戒毒后又复吸，就是其心理依赖性的内在反应。一些研究结果表明，面对毒品，在不同性格的人当中，易冲动、对社会常规具有反抗性，以及对挫折忍受差者这三类人，有着相对较高的危险度，即具有较高的滥用药物成瘾的易感性。

生理依赖与心理依赖二者不能截然分开。通常，吸毒者会因心理依赖而加重生理依赖，而生理依赖产生的戒断综合征又会加深心理依赖的愿望与感觉。

（二）吸食毒品的成瘾机制

人吸毒为什么会成瘾？这个问题至今还没有统一确切的答案。一般研究理论认为，人脑中本来就有一种类吗啡肽物质在维持着人体的正常生理活动。而当人在吸毒后，生理和心理会发生某种变化。主要原因可能是因为外来的类吗啡肽物质进入人体，从而减少并抑制了自身的类吗啡肽的分泌，最后达到必须靠外界的类吗啡肽物质来维持人体的生理活动，自身的类吗啡肽物质则完全停止分泌。

在吸毒过程中，人体对毒品的耐受性提高，药物的作用逐渐减弱，吸毒者只能以更大的剂量连续不断地来抑制身体反应，满足生理渴求，从而愈陷愈深，不能自拔。吸食毒品，还不仅使人在生理上形成奖赏性和惩罚性强化的后果，而且导致在心理上产生依赖性，即强烈的渴求感，也称为"心瘾"。从医学的角度看，吸毒成瘾的人，大脑神经功能能受到严重损伤，形成一种顽固的反复发作的脑部疾病。所以，吸毒成瘾者又是脑疾病的患者。人一旦吸毒成瘾，生理依赖与心理依赖又互相强化，因心理依赖而加重生理依赖，生理依赖产生的戒断症状又反复加重了心理上的依赖。由此形成了这样一个过程：多数吸食者原先或许只是抱着浅尝辄止的心态，去体验吞云吐雾的滋味，但几次吸食下来，想放弃已经来不及了。我们听听几个典型的瘾君子自述："我常常觉得每一个使用烈性毒品的人都是力图忘掉一切事物。我想，我之所以转而使用海洛因是为了想换一种体验……我感到自己和社会疏远了，于是我选择了最后的出路……忘掉一切。几年前，人们拿不出那么多的钱来忘掉一切，现在却有办法这样做了。""我弄到什么就吸什么。这是一种乐趣。我喜欢体验不同的感受，我觉得当我吸毒过瘾时，能够从另外一个角度来观察人群。"[1]正所谓"一朝吸毒，十年戒毒难"。吸毒者起初吸毒是为了寻求愉快的感觉，到后来吸毒是为逃避不愉快的感觉。但是，越吸毒品，对那些不愉快的事情便会越敏感，于是就越想吸食，由此而成瘾。

每个吸毒人员对毒品成瘾时间的快慢，往往与其所使用毒品的性质、类别、毒性的强弱、吸毒的方式、吸食的剂量、次数和吸毒者个人的心理素质、身体耐受程度以及文化素质、社会环境等诸多因素直接有关。一般来讲，毒性强的成瘾快，毒性弱的成瘾慢。吗啡和海洛因如采用静脉注射的方

---

[1] 元强国. 瘾君子的王国. 沈阳：辽宁教育出版社，1989：2.

式,每天2次,每次0.1克,2~3天即可成瘾。

二、吸毒的危害

"吸毒"是我国的习惯讲法,多用在社会、法学等领域,在国际上和在医学上通常称之为"药物滥用"。其动机和行为主要表现为:出于非医疗需要和目的,采取各种方式,反复大量地使用一些具有成瘾性的违禁药品。其结果是滥用者对该物质产生依赖状态,迫使他们无止境地追求使用,由此造成身体损害并引发严重的社会问题。

(一)药物依赖的危害

人们吸毒,最先追求的主要来自于一种特殊的快感。根据医学一些实验和社会调查案例的综合反映,成瘾之前,吸食毒品的人最初感受的快感可能是进入天堂般的虚幻和美妙。以静脉注射海洛因的吸毒者自述为例。毒品一旦注入人体,吸毒者都说会有一种强烈的快感从下腹部向全身扩散。而且,这是令人十分温暖的感觉。同时,伴随有皮肤痒感,搔抓起来特别舒服。持续1分钟左右,最初的感觉迅速消失,然后出现似睡非睡的美妙般的精神松弛状态。这时,吸毒者以前所感觉到的烦恼、忧虑和紧张一扫而空,换来的是从未有过的宁静、平安、快慰、温暖和伴有愉快的幻想驰骋。产生了如吸毒者常说的"你想要什么,此时就有什么"的松弛效应。只不过,这种美妙好景不长,最多可持续2小时就消失了。如果再想得到这种感觉,就得再吸食下去才行。只是每一次吸毒都会产生这样的"天堂"感觉,大约可持续1个星期,最多不会超过20天。

(二)对人身体的损害

吸毒严重损害人的身体健康。首先是损害人的大脑,影响中枢神经系统的功能。其次是影响心脏功能、血液循环及呼吸系统功能,还会影响正常的生殖能力。吸毒可使人的免疫力下降,容易感染各类疾病。

具体来说,吸毒会造成的人体损害包括如下几个方面:

1. 精神病症状

由于毒品对人的大脑会有损伤,致使吸毒者在生活方式方面发生很大的改变。一些吸毒者多出现人格的改变和典型的精神病症状,如自私、冷漠、社会公德意识变差、完全没有事业心和责任感,精神出现堕落等。比较典型的是可卡因精神病,吸食者一旦吸食剂量过大,就会产生触幻觉和嗅幻觉冲动,自己体验到皮下有虫行蚁走般的感觉,奇痒难忍,造成严重抓伤甚至断肢自残或自杀,有的出现暴力倾向和攻击行为。

2. 营养不良

营养不良居吸毒并发症的首位。吸毒可引发呕吐、食欲下降,抑制胃、胆、胰消化腺体的分泌，从而影响肠道对食物的消化吸收。时间一长，造成吸毒者普遍营养不良和体重下降，特别是经济困难的吸毒者，到最后大都会变得骨瘦如柴。

3. 损害呼吸道

毒品中大都掺入了滑石粉、咖啡因、淀粉等粉状杂物，吸食后可引起肺部颗粒性病变、肺纤维化、肺梗塞、肺气肿、肺结核等肺部感染。例如，海洛因一般具有镇咳作用，当吸毒者肺部病变时，并无明显咳嗽等表现，易掩盖病情，往往临床上发现吸毒者有肺部感染时，病情已经到了十分严重的地步。可卡因可引起剧烈胸痛和呼吸困难、高热和缺氧等肺炎的诸多症状，甚至出现"快克肺"。

4. 易患感染性疾病

由于注射吸毒者所用的针筒、针头多不经消毒，往往多人共用，从而使得感染性综合征极易在吸毒者中传播。吸毒者注射毒品容易引起皮下脓肿、蜂窝织炎、血栓性静脉炎、败血症和细菌性心内膜炎及令人担忧的艾滋病等感染性疾病。

5. 损伤血管

静脉注射毒品，可引起各种心律失常和缺血性改变。例如，海洛因成瘾者在吸毒后24小时内，55%的人有异常心电图表现，如心动过缓、心律不齐、电轴偏移、低电压等。典型的可卡因成瘾者会有血管痉挛、局部动脉栓塞、静脉炎、坏死性血管炎和霉菌性动脉瘤等症状。

6. 损害神经系统

可引起一系列的神经系统病变，如惊厥、震颤麻痹、周围神经炎、弱视、远离注射部位的肌功能障碍。还可引发急性横贯性脊髓炎、细菌性脑膜炎、直接引起脑栓塞等。

7. 导致肾脏疾患

吸毒引发肾脏病变，如急性肾小球性肾炎、肾功能衰竭和肾病综合征等。

8. 造成性功能障碍

吸毒可造成人的性功能伤害，男性多表现为阳痿、早泄、射精困难；女性多表现为闭经、痛经、停止排卵、性欲缺乏和不孕。吸毒孕妇分娩婴儿死亡率高，生下畸形儿、怪胎屡见不鲜。如据美国有关部门统计，上世纪60年代，在吸毒严重的华盛顿黑人社区医院里所接生的婴儿，竟有半数因母亲吸毒而患有各种各样的疾病。

9. 易患各种性病

吸毒者大多是性乱者，尤其是女性吸毒者，大多滥交、卖淫，极易交叉感染各种性病。

10. 成为艾滋病传播的温床

吸毒易导致艾滋病的传播，是因为吸毒者之间常常共用一支注射器。静脉注射毒品，极易造成交叉感染。据有关资料统计，截至 2005 年 9 月底，在中国累计报告的 135 630 例艾滋病病毒感染者中，有 40.8% 因静脉注射毒品而感染，居艾滋病传播途径的首位。泰国全国的艾滋病毒感染者中有 87% 是吸毒者。

11. 易造成死亡

一是患病不治死亡。吸毒成瘾者以获得和使用毒品为自我生活中心。他们为寻求一时刺激而不会关心身体健康，即使发现身体不适也常常不会及时求治，从而失去最佳治疗时机，造成治疗困难。毒品的使用也会因掩盖自身疾病的症状而造成治疗延误。此外，吸毒者生活不规律、常不遵守医嘱也会影响治疗效果而造成死亡。二是吸毒过量死亡。由于黑市上出售的毒品质量差异很大，纯度不稳定，吸毒者尤其是静脉扎毒者每次使用毒品时，根本无法判断其含量，他们为最大限度地追求快感，往往使用较大的剂量，极易出现因吸食过量而中毒死亡的情况。据统计，这类因素占吸毒死亡率的 50% 以上。三是发生意外死亡。毒品可影响吸毒者的精神活动，使吸毒者出现认知功能障碍、注意能力和操作能力下降。有些毒品使吸毒者不能正确判断高度和距离。例如，吸毒者本来是在 20 层楼上，可能会错误地判断自己在平地上，于是，他本想"走"到街上，却从 20 层楼上掉了下来。再如因认知障碍的原因，迎面而来的汽车离自己已经很近了，吸毒者却可能错误地判断车离他还很远，他可能会迎着车走过去。吸毒者操作能力下降还会使车祸和各种工伤事故发生率增高。根据美国某中等城市的统计，在因危险驾驶而被拘的人中吸食大麻后驾车者占 16%。四是自杀死亡。吸毒者每时每刻都处于严重的应激状态之中。他们或者受到戒断综合征的折磨，或者为下一次如何获得毒品而忧虑，或者时时受到执法人员的监察、家人的责难、贩毒者的威胁和经受自我内疚感的痛苦，由此使他们最终选择自杀来结束自己的生命。一些统计资料表明，吸毒者自杀发生率较一般人群高出 10~15 倍。

（三）对家庭的危害

在社会生活中，每个人都希望自己的家庭能有着稳定和谐的生活。家庭和睦，这不仅是家庭成员生活幸福的基础，也是整个社会安定团结的基础。而吸食毒品却使吸毒者的家庭从此打破了和谐、幸福与平静，以致酿成许多人间悲剧。"一人吸毒，全家遭殃。"一个家庭中只要出现一个吸毒之人，就意味着贫困和矛盾始终围绕着这个家庭而阴魂不散，酿成家庭危机。这主要是因为毒资的昂贵和需要满足吸毒者长期的需求，吸毒者开始是耗尽自己的日常收入和积蓄，继而不得不变卖家产，直至家徒四壁、倾家荡产，有的甚至是家破人亡、妻离子散。维系一个人吸毒需要耗费大量钱财。现实生活中的毒品消费有着令人咋舌的金额。1997年，北京的公安部门曾做过一次调查，那时吸毒者每月平均要花9 867元吸毒，最多的每月竟要花费6万元。① 所以，吸毒到了一定程度，吸毒者必然要靠变卖家中财产换取毒品，致使家徒四壁，四处举债。

　　家庭是满足人们亲情互慰、享受天伦之乐的场所，应当依靠情爱、温馨、理解、适应和责任感来维系。然而毒品的存在，成了摧毁人们神经系统的麻醉品，它使吸食者变得那么自私、虚假、没有尊严和不负责任、不知羞耻和人格扭曲。事实上，在夫妻双方中，如果有一方特别是妻子一方严重吸毒的话，一般都将导致婚姻的死亡、家庭的破裂。这是因为，人一旦染上毒瘾，就会失去对家庭的义务感和对另一方负责任的观念，无法在世界上扮演，至少不能适当扮演自己的社会角色。瘾君子的所想所思、所作所为，此时一般只与吸毒发生联系，至于其他事情，他们统统会置于脑后。这样，做丈夫的不能尽丈夫的职责，做妻子的不能尽妻子的义务，最终必然导致婚姻的破裂。即使丈夫容忍妻子或妻子容忍丈夫吸毒，没有出现离婚的结果，他们的婚姻在实际上也已经不存在了，他们的家庭也必然是名存实亡。

　　吸毒者在造成自我毁灭的同时，也在越陷越深的泥滩中，同时破坏着自己的家庭。有的吸毒者为有钱吸毒，不惜走向"以贩养吸"的犯罪道路。当这些年轻力壮的贩毒者和吸毒者走向强制戒毒所、走向监狱、走向刑场时，家里留下的是年衰的老人和需要抚育的未成年孩子，家庭的解体就不可避免地发生了。这早已被不断上演的许多受毒品残害的家庭悲剧所证实。

　　20世纪90年代初，有一对恩爱有加、令人羡慕的年轻夫妻凭着聪明勤劳，经营小百货店数年赚得大把金钱。望着足够下半辈子吃穿的积蓄，两人觉得该享受清闲时光了。二人很快迷上玩麻将，后在毒友的诱惑下丈夫染上了毒瘾。为了骗取家中钱财购买毒品，丈夫当着妻子的面吸毒并告诉她那感觉有多么的美妙，诱惑妻子也陷入万劫不复的吸毒深渊。很快，二人便体会到毒品的厉害，积蓄吸光，家产也变卖光，最后双双去行窃、贩毒。2000年，丈夫终于忍不住毒瘾侵蚀上吊自杀，妻子也被关进监狱，十几岁的儿子沦为乞丐，无家可归。这就是一个曾经的幸福之家跌落"毒品陷阱"的悲剧。

　　吸毒也会危及下一代。怀孕妇女吸毒将严重影响胎儿的正常发育，有的致使新生儿先天畸形或染上毒瘾。医学调查表明，孕妇吸毒时间长于1年

---

① 邓明. 北京公众的毒品认知状况调查. 瞭望，1997（47）.

者，分娩出的新生儿有 60%～90% 会出现戒断综合征。曾有多家媒体报道，在南方某妇产医院，一个新生婴儿号哭不止，躁动不安，难以入睡，呼吸急促，哈欠连连，拼命把小手往嘴里塞，甚至出现腹泻、呕吐、抽搐。经诊断，该新生婴儿为海洛因毒瘾发作。原来，其母亲是一个吸毒女，婴儿在胎内就与母亲共同享用毒品而染上了毒瘾。婴儿后经美沙酮脱毒治疗才转危为安。吸毒行为所以会危及后代，还在于父母一旦染毒，就根本不可能有精力去照顾、教育子女。吸得家徒四壁后，更不可能为子女的成长提供经济支持。

吸毒还会使虐待、遗弃子女现象增多。对于瘾君子来说，一旦他们吸毒达到相当严重的程度，就会觉得子女是一个拖累。他们吸毒需要花钱。而子女吃饭、上学、穿衣等也需要支出，当积蓄有限，需要在毒品和子女二者之间选择的时候，瘾君子们往往选择的是毒品而不是子女。这就会和子女发生严重的冲突，以至于出现虐待子女的行为。特别是在吸毒之后，吸毒者往往精神高度兴奋或压抑难忍，他们就要找个地方发泄，此时，子女们很容易成为他们的发泄对象。或者表现得更为严重者，将子女赶出家门，出现遗弃子女的行为。

如果作为家庭成员的青少年吸毒，也会给家庭蒙上阴影，带来灾难。有许多青少年在走上吸毒之路后，因为自己没有独立的经济来源，而吸毒又需要大量的毒资，这就逼迫他们不得不选择一些不正当的手段向家里骗钱或偷钱，或者走上犯罪道路。父母从此后便不得安宁，为他们担惊受怕。吸毒青少年为此或者畏惧父母的责难而离家出走，或者被父母赶出家门，最终使一个完整的家庭出现崩溃和解体的结局。

(四) 对社会的危害

1. 对社会生产力有巨大的破坏作用

吸毒首先导致吸毒者身体疾病发生，从而降低了作为社会劳动力要素的生命质量，影响了生产。其次是造成社会财富的巨大损失和浪费。同时，毒品活动还造成人类生存环境的恶化，从而缩小了人类的生存空间。任何社会，一旦毒品泛滥，这个国家的人力孱弱、国力匮乏，就将失去抵制列强入侵的能力。孙中山先生曾针对旧中国鸦片流毒甚烈的状况，尖锐地警示国人：鸦片流毒"失业废时，耗财殒身，浸淫不止，种性沦亡，其祸盖非敌国外患所可同语，必须彻底禁绝，以'强国保种'"。此言至今仍然振聋发聩，令人警醒。由此而言，如果一个国家的吸毒问题得不到有效的控制而不断蔓延，那么，这个民族不用任何外力征服就可能会自己垮掉。毒品将导致家破国亡，这绝不是危言耸听。

2. 给社会造成巨大的经济损失

每个吸毒者每年耗资少则几千元，多则几万元甚至几十万元。吸毒会造成社会财富的巨大损失。据统计，现在全世界每年消费的毒品价值达3 000亿~5 000亿元，相当于世界上100个不发达的中小国家一年的国民生产总值之和。各国控制毒品的投入也相当惊人，如美国1999年拟定的禁毒经费就达180亿美元。这对于一个国家和地区来说，大量的吸毒人群的存在，意味着劳动力的损失、家庭和社会的负担加重。中国人民公安大学崔敏教授根据我国实际吸毒人数为350万~400万人的保守估计，计算出"瘾君子"们每年消耗的毒品价值大约在1 000亿元人民币。由于毒品问题引发的偷、骗、抢等犯罪行为所造成的直接经济损失也在1 000亿元人民币以上。而国家在禁毒方面的经费投入也相当大。如果清除了毒品的危害，全国每年至少可挽回经济损失上千亿元。[①]

3. 破坏稳定和扰乱社会治安

吸毒和犯罪是一对孪生兄弟。毒品活动加剧诱发了社会中各种违法犯罪活动，扰乱了社会治安，破坏了正常的社会和经济秩序，给社会安定带来巨大威胁。如果把毒品问题划分为毒品供给和毒品消费两大块的话，那么，毒品犯罪主要是指毒品供给，而吸毒主要是指毒品消费。目前，我国治理毒品问题的一个误区就是偏重于毒品的供给环节，而相对忽视了毒品的消费环节。事实上，毒品供给与毒品消费之间存在着密切联系。毒品消费市场（包括现存的毒品消费市场和潜在的毒品消费市场两部分）的存在是毒品犯罪赖以生存和发展蔓延的基础，这也是毒品犯罪虽然屡遭严厉打击却仍然未能得以有效遏制的重要原因。毒品犯罪在本质上属于一种利益驱动型犯罪，产毒者、贩毒者经营毒品的目的大都是为了获取高额的利润，而利润来自于消费群体。只要有高额利润，就会有毒品犯罪，这其中的道理，不言自明。

吸毒与犯罪是一对孪生兄弟。吸毒费用高昂。由于毒品交易是国际社会严厉打击的行为，从而加大了黑市毒品买卖的风险，使得黑市海洛因毒品的价格比同等重量的黄金价格还要高得多。这意味着一个吸毒者如果每天消耗0.5克毒品的话，那么，每月累计的费用最低也要在12 000元以上，这是普通人家不能承受的。为了维持毒品的消费，吸毒者被迫通过从事贩毒、盗窃、抢劫、卖淫等违法犯罪手段来获得购买毒品的费用。美国政府的一项调查表明，"在吸毒者用于购买海洛因的钱款中，如果按比例算的话，20%是靠抢劫获得的，45%来源于贩毒，17%来自于卖淫，12%出自于盗窃，即总

---

① 崔敏. 中国"瘾君子"每年吸掉千亿元. 华声报，2000 – 05 – 29.

计约94%的毒资来自刑事犯罪活动"①。另外，吸毒之后，吸毒者的正常人性的束缚和对法律规范的敬畏感消失了。他们觉得精力充沛，热血沸腾，于是，在一块鬼混的过程中会去打架、抢劫，扰乱社会治安。再者，由于毒品的贩卖都是成帮结伙进行的，吸毒者也只有在加入他们的圈中之后才能源源不断地获得毒品，这就导致刑事犯罪团伙、黑社会组织的形成。由于毒品走私和贩卖有着惊人的利润，以至于像意大利的黑手党等类似组织无不参与贩毒活动。由于贩毒、吸毒人数的增加，这种黑社会组织也会随之扩大。这在事实上已成为当前对社会构成威胁的最大的一种刑事犯罪。近些年来，我国已形成了一些毒品问题重灾区。例如，在云南陇川公安系统侦破或查破的刑事、治安案件中，吸毒人员作案的刑事案件占总案件的33%，治安案件占总案件的85.3%。② 同时，一些贩毒组织在金钱的驱动下，无视国家法律和人民的身心健康。他们往往利用自己弄到手的先进枪支武器、通信设备和运输工具，从事毒品贩运活动，由此形成了巨大的地下网络，构成对社会稳定和安全的巨大威胁。

毒品对社会公共秩序产生重大影响。在有些国家，例如哥伦比亚，贩毒集团常常出巨资收买甚至直接竞选议员、雇佣数以千计的枪手，豢养私人武装，这就直接对国家政策法律的制定及整个政治生活发生影响。吸毒也会使社会犯罪行为增多。吸毒者要维持吸毒，就要花费较多的金钱。一旦承受不了，就会促使吸毒者走向犯罪的道路。

4. 阻碍社会的发展与进步

对于我国来说，历史上毒品所产生的危害是尽人皆知的。从19世纪30年代起，帝国主义列强首先用鸦片打开了中国的大门。仅1834年向我国输入的鸦片就达2万多箱，到1839年竟达4万多箱。鸦片的大量流入，给当时的中国社会造成了极其严重的危害。据资料统计，仅在1834—1839年间，中国因输入鸦片每年外流的白银就多达400万两，使得清政府银源枯竭，出现了严重的财政危机，严重影响了中国民族工商业的发展。到1839年，国人有吸食者已达400万人之众，造成了国无可用之兵的局面，使中华民族的素质下降，最终蒙受了"东亚病夫"的屈辱。这一国力衰竭和民族落后的事实，给帝国主义的侵略创造成了一定的条件，迫使中国人不得不进行多年的反对帝国主义侵略的战争。

---

① 魏星. 依法禁毒构建和谐——第21个国际禁毒日特别策划. 江西日报, 2008 - 06 - 24.

② 周刚. 毒品对生命的摧残触目惊心. 新华日报, 2009 - 06 - 23.

三、几种主要毒品的属性

当下,各种毒品花样繁多,千变万化。但是,如同世界上任何存在的事物都有自己的本质规定性一样,毒品的本质也可用共同的定义来揭示。从药物学的观点看,凡是能通过化学性改变生物结构与功能的物质,就叫作药品。凡是通过化学性来改变人的情绪、感觉和知觉的物质,就是"毒品"。

对目前的毒品,可做如下分类:

(一) 鸦片(Opium)

鸦片,现代医学上称阿片,俗称"大烟"、"烟土"、"阿芙蓉"等,在医学上是指从一种名叫罂粟的草本植物中提炼出来的麻醉性镇痛药。人们将草本类植物罂粟未成熟的果实用刀割出一道道的刀口,果中浆汁渗出,通过空气中氧化风干后,凝结成棕褐色的黏稠膏状物,就是生鸦片。生鸦片经加热煎制便成为熟鸦片,俗称烟膏。另外,还有鸦片渣、鸦片叶、鸦片酊、鸦片粉等,是以鸦片为源的加工产品,均可供吸食之用。鸦片中含有20多种生物碱,其中吗啡的含量约占10%。目前在亚洲,罂粟以泰国、柬埔寨、缅甸边境的金三角为主要非法种植地区。

鸦片在医学上对人类的主要贡献是其中吗啡的神奇止痛性能,它对抢救心脏严重缺血、生命危在旦夕的伤员也效果极佳。鸦片还是咳嗽和哮喘患者的可用良药。

早在新石器时代,人类就首先在东地中海地区发现了野生的鸦片罂粟。青铜时代后期(约公元前1500年)鸦片传入埃及,公元初传入印度。古代医学文献记载,古希腊被誉为医学之父的希波克拉底(约公元前460—前377)、古罗马医师加伦(129—199)都熟知鸦片的作用。当然,最初人们吸食鸦片并不是出于罪恶的目的,而是作为一种治疗疾病的药品,作为麻醉剂或宗教祭祀用品被奉为"快乐植物"。特别是到了1503年,罗马的一个医学家用酒精将鸦片溶解成液体,取名鸦片酊,用于止痛、镇静和安眠,效果很好,被人们称为"灵丹妙药"而逐渐广泛使用。18世纪以后,各种形式的鸦片制剂在欧洲成了医生开方使用的治疗头痛和感冒的良药。只是不知从什么时候开始,这些医学上认为能治病的东西逐渐变成了在社会上害人的毒品。

我国在唐代时从域外引进了鸦片。当时,它是治疗疾病的名贵药物。到了明代,人们对罂粟的认识和应用有了很大进展。在《本草纲目》中,李时珍对罂粟的功用、形态及其制品做了较全面、系统的描述。当时鸦片以"阿芙蓉"(阿拉伯语AFYUNI的译音)为正名,收入新增药品之列,主治"泻痢脱肛不止,能涩夫子之精气"。李时珍还收载了罂粟壳作为药品,指出：罂粟壳"止泻痢，固脱肛，治遗精久咳敛涩肠，止心腹筋骨诸痛"。明永乐年间，人们开始掌握鸦片的提炼和制作方法，有鸦片制剂"古拉水"行销于市。《本草纲目拾遗》中描述该制剂为"水色如酱油，以火燃之如烧酒有焰者真，其性大热，房中药也"。可见，在漫长的1000余年间，鸦片及其植物还只限于药用和观赏，并未成为毒品而泛滥。然而，随着鸦片输入量逐渐增多，国人服用成瘾现象在明朝中后期开始出现。19世纪初，西方列强把大量毒品运往中国，使中国出现了"食鸦片者遍天下"的局面，以致不得不为此爆发鸦片战争。新中国成立后，我国基本上消灭了吸毒现象。但在20世纪70年代末期，毒品再一次沉渣泛起，吸毒者日渐增多，贩毒者贩毒方式也逐渐从鼠窃狗偷之举发展到勾联成网，贩毒势力甚至公然向法律和正义宣战，扫毒已成为全国人民面临的共同战争。

19世纪，英国有一位名叫托马斯·德·昆西的作家，曾以自我为对象，著有《一位英国吸鸦片者的忏悔》一书，对鸦片在人体中的效应做了相应的描述：鸦片的主要优点是能解除所有的焦虑感、罪恶感和自卑感，人能通过吸鸦片进入幻游，进入心灵和感觉的"神圣"的平静之中。然而在这种梦一样的境界中，他们自认为有时会看到人类和物质世界的真面目，体现出甜蜜和美好，有时也会看到人间凄凉的情景，如送葬的场面。此时，他们对任何工作都失去了兴趣。

长期吸食鸦片会对人体产生极大的损害，导致人体各器官功能消退，尤其是破坏人体胃功能和肝功能及生育功能。长期吸食鸦片者往往消瘦不堪，面无血色，目光发直，瞳孔缩小，失眠，对什么事都无所谓。当吸食者中止吸食鸦片时，就会出现戒断综合征，主要表现为流鼻涕、流涎、流泪、打哈欠、瞳孔散大、出汗、腹泻、头痛、心跳过速、发热、失眠、焦虑等，严重时出现血压下降、虚脱和休克等。长期吸食后随着剂量越来越大，其中枢呼吸衰退越来越深，直至最后导致人的死亡。

（二）吗啡（Morphine）

吗啡是从鸦片中提炼出来的一种生物碱（含量10%～15%），是鸦片毒品中起主要药理作用的成分。它是一种有光泽、无气味，具有味苦特征的微细白色针状结晶粉末，遇光易发生变质，易溶于水。1806年，德国化学家F. W. A. 泽尔蒂纳首次将吗啡碱从鸦片中分离出来。而后，泽尔蒂纳用分离得到的白色粉末在狗身上进行了医学实验，结果狗吃下去后很快昏昏睡去，用强刺激也无法使其兴奋苏醒。因此，他就用希腊神话中的睡眠之神吗啡斯（Morphus）的名字给此物质命名为"吗啡"。

吗啡临床医疗适用于持续性钝痛，还可与镇静药联合作为麻醉药使用，其镇痛作用长期以来被认为是自然存在的化合物中效果最好的。也因此，吗啡一直被医生视为解除剧痛最有效的传统止痛药。吗啡一般会被用于治疗心绞痛和胆结石、癌症所致的剧痛及其他镇痛药无效的疼痛。然而，吗啡也具有极易成瘾性，通常连续用药1周以上即可上瘾，用者可产生一种强烈的欣快感。这种具有依赖性的药理学特性是产生滥用和上瘾的主要根源。滥用方式有口服、抽吸、鼻吸、注射等。吗啡长期使用者无论从身体上还是心理上都会对其产生强烈的依赖性，造成严重的毒物癖，从而使吗啡成瘾者只有不断地增加剂量才能收到相同的兴奋刺激效果。吸食吗啡的戒断症状有：流汗、颤抖、发热、血压高、肌肉疼痛和挛缩等。这些紊乱特征构成了戒绝吗啡后的综合征。

（三）海洛因（Heroin）

海洛因的学名是盐酸二乙酰吗啡，俗称"白粉"、"香港石"、"棕色糖"、"白龙珠"等，多为颗粒状。海洛因是鸦片的衍生物，它是吗啡与乙酐加热化合后得到的一种结晶品，其颜色因制作程序和方法不同而异，一般呈白色或淡灰色，有的呈棕黄色、淡棕黄色、灰褐色或淡灰褐色等，纯品海洛因则为白色柱状结晶或结晶性粉末。海洛因可说是鸦片毒品系列中被认为是最纯净的精制品，因其毒性最烈而被称为"世界毒品之王"。一般吸食海洛因的瘾君子只能活7~8年。一旦成瘾极难戒断。海洛因也是我国目前流行区域最广、吸食的瘾君子最多、危害性最严重的毒品。

1874年，英国化学家C. R. 赖特最先以吗啡和乙酐合成白色晶体海洛因。过了约20年，德国科学家得出结论，二乙酰吗啡是吗啡、可卡因的非上瘾性代用品。在这个结论的鼓舞下，德国"拜尔化工股份公司"以此作为麻醉剂生产，并于1898年用Heroin（音译海洛因）为商标名大做广告，海洛因很快变成了市场上最受欢迎的成药。1906年，美国医学学会批准海洛因广泛使用，并建议用它来代替吗啡，以缓解各种疼痛难忍的疾病。然而，由于医生和药店的无限制售用，造成了海洛因的严重滥用，出现了一批批上瘾后难以戒断的瘾君子。1924年，仅在美国就出现了约20万名上瘾者。

海洛因是一种对人体伤害极大的毒品。它使食物在胃肠消化道中的消化和通过过程迟缓，频频发生恶心和呕吐的生理反应；会使人的血管扩张，引起皮肤充血发红，两眼瞳孔收缩。长期吸食、注射海洛因，人的身体消瘦，瞳孔缩小，免疫功能下降，易患病毒性肝炎、肺脓肿、艾滋病等症，剂量过大可致人死亡。海洛因的成瘾性使人产生极大的生理和心理依赖作用，中止吸食、注射海洛因后会产生戒断综合征，表现为流汗、发抖、发热、高血压、肌肉疼痛、痉挛等症状。海洛因对人的伤害还在于它使人产生幻想和具有暴发性快感的冲动行为。美国纽约市警察局曾有报告，因各种犯罪而被捕的上瘾者中，有94%是使用海洛因的。日趋恶化的海洛因上瘾现象和犯罪事实，终于使国际医学界认识到海洛因的危害大于其医疗价值。1924年，美国参众两院一致通过立法，禁止生产和进口海洛因。国际社会通过的《1925年日内瓦公约》对生产和出口海洛因制定了一套严格的规定。《1931年限制公约》规定了生产厂家只能生产用于合法医疗和科学需要的海洛因。现在，海洛因在国内外临床治疗并不使用，被列为非医疗用毒品。

（四）大麻（Cannabis）

大麻属大麻科，是生长于温热带地区的一种强韧、耐寒的一年生草本植物。大多数大麻没有任何有毒成分。通常所说的可制造毒品的大麻，是指生长在炎热国家中一种较矮多分枝大麻的变种。这种植物雌雄异株，花叶含有丰富的大麻脂，挥发着一股刺鼻的类似于橡胶、泥土和麝香气味。被捣碎后，可从中提取出大量的大麻毒品。用作毒品的印度大麻可吸食、饮用、吞服，甚至加工后可注射。大麻草也可单独像烟卷一样，被吸食者称为"爆竹"来吸食，这就是所谓的"大麻烟"。一支大麻烟卷，人们只要吸上四五口，就会产生安适、舒缓和宁静的感觉，再吸下去会很快进入迷迷糊糊、昏昏沉沉、似在梦中的状态。对于吸毒者来说，他们会认为自己感知事物的能力比平时增强了，视觉更敏锐了，听觉更清晰了。他们的眼睛能够看到平常看不到的无限远的地方，耳朵能在乱哄哄的吵闹声中听到平常听不到的某种特殊声音。可是，这种状态在吸食2小时后便消失了，随后出现的是一种精神上和生理上的极为痛苦的感觉。

大麻最早生长于中国。早在公元前2800年，中国已出现栽培大麻、以获取其中纤维的记载。由于种植大麻很容易，只要有一粒种子，就可以在庭院里、阳台上栽种并较为容易成活。过去人们种植大麻的目的主要是用其纤维纺织布类及其他织物（如绳索、麻袋）。

由于种植和加工大麻比较容易，所以，大麻目前已成为毒品植物中最为大众化的、最具有世界范围危害性的一种，成为最为普遍吸食的"穷人毒品"。大麻的主要毒性成分为四氢大麻酚（THC），它对人体的脂肪性组织具有亲和力，因而集结在脂肪组织中。又因为大脑是含有大量脂肪的器官，所以，大麻对人脑的伤害较大。人在吸食大麻后能产生致幻作用。吸食大麻会导致吸食者的精神与行为障碍，出现举止失常、判断力失准、注意力减弱、记忆力受损、平衡力失衡等现象，引发支气管炎、结膜炎、内分泌紊乱等疾病。经常吸食大麻者会对大麻产生强烈的精神依赖性，并诱发精神错乱、偏执狂和妄想型精神分裂症等中毒性精神病，会造成吸食者易怒、失眠、焦虑、紧张，常常做出危害社会的攻击性犯罪行为。若中止吸食大麻，吸食者也会产生戒断综合征，其主要表现为震颤、出汗、恶心、呕吐、腹泻、烦躁、厌食和睡眠障碍等。

（五）可卡因（Cocaine）

可卡因又称古柯碱，俗称"可可精"，学名为苯甲酰甲醛芽子碱。它是一种从南美洲古柯树叶中提炼出来的一种生物碱。哥伦比亚、秘鲁、玻利维亚、古巴为主要产地，美国及中南美洲为主要滥用地区。可卡因属中枢神经兴奋剂，兴奋作用强，一般呈白色晶体状，味苦而麻。毒贩贩卖的一般是呈块状的可卡因，称为"滚石"。

相传在古印加帝国时期，古柯叶就被南美洲安第斯山脉地区的土著居民古印第安人奉为"圣草"，被认为是"太阳神赐予的礼物"。他们借咀嚼古柯叶以提神醒脑，消除疲劳，增加力量；并用之以御寒、治病，减轻胃痉挛、风湿、头痛等引起的不适。

1884年，美籍奥地利医生卡尔·科首次用可卡因做局部麻醉药。因为，可卡因能阻断神经传导，产生局部麻醉作用，对眼、鼻、喉黏膜神经的效果尤其明显，所以，可卡因在早期曾作为麻醉剂被广泛用于眼、鼻、喉等五官的外科手术中。可卡因还是一种中枢神经系统的兴奋剂，其作用是通过加强人体内化学物质的活性，刺激大脑皮层兴奋中枢神经，并继而兴奋延髓和脊髓。人在吸食后表现为情绪高涨、思维活跃、好动、健谈，能较长时间地从事紧张的体力和脑力劳动。平时到一定时候必然产生的吃饭和睡觉的生理要求，这时好像完全消失了。有些人甚至能胜任繁重的、平时不能承担的工作。但是，这种心理兴奋状态只会延续30分钟左右，以后就转入抑制状态，对人体产生不良的影响，出现可卡因中毒症。低剂量使用时，可使吸食者心跳减缓。随着剂量加大，吸食者的脑中枢也受到刺激，导致呼吸率和心跳率增高，出现呕吐、震颤和痉挛惊厥等现象。

吸食可卡因可产生很强的心理依赖性。长期吸食可导致吸食者精神障碍。所以，被人们称为可卡因精神病。得了这种病的患者易产生触幻觉与嗅幻觉症状，最典型的感觉是皮下有虫行蚁走感，奇痒难忍，造成严重抓伤甚至断肢自残，情绪不稳定，容易引发暴力或攻击行为。由于可卡因药性猛、成瘾快，所以，被国际社会称为"百毒之王"。一剂70毫克的纯可卡因注入人体内，可以使体重70千克的人当场丧命。人在长时间大剂量使用可卡因后突然停药，会出现抑郁、焦虑、易激惹、疲惫、失眠、厌食等症状。

（六）咖啡因（Morphine Base）

咖啡因是从茶叶、咖啡果中提炼出来的一种生物碱，所以，又被称为咖啡碱。早在石器时代，人们就发现咀嚼这种植物的种子、树皮或树叶有减轻疲劳和提神的功效。多年以后，又发现使用热水泡这些植物能够增加咖啡因效果。所以,许多民族文化中都有关于远古时期的人们发现这些植物的神话。

人体中适度地吸收咖啡因可以有祛除疲劳、兴奋神经的作用。其实,在日常生活中,我们喝的咖啡、茶叶中均含有一定数量的咖啡因。但一般每天摄入的咖啡因总量应当在30~50毫克以内,否则就会出现不良反应。咖啡因还可说是软饮料中的常见成分,例如可乐,最初就是由可乐果汁制作出来的。一瓶软饮料中一般都会含有10~50毫克的咖啡因。所谓能量饮料,例如红牛,甚至每瓶含有80毫克咖啡因。现在,每年咖啡因的国际销量已达到12万吨。这个数字相当于每天每个人消耗一份咖啡饮品。这也使咖啡因成为世界上最流行的影响精神的物质。在北美洲,甚至有90%以上的成年人每天都在消耗一定量的咖啡因。咖啡因在临床上还可用于治疗神经衰弱和昏迷复苏。

咖啡因的使用应有一定的范围。超出了这个范围而大剂量的使用,以追求其副作用为目的而使人成瘾,就会导致人体"咖啡因中毒"。咖啡因也有戒断综合征。一旦停用,人就会出现精神委顿、浑身困乏疲软等各种戒断症状。虽然这种成瘾性较弱,戒断症状也不十分严重。但是由于药物的耐受性而导致用药量不断增加时,咖啡因就不仅作用于大脑皮层,还能直接兴奋延髓,引起阵发性惊厥和骨骼震颤,损害肝、胃、肾等重要内脏器官,诱发呼吸道炎症、妇女乳腺瘤等疾病,甚至导致吸食者下一代智能低下,肢体畸形。因此在国际社会,咖啡因也被列入了受国家管制的精神药品范围。

(七) 杜冷丁 (Dolantin)

杜冷丁又被称作"唛啶"、"德美罗"、"地美露"、"盐酸哌替啶"。它是根据吗啡的化学结构衍生出来的一种合成麻醉药品,制成品为白色、无气味的结晶状粉末,能溶于水,一般制成针剂的形式。

作为人工合成的麻醉药物,杜冷丁系吗啡的人工代用品,具有与吗啡类似的性质,其药理作用与吗啡相同,其临床应用与吗啡也相同,但杜冷丁的镇痛、麻醉作用较小,仅相当于吗啡的1/10~1/8,作用时间维持2~4小时。杜冷丁主要作用于中枢神经系统,对心血管、平滑肌亦有一定影响。其毒副作用相应较小,恶心、呕吐、便秘等症状均较轻微。对呼吸系统的抑制作用较弱,一般不会出现呼吸困难及过量使用等问题。

杜冷丁是在1939年由赫希斯特研发的专门用于伤口止痛的特效药。1940年初,赫希斯特又成功地把这种药的效力提升了20倍,并将新的药物取名为"美沙酮"(Methadone)。到1944年,德国就大批量地生产了约650吨这样的止痛药,以便用于当时的战争。杜冷丁有一定的成瘾性,连续使用1~2周便可产生药物依赖性。研究表明,这种依赖性主要以心理依赖为主,生理为辅，但两者都比吗啡的依赖性弱。成瘾后一旦停药则会产生相似于吗啡戒断后的戒断综合征。主要症状有精神萎靡不振、全身不适、流泪流涕、呕吐、腹泻、失眠，严重者也会产生虚脱症状。

杜冷丁在医院临床是限制使用药。癌症患者到了晚期，由于癌细胞的扩散，会使患者产生极大的疼痛感，而此时注射杜冷丁（还有吗啡）却能起到显著的止痛作用。从人道主义出发，为了减轻这些即将离开人世患者的痛苦，医学上规定允许使用吗啡或杜冷丁之类的镇痛针剂。因为，对于这些人来说，上瘾的后果已经不再是需要考虑的问题了。但由于此类药物的发放存在着流入社会为吸毒者所用的机会，同时癌症患者也有治愈的可能，一旦用多了会上瘾，将来癌肿消失，病好后脱瘾便成为一个十分痛苦的过程。因此，我国卫生部门对这些药物的处方权及发放有着极其严格的规定，以严防药物通过非法渠道流入社会。

（八）冰毒（Methamphetamine）

冰毒的学名是去氧麻黄碱或甲基苯丙胺，也被称为甲基安非他明，属安非他明类兴奋剂的一种。安非他明本是一种化学药品，本身就具有提神功能。这倒不是因为安非他明能增加人体能量，而是因为它可以压抑人的疲劳。冰毒作为一种毒品，是以麻黄素为原料制造出来的一种带苦味的半透明晶体，因形状像碎冰而得名。由于它的毒性剧烈，人们便称之为"冰毒"。该药小剂量食用有短暂的兴奋、抗疲劳作用，故其丸剂又有"大力丸"之称。此外，甲基苯丙胺是在麻黄素化学结构基础上改造而来，所以，在医学上又有去氧麻黄素的别名。

20世纪30年代，为了治疗哮喘、嗜睡和其他一些疾病，冰毒被当作药物销售。由于它可以使服用者保持清醒和抑制食欲，所以曾受到卡车司机、学生和减肥者的钟爱。1962年，冰毒首次作为一种违法毒品，被美国旧金山的摩托车黑帮制造出来，此后扩散到全世界。

冰毒也可以制成粉末、液体和丸剂。这种毒品对人的中枢神经具有极强的刺激快感和兴奋作用。快感过后，取而代之的又是一种严重抑郁、疲劳和激怒，吸食者形成一种痛苦体验。这种痛苦与再次寻求"快感"的强烈欲望相交织，最终导致吸食者强迫性用药，陷入不断重复的"兴奋—抑制"循环过程之中不能自拔。

吸食冰毒的主要症状如下：吸食者会形成精力无穷、不易受伤的假象，或者产生突如其来的恐慌或被害妄想。还有一些吸食者会像有些醉酒者那样说个没完没了。他们感到自己接受了意想不到的力量，特别是性欲力量的鼓舞，觉得在精神上有极度兴奋感和欣快感，因而减低了自我抑制能力，导致失去对危机的警觉性。

人在吸食冰毒后，会感觉"血液沸腾，敢干平时不敢干的事"。具体表现为呼吸脉搏急促、情绪严重不稳、过度活跃、狂乱、恐慌、容易激动，重者出现脑血管爆裂、引发急性心脏衰竭、睡眠失调、体重不正常地下降，并伴有精神紊乱、幻觉、幻听、怪异思想及被害妄想的精神病状态，产生狂躁症、自杀及自毁的暴力倾向。

有研究结果报告，冰毒吸食一次即可成瘾。长期服用冰毒，会给人体带来慢性损害，如出现脓肿、呼吸系统问题、急性肠胃疾病、腹部痉挛、明显的失重。超剂量使用还会产生昏厥，以致脑部损伤，患精神病。

（九）摇头丸（Mdma）

摇头丸学名是二亚甲基双氧苯丙胺，是甲基苯丙胺的衍生物，属安非他明类兴奋剂的一种，又被称"甩头丸"、"快乐丸"、"疯丸"、"的士高饼干"、"忘我"等，常被制成带有各种颜色、图案的片剂，属于我国规定管制的精神药品。

摇头丸为人工合成的兴奋剂，是一种致幻性苯丙胺类毒品，具有强烈的中枢神经兴奋作用，有很强的精神依赖性。人使用数次后即可成瘾，过量使用会急性中毒，可产生惊厥、脑出血、循环性虚脱、死亡。二亚甲基双氧苯丙胺所以俗称"摇头丸"，是因为人在服用摇头丸后，会表现出安非他明精神病症状，亢奋不已，听到音乐后摇头不止，持续时间可长达6~8小时，并出现幻觉、妄想和性冲动。这些症状酷似偏执型精神分裂症。表现出活动过度、情感冲动、性欲亢进、嗜舞、偏执、妄想、自我约束力下降以及幻觉和暴力倾向。同时，也会发生药物感染合并综合征，包括肝炎、细菌性心内膜炎、败血症、性病和艾滋病等。吸食冰毒、摇头丸等苯丙胺类毒品的戒断症状是易疲劳、抑郁、睡眠障碍、多梦和激动不安等。

（十）安钠咖（Caffeine）

安钠咖学名是苯甲酸钠咖啡因，是由苯甲酸钠和咖啡因以近似1∶1的比例配制而成的；其中的咖啡因起兴奋神经作用，苯甲酸钠则起助溶作用以帮助人体吸收。

安钠咖作为兴奋型的精神药品，临床上用来治疗中枢神经抑制以及麻醉药引起的呼吸衰竭和循环衰竭等症。它通过兴奋中枢神经来调节大脑皮质的活动。安钠咖还有一定的解热镇痛作用。然而，长期服用安钠咖后会使人产生对药物的耐受性、依赖性和毒副作用。因此，卫生部1979年下达的《医疗用毒药、限制性剧药管理规定》中将安钠咖粉、针、片剂均列为管制品种，只准供医疗使用。国务院1982年发布的《关于严禁鸦片烟毒的紧急通知》中将其列入毒药、限制性剧药中而严加管理。非法制造、贩卖安钠咖会构成制造、贩卖毒品罪而受到法律惩处。

（十一）苯环己哌啶（Phency Clidine，PCP）

苯环己哌啶也被称作普斯普剂，是一种有麻醉作用的致幻类药物，民间俗称"天使毒品"、"霸王毒品"。这一药品于1956年由美国底特律一个化学实验室首次合成。1967年，该药物成为一种滥用药物在我国黑市上出现，并常常冒名为"大麻"出售。当时除有人偶尔注射或吞服外，大多数人是将PCP撒在烟叶样植物上（如香菜、薄荷叶、烟草或者大麻等），待燃烧后吸入身体。

苯环己哌啶通过影响人的大脑及中枢神经系统对人体产生多种作用。小剂量服用会出现与大多数抑制剂相似的镇静效果。中等剂量服用则产生感觉障碍，出现意识朦胧和定向异常，痛觉或感觉缺失。大剂量服用会产生神经麻木并自感处于失重状态，很快出现昏睡症状。常常还伴有唾液和汗液增多，血压升高和心率增快。肌肉震颤（颤抖）亦比较常见。

苯环己哌啶滥用的可怕之处，在于吸入者有一种强烈的侵犯别人行为的感觉，并伴有一种不可战胜的气概和完全麻木无知的行为。因为他们在用药后没有疼痛的感觉，所以一旦遭遇严重的打击时亦不会回头，有的还因此导致攻击或自残行为，甚至死亡。美国曾有一个电视纪录片叫《天使死亡》，其中一个场面就是警察们逮捕了一个吸过PCP的青年。这位青年尽管手已被反锁在背后，还把手铐扳成两块。这样，他严重地损伤了自己的两个手腕，尽管血流如注，扳断的手铐上还挂着一条条扯下来的肉，他却毫无痛感，准备和警察继续搏斗。

（十二）K粉（Ketamine）

K粉是氯胺酮的俗称，医学上作为静脉局麻药，其镇痛效果良好，尤其是体表镇痛，且对循环系统有交感兴奋作用。从这个意义上讲，氯胺酮具有的临床药用价值较高。

K粉的毒副作用可概括为两个方面：一是精神、神经系统反应。它具有类PCP（苯环己哌啶）和LSD（麦角酸酰二乙胺，一种迷幻药）一样的效用。轻者有做梦感和漂浮感，重者出现幻觉和谵妄或伴有异常行为，即使服用低于麻醉剂量，也可以对人的行为造成显著的损害，对于身体活动机能和记忆的损害作用尤其明显。二是心血管系统。K粉可增加主动脉压、心率和心脏指数，吸食过量或长期吸食，可以对心、肺、神经系统造成致命的损伤，对中枢神经系统的损伤尤其严重。滥用K粉还能增加脑血流和颅内压以及眼压，引起高烧不退、突发性恶性高血压，还可引起自发性脑出血或脑血管阻塞、毒性肝炎及肝衰竭、急性肾衰竭、泛发血管内凝固病变、急性或慢性妄想型精神病、大脑不可逆的伤害和心室心律不齐等病，甚至导致服用者死亡。

近年来，在一些歌厅、舞厅等娱乐场所发现了氯胺酮被作为兴奋剂而滥用的现象。为此，2004年7月，国家药品监督局将氯胺酮列入一类精神药品管理。

（十三）美沙酮（Pharmacy）

美沙酮，又名盐酸美沙酮、美散痛、非那痛、阿米酮，是二战期间德国制造的人工合成的替代吗啡的麻醉性镇痛药。其盐酸盐为无色或白色的结晶形粉末，无嗅，味苦，易溶解于水，常见剂型为胶囊，口服使用。美沙酮与吗啡和海洛因等毒品一样，是鸦片受体激动剂，因而属于国家管制的镇痛麻醉药。但是，美沙酮在临床上的止痛效果略强于吗啡，其毒性、副作用较小，成瘾性也比吗啡小。因此，20世纪70年代初期，医学家们在发现此药具有治疗海洛因依赖脱毒和替代维持治疗的药效作用后，将其当作毒品替代物来对"吸毒瘾君子"进行戒毒治疗。香港地区实施美沙酮治疗计划并取得满意效果后，该计划曾被世界卫生组织认为是亚洲地区较好的戒毒模式而给予肯定。

然而，美沙酮作为脱毒药物其实也是毒品的一种。可说一半是天使，一半是魔鬼。近年来，社会上已多次出现非法服用美沙酮的吸毒者，特别是一些原来吸食、注射海洛因或杜冷丁的人，一旦中断供应出现强烈的戒断症状，便会服用美沙酮替代。这实际等于是无奈中在伤口上添盐。口服美沙酮虽然可维持效用24小时以上，但由于它的作用比海洛因弱，这些吸毒者只要有可能还会转而复吸海洛因，以至于有反对意见认为此法不可取。据俄罗斯《科学信息》杂志报道，该疗法所产生的美沙酮依赖性甚至比吸食其他毒品产生的依赖性更加难以根除。但是，支持这种戒毒方法的人们依然认为，戒毒的难度非常高，对绝大多数人来说，毒瘾不是意志力可以克服的，与其期待几乎不存在的成功戒毒，还不如让他们使用美沙酮一辈子。

（十四）其他类型的有毒品

1. **合法性商品化的吸入剂**

合法性商品化的吸入剂有3种类型，即商品性和其他方面的挥发性溶剂、气雾剂和麻醉剂。挥发性溶剂包括飞机模型黏合胶、指甲装饰油去色剂、油漆稀释剂等。气雾剂包括头发喷射剂、除臭剂、杀虫剂、玻璃冷却剂等。麻醉剂包括乙醚、氯仿（三氧甲烷）、笑气（一氧化二氮）和其他有关的气体。所有这些有毒物散发出来的气味都能直接吸进瘾君子的肺内。而且，它们都是具有合法身份在柜台出售的商品。因此，人们称它们为合法性的商品化的吸入剂毒品。吸入剂也会造成人们的吸入成瘾性，其对人的生理影响主要表现在：会引起鼻子和喉部黏膜肿胀、发炎，还会引起暂时性的血液不正常，如贫血症。长期的生理影响是给吸入者带来生理损伤，其毒性效应包括黏膜、皮肤和呼吸道的刺激和细胞坏死；心脏、肝脏和肾脏的细胞损伤；骨髓衰退，引起血液中红血球、白血球、血小板数量减少等。

2. 竞技体育中的兴奋剂

在体育比赛中，有些药物能对人体产生刺激作用，但对运动员的健康会造成伤害，这就是兴奋剂。国际奥委会指出："竞技运动使用任何形式的药物，或以非正常途径摄入生理物质，企图以人为的或不正常的方式提高竞技能力，即被认为使用兴奋剂。"目前，国际奥委会规定禁用的药物有人工合成的，也有天然的，还有利用基因重组技术生产的。这100多种禁用药物可分五类：

（1）作用于中枢神经系统的刺激类药物，如咖啡因、可卡因、麻黄素、尼可刹米等；

（2）具有镇痛作用，诱发一种渴望感的麻醉剂，如吗啡、杜冷丁、美沙酮和镇痛新等；

（3）具有改变人体内激素水平，刺激肌肉快速生长，增强肌肉力量的蛋白同化制剂，如睾酮、雄烯二酮、双氢睾酮等；

（4）具有为掩盖使用违禁药物，使用或服用后能迅速将体内尿液排出的利尿剂，如促进排尿的速尿等；

（5）刺激人体激素的肽和糖蛋白激素及类似物，如促肾上腺皮质激素、人生长激素、红细胞生成素等。

在竞技体育领域，兴奋剂所以被禁用，主要原因在于它不仅瓦解了体育比赛公平竞争的原则，而且伤害了运动员的身体健康，特别是在少年运动员身上使用兴奋剂，会严重违反人体生长的发育规律，容易使他们患上成年人疾病，甚至葬送自己的性命。

3. 用于减肥整容的苯丙胺及其类似物

进入21世纪，WHO将肥胖列为"人类健康十大危机"之一。医学认为，肥胖本不是一种疾病，只是人体存在的一种症状，但是肥胖的确是能引起多种疾病的元凶，而且缩短人的寿命，所以利用药物减肥成为当今时代的一个潮流。但是，综观被广告宣传的种种减肥药方，不难发现多是通过抑制减肥者食欲，激起他们神经高度兴奋，抑制脂肪消化吸收，或泻肚的办法来达到减肥目的，结果对人体造成伤害。新闻界不断报道出来的某些减肥瘦身妙方甚至成了美容瘦身者的夺命杀手。

科学家指出，苯丙胺类药物，如甲基苯丙胺、苯甲吗啉等减肥药物可以引起服用者3~4天的神经高度兴奋，而它的副作用是抑制食欲，继而表现出体重减轻。当这个时期过后，药物就不再对体重减轻有效，除非加大服用剂量，这样一来就会导致药物滥用。长期服用此类药物可引发服用者的中毒反应：如头痛、畏寒、瞳孔放大、心跳过速、血压上升等，也可出现口干、发烧、心率失常、中枢神经过度兴奋等症状，甚至惊厥或因循环系统衰竭而死亡。实践表明，大量服用苯丙胺，即每日服用30毫克以上的人，容易发生严重中毒反应，引起幻觉、狂躁、疲乏和大脑损伤。如麻黄素类减肥药中含有的草药成分可以抑制服用者食欲以达到减肥的目的，但是，它的副作用就在于能加速服用者的心跳，这恰恰又是该药对人体伤害的最危险之处。

第三节
拒绝毒品销蚀灵魂

当今世界，全球化的毒品泛滥问题对人类的生存和发展已构成重大威胁。生活在象牙塔中的大学生群体也不能完全免疫。

据联合国毒品控制和犯罪预防办公室及国际麻醉品管制局提供的数据显示，目前全世界约有300万人从事毒品种植活动，种植面积达100万公顷。全世界每年的毒品交易额高达数万亿美元。北美地区仍是世界上最大的毒品市场，其中美国是毒品可卡因的世界最大单一市场。2004年的有关数据显示，全球使用毒品的人数已超过2亿人，每年因吸食毒品过量致死的人数达10万人，1 000万人因吸毒而丧失劳动能力。另据全国吸毒人员信息数据库显示，截至2009年6月底，我国登记在册吸毒人员为1218 328人，其中男性占85.1%，女性占14.9%。吸毒人员中滥用新型毒品的占47.8%，滥用新型毒品人员以35岁以下青少年为主体，并逐步由社会闲散人员向企业员工、个体老板、演艺人士等各阶层发展蔓延。同时，滥用冰毒、摇头丸、氯胺酮等新型毒品的人数不断增多，一些娱乐场所吸贩摇头丸、氯胺酮问题仍较突出，形成传统毒品与新型毒品交叉滥用的局面。

近些年来的调查统计结果表明，大学生中吸毒者的比例在上升，值得各界高度关注和警惕。长期以来，人们或者以为大学生文化程度高，有较强的识别能力，不易被诱惑而走上吸毒之路；或者认为大学校园作为象牙之塔，是一个与社会隔离的相对封闭场所，不易被社会不良风气所污染。结果造成了对大学生这一特殊群体开展毒品预防教育空白的后果。然而，社会现实一再表明，大学已不再是一个远离毒品世界的世外桃源，大学生也不是一个对毒品完全免疫的群体。特别是近十余年来，毒品在我国的死灰复燃虽然还较少侵害到大学生中来，但在大学生周围，一些潜在危险因素已开始增加，如社会上一些吸毒、贩毒分子到大学校园及校园周围活动，对大学生已形成了一个潜在的诱导源。另外，大学生的邻居、老乡、同学、父母的同事等如有吸毒现象，大学生在与其交往中极有可能受到影响和引诱。另外，从目前看，冰毒、摇头丸等中枢神经兴奋剂由于价格较低，包装时髦，由于有一定的减轻疲劳、提高警觉、增强自信心和思维活动的作用，所以常常为知识阶层的一些时髦激进分子所青睐。当它在中国进一步泛滥时，就有可能侵袭大学生群体。

面对社会上存在种种的毒品诱惑，大学生应当懂得有关识别毒品及其对人体危害严重性的知识，抵御毒品的侵蚀。

一、大学生染毒分析

（一）大学生对毒品的防范意识较差

目前，我国各级学校几乎没有开设有关防毒安全教育的课程。这对处于学习阶段的学生而言，意味着在生活中较少有机会接受到专门的毒品预防教育，因而普遍缺乏对毒品认知和防范意识。据一些调查报告所述，现实生活中的绝大多数大学生，长这么大，从来没有见过毒品是什么样的，甚至还不清楚什么是毒品以及中国目前流行哪些毒品。他们多半没有我国所提出的"涉毒违法，违法必究"这个概念，更不清楚吸毒者吸食毒品成瘾的原因和毒瘾生成机制。只简单地知道毒品具有可怕的依赖性及其戒断反应，而忽略了毒品对人体的其他毒理作用，如过量吸食致死，对身体脏器的损伤，对神经损伤等。事实上，大学生在面对毒品时不仅缺乏辨别能力，同时防范意识也十分欠缺，由此导致他们不能从理智上远离毒品，也难以提升自觉防范和抵制毒品侵害的能力。

（二）大学生沾染毒品的潜在因素

大学生正处于青春期后期与成年期初期阶段，在生理和心理上都处于迅速变化的过程中。这时的他们虽然文化层次较高，思想比较活跃，然而由于自身阅历浅、社会经验不足，对自己缺乏正确而全面的认识，容易受到社会上各种思潮的冲击。一旦处在吸毒环境中，那些认知能力差、判断力和预见性不强的人，就极易成为被诱惑染毒的对象。

一般说来生活无聊、意志消沉和好寻求刺激的人群往往最易成为毒品俘房的群体。在校大学生虽然大多没有一般吸毒者所通常面临的诸多现实社会问题，如失业、贫困、不幸等。然而，处于青春期的年轻人也很容易产生各种各样的心理冲突和矛盾。他们会面临来自父母、学校和朋友们对自己期望的种种压力，也经常因生活遇到的各种挫折和困难而感到无所适从，甚至认为自己面临的障碍和压力似乎不可跨越。对这些问题，如果不能及时正确对待和处理，他们就很容易借助烟、酒、毒品等刺激物寻求一时的解脱。在校大学生群体中，有一部分人由于处在学习竞争的弱势位置上，置身于优秀学生之中，容易产生自卑感，甚至嫉妒心理；由于生活环境的变化，也会产生一些不适应；由于理想自我与现实目标的差异，常会出现消极颓废、苦闷的心境；由于在人际交往中遇到挫折，又容易产生焦虑、困惑的心理；由于伴随性生理的成熟，容易产生自我性意识的困扰；等等。当遇到这些问题时，一些人会去逃避，寻找暂时的解决办法。此时如果有人在这时介绍一些陌生而有趣的或使自己感到舒服的东西时，大学生便很难抗拒。如果对其中的危险性又认识不足的话，就更容易陷入毒品的"陷阱"之中。

（三）大学生沾毒的几种情况

1. **好奇心驱使**

好奇心强、分辨是非能力差是大学生沾染毒品的主要原因。好奇本是青少年的共同特点。对于没有体验的东西，青少年总有一种跃跃欲试的愿望。大学生普遍好奇心强，对一些事物总有尝试一下的心理。加之对毒品的危害性认识不足，"新奇、好玩、时髦，就是想试一下"成了他们想尝试毒品的理由。因此原因而沾染上毒品的，占大学生吸毒人数的一半以上。上海教育部门曾对大学生进行过一次毒品认知度调查，竟有12%的大学生认为"如果有机会，愿意尝试一下毒品"。这可说是非常可怕而危险的一种选择，他们的回答令人震惊。

2. **由于单纯无知而上当受骗**

被居心不良人员诱惑，无辜上当受骗，也是大学生吸毒的重要原因。一些大学生在社会交往中，自我防卫能力弱。一些吸毒者为了销售毒品，以贩养吸，常常把毒品夸得天花乱坠，鼓吹吸毒可以成仙，宣传吸毒是社会高档人群的生活方式，胡说吸毒是人们减肥的良方等。开始时，他们慷慨解囊和免费招待，教唆和勾引大学生上当。一旦致人成瘾欲罢不能后，贩毒者便可不断地在受害者身上攫取贩毒之资。而一些大学生却往往不设防，轻易吸上一些"朋友"甚至一些陌生人特意送上来的"好烟"，在吞云吐雾中悄然上瘾。还有一些大学生轻信吸食毒品可以提高学习成绩的谎言，尝试几次后，即成了"瘾君子"。还有的大学生因遇病痛难耐而吸食毒品镇痛，从此染上毒瘾不能自拔。如据报载，一位女大学生经常胃痛，有一次在朋友家里发作，疼痛难忍，朋友拿出白粉让她吸食，果然不痛了。此后，当胃痛发作时，她就去朋友家吸食白粉，三番五次以后就上瘾了。

3. 因寻求刺激而受诱惑

毒品能使人产生欣快感，其刺激十分强烈，人一旦沾上了就不易抛弃，从而形成终生难以解脱的生理和心理依赖。这种"吸上一口，悔恨一生"的痛苦，没有经历过的人往往是难以体会的。由于觉得生活无聊和盲目追求时髦，寻求刺激，一些大学生往往把吸毒行为看成是与抽洋烟、喝洋酒一样的时尚表现。在他们眼中，吸毒是富有者的象征，是一个人具有风度和气派的体现，是潇洒惬意、最具时髦的时代表达。结果因为无知，在不知不觉中，大学生染上了毒瘾。还有一些大学生因为生活上受到挫折和烦恼而意志消沉，为了求得心理上的解脱，就用毒品来麻醉自己的神经，结果是虽然求得暂时的解脱，却最终陷入更大的烦恼之中。

4. 不相信毒瘾难戒而自陷其中

还有一些大学生，为了激励亲朋好友戒毒，想做出一个以身试毒再成功戒毒的榜样。结果是吸毒一口，痛苦一生，由此走上了吸毒的不归之路。大量的吸毒事例表明，人的意志力在毒瘾面前往往显得十分脆弱。吸毒者的戒毒过程都是非常痛苦的。例如，试图用自然戒断法解除毒瘾的人，最初会出现汗毛竖起，浑身起鸡皮疙瘩，状如褪了毛的火鸡皮的症状，故俗称"冷火鸡法"。为此，先要忍受三四天炼狱般的煎熬，此后还有漫长而痛苦的过程在继续考验着他的意志力。结果多是"一旦吸毒，很难戒毒"，很多人戒毒以失败告终。

5. 医源性成瘾

有些大学生是因为治疗疾病的需要，因为长期服用某种产生依赖性的药物而在不知不觉中成瘾，从中受到伤害。

二、大学生如何远离毒品

（一）学会识破毒贩诱骗的招数

许多毒贩为实现自己以贩养吸的目的，千方百计引诱青少年吸毒，毒贩诱骗的招数主要有：

1. 谎称"毒品吸一两次不会上瘾"

众多吸毒者的亲身经历是："一日吸毒，永远想毒，终身戒毒。"以海洛因毒品为例。多数成瘾者，在第一次吸食以后，就会产生浑身困乏、非常难受的感觉，进而渴望第二次吸毒，从而产生了生理和心理的强烈依赖。许多专家认为，一个人吸食3次海洛因后，就会上瘾。因此，那些认为偶尔吸一下海洛因无所谓的看法是非常错误的，也是非常危险的。

2. 提供免费尝试

几乎所有吸毒者初次吸食毒品，都是接受了毒贩或其他吸毒人员免费提供的毒品。待他们上瘾后，毒贩们再以高价出售毒品。

3. 声称"吸毒治病"

毒贩们利用人们对毒品的无知和对疾病的恐惧，引诱人们吸毒。但实际情况是，吸毒会严重危害人们的身心健康，损害人的大脑，影响血液循环和呼吸系统功能，还会降低生殖和免疫能力，甚至导致死亡。

4. 编造富人与名人吸毒佳话

鼓吹"吸毒可以炫耀财富，现在有钱人都吸毒"。毒贩们瞄准一些大学生羡慕事业成功的有钱人生活方式的心态，向他们兜售"吸毒是有钱人的标志"这样极其荒唐的错误观念。

5. 胡说"吸毒可以减肥"的谎话

毒贩利用女青年爱美之心，吹嘘冰毒、摇头丸等苯丙胺类新型毒品的"好处"，编造"吸毒可以减肥"的谎言，引诱她们吸毒。其实，吸毒人员体态消瘦是一种病态，因为吸毒成瘾后，人体的各种器官功能都受到损害，各种疾病缠身，所以面黄肌瘦、骨瘦如柴。因此，吸毒不是减肥，而是"减命"。

6. 把改头换面的毒品说成"不是毒品"

一些毒贩将摇头丸、止咳水和其他片剂等毒品伪装成保健品，吹嘘其有强健身体、增强智力等功效，使人们丧失警惕，达到兜售的目的。

7. 谎称吸毒可以提高学习成绩

毒品一般有提神和使人兴奋的效果，一些毒贩利用毒品这一特征，诱骗大学生上当。实际上，吸毒会损害吸毒者的大脑中枢神经，导致吸毒者精神萎靡不振，记忆力衰退，无心读书，成绩下降。

染上毒瘾者的行为迹象：

①无故旷课、旷工，学业、纪律或工作等方面的表现突然变坏。

②在家中或学校偷窃钱财、物品，或突然频频地向父母或朋友索要钱或借钱。

③长时间躲在自己寝室内，或远离家人、他人，不愿与他人接触。

④外出行动表现神秘鬼祟；经常无故出入偏僻的地方，与吸毒者交往。

⑤藏有毒品及吸毒工具（如注射器、锡纸、切断的吸管、匙羹、烟斗等）。

⑥在不适当的场合佩戴太阳镜，以遮掩收缩的瞳孔。为掩盖手臂上的注射针孔，长期穿着长袖衬衣。

⑦面色灰暗、眼睛无神、食欲不振、身体消瘦。

⑧情绪不稳定，异常的发怒、发脾气，坐立不安、睡眠差。

（二）学会从外观上认识一些常见的毒品

毒品的种类繁多，人们一般接触又很少。应当通过学习知识来了解毒品的性状。例如，鸦片为一种黑褐色膏状物，有一种特殊的呛人的气味。没有嗅过鸦片的人，如果近闻之，鸦片可刺激接近者不自禁地打喷嚏。仔细嗅之，其气味中包含蜜糖、烟叶及石灰水等杂味。

纯净吗啡为无色或白色结晶或粉末，难溶于水，易吸潮。随着杂质含量的增加，纯吗啡的颜色逐渐加深。粗制吗啡则为类似咖啡颜色的棕褐色粉末。在"金三角"地区，吗啡碱和粗制吗啡又被称为"黄皮"、"黄砒"、"1号海洛因"等。在非法买卖中，"黄皮"论"个"数进行交易，每个重1千克。非法生产的吗啡一般被制成砖块状。东南亚的产品有"999"、"AAA"、"OK"等商标。"黄皮"呈白色、浅黄或棕色。鼻闻"黄皮"有酸味，吸食时有浓烈香甜味。

海洛因毒品一般为白色或灰色块状、粉末状物质，也有棕色较潮湿粉末状物质，还有一些因掺入其他物质后呈浅黄色、灰色等。大多数海洛因毒品均有醋酸气味。海洛因成品的包装为灰白色长方扁块，一般为塑料薄膜热封，外面通常用黄色不透明的胶带纸缠绕，有250克、350克等不同规格包装。零散毒品交易中的海洛因，一般用方形或长方形白纸包装，每包0.1克到1克不等。如果发现这种特殊包装的小纸包，应引起高度重视。

三、大学生如何防止吸毒

吸进的是白净粉末，吐出来的却是自己的生命。毒品无时无刻不在摧残肉体、销蚀灵魂、践踏人类文明与尊严，它像白色瘟疫一样，对人类的健康发展贻害无穷。为此，大学生应当拒绝毒品的侵蚀。

1. 充分了解毒品的危害性

认识到毒品对身体健康、事业前途、爱情婚姻、家庭幸福、社会文明安宁的危害。大学生应该牢记"四知道"（知道什么是毒品；知道吸毒极易成瘾，难以戒除；知道毒品的危害；知道毒品涉及违法犯罪要受到法律制裁），面对毒品，一定要态度鲜明，千万不要心存侥幸，以好奇为由去尝试，一定不要心存侥幸去吸食第一口。明白"一朝吸毒，日日思毒，终生戒毒"，"吸毒一口，掉入虎口"的道理。

2. 树立奋发向上、积极进取的人生观

大学生要树立正确的人生观，不盲目追求享受，寻求刺激，赶时髦。要珍惜青春美好时光，加强自身的学习和修养，把时间和精力用在勤奋学习上面，积极参加文体活动，培养高尚的情操和道德观念；增强集体观念，培养

广泛的兴趣和爱好,避免孤僻的生活方式;用健康文明的生活方式充实自己的业余时间。

3. 注意选择娱乐场所,远离不健康的环境

大学生应当尽量避免出入低级趣味的娱乐场所,因为长期地接触这样的环境,会逐渐地被那些不健康的信息和习惯所影响。更不要在自己知道的吸毒场所多停留一分钟。身处毒雾缭绕的地方实际是不自觉地吸毒,万不可留。特别是进入歌舞厅要谨慎,决不可以尝试地吸食摇头丸、K粉等兴奋剂,以满足自己的好奇心。

4. 要注意选择性地结交朋友

不要与不三不四的人为友,尤其不要轻易接受与毒品有关的人员有意送上的香烟或饮料。因为,一些大学生就是由于吸"好朋友"或贩毒者(也以"朋友"面目出现)送给的掺有毒品的香烟或饮料而成为吸毒者的。须明白:内含海洛因的香烟只要3支就足以令人上瘾。同时,遇有亲友吸毒,一要劝阻,二要回避,三要举报,万不能跟着尝试一下。当别人用毒品来引诱、安慰时,一定要意志坚定,坚决拒绝。

5. 要增强心理承受能力

大学生应该懂得人生无坦途,在学习、工作、爱情、婚姻以及家庭生活中遇到困难和挫折时,甚至重大打击下,都要正确对待,要以顽强的意志和理性战胜眼前的困难和打击,勇敢地面对失学、失恋等人生挫折,成为生活中的强者,而不能因一时无所适从和精神空虚去寻求不健康的精神刺激,更不能以吸毒消愁解闷。可以试着和父母、老师、同伴沟通,或者听听自己喜欢的音乐,参加自己喜欢的体育活动等,分散注意力,排解烦恼。

6. 不偏信毒品给人带来的"好处"

不要听信"毒品能治病"。"毒品能解脱烦恼和痛苦"和"毒品能给人带来快乐"等各种花言巧语。要认识到,"沾毒一条命"。毒品绝不能治病,只能添病。也不要图慕虚荣,以为有钱人才吸毒。吸毒是一种愚昧可耻的行为。

7. 珍惜生命

如不慎沾染毒品,即使自己在不知情的情况下,被引诱、欺骗吸毒一次,也要珍惜自己的生命,不再吸第二次,更不要吸第三次。要主动向老师和学校报告,自觉接受学校、家庭以及社会有关部门的监督,戒除及进行康复治疗。

8. 了解国家的政策、法规

大学生除提高自身防范能力外,还应了解国家有关禁毒的方针政策、法律法规,充分认识到抵御毒害是关系到子孙后代的健康幸福、民族的兴旺发

达和国家繁荣昌盛的大事,不仅自己做到"热爱生命、远离毒品",而且向父母、兄妹、亲戚、朋友讲解毒品的危害,敢于向禁毒机关或有关部门揭露毒品犯罪和吸毒行为。要积极主动地配合禁毒部门开展工作,自觉参与反毒、禁毒斗争。

一、资料库

(一) 强迫性觅毒行为

吸毒的人在生理毒瘾戒断后,仍然会有强烈的吸毒欲望,并对重新吸毒的欲望处于一种难以控制的心理状态之中,甚至会造成吸毒者产生自残或自杀行为。在此意义上说,吸毒者对毒品的心理依赖比生理依赖更可怕。生理依赖经过一定时间的药物治疗后可以逐渐消失,但心理依赖却非常顽固。吸毒者可以强迫自己的身体与毒品隔绝起来,却很难让自己断绝在心理上对长期积累起来的"飘飘欲仙"的吸食"欣快感"的向往和渴求。往往抱着"再享受最后一次,以后再也不吸了"的念头而再次成为毒魔的俘虏,走上复吸之路。

医学科学工作者为此曾做过动物毒品依赖性实验。把猴子关在特殊的房间中,给猴子装上静脉注入毒品装置。让猴子慢慢学会压房间里的杠杆。每压一次,就可以吸食到海洛因粉末。猴子最初只是偶然地压了杠杆才得到了毒品。后来很快就发展到为得到海洛因而主动压杠杆,其身体最终形成对毒品的强烈依赖。后来,实验人员有意不按时间给它毒品。猴子急了,就拼命地、没完没了地压杠杆,直至把自己累死。

在云南有一个边寨。有一天,人们发现一头牛撞到墙上死了。人们大感不解,直到牛的主人回到家来才弄明白了。原来,牛的主人是个吸毒者,吸毒吸没钱了,就变卖了所有家产和房产,只剩一头牛。他也和牛一起住到了牛棚里。一天毒瘾发作,没钱买毒品,他便出门去想办法,这一去就是3天。没想到,他每天喷云吐雾,和他住在一起的牛居然也染上毒瘾。他3天没回来,牛的毒瘾发作,先是叫唤如狮吼,然后冲出牛棚疯狂奔跑,最后便以头撞墙死了。

有一个警察是个"禁毒英雄"。在他的管辖区,毒品贩子听到他的名字总是闻风丧胆,恨不能置他于死地。这个警察吸香烟,并且总是到一个地方买香烟。毒品贩子就收买了卖烟人,在他买的香烟里注射很少一点海洛因,连香烟的纸都不湿,但逐渐加大剂量。起初,这位禁毒英雄没有觉察,只是觉得自己的烟瘾越来越大,原先每天吸1包,后来发展到一天2包、3包。等到知道这是毒品贩子陷害后,他已经不幸染上毒瘾。为此,政府出资,不惜代价为他戒毒。他也戒了多次。但每次生理戒断后,他都不能戒断心理性毒瘾，终于无药可医而死在吸毒的路上。

有戒毒专家说："如果你吸毒，在你的面前可能有两条路，一是吸死，二是坐牢。要想避免毒品的伤害，唯一的办法就是从来没有吸过毒。"

（二）戒断综合征

长期吸毒者当中断毒品后产生的一系列戒断症状，俗称发瘾。这是因长期吸毒造成的、对吸毒者造成严重的和具有潜在致命危险的身心损害。其戒断症状有：流鼻涕、瞳孔放大、体毛竖起、出汗、腹痛、腹泻、全身酸痛、自发射精、头晕、头痛、血压上升、心跳过速、脉搏加快、发热、失眠、焦虑、烦躁、恐惧、紧张等，以及在痛苦中哀求或威胁给药、扯头发、撞头、打滚，甚至出现不自主的震颤、四肢抽筋，严重时出现虚脱和休克。戒断综合征通常在突然中止用药或减少用药剂量后发生。在没有经济来源支持购毒、吸毒的情况下，吸毒者或死于严重的身体戒断反应引起的各种并发症，或因痛苦难忍而自杀身亡。在通常情况下，这一症状在出现的第3天后逐渐减轻，1周后主要症状徐缓消除。由于因戒断反应的失眠、焦虑、烦躁和不适感会延续较长一段时间，人会非常痛苦，这也是吸毒者戒断难的重要原因。

（三）《中华人民共和国刑法》有关毒品犯罪的处罚规定

第三百四十七条规定：走私、贩卖、运输、制造毒品，无论数量多少，都应当追究刑事责任，予以刑事处罚。

走私、贩卖、运输、制造毒品，有下列情形之一的，处十五年有期徒刑、无期徒刑或者死刑，并处没收财产：走私、贩卖、运输、制造鸦片一千克以上，海洛因或者甲基苯丙胺五十克以上或者其他毒品数量大的；走私、贩卖、运输、制造毒品集团的首要分子；武装掩护走私、贩卖、运输、制造毒品的；以暴力抗拒检查、拘留、逮捕，情节严重的；参与有组织的国际贩毒活动的。

走私、贩卖、运输、制造鸦片二百克以上不满一千克，海洛因或者甲基苯丙胺十克以上不满五十克或者其他毒品数量较大的，处七年以上有期徒刑，并处罚金。

走私、贩卖、运输、制造鸦片不满二百克、海洛因或者甲基苯丙胺不满十克或者其他少量毒品的，处三年以下有期徒刑、拘役或者管制，并处罚金；情节严重的，处三年以上七年以下有期徒刑，并处罚金。

第三百五十三条规定：引诱、教唆、欺骗他人吸食、注射毒品的，处三年以下有期徒刑、拘役或者管制，并处罚金；情节严重的，处三年以上七年以下有期徒刑，并处罚金。

强迫他人吸食、注射毒品的，处三年以上十年以下有期徒刑，并处罚金。

引诱、教唆、欺骗或者强迫未成年人吸食、注射毒品的，从重处罚。

第三百五十四条规定：容留他人吸食、注射毒品的，处三年以下有期徒刑、拘役或者管制。

（四）国际反毒品日

1987年6月，联合国在维也纳召开有138个国家代表参加的麻醉品滥用和非法贩运问题部长级会议。会议提出了"爱生命，不吸毒"的口号并确定每年6月26日（后改成5月31日）为"国际禁毒日"，以引起世界各国对毒品问题的重视，同时号召全球人民共同行动起来解决毒品问题。从1992年起，每年国际禁毒日都确定有一个主题口号，以求达到国际社会关注和共同参与的效果。

下面是每年国际禁毒日确定的主题口号：

1992年：毒品，全球问题，需要全球解决

1993年：实施教育，抵制毒品

1994年：女性，吸毒，抵制毒品

1995年：国际合作禁毒，联合国90年代中禁毒回顾

1996年：滥用毒品与非法贩运带来的社会和经济后果

1997年：让大众远离毒品

1998年：无毒世界，我们能做到

1999年：亲近音乐，远离毒品

2000年：面对现实，拒绝堕落和暴力

2001年：体育拒绝毒品

2002年：吸毒与艾滋病

2003年：让我们讨论毒品问题

2004年：抵制毒品，参与禁毒

2005年：珍惜自我，健康选择

2006年：毒品不是儿戏

2007年：控制毒品

2008年：爱生命，不吸毒

2009年：珍惜生命，远离毒品，预防艾滋病

2010年：依法禁毒，构建和谐

2011年：远离毒品危害，健康成就未来

（五）世界三大毒品产区

经世界卫生组织批准，全球只允许印度、土耳其等少数国家种植限量的

罂粟，以保障世界医药之用。然而，在利益驱动下，一些特殊的跨国边境地区，却成了毒品种植的天堂。世界上目前有三大非法毒品产区：

1. 金三角

指位于东南亚的泰国、缅甸和老挝边境地区的三角地带。这里群山起伏、丛林密布、道路崎岖、人烟稀少，多民族杂居，总人口不足100万人，占地近6～19万平方千米，紧邻湄公河。由于偏僻，距离各国政治中心较远，属三国未划定边界，政府鞭长莫及，所以一直是种毒、贩毒、土匪聚集出没之地，因盛产鸦片且质量上乘而闻名于世。这里的毒品多被加工成海洛因销往世界各地，故该地区被称为"金三角"。

2. 银三角（银新月）

是指位于南美洲毒品产量集中的哥伦比亚、秘鲁、玻利维亚和巴西所在的安第斯山和亚马逊地区。这一地带，总面积20万平方千米，因有大面积野生的可以提炼可卡因的古柯、大麻等毒品而闻名于世。特别是哥伦比亚，该国是世界上最大的毒品生产国之一，生产的可卡因占世界市场的75%。从20世纪70年代起，这一地带被人们称之为"银三角"或"银新月"。

3. 金新月

是指位于阿富汗、巴基斯坦和伊朗交界的三角形地带。这一地区人烟稀少，气候干燥，交通不便，处于与外界半隔离状态。因为有跨越3 000多千米的边境线，其形状宛如一轮新月，加之新月图形是伊斯兰教国家普遍的标志，故人们把该地区称之为"金新月"。此地是全球一大罂粟种植区，平均每年生产300吨鸦片。经化学处理后，该地区可获取250吨纯海洛因，毒品产量占世界毒品上市总量的39%。

二、思考与讨论

一名吸毒人员的自白：

半年前，娟娟自愿来到遵义戒毒所接受戒毒。这已是她第19次戒毒了。记者采访她时，她被抽调到贵阳郊区的清镇戒毒所，为准备一台全部由戒毒人员演出的晚会而紧张地进行排练。

谈起过去的经历，娟娟黯然神伤："我曾经当过文艺兵，退伍后参加成人高考，考进了中国政法大学。都是那可恨的毒品毁了我的前程。"

"1997年底，我从大学回家，母亲在去接我的路上遭遇车祸不幸去世。我痛不欲生，整天以泪洗面。就在这个时候，一位'朋友'说给我一样'好东西'，能让我摆脱痛苦。我听了她的话，给我注射的便是毒品。"

"我的意志力本来还是挺强的，可终究抵抗不了毒品的折磨，从此开始了人不人、鬼不鬼的生活。"

"为摆脱毒魔的纠缠,我曾多次想戒掉毒瘾。北京好一点的戒毒医院我基本都去过,南宁去过4次,每次都能很快地戒掉,每次戒完毒心里挺高兴。可每次又都经不住'毒友'的上门诱惑,于是……"

"犯瘾的时候,心里难受得要命。你看我把牙都咬碎了两颗,右手中指也给扎残了,练了8年的钢琴只好放弃了。我还用剪刀把戒毒所所长的大腿给扎伤过。"

"每天睁开眼后就开始寻找毒品,过了瘾清醒后便后悔,可犯瘾时又找……这样恶性循环,真是生不如死。跳楼、吞安眠药、割腕我都试过,可每次都是家人把我从死亡的边缘拉了回来。"

"我还年轻,又是个女孩子,我当然爱美。其实,我很爱惜自己的形象。注射毒品时,我特意用小针管扎,事后再抹上疤痕灵,为的是不留下那难看的针眼。现在,我手上已经没一条完好的血管了。"

"吸毒后,我很自卑,不愿与亲戚们打交道,总以为他们瞧不起我。其实,爸爸、舅舅、姨妈他们特别疼我。北京的表哥表姐都有出息,一个在读博士,一个在大学当老师。我心里很羡慕他们。"

"吸毒的人是很冷漠的。由于吸毒,我已经不会流泪,母亲过世后那么多难过的日子,我都没有流过泪。这一段时间,我被选中参加省里的禁毒文艺宣传,整天忙于排练,蹦蹦跳跳的,很累,但心里舒服极了。"

采访结束时,娟娟向记者倾诉了自己的心愿:"不求成名成家,我只想做个正常的人,正正常常上班,正正常常安个家。"

1. 你对毒品的危害性是如何认识的?
2. 娟娟的吸毒经历留给我们什么教训?

三、建议阅读书目

①施晓焰. 世纪末的特殊战争——中国反毒前沿采访纪实. 昆明:云南大学出版社,1993.

②元强国. 瘾君子的王国. 沈阳:辽宁教育出版社,1989.

③阿尔弗雷德·阿德勒. 生命对你意味着什么. 北京:国际文化出版公司,2007.

④傅佩荣. 智慧与人生. 北京:国际文化出版公司,2005.

⑤詹姆斯·爱伦. 人生的思考. 天津:天津社会科学出版社,2009.

第八章

铲除暴力

内容提要：

● 恐怖性暴力是破坏人类生存秩序的一种恶行。暴力死亡是全球人类十大死亡原因之一。人应当热爱和平，痛斥和远离暴力。

● 有些人所具有的暴力攻击倾向是与生俱来的。发生暴力的后果多是受害者受到伤害，施暴者本人也会因此而葬送自己的前程。

● 社会可以通过调整人际社会关系和文化教育来疏导其冲突累积的能量，也可以通过组织体育竞技或社会活动等方式来实现人们注意力的转移与释放。

● 大学生应当具有拒绝与铲除暴力的理性，在与人冲突时不应走向极端，应学会对人宽容和化解矛盾之道。

● 应防止潜在的暴力变成真实的暴力。在面临暴力攻击时，应运用必要的策略，以有效地保护自己。

2004年2月23日，云南大学大四学生马加爵，在4天内连杀4名同窗后潜逃，后被公安机关抓获并判处死刑。2010年10月，河北传媒学院毕业生李启铭因醉酒驾车，导致2名女生一死一伤。虽然当时他曾高叫"我爸是李刚"，但最后还是以交通肇事罪被判处有期徒刑6年。同年同月，西安音乐学院大三学生药家鑫驾车撞人后又将伤者刺了8刀致其死亡，后被判处死刑……

现代社会中存在的高等院校代表着人类实现学习与智力开发使命的最高殿堂，本应是"传道、授业、解惑"的育人净土和文明摇篮。然而，近年来高校校园暴力事件持续发生并产生极大的负面影响。我们随手打开网页和电视、翻开报纸阅读新闻，不难发现几乎每天都有不少学生犯罪案件的报道，其中还有一些性质相当严重的恶性案件就发生在校园，令人费解、让人心寒，给宁静的校园文化建设蒙上了一层阴影。据统计，当前暴力犯罪事件已占大学生违法犯罪事件的30%。从性质上来看，高校暴力事件的对人伤害程度远远超过中小学校园的暴力行为，社会影响更为恶劣。从类型上看，大学生暴力犯罪行为出现多样化倾向，不仅仅是勒索钱财、打骂，还有抢劫、群殴、杀人、性侵犯等。从发生人群上看，大学生施暴者多集中在刚入学新生和即将离校的毕业生两个群体，呈两极化特点。此外，近年来，女生发生暴力行为数量也呈上升趋势。据中国犯罪学研究会调查数据显示：大学生犯罪占整个社会刑事犯罪的比例，已从1965年的1%，发展为近几年的17%。

在大学校园内出现暴力严重倾向可说是一个全球性的话题。世界上许多发达国家近些年来都将其列为特别关注的社会问题来对待。那么，校园暴力为什么会引起社会广泛的关注和重视？正值青春年华的在校大学生为什么会变得性格乖戾、行为冲动，甚至在同窗之间、师生之间动辄刀棍相见，血溅校园？按人们一般的习惯思维，似乎校园暴力应该只局限在那些年龄不大、不谙世事、脾气倔强的少年身上，因为处在少年时期的学生们年纪轻和好胜心强，可能往往因为一两句话合不来而大打出手。到了大学阶段，他们在经历了情绪易波动的高中阶段后，似乎人已长大了，性情也应该能很好地控制了。然而，现实给予的回答并不是这样。

第一节
校园暴力与行为冲突

一、大学校园中增长的暴力

就其汉语词义而言，"暴"，通常是指强大、突然、迅速的意思。"力"，则是指力量。英语暴力"violence"在字面的含义上可以归纳为：一种强大的、突然的、并且速度很快的力量。

当代英国著名学者雷蒙·威廉斯曾在他所著的《关键词》"violence"（暴力）条中这样解释：violence（暴力）现在经常是一个复杂难解的词，因为它的主要意涵是指对身体的攻击，例如"robbery with violence"（暴力抢劫）。然而，violence 也被广泛用于一些不易定义的方面。如果我们将"攻击身体"视为暴力意涵，那么，这似乎局限在"未经许可的"用法，亦即"恐怖分子"（terrorist）的暴力，而不是军队的武力——在军队里，"武力"是被喜欢的，且大多数的作战行动与备战行为被描述为"防卫"，或是包含了类似的相关意涵，例如"putting under restraint"（监禁），"restoring order"（恢复秩序），以及"police violence"（警察暴力）。我们也注意到这个词可以包含"肢体暴力事件的报道"之意涵，但是主要是指"对于这些肢体暴力事件"的描述。①

威廉斯在这段话里概括了"暴力"的3个含义：暴力的最基本含义是指对身体的攻击。从这第1个含义延伸到第2个含义：暴力是物理力量（中译本翻译为"力气"），包括武器和炸弹等工具的使用。暴力的第3个含义是指文艺作品，特别是电视作品对于暴力行为的"戏剧性"描述。

在生活中，对于"暴力"这个词汇，人们往往是这样理解的：就是不采取理性的、温和的解决办法，而是蓄意滥用权力或躯体力量，对自身、他人、群体或社会进行威胁或伤害，导致身心损伤、死亡、发育障碍或自由权利被强力限制甚至被剥夺的一类行为。从施暴者的行为特征出发，可将暴力分成三类：一是针对自身的暴力，如自杀、自伤、自虐；二是人与人之间的暴力，它们多发生在社区、学校或家庭；三是集团暴力，包括战争和各类暴力冲突（械斗、种族冲突）等。

暴力是人类本性中存在的最原始的一种恶行。在人类历史上发生过的大量死亡的暴力冲突中，集团暴力是最为可怕的，其中战争居于首位。资料统计表明，在人类近6 000年的发展历史中，只有292年是连续的和平时期，其余都是在战争中渡过的，战争成为残杀人类的最好形式。按历史学家威廉·爱克哈克的统计，从1700—1900年的200年中，因战争而死亡的人数就达到1亿人。战争可说是绞杀人的生命的最大暴力。

暴力意味着杀戮。在和平时期或常态下，来自对待自身与他人的暴力主要是自杀和凶杀。如今，暴力死亡成了全球十大死亡原因之一，它与肺结核病死率并列，排在肺癌之前。在暴力导致的死亡中，50%的人死于自杀，全球每40秒中就有一人自杀；大约30%的人死于他杀。暴力对年龄在14~44岁之间的人的影响尤其严重。在这个人体最为强壮的年龄段上，有14%的男性和7%的女性死于暴力之中。相比之下，其他年龄段的人死于暴力的仅占3%。

受人类历史上千百年来绵延不绝暴力事件的持续存在所演变出的暴力文化影响，暴力不仅融入我们的日常生活之中，而且在一定程度上还给一部分热血冲动的年轻人带来诸多的莫名快感和神经刺激。以大学校园为例，近些年来，全球校园暴力呈现出流行特征：据世界卫生组织（World Health Organization, WHO）对48个国家资料的统计，各种形式的校园暴力事件年发生率高达60%。而在其中，躯体施暴者60%来自同学，另外分别有20%来自教职员工和校外人员。在我国大学校园中，大学生犯罪的发展趋势也不容

---

① 雷蒙·威廉斯. 关键词：文化与社会的词汇. 刘建基, 译. 北京：生活·读书·新知三联书店, 2005.

乐观。据一项调查显示，有15%的学生面临和感受到了校园暴力的威胁，有45%的学生认为在社会中自身安全不能得到保障。每年非正常死亡学生约1.6万人，其中死于躯体暴力者比例逐步上升。在各类施暴者中，男性多于女性，其中躯体暴力发生率男、女之比为4∶1；这与男生好动、易冲动、处事不冷静、做事常不考虑后果等特征有关，受害者也以男生居多。女生是性暴力的主要受害者。

青少年暴力行为的主体是青少年。大多数大学校园暴力事件在同学与同学之间发生。大学生暴力包括发生在校内、学校组织的校外活动及其他所有与校园环境相关的暴力行为，其主要表现方式包括躯体暴力（推、打、踢、撞及其他可导致疼痛、伤害、损伤的攻击行为）、言语/情感暴力（威胁、恐吓、歧视性辱骂等）和性暴力（各种形式的性骚扰、性侵犯）。

一些理论研究和社会现实表明，校园暴力不会伴随社会经济的发展、文明程度的提高而下降。由于管理不当和教育有误，呈现出来的是明显的普遍化、严重化趋势。校园暴力最显而易见的后果是造成人的不同程度的躯体损伤和残疾。然而，更严重的暴力伤害往往表现为对人心理上的"创伤后应激障碍"（Post Traumatic Stress Disorder，PTSD）。PTSD主要表现为易怒、焦虑、沮丧，学习效率低，成绩下降，甚至拒绝上学；突然沉默寡言、孤僻古怪；因无法承受压力而发生自伤、自残和自杀行为。美国某大学部分学者经过长期的追踪调查发现，PTSD少年产生自杀意念者男、女比例分别为35.2%和31.7%，出现自残行为比例分别为5.7%和9.5%，而且都显著高于对照组。暴力的主要表现特征是自我施暴，即自残或自杀，或者是社会暴力入侵校园而发生凶杀事件。

如果分析大学校园暴力事件的起因，具体的当事人可能是源于妒忌，或者是源于失恋，或者是源于争利，或者是源于无聊和发泄等。但在所有的原因中，有一点是共同的，那就是这些施暴的人多以自我为中心，唯我独尊，顺我者昌，逆我者亡。如果任由这种施暴观念和势头发展下去，无疑会给在校大学生带来不良暗示和思想认识上的伤害：武力比智力更有价值，邪恶比正义更有力量。这无论对个人还是对社会而言，都是一种非常危险的人类共同体的错误价值取向的隐患。

二、大学生心理冲突外溢化

如同社会青年人的冲动犯罪一样，大学生暴力犯罪一般表现为较少有事前充分的考虑和酝酿过程，往往只是受到某种影响和不良刺激，一时心血来潮，便会萌发攻击意识而突发犯罪，且行为随心所欲，完全由着自己的性子来。社会行为学分析表明，发生在青年人身上的暴力多与青少年心理冲突的外溢化存在着因果联系。由于青少年时期是生理心理发育的关键期，也是心理冲突和情绪、行为问题突显和高发阶段，如果这些心理冲突问题没有得到及时疏导，就会存在"在沉默中爆发"的危险。

马加爵案说明了什么？

22岁的马加爵是云南大学生命科学学院生物技术专业学生。2004年2月上旬，马加爵在学院学生公寓与同学邵瑞杰等人因为琐事发生争执。马加爵认为自己在学校的名声受到诋毁，原因都是邵瑞杰等人所致，感到绝望，于是决意杀害邵瑞杰等人。因为担心同宿舍的唐学李等人妨碍作案，所以马加爵将4人一起杀害，然后将4名被害人的尸体藏于学生宿舍的衣柜内后乘火车逃离昆明。3月，马加爵在海南省三亚市被警方抓获，同年被判处死刑。

"马加爵案"透露大学生心理障碍问题的严重性，引起了社会各界高度关注。接触和了解马加爵的人都认为他有明显的心理问题。同一幢宿舍楼里曾经与马加爵比邻而居的同学，大多数认为马加爵性格较暴躁。平时打球，只要有人踢不好或无意间踢到他身上，马加爵便会动怒，有时甚至翻脸骂人。有一次，同宿舍的一位同学动了他的东西，他发现后便一直记恨在心，从此不再理睬这位同学。还有一些同学认为，马加爵性格比较孤僻，与其不太好处，只要一点小事就会激起他不安全的防范心理。"如果那几天有人劝他别把吵架的事放在心上，悲剧就可能避免了。"这个认识后来在朱彬彬（昆明市检察院公诉一处处长，马加爵案的主诉检察官）那里得到印证。她说："马加爵很聪明，智商很高，但情商非常低。这样的人不知道如何与别人打交道。"人们还能感受到他具有强烈的自我意识，以自我为中心的价值取向。比如说，马加爵非常在意自己，从不去想别人的感受，与同学闹矛盾时总是指责对方。

由于成长在农村，马加爵的外部环境处于相对封闭状态，他的个人空间非常狭隘，个人需求往往得不到满足。他对社会、对别人的理解只能从图片、游戏中获得。游戏是一种虚拟的环境，很容易使人隐藏很深的东西激发出来，马加爵很可能就是受暴力游戏的影响，将杀人也当成一种游戏，当成探索自己的途径，并从中获得满足感。

在心理学研究领域，一般认为人所产生的暴力倾向与遗传、社会文化等诸多因素有关，也与难以平衡和消解的心理冲突有着必然联系。所谓心理冲突，是指人的内心有两种或两种以上不同方向的动机、欲望、态度、情绪、目标和反应等同时出现。争斗在人们内心进行，使其形成既无法抛弃任何一方，也无法把两者协调统一起来的紧张状态。心理冲突是人出现心理失衡的重要原因，也是产生挫折感的重要来源。心理冲突有两个特点：第一，它与重要的现实生活事件和处境直接相联系，体现为人的内心反应直接来源于外因刺激。第二，具有明显的心理病态变化反应。临床上经常可以见到这样一些人，主诉有各种身体不适感，如头痛、心悸、气短、腹胀、记忆力明显减退等，但却没有任何理化检查的阳性体征。再如本人很痛苦，可就是查不出有什么器质性的病变来。躯体不适的症状只有在经过仔细检查排除器质性病因之后，才发现这些症状原来是警报心理冲突的一种信号。

三、大学生心理冲突与归因

在大学阶段，因为社会外部环境的变化和大学生自身发展的相互作用，会打破大学生心理发展的平衡状态，对大学生提出新的要求。此时，如果个体不能顺利地满足环境的变化和自身发展的需要，就不能顺利完成大学阶段的身心健康成长与发展任务，引发心理冲突和社会适应不良乃至发生极端的暴力行为。

在大学生活中，引起大学生心理冲突的因素包含在诸多方面：

（一）理想目标的失落与价值感的丧失

有些大学新生在进入大学后，发现现实的大学生活不是想象中那样的诗情画意，没了高考压力的学习也不是预料那样的妙趣横生。特别是当原来设定的理想目标因为进入大学而有了结果之后，那么下一站是什么？他们常常会因为找不着新的生活目标，或者因为生活目标不明确，而处于焦虑之中。

有些大学生因为对现实不满而会感怀过去中学阶段的生活，认为那时的他们就像在黎明前漆黑一片的隧道中赛跑，高考就是前方那一盏最明亮的灯，同学们你追我赶地向着这一目标奔跑，虽身心疲惫但目标十分明确，因而生活紧张但却充实。可在现在，当他们带着良好的自我感觉进入大学的殿堂之后，却发现在感觉上大学生活远没有他们经历过的中学时代那么美好，并且突然发现自己离开了家长在身边的呵护而不会独立生活了。大学校园里人才济济，自己只不过是大学生群体中的普通一员，在中学阶段昔日那种"鹤立鸡群"的优越感已荡然无存。这在无形中会使一些大学新生在心理上产生一种失落感、自卑感和孤独感。由于新的环境影响和大学生就业预期的困难，使得他们在学习上失去了清晰的目标和动力，生活的周围全然变成了一个陌生的环境。这样一来，令局外人向往的大学校园生活反倒使生活在其中的大学生们感到失落和茫然，出现了自我意识和自我价值感认知方面的困惑。这种情形在马加爵身上可说是有典型的表现。在马加爵案发生后，有一位记者在看守所里采访马加爵后曾撰文指出：在经历看守所生活的过程中，马加爵对自己过去的大学生活有了反思，从中也感悟到人生观和价值观的迷失给他带来的痛苦。当他说出"有信念的人是快乐的"时,我(记者)深感震惊。① 由此可见,对于大学生来说,有一个正确的人生观、价值观,有自己追求和实现的理想,有坚忍不拔的奋斗毅力和积极向上的心态是十分重要的。有了它,大学生的心胸就会开阔豁达,就可以有效地避免为了点小事而动辄使用暴力来解决冲突的冲动倾向。

(二)人际沟通与交往的障碍

当今的大学生,在人际关系冲突的主要表现是不会独立生活,不知道如何与人沟通和打交道,不懂得人际交往的技巧与原则。当高考过后,来自不同家庭、不同社会背景的人走到了一起。他们告别了那种过去在高中阶段只顾埋头学习的行为方式,开始抬起头来彼此打量着对方和关注他人。不少大学生,此时突然发现自己和他人之间,原来除了有学习成绩的差距之外,还在知识、才艺、人际关系、家庭背景乃至身体容貌等方面,有着较大的不同。一些来自大城市,家境条件优裕,自身条件相对较好的学生,在与人相比时,会把自己看成是白天鹅,自命不凡,目空一切,骄傲自满,在交往中盛气凌人,自以为高人一等。可是毕竟这是离开家庭走进集体生活,当他们把自负的心理带进同学交往的环境中,就会产生障碍,何况"人外有人、天外有天"。他们原来以为自傲的资本已显不足或不复存在。于是,在人际交往中,他们就会因孤傲而产生心理困惑。

一些来自农村、山区和贫困地区的大学生,他们或因为家庭经济困难,或因为服饰落伍,或因为浓重的乡音,或因为过去生活在闭塞的环境中而自觉孤陋寡闻,通过诸多方面的比较,自身便产生一种相形见绌的感觉,感到"见人矮三分",于是把自己看成是丑小鸭,变得沉默寡言、内向孤僻起来,由此而引发的人际矛盾和心理不适,往往给一些大学新生带来许多烦恼。此时如果没有得到及时、有效的疏导,大学新生就会出现严重的心理障碍。如有的学生与同寝室同学之间长期关系冷漠,或者积累积怨,稍有不和便恶语相加;有的学生不愿与人交往,也很少参加集体活动,缺少朋友,对外界漠不关心,经常把自己封闭在狭小的天地中;还有的学生为了在群体中显示出自己"不低人一等",或者在穿着打扮上标新立异,或者在集体活动中"我行我素",过分地以自我为中心,注重自我在人际交往中的地位,过多考虑满足自己的需要,而忽视他人的需要和存在,对别人缺乏应有的关心和谅解,在人际交往中因为过于敏感挑剔而最终孤立了自己。

还有一些大学生在人际交往过程中,对同学取得的成绩或优势不由自主

---

① 马加爵最后留言:有信念才有快乐.成都日报,2004-06-19.

地内生出一种嫉妒的仇恨情绪。而嫉妒情绪的存在，恰恰会对一个人的成长带来十分不利的影响。生活中好生忌妒的人总要对强过自己的人表现出一种不服、不悦的心态，生成失落、仇视，甚至带有某种破坏性的危险情感。以至于当对方面临或陷入灾难之时，不是奋力相救，而是采取隔岸观火，幸灾乐祸，甚至借助造谣、中伤、刁难、穿小鞋等手段贬低他人安慰自己的态度。这正如大哲学家黑格尔所说：有忌妒心的人自己不能完成伟大事业，便尽量去低估他人的伟大，贬低他人的伟大性使之与他本人相齐。忌妒的特点是：针对性——与自己有联系的人；对等性——往往是和自己职业、层次、年龄相似而超过自己的人；潜隐性——大多数忌妒心理潜伏较深，体现行为时较为隐秘。

在交往过程中，对同学采取敌视的态度可说是大学生人际交往中比较严重的一种心理障碍，这种心理或许来自童年时期。有的人产生"别人仇视我，我仇视一切人"的心理。有的人对不如自己的人从不宽容，反而表示敌视；对比自己厉害的人，用敢怒不敢言的方式表示敌视；对处境与自己类似的人，则用攻击、中伤的方式表示敌视。最终的结局是，使周围的人因为感受到随时有遭受其伤害的危险，而不愿与之往来。自己则因人际关系失调而产生焦虑不安、心慌意乱、孤单失落、寂寞失眠、注意力分散甚至社交恐惧等症状，由此造成严重的心理冲突。

这是个震惊全省的案例。1997年一个冬日的夜里，厦门大学成人教育学院1996级学生宿舍笼罩在一片月光之中。阵阵鼾声打破了宿舍的宁静。鼾声是由欧阳金锭发出。他睡得太香了，全然不知自己的鼾声扰得舍友睡不好。舍友郑建林被这如雷鼾声扰得心烦意乱。于是，他起身走到欧阳的床前，用手掐住了欧阳的鼻子。

第二天清晨，欧阳气愤地质问郑为何这样做。因为同学们都在，郑拉不下脸来道歉，几句话不合，两人扭打在一块儿。同学们纷纷上前劝解，好不容易才将两人分开。欧阳愤愤地放下一句："晚上最好等我消了气你再回来！"说完便走。因为欧阳老乡、同学多，受到威胁的郑建林为此心中惶惶不安。当天中午放学后，郑就在地摊上买了一把双血槽、又深又长的利刀。

当夜，郑建林见欧阳没有回来，便安心睡觉。待到次日午夜1时许，欧阳返回宿舍后，见郑已经睡了，就叫来了老乡洪某和蔡某两人。洪某走到郑的床前，要他到外面去把与欧阳发生的纠纷说清楚，而郑建林死活不肯。争执之间，郑建林忽然抽刀跃起，连续刺向洪某及蔡某，致使这两名无辜学生成为刀下冤魂。

郑建林慌忙逃窜，曾一度逃到西藏。到了拉萨，走投无路的郑建林再起歹心，在抢劫了一辆出租车后被拉萨警方抓获。经审查，警方确认郑建林就是被厦门警方通缉的要犯。

（三）情感的困惑和心理危机

大学生精力充沛，做事热情认真，因情感丰富而好激动，因情绪强烈而显得复杂。因为正义感强烈，大学生往往疾恶如仇，好打抱不平，对社会不公平的现象更是深恶痛绝，对需要帮助的弱者则多持有怜悯之心。同时，他们在遇到挫折时，失败的体验也会显得十分强烈，往往因为自我感觉陷入不能自拔的境地而做出消极的反应，有时甚至会有伤害他人的举动或做出自杀的愚蠢行动。

对于情感方面的问题，能否正确认识与处理，会直接影响到大学生的心理发展。比较常见的如恋爱问题，有许多同学不知如何处理与异性的关系，有的新生因受习惯心理影响而对男女交往问题显得过分敏感，从而使正常的异性交往变得不能自然进行，甚至出现相互隔离的错误交往。也有的同学过快地将同学关系发展成恋爱关系，在过早地沉溺于"两人世界"之后，又因为过密的距离而产生诸多矛盾，因为发生不得不分手的结果而造成双方的失恋痛苦。还有的同学因为不懂爱情而陷入单相思不能自拔，由此产生情感方面的冲突。大量个案事实表明，因为当下大学生在校谈恋爱现象比较普遍且最后结婚成功率不高，意味着因为恋爱问题所造成的情感危机较为普遍，它是诱发大学生产生心理障碍甚至是心理疾病的重要因素之一，甚至有的大学生因为失恋而失德，由不能正确对待情感危机而产生自杀或报复对方的极端行为，由此酿成悲剧。

（四）严峻的就业压力

求职择业问题是关系到大学生能否成功地从大学走向社会的重要生活选择课题，大学生职业选择行为中表现出来的种种心态变化，一定程度上反映了大学生的择业心理。近些年来，大学生择业在受到竞争激烈的企业减员增效、政府机构改革分流人员、经济发展增长速度不稳定、大学生自己所学专业和社会需要层次结构存在矛盾等因素的影响，自己追求的理想工作目标难以实现，因此产生诸多的心理误区与障碍。

择业本是大学生未来职业生涯的开端以及人生道路上把握前程的重要一步，大学生择业可能表现出各种复杂的心态，如功利心理、竞争心理、从众心理等，不同的心理对大学生的身心成长产生重要的影响。近几年来，由于社会竞争加剧，就业市场的普遍不景气，大学生找工作或者想找到比较理想的工作显得越来越困难。这在事实上对大学里众多高年级学生造成了极大的精神和心理压力，使他们因此而焦虑、自卑甚至失去优越感和安全感，精神得不到有效松弛和调整，又无法进行排解和宣泄，于是许多心理问题随之产生。一些大学生产生浮躁心理，有的恨时间过得太慢，怨用人单位优柔寡断；有的在对用人单位了解较少的情况下匆忙签约，一旦发现未能如愿，又后悔莫及，又担心因毁约受罚而心存不快。如果这种浮躁心境长期存在，就会使人缺乏自我控制能力，以至于容易把这种压力转移到对他人以及对社会的攻击上。也有一些大学生因为求职过程中屡遭挫折，不能为用人单位认可接受，导致形成情绪低落的抑郁心理，甚至在持续的竞争压力面前出现精神崩溃现象，产生自残自毁的极端行为。

（五）社会角色转换引起的冲突

在现代社会的公共空间中，人际交往特别频繁，每一个人都同时隶属于不同的社会群体，从中扮演着不同的社会角色，而当个体的真实人格与角色人格存在着较大差异时，常常会引起人们的内心冲突。在如今已经走向社会化的大学校园里，这种角色转换与适应障碍的情况也频频出现在大学生中间。如果这种不适应心理得不到及时的调整，就会使大学生产生失落、自卑、焦虑、抑郁等心理问题。

现实生活中，心理冲突的表现非常普遍，对于心理健康的人来说，一般的心理冲突可以表现为不尖锐和不持久，有时心理冲突的存在还有积极意义。富有挑战性的心理压力可以促人奋进，提高工作效率，成为建设性和创造性活动的动力。甚至在哲学家那里，心理冲突还可能迸发出智慧的火花。但是，对于心理不健康的人来说，发生心理冲突而不能正常排解，常常会带来破坏性的伤害，尖锐、持久、超负荷和反复出现，乃至形成恶性循环，则会使处于这种心境之中的人出现心理、生理、社会功能性损害，导致心理疾病的发生。

心理冲突是心理失衡的主要原因，也是产生挫折后积累成暴力的重要来源。20世纪30年代，美国心理学家勒温根据人类的趋避行为，把心理冲突分成4种形式：双趋式冲突：两个目标对个体都有吸引力，而只能选择其一；双避式冲突：两个目标对个体都具有威胁性，但又不得不选择其一；趋避式冲突：同一个目标对个体既有吸引性，又有排斥性；双趋式冲突：两个目标（或两个以上目标）对个体利弊因素交错。勒温对心理冲突形式的划分，一定程度上说明了现实生活中产生冲突的必然性。面对冲突，重要的不是它的有无，而是如何根据不同的冲突形式而进行及时的调整。

美籍德国著名的精神分析学家卡伦·霍尔奈（Karen Horney）在她所著的《我们的内心冲突》一书中，曾把现代社会所反映出来的心理冲突归因为以下3种表达形式：第一，竞争与合作的冲突。在现代社会中，无论是求学、就业、婚姻、事业或其他社会活动，事事都有激烈的竞争，往往打败别人才能成功。但另一方面，人们从小受到的教育要求大家协力合作、谦让、牺牲等，由此构成内心冲突。第二，满足与抑制的冲突。随着当代社会科学与技术的发展进步，物质消费品的丰富和商品流通的发达，大大刺激了人们的各种欲望，并由此刺激人们形成强烈的要求获得满足的心理。但因现实经济上的条件限制和道德上的约束，使他们又必须用良好的意志品质来抑制一些自己膨胀的欲望，由此造成了内心的冲突。第三，自由与现实的冲突。现代社会大力宣扬人的自由，误导人们认为任何事都能以个人的自由意志决定。但是，事实上无论什么事，都受到现实条件的限制，人们常感到无能为力，难以把握，易形成冲突。

对于冲突，霍尔奈认为有以下3种适应模式：

（1）趋就人。这种适应模式包括友爱和赏识的神经症性需求、对支配人的神经症性需求和生活限制在狭小范围内的神经症性需求。霍尔奈称这种人是依从性的人。这种人内心里似乎在说"如果我顺从，我就不会得到伤害"。他们总是需要他人对自己的喜欢和表达爱，对自己的行为选择总是需要他人的认可、赞赏、欢迎，为此有时表现为无条件地服从人、趋就人。

（2）反对人。这种适应模式在很大程度上表现出来的是顺从性的反面。它包括对权利的神经症性要求、对荣誉和个人成就的神经症性要求。霍尔奈把这种类型称之为"敌对类型"。这些人的内心似乎在说"如果我有力量，没有一个人能够伤害我"。他们总是以"我能从中得到了什么"来看待一切事物。他们也在有意无意地认为他人也在这种心理模式下行事。他们看起来可能彬彬有礼，但这一切的背后都是为了达到自己的权利目的。

（3）离开人。这种适应模式包括自我满足和独立性的神经症性需要、完美无缺和不受指责的神经症需要。霍尔奈称之为"撤退类型"。这种人的内心心声似乎在说"如果我后退，没有任何人能够伤害我"。他们的内心强烈地想与人保持距离，在任何时候他们不想与别人有情感上的联系，他们既不想与他人对立，也不想与他人友好。这很像生意人说的那句话"我不投资，我自然不赔本"。但这些人对他人的基本不信任的心理是持续的，于是他们远离人群，独来独往。

在自我意识领域，其实一个相对健康的人，他们知道理想自我和现实自我之间一定会存在着差距，所以在生活中能够面对现实做出切实可行的事情。他们选择解决问题的方法可能是灵活的，可以根据外在的环境变化，调整现实做法。而对于一个不能产生正确的自我意识，因心理冲突而处于心理失调的人来说，在现实自我和理想自我之间却存在着难以协调的对立，其结果将导致个人越来越难以适应社会和适应他人，从而不断地产生挫折感，重者则导致行为失常。

这正如霍尔奈所分析的那样："始于我们与他人的关系而生的冲突迟早

会影响整个人格，这一切并不是偶然的。人际关系是如此重要以致必定会造就我们成长的品质、奋斗的目标、所信仰的价值观念。所有这一切反过来又会影响我们与他人的关系，并因此纠缠在一起，相互混乱。"①

严重的心理冲突得不到现实的解决，极有可能导致暴力行为。如在2007年4月16日，发生在美国校园枪击案的肇事者——韩国学生赵承熙。没有充分的证据证明他具有"反社会人格"。但是，他的性格孤僻、独来独往、沉默寡言却异常醒目。从精神分析学的视角上看，具有他这种性格表现的人一般都"自我"封闭，其人格结构中"自我"与外界处于紧张的对立状态。如果他的"自我"仍然更多地具有"社会自我"的内容，在潜意识里事实上仍然认同于社会主流价值观念的话，那么，他要么通过所谓的"成功"来获得心理强势地位，要么切断与外界的联系，退回"自我"的躯壳内，久而久之就患上了抑郁症。调查研究表明，校园枪击案的肇事者其人格、性格方面，往往都存在着类似这方面的缺陷。

显然，因为自我认知的障碍，对于处于心理焦虑之中的大学生而言，没有正视"矛盾"的心理空间；没有排解"矛盾"的适当手段；没有减轻心理负荷的自我调节能力；没有善待他人与自我的生命意识……当各种各样原因引起的"冲突"袭来之时，当事人又不能以宽容、忍让的心态来对待，那么就会产生严重的问题。

四、暴力生成的生理机制

人所产生的大部分暴力行为是心理冲突的结果。青春期大学生处在心理正在走向成熟但还未完全成熟阶段，因而总是存在诸多的心理问题。在这一时期，由于青春期的生理和心理特点，决定了大学生易冲动、喜欢争强好胜、做事简单而考虑不周、遇到挫折时容易消极懈怠，甚至寻求用极端方式来解决问题。而且因为在这个年龄段的人生观、价值观和社会观尚未完全稳定，所以外界一些不良因素的影响，极易诱使其产生攻击性暴力行为。

就其人类生物遗传的特点说，生物学家认为出自于物种的生存竞争本能，人先天就具有一定的攻击倾向，这其中存在的生物因素在人类侵犯模式的发展过程中扮演着重要的角色，而且侵犯的年龄和性别差异在青春期中表现得最为明显。一些科学家通过研究表明，人从出生、开始呼吸第一口气时，就具有感觉愤怒的能力。一个4个月大的婴儿就可以表达他的激怒情绪。等孩子长到2岁的时候，以发脾气为表现形式的暴力行为会达到顶峰。

---

① （美）卡伦·霍尔奈. 我们的内心冲突. 王轶梅，等，译. 上海：上海文艺出版社，1998：21.

对绝大多数人来说，从 3 岁开始直至人的整个一生，由于社会环境因素及教育文明氛围的影响，人的暴力倾向会呈下降之势。只有大约 5% 的人在青年时代仍保持着相对稳定的暴力性格，他们是这个社会最危险的一群人。

从性别角度看，男性比女性更具有暴力倾向。生理学家们认为，这是因为男女性别之间在生理上是不同的，男人体内分泌的睾丸素比女人多 10～20 倍。这种化学物质深深地影响着人的外貌、行为、性格和自知程度。睾丸素是与胆固醇十分接近的一种化学物质。如果以后与卵子结合，会成为受精卵，而且形成为人的每个胚胎最初都是雌性的，如果激素的结构没有改变，性别就不会改变，以后雌性胚胎需要睾丸素的持续刺激才能变成雄性。男子一生中有 2 个睾丸素的分泌高潮，第一个高潮是在卵子受精 6 周后的子宫内出现的，第二个高潮是在青春发育期。如果没有睾丸素的刺激，人类全体就都成为女性。这意味着在大多数需要竞争选择的环境中，睾丸素代表着力量，使人更易激动。实践亦证明，那些睾丸素水平较高者不仅能适应暴力环境，而且在其中常常占据上风。所以，在军事及危险性较大的职业、激烈的体育项目、探险、赌博等领域，主要是由男人来承担就不足为奇了。一些科研人员曾对 700 多名囚犯进行过调查研究，得出的结论是：体内睾丸素水平高的人，同监狱当局的冲突最多。一些研究报告还表明，生活在高犯罪率地区的青年体内的睾丸素水平一般高于生活在较为安静平和地区的青年。

精神分析学派的创始人，奥地利精神分析学家西格蒙德·弗洛伊德（Sigmund Freud）认为：人类的所有行为都直接或间接地源于其性本能。这种性本能的能量（即里比多，Libido）直接指向人类生活能量的提高、维系人类的繁衍。他认为，凡能引起人的感官满足和自己需要的活动皆属于"性（欲）力"的活动，故在弗洛伊德性学理论中所论述的"性"已不是世俗意义上的"性"的概念。

弗洛伊德早期认为，人类有两大基本本能：其一，性（欲）本能；其二，自体生存本能，包括饮食本能、避险求安本能等。在他看来，就像人有性本能、饮食本能、防御本能一样，人也有攻击本能。他认为，人体中存在着容纳这种通过遗传获得的侵犯性能量的储存器，储存器中的能量迟早要释放出来，即"宣泄"（catharsis），否则就会产生压力，导致疾病。[①] 后来，他又修改了原来的观点，认为人类的两大基本本能为：其一，爱及生存本能——生本能，包括性欲本能与自体生存本能；其二，攻击与破坏本能——死本能。弗洛伊德认为爱及生存本能与攻击和破坏本能虽然是对立的，但也可以相互转化（如爱转化为恨），而且还可以结合在一起。当性欲本能，即

[①] （奥地利）西格蒙德·弗洛伊德. 性欲三论. 赵蕾，宋景堂，译. 北京：国际文化出版公司，2000：62.

里比多与攻击本能结合后，如指向外界的性对象时则形成性虐待，如转而指向自身时则形成性受虐。在这之中，人类的暴力行为就被看成是对其本能的冲动受到阻抑后所做出的一种生理反应。

弗洛伊德的性本能说基本上是一种单因素理论：暴力攻击行为是与生俱来的并必须得到释放。人必须适时地将积聚在体内的攻击冲动加以释放和表达，如果不能用社会可接受的方式，如强体力劳动、体育竞赛的方式来释放，那么这种暴力攻击本能就必定会以更具破坏力的其他方式表现出来，如言语的诋毁、打架斗殴，甚至发动规模暴力。

奥地利动物学家、习性学创始人之一的康拉德·洛伦茨（Konrad Zacharias Lorenz）是继弗洛伊德之后以本能论的观点解释攻击行为的代表人物。他声称，即使在缺少外界刺激的情况下，动物仍能凭其天生的释放机制自发地产生袭击行为。他认为人类不过是动物界的一个分支，人和动物一样具有不断积累的攻击能量，当特定的刺激引发了内在的攻击能量时，攻击性行为就会发生。因为，按照"攻击的水压模型"原理，积聚起来的能量需要得到释放。一旦释放了，下一次积累到足够的能量就需要一段时间，这是因为蓄满的情绪能量是一下子倾泻而出的，所以需要有一个重新集结的时期，这可以与排泄一次粪便的过程比较相似。洛伦茨所发现的动物行为关键期和先天释放机制，在儿童教育与儿童发展研究上，具有启示性价值。如今，洛伦茨的许多研究方法和具有创新意义的概念已经被应用在人类的行为研究上。按照他的观点，人类的暴力行为最初起源于人类和许多其他有机体共有的打斗本能。而且打斗具有三个非常重要的功能且在长期的进化过程中得到发展：第一，打斗能使某个物种的数量遍布到更广阔的地域，这样就能保证最大限度地利用有效的食物资源。第二，打斗有助于使某个物种的遗传特质变得更强壮，从而保证只有最强壮有力的个体得以繁衍。第三，这些强壮的动物能更好地保护其后代，使它们得以生存下来。

洛伦茨和弗洛伊德一样，认为人类的暴力行为是不可避免的，这种行为又大部分是源于一种先天的力量。但在人类是否能够减少或控制这类行为的方面，洛伦茨较之弗洛伊德乐观。洛伦茨认为，通过进行许多强度很小的、不会造成任何伤害的活动是有可能防止攻击性的能量积蓄至危险水平的，这样就可以减少伤害性暴力行为发生的可能性。

近些年来，一些科学家们根据一些调查结果，认为至少有50%的人类行为与基因遗传有关，影响着一个人的蛮横和好斗行为的生物因素便出自于遗传。基因甚至会影响一个人生成激进的社会观点，如偏爱过山车、对死刑的看法等。美国麻省理工学院的认知科学家、《空白记录：人性的现代否定》一书的作者史蒂文·宾克认为："毫无疑问，一个人的品质主要受基因影响。我知道，数万种基因一同作用，便会对人类思想造成巨大的影响。只不过，此领域的挑战就是解决这个自相矛盾的问题：我们知道基因影响人类行为，但我们却无法找到这种基因。"① 20 世纪 50 年代，美国的超声波心理学家艾德里安·雷恩曾对加州监狱的 41 名杀人犯进行脑部扫描。经过分析研究发现，一些人由于一时冲动就会杀人，而另一些人则更从容些，更有预谋。美国的法院曾审理过 1999 年在约塞米蒂国家公园连杀 3 人的凶手凯利·斯塔伊尼一案，当时著名行为基因研究专家阿利森·麦克因尼斯便当庭作证，试图向法官证明是基因因素影响了凯利的思维状态，从而导致他连杀 3 名游客；另一名科学家也出庭作证说，大脑图像扫描显示出来的异常，是使凯利更易于采取暴力行动的原因。尽管如此，限于这种生物科学论证的证据并不充足，最后陪审团还是认为，从法律上说，当时凯利的意识是清醒的，因此决定判处他死刑。

一般说来，生物学派的观点在某些方面也符合人们的日常活动行为特点。比如，在日常生活中，有些人存在强烈的身体反应往往是会伴随着诸如愤怒这样的某些情绪的。但总体而言，生物学派以本能为其基石和中心概念，对人类暴力行为进行解释的理论也是存在诸多问题的：第一，这种理论过分强调生物遗传因素在动物和人类暴力中的作用，对人的后天成长中的学习因素重视不够。虽然不少心理学实验已经证明，某些事件可以不必经过先前学习而直接引发动物的暴力性攻击反应。但也有不少研究证明，动物的攻击模式通过学习是可以改变的。因此，由进化过程中先天因素决定的观点是不成立的。第二，弗洛伊德等人提出的理论是以精神患者或动物为主要的观察对象，这使得我们对其将这样观察到的结果用来解释正常人的暴力性攻击行为的做法值得怀疑。人类的大脑比动物的大脑要复杂得多，由其支配的行为也复杂得多。而且，人类受到社会和文化的影响比动物要大得多。如果将它们进行简单的类比，这种做法显然不妥。这不仅忽略了人和动物的行为的复杂性，也忽略了人和动物之间的本质差异，由此得出的结论显然不能说明根本问题。

事实上，人的大脑活动具有惊人的灵活性和多样性，它使得人们既表现出攻击行为、支配欲或对他人充满恶意，也使得人们具有乐于和睦、顺从或宽厚的一面。社会中存在的暴力行为、性别歧视和众多的其他卑劣行径只不过是可能出现的人类行为中的一个部分而已。如果只看到它支配人类行为的一面，而忽略甚至完全不理会它可以进化的另一面的表现，这显然犯了以偏概全的错误，肯定会使我们对人类攻击行为的理解出现偏颇。很多社会心理学家们强调暴力行为是与人类的学习过程和社会环境中的各因素相关的。他们认为，暴力既可能是与生俱来的，也可能是后天学习的，并由社会事件或

---

① 黄瑞亭. 法医探索. 福州：福建教育出版社，2005：122.

环境诱发出来。

认真思来，弗洛伊德等人的理论尽管有着这样和那样的缺陷，但是，这些理论毕竟通过某种角度，或多或少地对人类暴力行为进行了某些方面的有益解释，毕竟使我们在对暴力行为的认识道路上向前迈进了一大步。如果进行全面的客观的评价，由人的心理冲突所引发的暴力攻击行为，一方面确实是人类本性的一个有机组成部分；另一方面，暴力行为也是与人类的学习过程和社会环境中的各种因素相关的。问题是我们如何有效地化解这一行为，使青少年学生远离暴力和防止受到暴力的侵害。

如果站在社会学家研究的角度，各种暴力的性质是不能相提并论的，各种暴力行为都有其个人、家庭和社会因素。如果仅仅从个人的生理因素去说明人的暴力倾向，那么，世界范围内在近些年来为什么会出现暴力犯罪大幅度上升的情况呢？其实，诸多的社会环境、文化教育、经济贫困等原因才是增加社会暴力倾向的重要因素。例如，一些人口学家就认为，犯罪率与城市规模有着直接的关系，人口稠密就会使人产生过激行为并易使人们感到个性被忽视。因为收入不平等、贫富之间差别过大所出现的贫穷，因为失业率增高所带来的经济压力，因为住房拥挤、个体家庭缺乏社会关爱等，最终会促成暴力倾向的增加。

第二节
青春期暴力倾向与预防

高等学校校园暴力是一种普遍存在的现象。在一些国家或地区，例如南非、巴勒斯坦等国，校园暴力事件非常频繁，为此给该国的教育发展带来了极大的危害。在我国，大学校园暴力也并非是今天才出现的现象，不容置疑的是近年来有日趋严重之势，为此已引起社会各界的关注。

一、青少年暴力倾向的表现

青少年产生暴力行为多源于主观上不正确的社会认知，或者源于脆弱的心理承受力，客观上社会不良风气影响和家庭教育方法不当等因素。这些特点反映在一些有过犯罪行为的大学生身上，表现为成因多样、手段残忍和不计后果。有关专家学者曾对众多青少年犯罪案例进行研究分析，得出的结论是：符合以下情况越多的青少年，越有可能出现暴力犯罪的倾向。

(一) 性格压抑和严重内向

青少年在生活、学习中总会遇到各种困难、矛盾和压力等问题,当前,如何解决这些问题就显得尤为迫切。作为心理防御机制,消极应对的反应方式之一是压抑,一旦个体不喜欢或者难以与其他同学、老师、家长交流包括生活、学习、感情等各个方面的问题,把自己期望得到又难以启齿或不能为社会规范所允许的想法、情感长期压抑在潜意识层内,就会使个体身心受到严重挫伤,甚至性格变得内向。而严重内向的性格一般又会进一步导致与他人交流产生障碍。从心理学的角度来说,与他人交流、向外界发泄自己的情绪,有利于人的心理问题自我调节。相反,把所有事情全部压积于内心,其中有许多困惑、难以解决或痛苦的问题得不到他人帮助,自己反复思索而无以解答,最终易导致钻牛角尖或思维扭曲。久而久之,就容易造成看待其他问题过于偏激,而且一个人自身承受压力的程度是有限度的,如果较长时期无法得到释放,一旦爆发,就有可能转化为攻击性行为,把矛头指向他人,怒火冲天地发脾气或伤人害人,或者指向自己,自责、自残或自杀,产生极端冲动的后果。

(二) 不和睦的家庭成长环境

每个人的性格、行为、举动、思维都会受到周围环境的影响,至关重要的是他的家庭环境。实践表明,一个温暖幸福和睦的家庭,无疑会对孩子的成长起到极好的影响;而一个吵闹不休或分裂残缺的家庭,会对孩子的心理产生不良影响。有关机构资料显示:青少年暴力犯罪中,有60%的人家庭残缺不全或存在其他家庭问题,如单亲家庭、重组家庭等。不少有暴力倾向的学生,基本上家庭生活都不幸福,他们要么从小失去父母关爱,要么家庭生活不正常(如争吵、家庭暴力等),由此造成他们的性格极端化。我国心理学家王加绵认为:家庭暴力是造成校园暴力的根源。家庭暴力有两种方式:一种是显性的,即"棍棒式的强制";另一种是隐性的,即"温柔的强制"。事实上,这两种强制都会给孩子带来心理方面的压力。此时,如果再遭遇父母离异、家庭持续"战争"、极度贫困的生存环境等负面刺激,就很容易形成一种"攻击性人格"。其行为表现就是,他们往往通过欺凌弱小的同伴或同学来释放压抑,获取一种心理上的平衡。[①]

民政部资料显示,目前我国的离婚率已高达13%。在这些已经破裂的家庭之中,子女长期夹杂于离异父母之间、新组建家庭成员之间不断的冲突之中,这就使得他们本已脆弱的心灵备受摧残,长期的压抑折磨导致他们的

---

① 王加绵. 校园暴力滋生有多方面原因,家庭暴力是根源. 中国青年报,2002 - 01 - 27.

心理极易产生畸变，致使性格和行为出现偏差，养成偏执、冷漠、好斗等不良性格，以至于喜欢通过暴力行为获得快感的满足。

（三）喜欢虐待小动物

虐待动物是指对动物有意的或因疏忽而造成的伤害，其范围包括：殴打、使饥饿、用刀砍、焚烧、斩首、活剥皮等虐待行为。科学家认为，生活中有毫无原因喜欢虐待小动物日常行为的，体现出性格中存在的缺陷和天性残忍的人并不多；只有极少数人，才会在虐待动物过程中感受到一种身为强者的快感；而大多数人是后天由于某种原因或刺激造成的，比如本身性格懦弱、经常受到同学的取笑、老师的轻视，为了证明自己"勇敢"、"大胆"、不懦弱，主动采取残忍的手段虐待和伤害动物，长此以往则造成心理扭曲。

越来越多的证据表明，一个人童年时期虐待动物和以后形成暴力行为、有时候甚至和性质极为严重的系列杀人犯罪行为是有关系的。尤其重要的是，虽然虐待动物可看作是以后的这些行为的"演习"，而且虐待动物行为并不是形成暴力的一个必经的中间发展阶段，但许多调查研究的结果都不容否定地表明，人类历史上许多臭名昭著、尽人皆知的折磨或杀害过他人的人，的确在其幼年时期大都曾因取乐为目的而折磨或杀害过动物。

（四）热衷暴力和黄色文化

随着网络、手机、DV等传播工具在大学生中的普及，色情影片、黄色短信、色情卡通漫画、暴力色情游戏通过各种途径蔓延到大学校园中，而正是这些泛滥的不良文化影响着许多身心尚未完全成熟的在校大学生。有许多大学生迷恋于网络、暴力影视、游戏、黄色网站之中。由于缺乏有效的自制力而沉陷其中不能自拔。有些电影、电视剧属于恐怖文学艺术，宣传仇杀，宣传犯罪，宣传武打，它能激起学生的好奇、模仿等心理反应，导致攻击和犯罪行为的产生。生活中确实有很多学生存在英雄主义情结，他们崇拜影视作品中那些"除暴安良"的英雄人物或者是"以暴制暴"的强者，幻想自己也能像他们一样强大，能控制局面，不可侵犯，幻想自己像黑社会老大一样威风冷酷，受别人尊敬崇拜，以至于常常在他人面前显示自己的体力强壮和勇敢好斗，寄希望于用暴力表现出自己的价值。而影视作品中的"英雄人物"经常以个人英雄主义的姿态出现，所有问题都是自己解决，而且绝大多数都是以暴力行为或者被迫以暴力行为来解决问题。确实给他们以榜样的示范作用。受暴力文化的英雄情结影响，"闯荡江湖学秦琼，两肋插刀不怕疼"，有不少大学生崇尚黑社会所谓"义气"，称兄道弟，拉帮结伙。如果有人欺侮了"他们的人"，那就是和整个团伙过不去，就要讲兄弟义气；一个人被欺侮了，其他人不能坐视不理，故而义愤填膺，集体出动，要为兄弟报一箭之仇。为了"哥们儿义气",他们信奉"为朋友两肋插刀"的观念,不考虑打架斗殴可能造成的严重后果。

还有一些带有色情内容的网站、书刊和影视,其中所传播的视人为兽的欲望满足以及具有攻击性的占有心理行为,也极易使一些自制力较差的大学生心理受到暗示,成为他们以后走向堕落和产生暴力倾向的诱因。从这个角度来看,大学校园中存在的施暴者在一定程度上也可说是社会暴力及色情文化传播的受害者。

(五)虚荣心引发的好斗性格

青少年正处在身体成长发育期,其大脑的额叶前部皮质正处于"修剪"过程,主管愤怒情绪的"杏仁核"此时急剧膨胀。他们体内分泌的激素增加了脑和神经系统的兴奋,使之呈现出一种不稳定状态。一旦遇到外界刺激,大脑皮层就会做出激烈反应,运动过程瞬间失去平衡,产生一种"意识狭窄"现象,行为反馈机制出现严重障碍,短时间内失去理智控制,表现为易冲动,好发怒,产生过激行为。受此环境刺激的他们判断事物往往不客观,处理问题带着情绪,不太冷静,做事经常不考虑后果的严重性。一般情况下,好胜心应该是一种督促进步的心理状态,但由于有些同学性格孤僻,好胜心转变为好斗性格,绝不服人,进而发展成为对比自己条件好,或者学习等某方面比自己强的同学的强烈嫉妒心理。由于在家庭溺爱的环境中长大,很多大学生可能存在唯我独尊的心态,在学校中看到比自己强的、比自己受老师同学喜欢的、比自己生活优越的同学,就难以压抑自己的嫉妒心理,可能会采取暴力行为进行发泄。

由于性格上的原因,加上周围环境的影响,有些同学性格非常孤傲,听不进别人的意见和劝说,甚至不能接受老师和家长的批评,逆反心理又非常强。若旁人提出不同意见,就情绪激烈,甚至由于对一点小问题的不同意见,就怀恨在心,做出极端的举动。有的同学考虑问题过于钻牛角尖,做事不多做考虑,认准了一点就无法想到其他问题,想不到可能导致的严重后果,做了以后才发现问题的严重性。这种性格对于大学生的健康成长是十分有害的。

二、大学生暴力倾向的自我调节

在大学校园内,产生冲动性的暴力行为是青少年"内"(身心特点)、"外"(环境)因素综合作用的结果。作为学校来说,为了有效地预防大学生的暴力行为倾向,必须结合特殊时期大学生的生理、心理特点,实行全方位的综合治理。然而,最为重要的是大学生自身适应与调解能力的提高。对大学生来说,如何调整心态、减少自己对暴力冲动的认同具有十分重要的意义。为此，大学生应该学会主动进行自我调节：

（一）情绪调节

情绪是影响人的攻击行为的一个重要因素。情绪不仅参与、影响暴力行为发生的全过程，而且情绪本身就可以导致暴力攻击行为。对于青少年的攻击行为而言，情绪调节的目的在于减少和消除不良情绪，发展适应性行为，抑制不适当冲动行为。面对高攻击行为者尤其是高冲动型攻击行为者，通过情绪调节一方面进行认知重评以改变负性情绪，另一方面进行冲动控制，二者的协调能有效地减少暴力攻击行为。一般说来，由于青少年的暴力攻击行为是情绪失调的结果，具有攻击行为的青少年往往自我容易冲动，控制能力和情绪调节能力存在缺陷。大学生具有精力旺盛、情感丰富、情绪波动大的特点，有时也会产生一些不良情绪。如果这些不良情绪不断积累和其所产生的能量难以释放，就会影响个体的身心健康。

大学生应当学会对负性情绪进行合理宣泄，使情绪在适当表现中达到平衡。如当自己的心情不愉快时，不妨找自己熟悉的师长和知心同学朋友诉说自己的积郁，发些牢骚和倾吐委屈，特别是向异性朋友倾诉自己的苦恼，此举会产生良好的心理调节作用，有利于使紧张、焦虑的心情平静下来。通过写日记来发泄自己的情绪也是一种宣泄的好方法。因为，写日记就其本质上说，也可视为一种倾诉调节行为，只不过倾吐的对象不是别人而是自己，是自己与自己对话。写日记的最大好处还在于需要此时有自己的思考逻辑，把情绪宣泄在纸上，从而帮助自己冷静地整理混乱的思维。

（二）理智调节

大学生往往好强气盛，在日常生活中易出现过于强烈的情绪反应，每当此时，思维变得狭隘、情绪难以自控而失去理智。因此，应当学会运用理智来调节自己的情绪，无论遇到什么事件，产生什么情绪，都要用理智的头脑分析并进行推理，找出产生不良情绪的原因，从而保持心理平衡。

其实，人的情绪是受个人的想法、态度和价值观所影响的。在许多时候，造成我们紧张、烦恼、不快的，往往不是事件本身，而是我们对事件的看法。所以，有的时候，只要能改变我们对事件的看法，就能改变我们对这件事所产生的情绪，即我们常说的"换个角度看问题"。许多研究表明，作为看法表现的共情（empathy）就是人所具有的一种设身处地、感同身受地理解别人的情绪情感状态并引起与之一致性的积极的情绪情感体验。"共情"其实表达了对别人的一种感同身受的关怀、理解和支持的心理状态，能设身处地地站在别人的立场上思考问题。认识角度变了，怨气也就消退了，因此，用换位思考的方式来对自己进行理性的情绪调节，事实上能起到缓解自我紧张情绪和降低攻击行为的作用。

（三）注意力转移调节

转移注意力在心理保健活动中是必不可少的。当大学生自觉心绪不佳和烦恼时，可以外出参加一些娱乐性活动。换换环境，换个想法，就会忘却自己不良的情绪，让紧张、压抑的心情松弛下来。通常，大自然的美景都会转移我们的注意力，让人感到自身的渺小，烦恼就显得微不足道了。如果没有条件外出，也可以重新布置、整理一下自己的房间，变换一下床单或服装，改变一下发型，买一两盆植物，养几条可爱的小鱼，或听听轻松、优美的音乐……总之，环境变了，人的心情也会随之有所改变。

有意识地强迫自己转移注意力，对于调节负面情绪有着特殊的意义，大学生应当懂得，"情绪调节"是一种重要的身心修炼方法和伴随年龄一同增长的人生智慧。例如，喜欢运动的学生可以到操场上跑上几圈，会打篮球的学生到球场上打打球，甚至到空旷无人的地方大喊大叫几声，都能收到从中宣泄出自己负面情绪的效果。对扑克、棋类等游艺活动感兴趣的学生，也可通过进行这类活动转移自己的注意力，从中调节自我身心。

三、增强防暴意识和防暴能力

在日常生活中，容易发生攻击性行为的群体主要是青少年。而且由于青少年攻击心理较强和自我防卫意识差，会助长暴力行为的肆虐。为此，作为大学生要在加强自我修养的同时，学会自我保护，增强防暴意识，提高防暴能力。

（一）克服与调适人际交往的冷暴力

在社会心理学领域，通常把社会存在的暴力行为分为"热暴力"行为和"冷暴力"行为。"热暴力"行为是指以暴力动作侵犯人的身体为主要特征的暴力形式。"冷暴力"行为作为隐性暴力形式，主要是指在人际交往中以一种冷落、漠视态度来对待他人的精神虐待方式。

小A，大一女生，操着一口带浓重乡音的普通话初来上海，因跟同寝室人处不好关系前来咨询。初入大学，小A延续着在高中时养成的良好作息习惯，心无旁骛而且勤学刻苦。同寝室一共4人，其余3人常常在寝室打牌到深夜。小A每晚躺在床上，想要提醒她们早睡，但怕影响大家关系，一直没有说出口。3人更加无视小A的存在，没有关灯也没有压低声音，很多次都是想唱歌就唱歌，想打牌玩乐就打牌玩乐。长期下来，小A睡眠大受影响，由于没有得到很好的休息，做题时反应迟钝，觉得自己很笨，但又害怕自己成绩下降，精神高度紧张。每天除了上课吃饭，其余时间都远远躲出寝室，加紧学习，害怕自己浪费了时间。这样一来，小A与寝室同学没有更多的交流，回到寝室依旧关系尴尬，寝室同学对其继续冷处理，小A也继续强压着自己的不满，渐渐地与室友形同陌路……

在大学校园里，大学生在遭遇冷暴力时，应当注意选择一些合适的有效的方法进行调节，以防止师生及同学间存在的长期冷暴力关系转化成为热暴力冲突。

1. 学会"换位思考"

面对生活，人应当具有宽容之心。正如俗语所云："退一步海阔天空"，凡事想开一点，懂得积极暗示自己，让自己在遭遇冲突时将心情放松下来。告诉自己，没有什么大不了的事，一切都会好起来的。如果坚持这样去想问题，事情就会随着你的心态变化而有不同的结果。面对同一个事情，我们还应当学会"换位思考"，在放松自己的同时，试着站在他人的角度去考虑他人的感受，也许这一看起来似乎不可调和的矛盾其实不过是彼此因认知角度不同和缺乏沟通而出现的问题而已。

2. 坦诚沟通

懂得向对方说出自己的感受。在冲突面前压抑自己的感受，强赔笑脸，其实是不太明智的，选择隐藏你的感受也许为双方的矛盾冲突选择了一条愈演愈烈的不归路。所以，遇到冷暴力时，最好能坦白地告诉对方，你需要的是什么，你不太能接受的是什么。其实，真诚地说出各自的感受恰恰是尊重对方与尊重自己的体现，让对方知道并且考虑你的感受，打破"冷"的僵局，这也是形成良好人际沟通关系的基础。

3. 提升忍受力

容纳挫折，不断提升自己承受挫折的能力。把每一次的挫折看作是人生成长道路上需要跨越的一大步。把遭遇到的坎坷"正常化"，接纳它们。之后，倘若你再遇到类似的矛盾，也就能更加从容地应对。

4. 扩大交际圈

不要把所有的精力都聚焦在范围很小的人与人之间的互动上。应当扩大交际圈，培养自己各方面的兴趣爱好。多参与社会实践，一方面可以调节自己的情绪，把生活过得更加充实有意义；另一方面也为自己寻求到其他交往对象以及遭遇挫折时发挥备选疏导途径的作用，更为今后步入社会时的人际交往空间的扩大打下良好基础。

5. 增进人际互动的技巧

主动获知一些人际互动的技巧，更好地识别他人言谈举止中透露出的真实意图，做一个善解人意、宽容豁达的人。这样做更能为你的魅力指数加分，让你更容易与人实现良好沟通。

（二）把潜在的暴力消解在萌芽阶段

心理学家认为，有一种因素可将潜在的暴力可能变成真实的行为，这种因素就被称为"扳机"因素。为了避免受到暴力的攻击，在进入有被施暴风险的情境之前，应当有意识地进行风险判断，尽量不要触动暴力扳机因素，要努力把潜在的暴力因素消解在萌芽状态。

人所存在的普遍性扳机因素：

①厌恶刺激的增加。像痛苦经验的加重，或缺少权威性的或不公正的裁决。

②突然认识到似乎除了暴力手段，没有更好的解决方式。

③进入了一个更易于诱发暴力的环境。环境的气氛和布置，使人联想到暴力群体伙伴的在场，使人感到他们鼓励暴力行为。

④潜在地对暴力行为赞许性的增强。

⑤刺激性的词句。针对人们所关心的事情说出挑衅性的言语，有时被视为是刺人的话语等。

（三）避免暴力攻击行为的发生

如果处在可能存在暴力攻击危险的情境中，应当选择恰当的应对策略以避免事态扩大和受到伤害。

（1）给人冷静、自制和自信的印象而不是不理不睬或态度傲慢的印象。

（2）说话时，尽可能使用正常的声调。声调的改变有时会引起狂躁型攻击者的注意，配合情绪有时很有用：对着喊叫的攻击者还以大声喊叫；对对方的冷静还以同样的冷静。

（3）尝试转移注意力的方法。例如，提出要去泡茶，声称外出有急事要办，说你很饿，用谈话来转移注意力。

（4）一旦受袭击的危险很明显，那你就检查一下逃走的路线或出口，朝着那儿逃走。设法把一些物体分隔在你和袭击者之间，使你不至于被堵在角落里。

（5）不要靠近有武装的袭击者，要保持距离。

（6）应该明确地要求袭击者放下武器。你应该尽量采取主动，告诉袭击者你要他做什么，慢慢地重复你的指令是有必要的。

（7）尽可能把潜在的武器拿走。

（8）尽量疏散旁观者。他们可能会激怒袭击者。值得注意的是，期待旁观者来帮忙可能是很天真的，即使他们和袭击者毫无关系。旁观者袖手旁观是一种普遍存在的群体心理现象，当人们处在人群中或某一群体中时，他们不会轻易地介入对某人提供帮助的情境中，特别是在他们不知道或不明确

自己在事件中的责任时。

（9）通过对人群中的某个人提出非常特别的求助，以求打破旁观者漠然视之的局面。窍门是确定求助的对象，并对他们应该做怎样发出明确的、易操作的指示。

（四）将暴力预防建立在社会认知理论基础上

掌握对潜在暴力危机的判断，学习如何避免和解决冲突的技巧和方法，对于我们避免暴力的侵害十分有意义。

（1）在威胁与暴力来临之际，首先告诉自己不要害怕。要相信邪不压正，终归大多数的同学与老师，以及社会上一切正义的力量都是自己的坚强后盾，会坚定地站在自己的一方，千万不要轻易向恶势力低头。而一旦内心笃定，就会散发出一种强大的威慑力，让坏人不敢贸然攻击。

（2）大声地提醒对方，他们的所作所为是违法违纪的行为，会受到法律纪律严厉的制裁，会为此付出应有的代价。同时，迅速找到电话准备报警，或者大声呼喊求救。

（3）如果受到伤害，一定要及时向老师、警察申诉报案。不要让不法分子留下"这个人好欺负"的印象。如果一味纵容他们，最终只会导致自己频频受害，陷入可怕的梦魇之中。

（五）尽可能增大实施暴力的难度系数

在现实生活中，我们常常面临突然发生的暴力攻击危险情境。如何降低这种暴力攻击风险呢？心理学家告诉我们，犯罪行为实施系数受制于犯罪的难度系数。同理可以推论，如果增大具有施暴企图的人实施暴力行为的难度系数，就可以相应减少其施暴行为的发生率。受到暴力侵害的对象如果警惕性很强且采取了一些预防性的应对策略，无疑在事实上会加大施暴者的难度系数，这就使得他们在行动前会权衡利弊，三思而行，不敢轻举妄动。大学生为了有效地保护自己，避免遭受暴力的侵害，有必要掌握对风险的评估方法，在风险来临之前心理上事先有所准备，从而提高自己的防暴能力。

根据犯罪心理学研究，犯罪者实施犯罪行为时，也会考虑到实施犯罪时可能带来的风险因素。因此，他们所认为的风险就是我们应当注意加强保护的有效手段。例如，对于有犯罪倾向的施暴者来说，他们一般寻找的目标是那些"容易对付"的而不是轻易会惹麻烦的人；有许多对女性施暴的强暴犯在物色目标时，常常会找寻那些穿着"可迅速地脱去"衣服的女性，最好的穿着是一件式的罩衫（如洋装、连身裙等）。选择容易攻击的地点多是考虑商场、火车站、汽车站前等人多而杂的地方。因为，在这些地方作案时一旦犯罪行为败露，可以迅速混在人群中逃掉。

在我国，只有2%的人会带武器实行犯罪。这一方面是国家实行禁止在民间存在任何制造、贩运、交易和携带武器行为，另一方面是因为犯罪者被抓到判刑的话，因为没有准备凶器，会相对判罪较轻。所以，面对一些激烈的反抗，他们如果不带凶器作案时，通常也会选择退缩方式来逃避风险。这意味着犯罪分子有犯罪企图尚未实施犯罪，一旦察觉到施暴对象已有准备反抗的明确信号时，便会感觉施暴风险太大而收手。

（六）危险情境下应对暴力攻击的原则

（1）如果面对手持凶器的攻击者，尽可能选择避免或逃离策略而不要直接对抗，要想办法尽快报警。

（2）如果来不及逃离，尽可能地保持平静，控制自己的焦虑反应，使用逐步降级策略，避免事态升级。为此，需要有与潜在的施暴者沟通的技巧：对他们的感受和想法能认识并准确地理解；清楚自己想让对方做什么。

（3）对自己应对暴力攻击的策略经常进行练习，使它们成为自己的习惯化行为方式，直到在需要思考做什么时，非常"自然"并很快地将它们表现出来。

（4）要使自己言谈举止的行为表现出警觉、机敏和力量的形象特征，而且通过自己的形体动作暗示攻击者，自己已有准备并具有反抗对方的能力，以此威慑住对方，使之不敢轻举妄动。

（5）认清那些诱发自己产生攻击的扳机因素，主动去消除或减弱诱发攻击的扳机因素。例如，抢劫犯想要抢钱包，不要亲手递给他。应该拿出来后，丢出去给他。然后，他会走向钱包，此时他对钱包比较有兴趣，而不是对你有兴趣，你就该使尽力气往反方向跑。

如果发现斗殴、抢劫、杀人、绑架等案件时，首先应拨打110进行报警；如果发现有人受伤或者生命垂危时，要及时拨打120进行救助。

110受理求助的范围：

①发生溺水、坠楼、自杀等情况，需要公安机关紧急救助的；

②需要公安机关在一定范围内帮助查找老人、儿童以及智障人员、精神疾病患者等走失人员的；

③公众遇到危难，处于孤立无援状况，需要立即救助的；

④涉及水、电、气、热等公共设施出现险情，威胁公共安全、人身或者财产安全和工作、学习、生活秩序，需要公安机关先期紧急处置的；

⑤需要公安机关处理的其他紧急求助事项。

第三节
铲除暴力与敬畏生命

大学校园本是青年学子学习知识的殿堂和培育人类文明的场所，不应是滋生社会暴力的乐园。在当下，校园暴力持续地在高等学府存在是现代社会中一种反文化、反生命的"病态"现象的反映。发生这种现象，不仅说明现代高校青年学生的心理健康、心理卫生问题已日益突出，更昭示出我国目前高等教育培养人才的目标需要重新定位，以及通过加强生命教育，以解决当下社会心理、社会文化环境中亟待系统地、深入地改造和调整问题。无论如何，大学既然以人为本，就应当加强敬畏生命的教育，构造出一个和谐、宽容、仁爱的人际关系环境和心灵空间，铲除校园暴力。

一、校园暴力的危害

大学校园形成暴力现象，是对高等教育滋养人性向善能力的一种亵渎和陶冶学生高尚情怀目标的一种伤害。就对大学生而言，校园暴力看似是一种个别的、简单的社会现象，实际上是对人们的社会道德观念及行为准则等产生极大影响的事件，它给青少年所造成的危害，远不止皮肉的创伤，更严重的是造成大学生心灵的扭曲。

2007年4月16日当地时间7点15分（北京时间19点15分），美国弗吉尼亚理工大学发生了美国历史上最严重的恶性校园枪击案，枪击造成33人死亡，枪手本人开枪饮弹自尽，枪击案疑犯为23岁的韩籍青年赵承熙。有关当局始终无法确定到底是什么原因使得赵承熙爆发攻击行为并制造了16日的校园枪击惨剧。与他相识多年的人都说，赵承熙不管是愤怒、沮丧或是心烦，都从来没有任何表情。他通常都轻声说话，并且完全拒绝对老师和同学敞开心扉。弗吉尼亚理工大学发言人拉里·辛克尔说，赵承熙是个"独来独往的人"，学校很难找到关于他的信息。赵承熙的姐姐赵善敬通过媒体说过："对于造成32人被杀的校园悲剧，我们一家人心中的悲痛无以言表。对此深表歉意。我们是相亲相爱的一家人，弟弟平时很安静，但也为了适应生活而努力着。虽然和弟弟一起成长、互相关爱，但我现在感觉自己似乎根本不了解这个人。"赵善敬还表示："自从16日惨案发生以后，我和爸爸、妈妈每天都在为遇难者祈祷。弟弟让世界陷入悲痛，而我们一家也在噩梦中生活。"

2004年3月15日晚，云南大学"2·23"血案嫌疑人马加爵落网。当晚，其父亲得知消息后告诉记者，他迫切想见到儿子，就只想问他一句话："儿子，你为什么要这样做？"其实不止马父要这么问，人们也会这么想，在人类世界上，还有什么比生命更为宝贵的东西呢？为什么一些大学生会走向极端，用暴力来伤害他人的生命呢？可能，马加爵在杀人前曾多次承受了同学对他的不尊重甚至是人格侮辱，感受到了社会对自己的不公，于是就采取极端的行为来进行恶意的报复。然而，作为心灵受到伤害的大学生，却以暴力的方式解决问题自然是愚蠢的，其结果是害了他人，也害了自己。

校园暴力，包括校园凶杀、打架斗殴、抢劫东西、勒索钱财、毁坏物品等对大学生身体造成了多方面的侵害。

据《华西都市报》2007年1月14日报道，1月10日中午，四川省绵阳中医高等专科学校一担任班干部的女大学生，因看见同寝室一同学的箱子被人踢坏，顺便警告在场的女同学一句"不要故意踢坏别人东西"，便被同班11名女大学生关在寝室里殴打、强迫脱衣、罚跪、唱歌等，折磨达2小时，致使该女大学生全身多处挫裂伤，左耳鼓膜穿孔，最终休克。

校园暴力给受害者造成的伤害不仅是肉体，也包括心灵，它会成为受害者心中永远的痛。有些学生因为失去安全感和恐惧，不能安心学习和进行人际交往。校园暴力也有可能导致受害者心灵伤害后的扭曲，如形成反社会人格等。校园暴力对施暴者本人心理也有极其不健康的影响，特别是在事发后如果学校制止和教育不力，会使他们的暴力冲动得到进一步强化，从而导致逐步滑向犯罪的深渊。校园暴力还破坏了高校的教学与生活秩序，增加了管理的难度。

二、暴力心态的自我克制

为了有效地预防暴力，作为大学生必须从自我做起，明白不侵害他人就是不侵害自己，关爱别人的生命就是关爱自己生命的道理。为此，应当深刻认识人的生命存在的价值和意义，注重保持自身的心理健康，有效地克制暴力心态。

1. 平静自己的情绪

稳定的情绪是维系自我生命健康的天然良药。当一个人在受到冤枉、屈辱时，在自己的脑子里时刻要记住，你可以在心里骂他甚至他的全家也无所谓，但不要动手，不能以暴力的心态对待伤害你的人。如果一个人真得罪了你，你可以通过法律或者其他途径来解决这个问题。应当知道，现代社会里，通过公共平台来解决这个问题，你所得到的会更多。同时，人也不能对别人的怨恨总是记着。因为，老在心里想着这些，发泄不出去，自己会感到难受；如果发泄出去，或者报复，会既害人又害己。所以，"冤仇宜解不宜结"，人与人之间哪来那么多的深仇大恨？大而化之，也就化了；一笑了之，也就了了。应当明白，记恨他人远不如调整自己的心情划算。

2. 懂得远离暴力的道理

在处理人与人之间的关系上，切记勿以恶制恶。在社会公共生活中，人与人之间的矛盾是客观存在的，但不一定都是对抗性矛盾，解决的方法也不是必须使用暴力才行。试想，如果有了矛盾，他人便用暴力来对待自己，那么，作为暴力受害者的一方也可以使用暴力来进行制止暴力吗？这是不可以的。因为，人类需要的仍是善行为本，以恶制恶，恶又何时了。人类历史发展的实践表明，以暴力消除暴力，非但不能让暴力远离自己，反而会使暴力离自己越来越近，直至使自己完全滑进暴力的泥潭中无法自拔。这种恶性循环的链条越长，校园暴力的发展越迅猛，其影响也就越恶劣。

3. 学会对人有宽容之心

在人的品行中，宽容是一种善行，也是一种美德。它体现了一个人的素质和修养，也反映着一个人的生存智慧。在人类社会中，宽容可以变冲突为祥和，化干戈为玉帛，使摩擦减少到最低限度，成为克服社会矛盾和前进障碍的重要手段。在大自然中，天空不宽容日月星辰，它便一无所有；大地不宽容山川草木，不过是一个丑陋的骷髅头。有人说，宽容是人的一种美德，但也许是一种在邪恶面前的退却，却就此制造了一种罪恶。正因为有了天地间的这种宽容，才有了野兽的横行、毒菌的衍生。然而仔细想来，人与人之间还是以宽容一些解决问题为好。因为，宽容会为人心向善、人生的美丽留下更大的空间。这正如在网上被人反复转载的帖子所说的那样："人没有一个不想维护自己尊严的，但往往不知道，不侵犯他人的尊严，就是对自己尊严的最大维护；人没有一个不想争强的，但是大多不解'惟不争者而天下莫能与之争'的人间古训；人没有一个愿意在对手面前示弱的，但又大多不知'天下惟至柔者至刚'；人没有一个不好胜的，但大多不知'胜人者力，自胜者强'的大道至理。人们都不想湿鞋，便学会了推人下水，殊不知人人都有手脚，'你推我下水，我便拉你入泥'。这些也许正是人类太聪明了的一种悲哀。"也因此，我们在与具有暴力倾向的人的交往中，一定要沉着冷静，尽量减少发生不必要的冲突。

三、敬畏与珍爱生命

生命是美丽的，是地球上存在的最美丽的杰作，我们要为自己拥有生命而自豪。关于生命的意义，中国的儒家先人曾有十分深刻的认识："生生之为易"、"天地之大德曰生"。因为人的生命是自然精华的凝聚，所以，也就先验性地具备了神圣性。当然，这种对人之生命性质的体悟并不是人人都可以做到的，相反，更多的人并没能意识到自我生命的神圣性。这就使许多人的人生陷入了误区。我们常常可在生活中看到有些人对自己的生命不大在乎，甚至十分轻贱。他们或者因为自己生活在极度的贫困中，连维持生命的最低需要都成了问题。在这种情况下，生命的尊严受到挑战，往往谈不上什么生命的神圣性了。其实，人因为有生命，而有人格，因为有人格而使生命尊贵。所以，不能因为身处贫困境地而轻贱生命，这才是正确的生命认知。

中国传统文化历来重视生命的价值。当弟子"敢问生死"时，儒家师祖孔子的回答是"未知生，焉知死"，强调人在平凡的世俗生活中体会生命的尊严与奥秘，重生才是根本。道家创始人老子认为生命的价值高于一切，道家"全生"、"贵生"的思想，就是告诉我们要珍惜生命、重视生命存在的意义。古代先哲的这些思想，在当今社会暴力现象日益严重的社会背景下，对我们重新认识生命的价值，无疑有着重要的启示作用。

法国人阿尔贝特·施韦泽，这位被爱因斯坦称为 20 世纪最伟大的人物之一的世界诺贝尔和平奖获得者，曾在《敬畏生命》一书中写道：他在非洲志愿行医时，有一天黄昏，看到 4 只河马和它们的幼崽在河里与他们所乘的船并排而游，突然感悟到了生命的可爱和神圣。于是，"敬畏生命"的思想在他的心中蓦然产生，并且成了他此后努力倡导和不懈追求的事业。创立了"敬畏生命"的伦理学。他认为，敬畏生命，生命的休戚与共，是世界上的大事。"善是保存生命，促进生命，使可发展的生命实现其最高价值。恶则是毁灭生命，伤害生命，压制生命的发展。这是思想必然的，绝对的伦理原理。"①敬畏生命本身就包括这样的德行：爱、奉献、同情、同乐和共同追求。如果人对其他生命的痛苦麻木不仁，也就意味着失去了共享其他生命幸福的能力。

李叔同是一代律宗大师，盛年出家遁入空门，潜心戒律实践躬行，取法号弘一，他一生充满了传奇色彩，是中国绚丽至极归于平淡的典型。晚年，李叔同"凋零渐懂生命"在 1942 年圆寂前，再三叮嘱弟子把他的遗体装龛时，在龛的 4 个角下各垫上一个碗，碗中装水，以免蚂蚁虫子爬上遗体后在火化时被无辜烧死。当人们看了弘一法师的传记，读到这个细节时，总会为弘一法师对于生命深切的怜悯与敬畏之心所深深感动。

有一幅新闻摄影作品给不少人的心灵以巨大震撼。作品中告诉人们的，是这样一个真实的故事：2004 年 2 月 18 日，从昆明发往泸州的客车在一处

---

① （法）阿尔贝特·施韦泽. 对生命的敬畏：阿尔贝特·施韦泽自述. 陈泽环，译. 上海：上海人民出版社，2007：128－129.

收费站被一辆货车撞翻。在这起特大车祸中,为了护住孩子,母亲身受重伤,送往医院后昏迷不醒。口鼻中蜘蛛网般插着各种管子,脾脏被切除。母亲的身旁放着一个刚满周岁的女婴,头上也插着吊针并啼哭不止。孩子哭了近1小时了,护士用手轻轻抚摩孩子冰凉的小手,认为她一定是饿了。2小时过去了,躺在病床上的母亲微微动了一下,接着似乎听到了孩子熟悉的哭声,艰难地睁开惊悸的眼睛,但不能说话更动弹不得,一股滚烫的泪水从她的眼角无声地流下来。她目不转睛地盯着护士一动不动,眼里充满焦灼和渴望,仿佛心底有一股声音要从眼睛里蹦出来。护士们望着还在不停哭闹的孩子,突然明白母亲此刻目光里的含义。于是,护士把头上插着输液管的女婴抱到了母亲的身边,并小心翼翼地解开生命垂危的母亲的衣扣。孩子果真饿了,迫不及待地将小嘴伸到母亲的怀里,咬住乳头吮吸起来。孩子停止了哭泣。在场的医务人员也无不为之潸然泪下……很多看过这张照片的人都被伟大的母爱深深地震撼了!似乎从这一刻开始才真正理解了生命的意义,照片中趴在母亲胸前的婴儿带着恐惧、依恋着母亲的眼神,就像一团火苗,燃旺了在场的每一个人血脉中汩汩奔腾的热流,一股充满深情、洋溢温馨的气浪,瞬间弥漫了人们的胸臆……①

  生命的意义不仅在于个体生命存在的意义,同时也是个体在社会、家庭等方面的位置和价值。我们的生命来自伟大的母亲,母亲用她那无私的爱,甚至是生命在呵护我们成长,我们只有珍惜我们的生命,才能回报伟大母亲给予我们的爱!

  我们人类与世上万千生命共同生活在美丽的地球上,每一条生命都体现出爱的伟大与神圣,都有其存在的内在价值,我们不能无端地伤害每一条生命。只有当我们拥有对于生命的敬畏之心时,世界才会在我们面前呈现出它的无限美妙的生机,我们才会时时处处感受到生命的高贵与美丽。地上搬家的小蚂蚁,春天枝头鸣唱的鸟儿,高原雪山脚下奔跑的羚羊,大海中戏水的鲸鱼等,无不丰富了生命世界的底蕴。我们也会时时处处在体验中获得"鸢飞鱼跃,道无不在"的生命的顿悟与喜悦。

  我们敬畏生命,也是为了更爱人类自己。我国著名漫画家丰子恺曾劝告小孩子不要肆意用脚踩蚂蚁,也不要肆意用火或用水去残害蚂蚁。他认为,自己这样做不仅仅因为有怜悯之心,更是怕小孩子因为伤害蚂蚁而生成的那一点点残忍心以后扩大开来,以至于装着炸弹、驾着飞机去轰炸无辜的平民。我们因为生命的存在而活着,我们也为了爱我们的人和关心我们的人而

---

  ① 母亲车祸护子受重伤,垂危之际不忘哺乳婴儿:第十八届全国产业报专业报新闻摄影年赛获奖作品选登. 检察日报,2005-10-10.

活着，更是为了我们爱的人和我们所关心的人而活着！所以爱心可以拯救生命，我们用爱筑造了生命的奇迹！我们用爱填充了生命的空白，我们用爱丰富了生命的意义。

我们无法改变的东西，我们就得尝试着去接受，去面对。我们不能掌握生命的长短，但我们可以在有限的时间里去丰富生命的内涵，不论我们所拥有的时间是长还是短，至少我们可以告诉自己，我不愧来世上走了一遭。我来了，享受到了人世间的温情；我走了，我带走了众人的牵挂。但是，我不悔我来过，我付出过，我感受过！

如此，爱我们自己的生命，也要爱他人的生命。当他人不珍惜自己生命的时候，我们要劝阻他，帮助他体会到生命的意义。对那些不珍爱自己生命，并对同类具有威胁生命的暴力倾向的人，我们也不能用以怨报怨的报复行为来对待他，因为这种做法与现代文明社会的规范并不完全相容。当然，我们这么说，不是要对心狠手辣、惨无人道的杀人犯宽恕他们的罪行，毕竟杀人偿命的传统和公理有其固有的公正或正义价值，对恶之制裁，也是维护人的生命尊严的重要手段。就此而言，儒家一再提倡杀身成仁、舍生取义的人在大是大非面前的行为选择，不仅具有极高尚的道德价值，而且维护人间正义所必要的付出。这就是说，当民族面临生死存亡的关头，我们也不提倡苟且偷安的生存，只不过，我们倡导的，是人们被迫反抗邪恶时，需要同歹徒斗智斗勇。广州市某校体育专业的一位女生，在家发现歹徒入室行窃，她想凭自己一个人的力量擒住歹徒，结果在搏斗中被歹徒刺死，付出了年仅18岁生命的代价。类似这样一起起发生的事件告诉我们，面临着日益增多的暴力犯罪，我们不鼓励青少年同学轻易选择以自己生命为代价同犯罪分子作斗争，当我们遇到手持凶器入室盗窃或抢劫的歹徒时，要做的是尽量记下歹徒的特征，争取第一时间报警，让公安机关尽快抓住犯罪分子。

在世界万物中，唯有生命最为珍贵。苏联作家尼古拉·奥斯特洛夫斯基曾指出："人，最宝贵的东西是生命。生命属于人只有一次。"20世纪著名的美国哲学家弗洛姆说："尊重生命、尊重他人也尊重自己的生命，是生命进程中的伴随物，也是心理健康的一个条件。"中国儒家对人的生命始终抱以敬畏的态度，在实践中发展为"贵生"、"厚生"、"乐生"三种理念。一是"贵生"。"天地之性，人为贵。"（《孝经·圣治章》）《孟子》里有句话"行一不义，杀一无辜，而得天下，皆不为也。"（《孟子·公孙丑上》）二是"乐生"。孟子说："君子有三乐，而王天下不与存焉。父母俱存，兄弟无故，一乐也；仰不愧于天，俯不怍于人，二乐也；得天下英才而教育之，三乐也。"（《孟子·尽心上》）三是"厚生"，如："正德、利用、厚生惟和"（《尚书·大禹谟》）、"视民如伤"（《孟子·离娄上》）、"恤民为德"

(《左传·襄公七年》)。儒家关于"贵生"、"厚生"、"乐生"的思想对我们敬畏生命,进而学会珍惜时间、珍惜生命,具有十分重要的启迪。

一、资料库

(一) 预测暴力行为发生

在计算某种暴力的可能性时,最有用的是把已知对暴力的次文化规范、处境规范与所了解到的潜在攻击者的过去行为结合起来。可以说,为了对预计危险提供有用的依据,有必要把解释暴力的社会或文化学习论与恶性刺激论结合起来。显然,我们必须把解释暴力的一股理论,与通常由暴力事件的参与者或观察者对个别事件的针对性解释区别开来。这是因为观察者的解释有可能强调攻击者的人格,或反映他的特点的各种特点的独特结合。攻击者的解释可能集中于事件的前因后果及各种环境的独特结合上。相比之下,有关理论依据的是普通的原则,对暴力发生的可能性给予一般的指导。针对一般情况,他们对危险的程度授供了一系列线索。

在一般情况下,个人作为主体施暴的危险会更大的条件是:

①是奉行暴力作为规范的群体或次文化中的一个成员。因此容易存在只有施暴才不会在人前丢脸(事实上还可能获得群体认同)的心理。

②以往有暴力的记录——因此,施暴成为他对付问题偏爱的手段。

③被某些令人不快的事情刺激(特别是若把事情理解为蓄意对他的伤害,并且是专门针对他的)。

④不能自控(因为吸毒、酗酒、个性退化、脑部受损伤等)。

⑤预期暴力会受到奖励(物质奖励或群体认同)。

⑥相信除了暴力,没有其他行为可行。这可能与他无法控制自己的行为有关(这里部分足以解释暴力的本能论说法)。

⑦在特定处境中以暴力威胁施暴对象,如果威胁是用来控制或惊吓,那么,威胁本身就可能有一种目的。

⑧在处境中有对暴力的提示(如:现场有刀子、斧头或其他武器,或者如果某人已经采取了暴力行动)。

⑨显示出高度兴奋的生理迹象。有些人的表现是皮肤发红——表明血压升高、排汗、肌肉抽筋、呼吸急速和脉搏升高,甚至出现恶心;但是另一些人,兴奋时脸色变白,表现非常平静,真正的线索似乎是这个人的一般状况发生了转变。

⑩语言粗暴——自语辱骂经常是暴力的预示,同样,讲话声调、音高和速度的改变也应警惕。

（二）婚姻暴力倾向心理测试

如果深夜你从梦中惊醒，突然发现屋里停电了，你最害怕的是下列哪一种情形？

①朦胧的夜色下，窗外突然闪过一个黑影。

②房间的门突然被打开，不知发生了什么意外状况。

③走廊上传来沉重的脚步声。

④沉沉的暗夜中，隐约听见有人在旁边啜泣。

测试结果：

①你对婚姻暴力是深恶痛绝的。同时，你对婚姻中的暴力行为怀有一种恐惧感，说不定还是个不幸的受害者呢！不喜欢对人表达自己的感受，即使对你所爱的人亦是如此。当然，这并非由于你个性深沉，而是因为你非常自卑，不信任任何人。如果希望结束你的恐惧感，你一定得试着把话讲出来！

②动粗对你来说是极端野蛮、不文明甚至下流的行为，因此你谴责婚姻中的暴力行为。主张以和平的方式解决家庭问题，设法和妻子沟通。不过，你也是个颇为"霸气"的人，一旦对方试图对你施暴的话，会惹得你大发雷霆，反而把对方吓一跳。一般而言，你的家中出现婚姻暴力的可能性不大。

③你把婚姻暴力看得太简单了，甚至认为这只不过是做妻子（或丈夫）的正常举动，对方不该太在意。有时你往往只在乎自己的利益，不管对方的感受。你绝对要记住，到了对方忍无可忍、反戈一击时，你们的婚姻，就已经面临着解体的危险！

④你的潜意识里有种渴望暴力的倾向。也许你在家庭中受到的压抑太多，也许对方经常无理取闹，总之，你认为婚姻暴力是解决问题的途径之一。有时你会把暴力作为一种发泄苦闷的方式，但很快又后悔了，下决心绝不重犯。这样只会给夫妻双方留下更多的情感隐患，轻易尝试不得。

（三）危险性检测表

在对你欲进入的某情境做暴力风险评价时，可以从下面问题中去分析。你如果"是"的回答越多，暴力风险性越大。

①我面对的人是否有较高应激水平？

②这个人是否酗酒或吸毒？

③他以前是否有过暴力行为？

④他是否有犯罪的前科？

⑤他是否有精神病病史？

⑥他是否正受可使人丧失自我控制能力的药物的影响？

⑦他以前是否辱骂过我?
⑧他以前是否用暴力威胁过我?
⑨他以前是否确实攻击过我?
⑩他是否认为我正在威胁他的子女?
⑪他是否认为我影响了他的自由?
⑫他对我的行为是否有不现实的想法?
⑬他是否把我看作是粗鲁无礼的人?
⑭我以前与他相处是否曾担忧过自身安全?
⑮现场是否有其他人会鼓励他的暴力行为?

对于顾客和患者,我们也应做类似的评价。也是看你对与情境有关的问题怎样反应,回答"是"的次数越多,危险性也就越大。
①对方是否有偏离常态的兴奋或消极行为的预兆?
②现场中是否有武器或其他暴力工具?
③对方是否有较高的生理唤醒水平?
④在非言语沟通上,正常的反应关系是否已被破坏?
⑤对方的心情或情绪是否有突然的变化?
⑥他对别人的建议或批评是否过于敏感?

你对下面的问题如果回答"是",也表明有较大风险性的存在。
①我是否孤独无援助?
②我的同伴是否不清楚我的处境?
③如果发生攻击我是否无法报警?
④如果发生攻击我是否没有逃跑路线?
⑤我是否从没想过在暴力情境中应怎样反应?
⑥我是否对暴力强化的恶性循环缺少认识?
⑦我是否对控制暴力的普遍规律缺少了解?
⑧我是否从没考虑过暴力发生时应怎样应对?

二、思考与讨论

(一) 杰埃格对罪人的宽恕

玛丽亚塔·杰埃格和丈夫带着5个孩子在蒙大拿州度过了愉快的暑期野营假期。假期最后一天,最小的只有7岁的孩子苏西失踪了。一天晚上,劫持孩子的匪徒打来电话,但那家伙只是在嘲弄可怜的母亲。最终,罪犯落入法网,孩子的尸体也找到了。母亲见到了凶手,却宽恕了他。在法庭上,柔弱的玛丽亚塔·杰埃格是这样说的：

"我终于认识到，真正的正义不是惩罚，而是恢复，不一定是恢复原来的面目，而是恢复本应该具有的状态。在我信仰的希伯来和基督教的教义中，那里描写的上帝是充满慈悲和爱心的上帝。上帝寻求的不是惩罚、毁灭或把我们置于死地。他总是不懈地努力着，帮助和抚慰我们、让我们恢复与和解、让我们重新获得我们生就应有的丰富而充实的生活。现在，这就是我要对杀害我女儿的凶手行使的正义。

尽管他可被判处死刑，但我觉得以苏西的名义处决劫持犯，会玷污了她的可爱、美丽和善良。她值得我们用更加高尚和美好的方式来纪念，而不是把这个已经毫无招架之力的囚犯，以既定的方式冷冰冰地处死，无论他的罪行是多么该死。我觉得我对她最好的纪念，不应是我做出我痛恨的事，而是告诉大家每一个生命都是宝贵的，都值得保留。因此，我要求检察官采纳另一判决——终身监禁，不得保释。

我承认，一开始我真想亲手杀了这个家伙，但他的罪行结案后，我深信我最好和有益的选择莫过于宽恕。在失去女儿后的20多年里，我一直在帮助受害者和他们的家人，而我的经验一再得到证实。受害者的家属当然有权感到愤怒，这是人的正常反应。但是，始终抱着复仇心理的人，最终只能给罪犯又送去了新的受害者。他们为过去困扰、折磨、无法解脱，生活质量受到严重损害。无论我们多么有理，我们的不宽容只能伤及自己。气愤、仇恨、恼怒、痛苦、报复……这一切是死神的精灵，会像夺去苏西的生命那样，也夺去我们的'一部分生命'。我相信，我们要成为全面、健康和快乐的人，就要学会宽容。这就是福音书中永恒的教训和经验。尽管我不愿意事情如此，但从我女儿之死中得到生命礼物的第一个人就是我。"

① 你认为杰埃格对罪人宽恕有道理吗？
② 以恶抑恶对人类社会的进步有益还是有害？

（二）打赌

一位法律学家与一位企业家在一次沙龙聚会中在谈到一个新近被判15年徒刑的囚徒时争执起来。企业家认为在监狱里蹲15年还不如判死刑的好；法律学家则认为活着总比死了好，活着就是希望。二人争执不休，最后打起赌来。赌注是法律学家让企业家把法律学家关起来，15年后如果法律学家不违约，企业家的全部财产归法律学家所有。

第2天早晨，法律学家便被企业家关进自己后花园的一间小屋，这间小屋只有一个送食物的小小窗口。法律学家蹲在这个与世隔绝的小屋里开始过起监狱生活，企业家每天给他提供所要读的书。

时光一天天流逝，法律学家读完了政治、经济、哲学、科学、神学、文学大全，15年的时间终于到了。这时的企业家因在生意场中失利，他知道时间一到自己便会变成一个穷光蛋，于是他决定在到期的头天夜里杀死法律学家。

企业家好容易打开那把15年来从来没有打开过的生锈的铁锁，发现法律学家正在残烛前伏案熟睡，企业家正欲趁机杀死这形同枯槁的法律学家时，却发现桌上放着一封给他的信。信中说，他感谢企业家，15年来他读了许多书，这些知识将是他终身用不尽的财富，他还明白了许多道理。他决定不再要企业家的财产，他将于明天拂晓前破窗而出，自动毁约。企业家看完信后，决定放弃杀死法律学家的念头。

第二天拂晓前，法律学家果然毁约破窗而出，既保留了企业家的财产，也保住了自己的生命。

①你对这一故事的感想是什么？
②由此，你是否能理解生命存在的意义是什么？

三、建议阅读书目

①李涛泽．校园暴力犯罪与非法入侵防范及应急处理预案实务金书．长春：吉林音像出版社，2005．

②周殿富．生命美学的诉说．北京：人民文学出版社，2004．

③米歇尔·艾略特．反校园暴力101招．新苗编译小组．重庆：重庆出版社，2005．

④贝卡利亚．论犯罪与刑罚．黄风，译．北京：中国大百科全书出版社，1993．

第九章

拒 绝 自 毁

内容提要:

● 自杀行为是人类对自身完整性的破坏和对生命的毁灭,因违反生物的自我保存本能而被认为是从人的社会行为中演化出来的一种反常的社会行为,但又是伴随着人类成长而长期存在的现象。

● 尽管生活中的每一例自杀原因各异,但都是个体对生活在其中的社会现实矛盾状态的极端反应。因而,自杀既是个人的不幸,也是社会的不幸。

● 自杀违背人的生存本能,既是对自己所负责任的逃避,也是对他人和社会的不负责任。自杀所以受到谴责,是因为它违背我们对全部道德所寄托的人性崇拜。

● 生命对每一个人来说都是弥足珍贵的,世间的一切艰难困苦与人的生命相比都显得微不足道。毫无疑问,人最高的需要是"活着",而不是"活过"。

人的生命的悲哀莫过于因厌恶自己的生命而自杀。根据WHO(世界卫生组织)的统计,全球每年有将近100万人自杀。据北京市心理危机干预和研究中心报告,在我国,据推算每年约有28.7万人自杀死亡,占全球自杀死亡人数的近1/3,是我国致人死亡的第5位原因,而且是15~34岁人群首位重要的死亡原因,占相应人群死亡总数的19%。自杀事实上已成为一个重要的公共卫生和精神卫生问题。[1]

作为一个特殊群体,我国大学生近些年来的自杀案例越来越多。据统计,从2001年1月1日至2008年12月31日,全国共有705名大学生(包括大专生、本科生、硕士生、博士生在内)自杀,其中568人死亡,137人存活,自杀死亡率80.6%。而在高校自杀率统计中,大学生群体高于一般青年,重点大学高于一般大学,研究生高于本科生。[2]仅2007年5月,北京市相继有5名高校学生跳楼自杀身亡。哈尔滨市有39人自杀,其中约1/3

---

[1] 梁瑛楠,杨丽珠. 自杀可能性量表的信效度研究. 中国健康心理学杂志, 2010 (2).
[2] 楚江亭. 风险社会视野中大学生自杀问题的省思. 人文杂志, 2010 (1).

为高校学生。2004年，华中科技大学陈志霞等人曾对1 010名大学生的自杀态度进行过问卷调查，调查统计结果表明，有过轻生念头的学生占到被调查学生总数的10.7%。①

人的生命只有一次，一向被社会视为天之骄子的大学生为什么选择如此极端的方式对待生命？是情感的纠葛、生命中不能承受的压力之重，还是因为无法面对这个世界、内心的脆弱、心理的危机波动？答案是复杂的。然而无论如何，人不应该轻掷生命，而是应该敬畏生命。具有珍爱生命的责任感，是让自杀者悬崖勒马的一剂良方。当我们想到有那么一天，我们离开这个熟悉的世界，从此便与疼爱我们的亲人阴阳两隔，留给亲人和朋友的，只有无尽的思念和永远也无法弥补的痛。那么，珍爱生命，预防自杀危机，就是我们每一个活着的人守护自己和他人生命的神圣责任。

第一节
自杀是反常的社会现象

说起自杀问题，有很多人，尤其是处在花季的青年学生可能会不屑一顾：我肯定不会自杀，讨论这个问题对我没有意义。难道这个问题真的离大学生很远吗？1999年，北京师范大学纪宏副教授在1 378名大学新生中做的一份调查结果显示，偶尔有自杀想法的学生占调查总人数的25%，经常有此想法的占7%；② 2004年，有人对来自成都某高校的2004级研究生自杀倾向问卷调查，在该校接受调查的1 560名研究生中，有1人表现出严重的自杀倾向，同时有9人存在中度自杀倾向；北京联合大学信息学院2002级学生程小龙在北京联合大学、对外经贸大学、北京中医药大学和北京化工大学发放过200张问卷，调查大学生自杀状况，在收回的189份有效问卷中，有近1/3的被调查者承认自己曾有过自杀念头。自杀问题其实不仅是一个在大学生群体中高发的问题，其他人群也存在这一问题。下面是一组令人触目惊心的数字：全世界每40秒就有一个人自杀身亡。在中国，每年有28.7万人自杀身亡，200万人自杀未遂，每2分钟就有1人自杀身亡，有8人自杀

---

① 周咏梅. 大学生自杀引发的思考. 商业经济，2010（3）.
② 纪宏. 高师院校大学生心理素质调查研究及自杀危机干预. 北京师范大学学报，1999（1）.

未遂。事实上，自杀已经成为我国人口死亡原因的第 5 位，在 15~34 岁人群中，自杀则占死亡原因的首位。大学生基本上都处在这一年龄阶段，因此，目前在我国，自杀也可说是大学生死亡的首要原因。

一、自杀与自杀行为

2004 年，WHO（世界卫生组织）将自杀定义为：自杀者本人在完全了解或期望该行为的致死性后果的基础上，蓄意的自愿完成的行为。自杀的经典定义一般认为是由法国著名社会学家埃米尔·迪尔凯姆（国内也有翻译成涂尔干的）确定的，他在其名著《自杀论》中认为："任何由死者自己完成并知道会产生这种结果的某种积极或消极的行动，所直接或间接地引起的死亡叫做自杀。"[①]简单地讲，自杀是一些人有意自我毁灭而采取伤害自身的一种行为，是一种特殊的针对自我的谋杀行为，也是有意识地、自愿地选择直接结束自己生命的行为，包括自杀未遂和自杀死亡两类。

自杀是人的一种主观故意的行为。那些不能断定和预知能否产生自我死亡的后果、因从事某种活动而死亡的行为只能是意外死亡，而不是自杀。自杀又是以死作为自己行动目的的行为。主观上故意采取一定方式，伤害自己身体的某一部分和某个部位，以达到某种目的，行为结果也未造成自己死亡的，是自伤行为。主观上有自杀死的目的，但因客观原因并未达到杀死自己的目的行为，是自杀未遂。只有在行为者的主观目的、客观手段、实际效果达到了统一，才构成了一个人的自杀死亡。

自杀对于自杀者而言，时间、地点、方式、后果都是预先设计好的行为——我不想活了，我就结束自己的生命。然而，自杀真就这么简单吗？

试看自杀众生相：

第一，为殉情绝望自毁——这是当今世界上人数最多、最悲情的自杀。这种自杀中，有的是因为情人死了，自己也不想活了，于是殉情；有的是因为自己爱别人，别人却不爱自己，或者是情人移情别恋，于是绝望至极，撒手人寰；有的是因为婚恋不成（家人反对或其他难以结合的原因），双双自杀，去追求"在天愿为比翼鸟，在地愿为连理枝"的意境。

第二，为国难慷慨赴死——这是最令人敬佩的自杀。在我国历史上，每当国难当头，总有大批以身殉国者。特别是当国家受到外国列强凌辱的时候，中华大地涌现出无数慷慨赴国难的仁人志士，如三元里抗英、义和团运动、八年抗战等。屈原就是忧国自杀者中最著名的历史人物。自屈原以后，还有抗战中的"八女投江"、"狼牙山五壮士"等英雄壮举。

---

① （法）埃米尔·迪尔凯姆. 自杀论. 冯韵文，译. 上海：商务印书馆，1996：11.

第三，因不堪压迫而自杀——这种自杀发生的主要原因是不合理社会制度的存在或社会失序引发人的价值观念混乱而造成的人间悲剧。电影《白毛女》中的杨白劳就是典型代表。他虽然是文学创作中的人物，但我们不能否认，在充满剥削和压迫的社会中，那是穷人借债难还，走投无路，唯有一死了之以求解脱的真实写照。

第四，还有为了朋友义气而自杀的，有为了抗议强权暴力而自杀的，有为了复仇而自杀的，有因为患了绝症不堪忍受病痛而自杀的，有因为生活中不胜烦恼而自杀的，有因为对未来感到绝望而自杀的，有因为原来的信念动摇又找不到新的信念而自杀的，如此等等，难以一一描述。

从上述列举的自杀现象中可以看到，自杀的具体原因各不相同，似乎任何因素都可能导致人的自杀。

二、产生自杀的根源

当一个人实行对生命自我否定的行动，便是自己对自己的毁灭，即自杀。自杀，是一种人自动寻求死亡、结束自己生命的死亡方式，是行为者本人自愿采取的或者被迫选择的一种毁灭生命的手段，如自缢、投水、刎颈、跳崖、服毒等。在古代，自毁叫自裁，《汉书·贾谊传》中说："其有大罪者，闻命则北面再拜，跪而自裁。"自杀也叫自尽，历代王朝的权威者曾不同程度地利用自尽手段惩治异己。自尽作为赐死的一种方式，代表着自尽者的地位、身份，甚至成为一种荣耀的象征。例如，《宋书·前废帝本纪》中的"越骑校尉戴发兴罪，赐死"。《唐律·疏议·断狱下》中的"五品以上罪论死……或赐死于家"。《长生殿·埋玉》中的"今事势危急，望赐自尽，以定军心"。

自杀是从人的社会行为中演化出来的一种反常的社会行为。之所以把自杀界定为反常的社会行为，是因为，自杀行为是人类对自身完整性的破坏和对生命的毁灭，它违反生物的自我保存本能。生物的本能主要有：一是维护个体生命的存在，就是为了活着而奋斗；二是种族的延续，为了人类的繁衍。但自杀却违反了生物的本能，所以可认为是一种反常的生物行为。一般而言，在社会文化与心理压力下，人们都会产生攻击性的行为倾向。这种攻击性的行为倾向有两个指向：一是指向他人或社会，一是指向自身。前者采取攻击他人或社会的行为释放心理压力，行为者的思想观念较为激进和在性格类型上具有外倾性；后者则相反，是以采取攻击自己的行为来释放心理压力。

说自杀是一种反常的社会行为，还有一个重要原因，就是有许多自杀者其实并不是不想活下去，而是因为无奈，而选择一种以极端反常的方式追求自己的"生活"。就像德国哲学家叔本华所说的那样："自杀者是想生活的，只是他不满意他所处的生活条件，因此，他并没有抛弃求生的意志。他放弃生命，只是对个别现象的消灭。他想活下去，想痛痛快快活下去，他实质上肯定着肉体。但是，复杂的外界环境使他受挫，这就使他陷入极度痛苦之中。"[1] "当对生活的恐惧压倒对死亡的恐惧时，人们就会结束自己的生命。"[2]

自杀虽然是一种反常的社会行为，但却是伴随着人类历史长期存在的社会现象。据人类学和历史学家考察，早在原始社会就存在着自杀现象。古印第安人、南太平洋的多布人和美洲西海岸的夸库特耳人都曾存在着古老的自杀习俗。我国传说中的氏族领袖共工氏，就是因为"怒而触不周之山"死去，当时弄得天倾地斜。据史载商纣王也是在兵败国亡后"环身以自焚"的。人是有意识的存在物，在意识的作用下，可以通过劳动和智慧改变环境，使自己得以生存和发展，但也会在感到前途无望时选择一定的手段使自己死亡。在人类历史上的自杀者行列中，上至帝王、下至平民，富至商贾、贫至乞丐，都有过自杀的记录。当今社会，这种现象更是屡见不鲜。有人甚至把自杀行为当作不可侵犯的人权去追求。这种客观存在的事实不能不使人深思。

自杀在一定意义上可以说是一种随人类文明相伴而生的疾病。人类文明崛起之日，正是自杀现象开始出现之时，而且，人类的"文明越进步，自杀率越高。大城市比农村高；有文化的比没文化的高；思索者比不思索者高。自杀问题正尖锐地摆在世界各国（尤其是发达国家）的面前。所以自杀也是一个全球性的危机。它是现代文明危机的一个组成部分"[3]。

早在19世纪末，法国社会学家埃米尔·迪尔凯姆在其著名的《自杀论》中，就通过大量的统计数据和严密的逻辑分析，雄辩地证明了自杀最深刻的原因并不是心理因素，也不是自然因素，而是社会因素。迪尔凯姆认为："每一个自杀者都给他的行为打上个人的印记，这种个人印记表示他的性格和他所处的特定环境，因此不能用这种现象的一般社会原因来解释。但是这些社会原因也必然给它们所引起的自杀打上一种特殊的印记，一种表示这些原因的特殊标志。"[4] 迪尔凯姆还认为："在任何时候，决定自杀人数多

---

[1][2] （德）叔本华. 意欲与人生之间的痛苦——叔本华随笔和箴言集，李小兵，译. 上海：上海三联书店，1988：75，173.

[3] 赵鑫珊. 人类文明的功过. 北京：作家出版社，2000：596.

[4] （法）埃米尔·迪尔凯姆. 自杀论. 冯韵文，译. 上海：商务印书馆，1996：299-300，321-322，14.

少的都是社会的道德规范。因此，每个民族都有一定能量的集体力量去推动人们自杀。乍看起来，自杀者所完成的动作似乎只表现他个人的性格，实际上是这些动作所表现出来的某种社会状态的继续和延伸。"① 事实上，如果不把自杀仅仅看作是孤立的、需要一件件分开来考察的特殊事件，而是把一个特定社会在一段特定的时间里所发生的自杀当作一个整体来考虑，我们就会发现，这个整体不是独立事件的简单的总和，也不是一个聚合性的整体，而是一个新的特殊的事实，这个事实有它的统一性和特性，因而有它特定的性质，而且这种性质主要是社会性质。

迪尔凯姆在总结自杀的原因时说："事实上，对于同一社会来说，只要观察所涉及的时间不是太长，自杀统计数字就几乎没有什么变化……因为，人们生活的在其中的环境并不是每年都有明显的变化。"② 自杀是某种社会发展趋势的表现，是人们与社会层次、价值系统、规范约束和信条等外在符号系统的不适应所造成的。迪尔凯姆通过对西方社会的自杀统计数据发现，信仰不同宗教的群体有着不同的自杀率，这是宗教这个社会因素所造成的结果：信仰新教的自杀率显著高于信仰天主教的，信仰天主教的自杀率显著高于信仰犹太教的。从教规上看，新教和天主教都明确规定禁止自杀，但是二者有着明显的差异：新教在很大程度上允许教徒自由思考，且没有等级之分；天主教不允许对教义进行历史的检验，导致教徒往往不加思考地全盘接受教义。同时，为了保证传统不被改变，天主教还建立起了一整套完整的等级制度。总之，新教教会的集体意识并不像天主教那样强烈，那样普遍。这种情况所导致的极端后果是社会的整合程度低，个人游离于集体生活之外，个人采取的自杀行动也不会考虑集体的规范和意识，这使得新教徒的自杀率明显高于天主教徒。由此，迪尔凯姆认为，当个人太脱离社会，社会中个人和群体的关系过于疏远时，个人就会偏向于自我孤立和独立思考，这就降低了人对于自杀的免疫能力。这也就是说，自杀并不是一种简单的个人行为，而是人们对正在解体的社会的反应。由于社会的动乱和衰退造成了社会文化的不稳定状态，破坏了对个体来说是非常重要的社会支持和交往，因而就削弱了人们生存的能力、信心和意志，这时往往导致自杀率的明显增高。

三、自杀的类型划分

当代学者把自杀划分为不同类型。例如，美国国立精神卫生研究所自杀预防研究中心分类为完全性自杀（CS）、自杀企图（SA）和自杀观念

---

①② （法）埃米尔·迪尔凯姆. 自杀论. 冯韵文，译. 上海：商务印书馆，1996：299-300，321-322，14.

(SI)。还有的学者把自杀分为习俗性自杀、慢性自杀、疏忽性自杀、不完全故意性自杀和精神病性自杀等。

时至今日，法国社会学家迪尔凯姆在19世纪末对自杀的分类，仍被认为是最经典的。迪尔凯姆把自杀分为三种类型。

(一) 利他型自杀

关于利他型自杀，迪尔凯姆是这样分析的："自我不属于自己，或者和自身以外的其他人融合在一起，或者他的行为的集中点在他自身之外，即在他是其组成部分的一个群体中。因此我们把某种极端利他主义所导致的自杀称之为利他主义的自杀。"① 迪尔凯姆认为，利他型自杀是在社会或组织高度整合和群体整合力量过强的状态下产生的，有许多自杀者是出于高尚的信仰而主动地步入死途。利他型自杀有两种表现形式，一种是义务型自杀，如在游牧民族中，丧失劳动力和战斗力的老人或伤残人员为了不拖累群体而选择自杀。另一种是负疚型自杀，因为自己没能完成自己的使命和任务而感到自责和内疚，这在古代军队中的体现十分明显，如军人因战败而负疚自杀。概而言之，利他型自杀是指在社会习俗或群体压力下，或为追求某种目标，或为自己所信仰的主义，或为了集体或他人的利益尽最大的忠诚而自杀。这种死和见义勇为而死是有重大区别的：见义勇为者可以把生的希望留给别人，可以把死的危险留给自己。但在主观上是见"义"而做选择，而不是去主动杀死自己，只是明知生的可能不大也要为之，而不是死之必然。而利他型自杀在主观上有杀死自己的故意，客观上有这种行为及死亡的结果，其行动的动因是为他人或社会的利益而进行的主观选择。对自杀者而言，当他选择自杀的目的不是为了自己的利益时，就构成了利他型自杀。例如，战国时诗人屈原因忧国忧民而投汨罗江、"八女投江"、"狼牙山五壮士"、董存瑞舍身炸碉堡等。

2006年11月23日，一位57岁的巴勒斯坦妇女在加沙北部的贾巴利亚难民营向以军士兵发动自杀袭击，她当场身亡，至少2名以军士兵受轻伤。哈马斯下属武装"卡桑旅"随后在网上发表声明，宣布实施这次袭击的是57岁的法蒂玛·奥马尔·纳贾尔。美联社说，她是过去6年100多个巴勒斯坦自杀袭击者中年龄最大的一个。与其他自杀袭击者一样，法蒂玛在行动前也录像明志。在巴电视台播出的录像画面中，她头戴白色围巾，身穿绿色长袍，肩背步枪，手拿一纸声明镇定如常地念道："我是来自贾巴利亚镇的

---

① (法) 埃米尔·迪尔凯姆. 自杀论. 冯韵文，译. 上海：商务印书馆，1996：230.

烈士法蒂玛·奥马尔·纳贾尔,我为'卡桑旅'工作,我愿为民族和阿克萨献出我的生命。"这是当代社会典型的利他型自杀攻击行为,在阿拉伯国家被称为"肉弹"。

(二)利己型自杀

关于利己型自杀,迪尔凯姆是这样分析的:"个人所属的群体越是虚弱,他就越是不依靠群体,因而越是只依靠自己,不承认不符合他私人利益的其他行为规则。因此,如果可以把这种个人的自我在社会的自我面前过分显示自己并牺牲后者的情况称之为利己主义,那么我们就把这种产生于过分个人主义的特殊类型自杀称之为利己主义自杀。"[①] 利己型自杀的主要原因是低层次的社会整合及由此产生的个人主义信念膨胀,个人与社会的联系松弛等。迪尔凯姆指出,社会团结的破坏易于导致自杀现象的增多,一个团结亲密的社会可以抑制自杀现象的发生,这是因为如果群体的整合程度较高,成员对群体的归属感就会显得强烈,当个人遇到挫折时,可以得到群体的保护和支持,因此自杀可以得到抑制。相反,一个松弛的社会便会导致自杀现象的增加。

简单地讲,利己型自杀是指因个人失去社会的约束与联系,对身处的社会及群体毫不关心,孤独而自杀。如离婚者、无子女者等。我国现代社会中一些出自贫困家庭的大学生,由于学业与就业的压力过大,在吃饭、穿衣都有困难的情况下,由于心理素质与思想不健康等原因,常常在惶惶不可终日的情境之中因痛苦的心境而导致失去生活的勇气。据有关材料报道,近年来单在湖北省的50万大学生中,就有20%,即近10万人生活在贫困线以下。高昂的学费及其他费用,使得在校大学生成为家庭中沉重的经济负担,以至于许多学生为此有了压力,对家人为自己的付出深感内疚,企图以自杀来解脱。例如曾有一名来自贫困家庭的自杀学生在遗书里写道:"现在我感觉自己活着是个包袱,为了减轻家庭的经济负担,我决定自杀。"此外,高校关注学生的学习成绩,对许多奖励,如各种荣誉、各类奖学金,甚至包括入党,都和学习成绩挂钩。由此导致学习成绩就像一块巨石,压在大学生的心头。有的学生因为考试成绩不好,有的因为自己所学的专业不热门,有的因为期望值过高,加上学业的重负,身体和心灵都受到摧残,难免感到绝望。某有机化学研究所26岁的湖南衡阳籍在读博士生孟某从教学楼的7层跳下身亡,遗书中显示出了他自杀的原因:"厌世,想偷懒,精神抑郁。"从小

---

① (法)埃米尔·迪尔凯姆. 自杀论. 冯韵文,译. 上海:商务印书馆,1996:215.

学到中学、高中、大学,念完高中考大学,念完大学考硕士,念完硕士考博士,一直处于高度紧张状态。人的承受能力是有限的,到了极限,势必承受不了,自然会出现精神抑郁直至走向极端。

(三) 反常型自杀

反常型自杀也叫异常的自杀。

关于反常型自杀,迪尔凯姆认为它与前两种自杀是截然不同的,利己主义的自杀产生于那些人再也看不到活下去的理由;利他主义的自杀则产生于这些人认为这种理由超出了生命本身。而反常型自杀则产生于这些人的活动失常并由此受到损害。

迪尔凯姆认为:"在我们现代社会里,社会混乱是经常和特别引起自杀的因素,是每年使自杀的队伍得到补充的来源之一。"[1]之所以如此,是因为"在社会动荡不定的时候,不管是由于某种令人痛苦的危机,还是由于某种令人高兴但过于突然的变化,社会都暂时没有能力采取这种行动(指社会的调节与控制),这就引起我们在前面所证实的自杀人数的曲线突然上升"[2]。"对于异常的自杀者来说,社会不能影响真正的个人情欲,使情欲得不到调节与控制。"[3] 在常态社会里,人们能够生活就是因为他的需要和满足他需要的手段是和谐一致的。而当社会出现动乱时,就会破坏这种和谐,出现价值迷失的社会失范状态。他们对生活充满希望,但社会秩序的破坏使他们无法实现自我。因此,常会因欲望和满足间的不协调而产生痛苦,走上绝路。例如,由于破产、失业、亲人死亡、失恋等原因而自杀。

反常型自杀是社会变动的因素所致,由社会动乱和衰退造成的社会文化不稳定状态,破坏了对个体来说是非常重要的社会支持与交往,因而削弱了人们生存的能力和信心,折断了向理想追求的精神支柱,就会导致自杀率的明显增高。例如,我国在历经十年的"文化大革命"浩劫期间,由于整个社会处于动乱之中,有的人一夜之间成了"走资派"或"反革命",精神上受到因环境突变带来的巨大刺激,在感到因无法控制自己命运的情况下,心理充满无限的焦急和忧虑,因此绝望而自杀。这在当时已创造了超高的自杀率,酿成了诸多的人间悲剧。而进入 21 世纪,伴随社会及生活环境的改变,现在的大学生是"踏着铃声进出课堂,宿舍里面不声不响,互联网上诉说衷肠"。由于他们现在多为独生子女,尽管接受了高等教育,但从小缺乏集体环境下培育出来的集体意识,由此导致缺乏集体感与合作精神;特别是家

---

[1][2][3] (法)埃米尔·迪尔凯姆. 自杀论. 冯韵文,译. 上海:商务印书馆,1996:276,269,277.

长的过分包办使独生子女上大学后缺乏最起码的独立生活及为人处世的能力。一旦遇到复杂的人际关系环境，就难免会产生焦虑情绪，严重者会产生惶恐引起的心理疾病，极端者会以结束生命的方式来选择逃避。

　　某高校的小刘从小就是个爱读书的孩子，从小学到高中、再到大学，直到考上了博士研究生，成绩一直很好。但是在快到毕业的时候，小刘突然发现自己十分恐慌。"我除了会读书，再没有其他优势了，工作了我应该怎么应付呢?!"一想到一年以后将走上社会，小刘就浑身冒冷汗，不知所措。

　　对于一些大学生而言，在经历过寒窗苦读、试场淘汰洗礼而成为"天之骄子"之后，却突然发现在自己的身旁，如今却涌现出大量的靠投机坑骗而一夜致富的"成功人士"、"商业大款"。在这个"有钱就是成功"的世界里，颠覆了传统的"学而优则仕"、"熬得寒窗苦，方为人上人"的观念，从而使一些大学生的心灵备受煎熬，被生存竞争包袱压得喘不过气来的"书生"甚至产生了严重的悲观和消极心理。他们中的个别人会感觉自己的努力毫无价值，渐渐在消沉中对生存失去兴趣乃至感到绝望。为了逃避残酷的现实，最终选择自杀。

　　北京师范大学教育管理学院楚江亭对全国各类媒体、有关期刊的数据进行统计，经整理分析，发现大学生自杀呈现8个特点。①

　　①自杀人数逐年增长。2001年自杀大学生8人、死亡8人，到2008年自杀151人、死亡133人。伴随自杀人数的逐年增加，死亡人数也呈上升趋势。特别是从2001年到2002年自杀大学生人数增长了237.5%，从2002年到2003年增长了129.6%。

　　②女性人数多于男性。考虑到近年来我国高校大学生中女性总量小于男性的现实状况，显然大学生群体中女性自杀比率明显高于男性。

　　③理科生多于文科生。从2001年到2008年，自杀人数中，理科367人、文科247人、专业不详91人。理科学生明显多于文科学生。

　　④本科生多于硕士研究生、专科生。从2001年到2008年，自杀人数中，本科生365人、专科生73人、硕士生82人、博士生37人、学历不详148人。由此得知，本科生自杀人数最多，占总数的51.8%，居于首位。其余依次是：硕士生、专科生和博士生。

　　⑤毕业年级高于其他年级。在自杀的365名本科生中，一年级31人、二年级73人、三年级95人、四年级155人、年级不详11人。从中可以看出，高年级学生自杀人数多于低年级学生，且随年级的增高自杀人数也逐渐增多。

---

① 楚江亭．风险社会视野中大学生自杀问题的省思．人文杂志，2010（1）．

⑥学年末最多、暑假相对较少。按月份将自杀的 705 名大学生排列，情况是：1月份46人、2月份46人、3月份51人、4月份58人、5月份70人、6月份83人、7月份62人、8月份59人、9月份70人、10月份56人、11月份60人、12月份44人。可见，学年末（6月份）为大学生自杀的高峰期，接近学年末（5月份）和学年初（9月份）为大学生自杀的次高峰期。

⑦自杀方式以跳楼为主。自杀大学生采用最多的方式是跳楼，占总数的一半以上。其他方式按由高到低的次序为：服毒、上吊、投水、割腕、撞车、用煤气、自焚等。在上述各种方式中，以跳楼和上吊的死亡率为最高，割腕的死亡率最低。

⑧情感、学业呈两大诱因。情感、学业是大学生自杀的首要诱因；其余按比例由高到低的次序为：心理疾病、就业、人际关系、经济贫困、厌世、负罪或蒙冤、生理疾病、不满身材相貌等。

第二节 自杀的成因及预防

近年来，大学生自杀现象逐年增加，这一问题已引起教育界和社会的高度重视。大学生自杀不仅给大学生本人、家庭带来了重大损失，而且也对其他大学生造成了一定的负面影响。自杀行为的产生，往往包含着复杂的因素。我们虽然认同法国社会学家埃米尔·迪尔凯姆把自杀最深刻的原因归结为社会因素的观点，但在大学生这个特殊群体中，心理因素和生理因素似乎更为重要。

一、大学生自杀的心理因素

根据国内外心理学研究的成果，结合我国高等教育的实际情况，一般分析认为引起大学生自杀的心理原因最主要有以下几个方面：

（一）缺乏目标追求和生存动力不足

在现实生活中，如果一个人有追求的目标，就会产生生存与发展的动力。然而，现在的一些大学生人生目标模糊或者根本没有生存目标，这就常常会引起生命的内在空虚和躁动。

搜狐网曾在 2003 年 9 月对 1 066 人进行过网上调查，发现其中有

47.09%的人曾经想过自杀；12.01%的人正想自杀；目前说不清楚，也许以后会想自杀的人占16.89%；而仅有不到1/4的人说从来没有想过自杀。当被问及想要自杀的原因是什么时，回答"理想破灭，生存压力"的，占63.57%；回答"恋爱失败，家庭不幸"的，占21.29%；回答"疾病痛苦，难以忍受"的，占15.14%。

生活中的确有一些自杀者，其诱发自杀的主要因素是因为自己感到人生的意义和目标不清楚或消失而绝望。而在高校自杀学生中，这一原因更加明显。长期以来，大学里教书有余，育人不足；育人又以思想政治教育取而代之，我们不能否认，长期以来简单化、公式化、教条主义、形式主义的政治思想教育，是造成学生思想空虚的一个重要原因。夸夸其谈的空洞理论、不着实际的说教解决不了青年学生心灵的饥渴。从小到大，学生受教育的目的就是为了考大学，考上了大学就失去了奋斗的目标。失去了奋斗目标的生活，当然体会不出人生的意义，自然就会缺乏生存的动力，自寻短见的可能性就会随之增大。

在实际生活中，人们所企求的目标常常不可能获得满足或不能全部地满足，由此会形成动机冲突的心理现象。大学生在日常生活与学习过程中，动机冲突情境是经常发生的，而且原因也是错综复杂的，如果不及时处理和解决，或在解决心理冲突时不"对症下药"，就会对心理不稳定者激发起强烈的情绪冲动，一旦客观现实和个人心理发展处在不可逆转的矛盾冲突中时，就会使当事者产生颓废和绝望心理，甚至会使人的精神状态最后彻底崩溃，导致以自杀方式来平息这种冲突。

2005年，一项以全国12.6万名大学生为对象的调查显示，20.23%的人存在不同的心理障碍。北京某高校对1998级新生心理调查表明：8.77%的人经常失眠，5.33%的人对任何事情都没有什么兴趣，26.19%的人自觉有心理问题，只有20.73%的人觉得心理方面没有问题。大学生口中出现频率极高的词汇是"郁闷"、"无奈"、"空虚"等，这些都是大学生存在心理障碍的表现和征兆。

（二）成长压力太大和挫折耐受力微弱

在人们的日常生活中，来自生活的压力是不可避免的。但是，怎样对待压力，以及对压力的耐受力如何，在不同人身上却表现出较大的差异性。处在青春期的大学生，往往面临着就业与失业的现实问题，存在着爱恋与失恋、希望与失望等诸多的矛盾，面对这些矛盾，有的学生能顶住压力继续学习和工作，有的学生则可能陷入不能自拔的心理痛苦之中。

实际上，在生活中受苦最多的人群并非是自杀率最高的群体，相反，恰恰是过分追求安逸的人群一旦感觉不如意时，就跟自己过不去。往往是在生活最不困难的时候，或是在生活条件优裕的阶层中，生命最易被抛弃。实践表明，容易产生自杀行为的人一般都是对压力耐受力较差的人。对挫折耐受力较差的情形一般在两种人身上得到体现：一种是在生活中从未受到较大挫折或很少受到挫折并在童年时受到过分保护和溺爱的环境中长大的人，一旦在生活中出现突然的刺激和挫折，就会使他很难适应而绝望；另一种是从幼儿始就缺乏爱抚，遭受"情感饥饿"，受到不断发生的挫折情境所困扰并对个人压力太大，因为一再失望而变得冷漠、孤独和自卑的人。自杀的念头往往就从这两种人身上产生。对于挫折情境，在普通人看来是正常的现象，对前一种人来说却是不可想象的，因而较差的挫折耐受力使他走向绝望。对于第二种人来说，不断出现的挫折使他感到生存的希望渺茫，从而产生痛苦，一旦这种痛苦无法摆脱时，自己感到只有用结束自己生命的行动来结束痛苦。这种人也是在主观上陷入了追求与绝望的冲突中所选择的一种解脱方式。遇到挫折，如果无所追求，只会浑浑噩噩，随波逐流，就不会自杀。如果勇于追求而并无绝望，就会继续奋斗，也不会自杀。自杀对一部分人来说，正是从希望到失望，从失望到绝望的追求中所做出的错误选择的最后解脱方式。

现在有很多大学生从小生活在娇生惯养的家庭环境中，他们已习惯于依赖父母，独立生活能力不强。少年时期家庭与中小学校所关心的只是他们的学习成绩，忽视的是他们的心理变化。他们没有经过生活的磨砺，缺乏坚强的意志，又不能自我调节好心理状态。进入大学期间，为了在毕业后找到一份理想的工作，许多学生拼命学习，但是社会竞争激烈，又恐怕自己学成之后找不到工作，或找不到一份理想的工作，这时就失去了面对困难、面对未来的勇气，一遇挫折就容易走上极端之路。还有的学生在经历了高考的艰辛进入大学校园后，往往发现身边全部都是优秀者，在强调"将来出人头地"，宣扬"踩在别人肩膀上成功"的舆论诱导下，一旦出现学习或生活的波折，便感到自己距离梦想遥遥无期，与身边的优秀者差距越拉越大，于是索性放弃对未来生活的追求。

（三）情感纠葛引发心理障碍

国外精神病学研究表明，在具有情感性精神疾病倾向的人群中，有悲观消极观念而无抑制症状的患者会产生自杀行为。最为严重的是反应性抑郁症。这是在长期持续的精神刺激因素的作用下而产生的一类以情绪低沉、忧郁、沮丧、焦虑和自责自罪为主要表现的精神疾病。这类患者对人对事都失去了应有的兴趣，既不愿主动接近别人或做事，也不愿听从别人的劝告，终日沉湎于自己的创伤体验之中而不能自拔。凡是与精神刺激因素有联系的情境，都可能引起患者的情绪反应。他们在日常生活中总是消极悲观，严重时就会出现厌世观念，常常企图自杀。

大学生在校期间，正是情感最丰富的时期，往往经受不起爱情浪潮的冲击，热潮一来，纷纷卷入爱情的汪洋大海，热血沸腾，忘乎所以。这其中一部分人轻率，一部分人认真。轻率的人把爱情当作游戏，轻易地选择拿起来又不慎重地放得下；认真的人把爱情当作生命，拿起来了就放不下。因此，处在热恋中的男女，待高潮过去，当前者潇洒而去，另求新欢的时候，后者多会陷入到极度的痛苦之中而不能自拔。还有一些大学生缺乏自我保护意识，上当受骗之后，因忍受不了沉重的打击而走上绝路。

（四）人际关系不适应导致心理失衡

进入大学，远离原来熟悉的生活与学习环境，面对新的群体，大学新生们多少有些不适应。部分学生对大学的师生关系、同学关系、异性之间的关系不知怎样处理。常常感到"在大学，没有一个可以谈得来的朋友，心里真的感到好孤独"。有的学生因为从小到大从未离开过家庭，过去又是在父母的呵护下长大。现在离开父母照顾的环境，突然走进陌生的群体，对于如何关心别人、如何得到朋友的关心等问题想得较少；而另一方面，大学生们又希望别人对自己的认可。"心里话儿对谁说？"成为大学生普遍的困惑。

大学是个小社会，不像高中时候同学们只要专心顾着读书、考试就行了。大学里有丰富的寝室生活、多彩的社团活动，以及充满机会的校园社会实践。但是，一些性格内向的学生却不容易适应这种多元的生活，有些学生学习能力的指数很高，情商却相对较低，除了父母之外，难以和其他人沟通。社交能力和沟通能力差，导致了一个人的生活更孤独，从而产生悲观消极的情绪。

"我做人太失败了！"曾经尝试自杀的小周这样来定义自己目前的人际关系现状。小周说自己打心眼里不喜欢学校，不喜欢寝室。认为自己可能是太内向、太呆板，但是也可能是大学的世界不如中学纯净，有很多同学带着那么强烈的防备和功利心态与人相处。所以，大学里，他没有朋友，像一只孤独的丑小鸭，看着别的同学成群结队，自己只能一个人孤零零地在校园里飘来荡去。某高校的小马认为，自己从进大学以后就没有开心过。以前在中学的时候，自己可算得上是品学兼优的学生。可是在高考后，自己虽然进了理想中的大学，却因为成绩稍低，被调剂进了非自己所爱的专业，这还只是"郁闷"的起点。由于大学里学习方法由"喂养式"变成了"放羊式"，小马也不能适应，加上课业负担不轻，第一学期的成绩单上就挂了好几盏"大红灯笼"。现在他的精神长期处在高度紧张的状态下，学习和休息的时候心理状态都十分焦虑。

从以上两例中我们不难设想，大学生们如果长期处于这种状态，其成长的后果是令人十分忧虑的。

二、大学生自杀的生理原因

美国学者基尔曾研究过近 200 个作者的青春期自传和日记，发现其中有 1/3 以上的作者曾比较认真地思考过自杀的可能，有些作者则试图实现这种可能。他们当中有各种类型的人，如歌德和罗曼·罗兰、拿破仑和穆勒、托马斯·曼和甘地、屠格涅夫和高尔基等。在通常情况下，对于绝大多数人来说，生活的意义总会占主导地位，出自本能的人的生存意志也总会占绝对的优势压制死亡之愿，即使偶尔产生过自杀念头，也会迅速消失。但有一些人却不是这样，这些人虽然活着，却惶惶不可终日。正如德国作家赫塞在小说《草原之狼》中曾描写过的一些人一样："总觉得自己（无论是否有根据）岌岌可危，朝不保夕，孤立无援，举目无亲……他觉得自己孑然一身，如临悬崖。只需要从外部轻轻地一推或内心稍一松弛，就会跌入深渊。这种类型的人，其命运都有一个共同的特点，即自杀是他们最可能的死亡方式，至少他们是这样想的。"

2004 年，中南大学自杀预防研究所徐慧兰等人在对该校 623 人的调查中发现（其中的有效问卷为 610 份）：有 89 人（占总样本的 14.6%）表述自己在一年内认真想过要主动结束自己的生命。华中科技大学社会学系的陈志霞等人也在当年对 1 010 名大学生的调查中发现：有过轻生念头的学生，其中女性高于男性，三年级最高（为 13%），学习成绩差的学生高于成绩好的学生，文科学生高于理科学生。

大学生为什么会有这样的自杀冲动？这与人的生理因素有关。

自杀行为产生与人的生理因素有着紧密联系，这一点已为西方的一些学者所肯定。精神分析学派的创始人弗洛伊德认为：人同时俱有生的本能（即原始的创造与建设的冲动）与死的本能（即原始的破坏冲动）相抗衡的状态。而这两个力量相互作用的实质是构成心理与生命现象的主题。这两种本能本来是内向的，以后随着生命的发展，生命经验开始向外指向。若对外界环境的投射受到强烈的阻碍或维持极度困难时，这种破坏与建设的冲动就倒向原先的个体。这时如果破坏倾向胜过一切，就会产生自残或自毁的倾向。美国的卡尔·迈宁格是弗洛伊德派的忠实追随者，在对自杀原因的分析上，他同弗洛伊德一样，也认为人的自杀行为产生的根源是来自于人在生理上先天就存在的自毁本能："自毁本能走向早期的人生，而且在生命过程中严重地克制了生的本能。"①当然，他也认为："自杀是复杂的行为，不是简单、偶发、独立的冲动的行为。"②

美国康奈尔大学医学院心理学家塞尔克是世界上第一个把自杀与出生创伤联系起来的人，即青少年自杀可能与出生时有过的肉体创伤有关。他曾对52名在1957—1967年间出生的大学生的出生记录进行过比较分析，结果发现，其中自杀青少年的共同特征是：他们出生一小时内呼吸紧张，其母在孕期多有综合性病症。瑞典斯德哥尔摩的卡罗林斯卡研究所的雅各布森则注意到，一个人出生时周围发生的事情可能影响到他成年后结束自己生命的决策。他曾先后对6家医院接受研究的412名新生儿的出生记录做了研究，这些新生儿后来都是1978—1984年间自杀身亡的。通过与另外3000名同期出生的健在者出生经历比较发现，自杀与创伤性出生间的关系比其他危险因子（如经济差别、家庭破裂等）的关系更加密切。究其原因，认定为出生过程是最易引起成人回忆的一种生活经历。因出生时的创伤经历已在婴儿脑海里打下烙印，到了成年后仍会引起创伤冲动。如，会模拟出生时脐带缠绕、呼吸不能之状产生以绳自缢的冲动。

有些学者在研究自杀原因时，坚持认为自杀的因素存在于人的生理结构中，人的生理上的营养成分差异会使一部分人导致自杀倾向。1988年，美国底特律城的一位医生通过实验证实：人之所以会自杀，与一种存在于人脑中的化学物质血清TN有着密切联系。这位医生曾将纽约市9名自杀者的大脑与另外9名非自杀死亡者的大脑相比较，发现在自杀死者的脑中，依附于神经细胞上的血清TN比非自杀者足足少了44%，因而断定一个人大脑中的血清TN不足就会导致自杀。同年，英国医生在解剖自杀者的身体时，突然发现自杀者体内缺乏大量的维生素B_{12}，于是开始进行实验，结果表明，无论是自杀死亡者还是自杀未遂者都缺乏大量的维生素B_{12}。1990年，美国纽约大学和以色列魏茨曼科学研究所的研究人员把12名非服毒自杀者的脑化学物质同12个因其他原因而死的人的脑化学物质进行了比较，发现自杀者的脑细胞含有一种叫作类鸦片素受体的蛋白质，其数量比其他死者脑细胞中这种物质的数目多18倍，差别最大的地方是同感觉和运动功能有关的某些大脑区。在另外好几个大脑区，包括支配记忆区，自杀者具有的另一种类鸦片素受体又比非自杀者少50%，这两种人大脑的痛感区的另一种类鸦片素受体的数量没有什么差别。由此他们认为，自杀者所以会自杀，是因为脑子里有一种新的异常物质类鸦片素受体起作用的结果。然而，上述种种说法，

①② （美）卡尔·迈宁格. 生之挣扎. 北京：光明日报出版社，1998：24.

由于没能大范围地加以证实，也就缺乏足够的论据来说明自杀的原因是由某种生理物质所引起。

三、大学生自杀的社会环境因素

尽管心理因素和生理因素可以导致自杀，造成自杀的最深刻因素，还是存在于社会关系之中。人们所赖以生存的社会环境，无疑对人的自杀行为会产生重大影响。因为任何人类社会，不管是什么形态，都是"人们交互作用的产物"①。个人不能离开社会而单独存在，然而也不能离开社会环境去自杀。一个人自我生命的毁灭，往往与个体生存的社会环境发生着紧密的联系。正如法国社会学家迪尔凯姆所说，自杀主要不是取决于个人的内在本性，而是取决于支配个人行为的外在原因。即外部环境及带有某种共性的社会化思潮的道德标准。他指出：自杀是表达我们的集体弊病的形式之一，它能帮助我们理解这种弊病的实质。

影响大学生自杀行为的社会环境因素是多方面的。其中以下几点尤为突出。

（一）经济因素的影响

经济条件是人的生存基础。一旦经济陷入绝境，会使那些从高峰跌入低谷的人感到无力自拔而走向绝路。我国在自杀率上与其他国家相互区别的特征之一，就是农村自杀率高于城市3倍，即全国近90%的自杀发生在农村。有许多人错误地认为，正是经济上的贫困决定了这一自杀比率的产生。其实，"经济上的贫困决定了自杀率高"的观点，早在19世纪末就被法国社会学家埃米尔·迪尔凯姆在其名著《自杀论》中驳倒了。在迪尔凯姆看来："经济上的贫困不仅不是自杀率高的原因，反而正是经济上的贫困对自杀'具有独特免疫力'——贫困不但不能引起自杀，反而能够防止自杀，贫困之所以能防止自杀，是因为贫困本身是一种制动器……实际上，贫困是人们学习自我克制的最好课堂。贫困在迫使我们经常约束自己的同时，还使我们做好准备去驯服地接受集体的约束，而财富在使个人兴奋的同时，往往有可能唤醒这种不道德行为（指自杀——引者注）根源的造反精神。"②那么，是什么导致我国农村自杀率高于城市3倍呢？当然有经济因素的作用，但绝不是因为经济上的贫困，而是经济体制改革后——特别是我国城市化过程中在农村造成的经济上的混乱和动荡。例如，城乡差别的进一步扩大、工业和农

---

① 马克思，恩格斯. 马克思恩格斯全集. 第27卷，北京：人民出版社，1972：515.

② （法）埃米尔·迪尔凯姆. 自杀论. 冯韵文，译. 上海：商务印书馆，1996：271.

业产品的价格剪刀差日益严重、农村的社会保障远远低于城市、农村医疗保障几乎等于零、教育资源匮乏且质量低等。据统计，目前我国高校在校生中大约有20%就是贫困生，而这其中5%~7%是特困生。他们面临着较大的生活压力，常常为解决生存问题而苦恼，再加上社会竞争的加剧，就业市场的不景气，大学生找工作或找比较理想的工作越来越困难。这对他们希望通过高校毕业后就业以解决自己生计问题，无疑会产生较大的精神压力，使他们因焦虑、自卑而失去安全感，许多心理问题也随之产生，个别人甚至由此走向了轻生之路。这正是迪尔凯姆所说的反常型自杀。

（二）婚姻家庭环境的影响

青少年好比蝴蝶，他们经历着从毛毛虫到蝴蝶之间的层层蜕变。这种蜕变充满着潜能变为现实的力量，但又很脆弱。而蜕变过程中的这种脆弱，如果没有适宜的营养呵护，离开安全、充满支持的家庭环境来消解，可能潜藏着某种致命的危险。这就足以说明，健康、良好的家庭与社会环境是青少年健康成长的重要因素。然而，我国目前正处在婚姻家庭大裂变的社会转型期，目前在校大学生中大多数是独生子女，对独生子女的教育不当而造成的后遗症，往往是导致大学生心理问题频发的一大诱因。由于家庭矛盾的存在，包括家长与子女关系紧张、家教过严或放任不管父母打架、离异等，还有独生子女广泛存在的任性、自私、不善交际等问题，已成为家长、老师及教育界人士十分棘手的问题，而这些问题往往源于独生子女从小就备受家人的溺爱，缺乏集体合作精神。在溺爱环境中长大的孩子，常会养成许多不良习性，而这些习性极易成为诱发心理疾病的原因，使人产生暴力倾向和自毁行为。

（三）自杀干预系统的缺失

大学生自杀现象增多的原因主要在于他们所面对的社会压力比较大，而他们在学校和家庭都缺乏必要的挫折教育和心理健康教育，这就造成了他们的心理素质不高，面对压力缺乏相应的应对能力的事实。其实，解决这一问题的途径有很多，例如，进行生命教育是高校所能采取的方法中最行之有效的选择。事实表明，老师和大学生们直接地讨论"自杀"、"死亡"、"生命价值"这些看似敏感的话题，实际上所产生的效应都是正向的、积极的。就像大学校园里越来越公开地讨论"性教育"、"艾滋病与避孕套"一样，对于生命现象本身的直视和探究，不仅是现代教育过程中必不可少的一个环节，也是培养全面发展的人才的需要。自杀干预需要生命教育，但需要构建从校长责任落实到学生心理热线等组成的干预网络。生命教育的内涵和外延需要融入各个学科、各种知识，它不仅仅是仅仅属于大学校园里的课堂教育，更是一个需要社会帮扶的系统工程。没有全社会营造的一个关爱生命、尊重生命、保护生命的氛围和环境，生命教育也会失去坚实的土壤。可惜的是，我国社会目前自杀干预系统几近缺失、生命教育体系在校园文化建设上也是空白的，从而为学生极端行为的发展留下了难以阻拦的缺口。

人们选择自杀取向的过程，就是一个生死冲突的过程。社会调查分析表明，任何一个人选择自杀的时候，他身体总有一部分力量想要活下去。因而，绝大多数人的自杀选择是可以被干预的行为，那些在一定时间内产生自杀动机的学生是有可能获得救助的。其实，任何一个人在自杀前都有征兆出现，比如莫名其妙地收拾东西、给每个同学道谢、给所有人写信，出现一些与平常完全不一样的行为。这是因为人在走进死亡的一刻，其内心中产生的生与死的矛盾和冲突往往是十分激烈的。而生与死的选择，只是一念间。此时，身边如果存在具有如何识别有自杀倾向高危人群的专业人员，且能够注意到他们的反常行为，那么，就会将他们从死亡的边缘拉回来。很多自杀危机就会因为得到及时发现而被成功化解。可惜的是，在我国，从事心理研究的人特别少，自杀救助的机构也与发达国家相差甚远。据权威机构的数字显示，发达国家中，每百万人中就有500人从事心理学的研究工作，而且形成了自杀救助中心的危机干预系统。而在我国，每百万人中仅有3~5人从事这方面的研究，而由心理学研究转为专门从事心理咨询工作的学者更是少之又少。以至于造成这样一个事实：有90%的自杀者从未接受过任何来自社会的帮助。

四、大学生自杀的预防措施

由于种种心理的、社会的、生活的和人生的原因，使得许多大学生走向了自杀的不归之路。尽管大学生自杀各有具体原因，但要预防发生自杀事件也并非没有办法。一般说来，作为学校，可以从以下方面来预防大学生发生自杀行为。

（一）通过生命价值和意义教育预防自杀

对自杀者而言，死与不死主要的原因，是由自己的人生态度来确定的。在自杀者那里，是"生"的方方面面决定了"死"，是人生的问题决定了人是否会选择死亡。这其中，关于生命意义和人生价值的体认具有决定性的作用。因此，努力使大学生形成积极向上的生命价值观，对于预防大学生自杀，应该是最为重要的教育价值取向。

任何一种积极向上的生命价值观，其中必然包含许多内涵。对于当代大学生而言，最为关键的是，如何理解正面的人生状态的意义与价值和负面的人生状态的意义与价值从而因为把握了正确的人生价值取向，所以能从健

康、快乐、成就、幸福等正面的人生状态中理解生命存在的意义与价值，追求那人类生活中真正具有永恒性的东西，而且不会因时代的变迁而发生变化。在现代高科技条件下，现代人本应当比以往任何时代的人都能获得更多的满足。可是实际情形并不是这样，在当代社会条件下，我们每个人，特别是大学生们，却无法认识到人生的负面状态对人的影响。"痛苦、挫折、寂寞、灾难，乃至疾病和死亡等人生的负面状态，不仅具有消极的意义与价值，而且具有积极的意义与价值。过去人们往往把人生的负面状态看作是人生中纯粹消极的、应该完全否定的东西。其实，人生的负面状态可以震撼人的灵魂，它既可以激发生机，也可以扼杀生机；可以磨炼意志，也可以摧垮意志；可以启迪智慧，也可以蒙蔽智慧；可以高扬人格，也可以贬抑人格。关键在于个人的素质如何，以及如何看待它。"①正是因为没有认识到它的积极的意义与价值，才无限夸大了它的消极的意义与价值。正是这种认识，直接导致了人们走向自杀的不归之路。

在对大学生的自杀干预上，学校的教育工作者及专业人员应当学会和掌握预防自杀的"意义治疗法"。在20世纪末，奥地利著名的心理学家和医师弗兰克创立的"意义治疗法"对于预防自杀的理论研究很有意义并在自杀干预实践上起过很大作用。"意义治疗法"的关键是：如何在苦难中体会人生的意义与价值，从而避免走向自杀。弗兰克在他的著作《活出意义来》讲了这样一个故事："在第二次世界大战中，他与无数的犹太人一起被关在奥斯维辛集中营。有一次，一名囚犯因饥饿难忍偷了一只马铃薯，纳粹当局宣称必须交出这个人，否则全营2 500名囚犯都得饿一整天。在充满着饥饿、寒冷、沮丧的破监舍里，一位囚犯充当的舍监认为近几天来因病或自杀而丧生的难友的真正死因都是因为放弃了希望，所以他提议我来为大家讲一讲。我认为，人类的生命无论处在任何情况下，仍都有其意义。这种无限的人生意义，涵盖了痛苦和濒死、困顿和死亡。因此，我请求这些在昏暗营舍中倾听着我讲话的可怜人，正视我们当前处境的严肃性。我要他们绝不放弃希望，而应该坚信目前的挣扎纵然徒劳，也无损其意义与尊严，因而值得大家保住勇气、奋斗到底。我说，在艰难的时刻里，有人——一位朋友、妻子、一个存亡不知的亲人，或造物主——正俯视着我们每个人。他一定不愿我们使他失望。他一定希望看到我们充满尊严而非可怜兮兮地承受痛苦，并且懂得怎样面对死亡。最后我谈到我们的牺牲，并说这牺牲无论如何都有其意义。在正常的环境或有所成就的情况也许不然，但事实上的确有其价值；而这一点，有宗教信仰的人一定不难理解。我更举了一个难友为例。此人在

---

① 周国平. 人生哲思录. 上海：上海辞书出版社，2005：74.

抵达集中营时，曾试着和上苍约定：他要以自己的痛苦和死亡作为超度他所深爱的人的代价。在他看来，死亡和痛苦乃深具意义，是意味深长的牺牲。他不愿平白无故地死去，任何人都不愿这样子死去。"弗兰克医生的用意在于，在最艰苦的环境中，在死亡的边缘上，也要寻找出人生的意义与价值来。他的这番话果然起了很大的作用："当电灯泡重又大放光明时，我看到许多难友拖着憔悴的躯体蹒跚地走过来，噙着泪直向我道谢。"①

当一个人在人生非常痛苦的状态中都能够体会到生存的意义与价值时，他当然就不容易走向自杀。实际上，人生的正面状态固然有意义和价值，而人生的负面状态又何尝没有意义和价值呢？人生存于世，顺利、幸福、快乐的时光并不多，倒是痛苦、失败、挫折、绝望的时候更多。当你没有足够的心理承受力时，你的苦恼就特别的多。但你若能把这些人生的负面状态都视为你人生过程中必须承受的部分时，而且是你人生中宝贵的经历和不可或缺的组成部分时，你的心情就会好得多，承受痛苦灾难的能力也能大大地增强。弗兰克医生在奥斯维辛集中营和难友们谈的道理正是这个意思。②

（二）依靠学校教育预防自杀

在四年的大学生活中，大学生们绝大多数时间是在校园里度过的，学校对大学生的影响是全方位的。在通常情况下，大学生自杀的具体原因很复杂，但其直接表现是心理失调。因此，学校必须把重视学生心理健康教育作为转变教育观念的重要内容。每一位教育工作者必须具备了解学生的一般心理并帮助克服心理障碍的能力，使学生深深体会到"患难困苦是磨炼人格之最高学校"（梁启超语）。学校必须改变"一间房子两张凳子"这种单一的心理咨询方式，应当让教师灵活运用现代技术手段，以声、文、图、像将枯燥抽象的心理健康教学内容变得形象生动，把复杂的理论体系简洁地展现出来，运用到对大学生的实际教育中。例如，通过开通热线电话、建立校园网上聊天室，借助计算机采用多因素分析等统计技术，引进现代统计分析软件包等，以增强教学感染力和吸引力。同时，还要营造良好校园的文化氛围，借以感染、熏陶、激励学生形成健康的心理品质。这些无疑都是降低大学生自杀率的有效措施。

（三）依靠家庭教育预防自杀

家庭是人们心灵宁静的港湾，也是人生活与休息的归宿。家庭教育对个体人格的最初形成具有决定性的影响。然而，令人遗憾的是，我们现在的家

---

① 弗兰克. 活出意义来. 北京：生活·读书·新知三联书店，1998：87-88.
② 郑晓江. 论现代人之自杀问题及其对策. 南昌大学学报，2001（4）.

庭教育似乎出现了严重的误区。许多家庭把很多应该由孩子自己做的事情，都由家长代替了。例如，给孩子创造最优越的学习环境、帮助孩子完成各种力所能及的生活服务，甚至连高考志愿表都由父母代办。这样做的结果是：不但减少了孩子接触生活的机会，也间接地降低了孩子们独立生活的能力。同时，由于平常家长忙于工作，很少有时间与子女进行思想沟通，再加上一部分父母不和甚至离婚等原因，就很容易导致孩子在面临困难和挫折的时候，因不知如何应对而惶恐不安，部分人甚至因此而跌入绝望的深渊。此外，长辈们年轻时受到战争、自然灾害、政治动乱的冲击，美好的青春已经逝去，因此希望他们追求幸福的愿望在子女身上实现，于是对子女提出超出本人能力的过高要求。这种情况必然给孩子带来巨大的心理压力，以至于促使个别不堪压力的孩子走上了绝路。

据《扬子晚报》2010年3月29日报道，南京林业大学南方学院化学工程系一黄姓女生被舍友发现在宿舍内上吊自杀身亡。自杀原因怀疑是考研压力大。据了解，这名女生学习成绩不错，对自己要求也比较高。黄某留有一封遗书，主要内容是：因其是一名大三学生，明年就要面对大四和考研等问题，现在学习压力非常大，所以不想活了。在信中，她痛苦地说选择自杀这条道路，很对不起父母多年的疼爱和培养。

父母的期望本来应该成为孩子前进的动力，但现实中却是一把双刃剑。有鉴于此，家庭教育中必须尽量避免这些情况的发生，以消除大学生自杀隐患。

（四）依靠社会预防自杀

预防自杀是一项艰巨而复杂的系统工程，如果没有国家的支持和主导是难有成效的。在此问题上，一些西方发达国家的做法可以借鉴。例如，芬兰1986年开始发展国家自杀预防规划，在研究阶段取得了一些重大成果。荷兰的国家自杀预防政策建立于1989年，国家健康理事会设立自杀委员会以支持和贯彻国家、地区和局部的自杀预防。美国也于1997年5月通过了参议院84号决议，宣布自杀是一项国家政策问题，预防具有优先地位。其实，迪尔凯姆对待自杀的态度和预防自杀的办法也是值得我们借鉴的。迪尔凯姆认为，自杀是自杀者对社会责任的逃避，因此是应该被谴责和否定的。在预防自杀的方法上，迪尔凯姆认为建立职业团体或行会最合适，"只有一种道德力量能够使人们遵守法律，但是这种力量也必须介入这个世界上的各种事件，才能估计这些事件的真正价值。职业团体就表现出这种两重性。因为它是一个团体，所以它相当公开地控制着个人"①。在现代社会，人们往往过多强调个性，没有集体意识和归属感。所以，只有通过建立团体才能让人们重新找回归属感，获得生活的意义，这才是预防自杀的关键。例如近些年来，中国健康教育研究所开设的"希望热线"、中国青年报在北京设立的"青春热线"等，都对预防自杀起了一定的作用。他们开展组织建设的实践活动表明，自杀预防需要全社会广泛开展生命科学教育工作，通过组织和宣传，一方面帮助提高个人心理素质，另一方面也可以促进全社会真正形成互相关心的风尚。

（五）救治欲自杀者本人预防自杀

依上述，"通过进行生命的价值和意义教育预防自杀"是预防自杀的最基本前提，而通过教育、家庭和社会预防自杀，是预防自杀的基本途径。但所有这些，对于一个想自杀的人来说，都是外在的因素。它们能否起作用，关键取决于想自杀的人是否接受这些因素的影响。因此，若实现救治欲自杀者的生命，其促成本人的自我觉醒，才是预防自杀最为根本的办法。

根据自杀救助中心救助自杀者的经验，很多自杀的人可能在自杀之前很长时间里，从来都没有想到过自己有一天会自杀。这也就是说，自杀的情绪可能只是某一时间或某段时期突发的。这意味着一个人如果在采取自杀行动前，自己清楚地认识到自己身上出现的自杀"前兆"，往往能够自觉地预防自杀。自杀的"前兆"一般是严重的抑郁，比如感觉很孤独，持续两三个星期不开心，以前很感兴趣的事情也不想做了，经常哭泣，做什么事情都觉得没劲。一旦出现以上症状，自杀救助组织的成员和相关人员就应当提醒他要注意并及时去医院检查。如果发现有抑郁症状的话，要及时用药，找专业医生进行心理治疗，这是预防自杀重要的一环。当发现他长时间感到"郁闷"的时候，应当劝他最好找好朋友倾诉。有些大学生习惯以成功者姿态出现在朋友面前，碰到难题却碍于面子不愿倾诉，怕给人造成无能的印象。其实，在觉得最难受的时候，倾诉是最好的减压方法。如果发现他确实有了强烈的自杀念头，可以帮助他采用以下的"急救"方式：首先写下自己生活中曾有价值的方面以及继续活下去的理由；然后告诉自己，其实我还有很多可取之处，这个世界还有很多值得眷恋的人和事情；最后写下自己对生命绝望的深层原因，然后着手去解决，必要的时候请求别人的帮助。

然而，对于那些去意已决的坚定的自杀者，许多预防自杀的措施都是无济于事的。这并不意味着我们对此就一筹莫展、束手无策。遇到这样的人，

---

① （法）埃米尔·迪尔凯姆. 自杀论. 冯韵文，译. 上海：商务印书馆，1996：421.

最好的方法莫过于请他推迟几天计划好的自杀时间，然后想法找到他最信赖或最崇拜的人，让他们来做工作，转变欲自杀者对生命的价值和意义的看法，激发他们对生命的激情和唤起对生活的渴望。

第三节
活出生命的精彩

　　任何人的生活绝不会是一帆风顺的。从我们降生的那一刻起，为解决生存中的衣、食、住、行问题而产生的苦痛就如影随形陪伴着我们：从儿时的蹒跚学步，到之后的求学、就业、婚恋、购房……人生的每一步，我们都要面对重重困难。在困难面前，我们似乎显得弱小。但大多数时候，事情并不一定如想象的那般严重。有时，是我们自己把困难扩大了。拨开烟幕，你会看到人们生活的另一种样子。即使我们的生活是由一连串失败构成的，但在失败的历练之中，我们也会获得很多的快乐：亲情值得牵挂，友情值得珍藏，爱情值得追求；每一次隐忍付出之后，都会令我们产生新的力量，并在这种力量的推动下继续前行。有太多的欣喜，值得我们去品味；有太多的快乐，值得我们去回忆。其实，换个角度看，苦也是一种甜。很多饱经沧桑的老人，总是津津乐道地回忆生命中经历过的那些艰难困苦，因为正是在人生中最痛苦、最难熬的那段时光，才谱写出了生命中最辉煌、最动人的乐章。大学生们接受了高等教育，更应该懂得人生的这点辩证法，明白苦痛只是一个过程，不是永恒；苦与乐是相互转化的，不会静止；苦与乐是紧密联系的，没有苦就无所谓乐，没有吃过大苦也很难享受到至乐。实际上，人拥有了生命，就拥有了困难与痛苦。没有了艰难困苦，生命就会残缺。而拒绝人生的不如意，就等同于在拒绝生命本身。

　　被誉为"中国创新培训第一人"的吴甘霖先生在对大学生自杀现象进行调查时，发现了一个让人深思的现象：有3个自杀的大学生，分别属于不同的大学，但是，竟然都是生命科学学院的学生。他们或因为恋爱失败，或因为与同学闹矛盾，或因为考试问题，分别走上绝路。因为他们学的只是生命科学的知识，却没有真正学会生命的智慧。假如你拥有生命智慧，那就可能转逆境为顺境，变困难为机会，转弱项为强项。其实，每个人在生活中都有可能遇到痛苦和迷茫的时候，但是，也许一切都可以放弃，唯独对生命的信念不可放弃，要坚定地拒绝自毁。因为生命"是我们拥有一切的前提，失去了它，就失去了一切"①。对我们每个人来说，世间的一切与生命相比都不重要，"有用的是活着，而不是活过"②。

一、活出自己生命的价值

我们生活的世界是丰富多彩的，既有真、善、美，也有假、恶、丑；我们的人生既有成功的欢笑，也有失败的泪水。在我们生活着的社会正逐步走向多元化的过程中，我们所面对的也必然是既有机遇，也有挑战，更不乏种种可以使我们坠入万劫不复境地的诱惑。生活是我们自己主宰的，每个人都是独一无二的，都应该追求自己的特色，保持自己个人的独特风范、个性魅力，开创出自己的一片天地。我们应该感到庆幸的是，时代为我们提供了机遇，社会的丰富多彩为我们的生活提供了空间和条件，这就使得大学生们有机会选择适合自己的"活法"，活出自己的价值和智慧来。

（一）热爱生命，让生命变得充实而有意义

每个人都只能拥有一次生命，"生命是我们最珍爱的东西，它是我们所拥有的一切的前提，失去了它，我们就失去了一切。生命又是我们最忽略的东西，我们对于自己拥有它实在太习以为常了，而一切习惯了的东西都容易被我们忘记。因此，人们在道理上都知道生命的宝贵，实际上却常常做一些损害生命的事情……人们为虚名浮利而忙碌，却舍不得花时间来让生命本身感到愉快，来做一些实现生命本身价值的事情。往往是当我们的生命真正受到威胁的时候，我们才幡然醒悟，生命的不可替代的价值才突现在我们的眼前。但是，有时候醒悟已经为时太晚，损失已经不可挽回"③。

有一位青年人，高中毕业后没有考上大学，也没有找到工作而待在家中，整日不是抱怨父母没能耐，就是叹息自己经商没有资金，时间在怨天尤人中过去了。后来，他认识了一位在事业上颇有成就的长者，长者听了他的抱怨后，问："我给你一万元，买你一只手愿不愿意？""割下来？""是的！"他想了想，摇了摇头。"那么我出十万元，买你一双眼睛，可不可以？""肯定不行。""那么我出一百万元买你的生命""不卖！一千万也不卖！"他斩钉截铁地回答。长者得意地笑了："小伙子，不要说自己没有本钱，生命就是你最大的本钱，只要你拥有生命，你就有成功的机会，勇敢地去闯吧！"一席话说得他如醍醐灌顶，于是，昂首挺胸跃入商海中去搏击，

---

① 周国平. 人生哲思录. 上海：上海辞书出版社，2005：16.
② （美）拉尔夫·瓦尔多·爱默生. 自立·成功·勇气. 王颖冲，程悦，译. 武汉：湖北长江出版集团长江文艺出版社，2009：20.
③ 周国平. 人生哲思录. 上海：上海辞书出版社，2005：16，352.

最终成为一位声名显赫的企业家。

（二）拥有理想和信念，充满生命的激情

当代社会生存竞争十分激烈，对大学生而言，往往直接面对精神追求与生存竞争之间的冲突，使得他们经常感到困惑。现实的情况是，如果一个人在精神追求方面投入太多，就必然会疏于物质的追求。在利益的竞争中，面对唯利是图的奸人，品行好的人很容易吃亏。这样，久而久之，就形成了现代人的精神处境的显著特征："一是虚无主义，信仰的普遍失落；二是物质主义，商业化潮流席卷天下，影响到生活方式、文化、人际关系各个方面。在此情形下，有精神追求的人必然会感到困惑、苦闷、彷徨。"[①]因此，人们普遍沉迷于功利性的生活似乎成了社会的常态。但是，作为时代骄子的大学生，却不能自甘沉沦，应当在这个理想主义几乎普遍遭到耻笑的时代，认识到追逐理想的过程对人生成长的意义，肩负起民族复兴的大任，高举理想和信念的大旗，使理想、信仰、真理、爱、善良等这些人类永恒的精神价值得以彰显。为此，应当满怀激情地去为自己的理想和信念而奋斗。激情是理想和信念的火炬。一个人失去了生命的激情，就会像生活在黑夜里一样苦闷。人的一生，不如意事常十有八九。如何对待生命中遇到的挫折和坎坷，怎样战胜命运的挑战，对每一个人都是严峻的考验。面对生活中遇到的困难，苏联英雄奥斯特洛夫斯基曾经用手枪对准自己的胸口打算一死了之，我国轮椅上的强者张海迪也曾因绝望险些服用安眠药自杀，但是，他们都靠坚定的理想和信念，靠对生命的激情和渴望，"从死神手中把自己救回来"，最终走上了成功的奋斗之路。实践证明，没有坚定的理想与高昂的热情组合的人生，可以说是颓废的人生。在现实生活中，我们常常会发现这样的情形：越是步入垂暮之年的人，他们对延续生命的要求越是强烈；越是生活条件贫寒的人，他们对改变现状的欲望越是强烈；越是身体有残疾的人，他们对生活和事业的要求越是强烈，有时甚至会取得常人难以企及的成功。

（三）厘清自己的价值观，创造自己的人生

人们在生活中，不可避免地对其他人、社会和自然界事物的存在是否对自己有意义进行一定的评价，这种评价活动就是价值意识。人们在长期的社会发展过程中，依据自己的体验与认识水平中，逐渐形成了一些关于价值评价的具有普遍性、概括性和社会性特点的价值原则。这些原则形成之后就逐渐发展成为统摄和影响人们对具体事物进行评价的指导性原则，从而对人们的实践活动发生广泛而深刻的作用，这就是价值观。在实际生活中，当我们

---

① 周国平. 人生哲思录. 上海：上海辞书出版社，2005.

说什么东西有价值，就表示它对我们有某种程度的重要性；当我们喜欢某样东西，那就表示它在你我的心中具有一定的分量。在一个人的价值观里的那些有价值的"东西"可分为两类：一类是实质性的，另一类则是工具性的。譬如有人问你："你认为对你最重要的是什么？"你或许会这么回答：亲情、家庭、金钱。这里面像亲情就是你所追求的实质性的价值，因为它是你最终想要得到的最根本的东西，至于家庭和金钱便是工具性的价值，它们只是一个帮助你达成"亲情"这个情感的通道而已。如果再问你："到底家庭能给你什么？"你或许会说："亲情、安全感、快乐。"那么这些东西便是你心中实质上的价值，亦即是你真正想要追求的。同样的道理，就金钱来说，如果问你："到底金钱对你有什么真正的意义？它能带给你什么？"如果你的回答是："快活、安全感、享受、发展。"从这里你便可以再次看出，金钱只不过是你希望得到的更深一层的价值性工具而已，借此你可以体验到生命中对自己产生重要影响的究竟是什么。显然，你的价值观会影响你对工作的认知，对金钱的看法，对家庭、子女的观念，对自我生活方式的想法，对什么是成功的认定，对什么样的人生才是不虚此行的人生的理解，等等。仔细地想一想，你要的"人生"是什么？盲目地跟随世俗打拼，追逐名利于灯红酒绿中，最后就是得到了，也不会快乐，因为那不是你的期望，你的价值所在。

当今世界是一个多元主义的时代，不同的文化、社会制度共存，各种价值观念、思维方式、生活方式共同生长。我们生活在这个时代，已经不可能要求每一个人都具有高尚的情操和无私奉献的精神。但是，社会起码应该倡导和鼓励每一个人坚持一个基本的价值观，那就是崇尚正义与善，珍惜自己的生命，做一个对社会有益的人，好好地过好每一天。我们应该让自己只有一次的生命活出灿烂的阳光，温暖社会，温暖他人，同时也温暖自己。

二、活出自己的生存智慧

生命对每个人而言，都只有短短的一程。在这个世界上，我们每个人都只走一遭。对于只走一遭的人，我们真正想过生命对自己意味着什么吗？真正探究过什么是人的一生中最该关心的事情吗？有不少人，因一点挫折就一蹶不振，甚至轻易地将万古难得的生命丢弃。更有不少人浑浑噩噩地过日子，一任生命放纵，到最后却发现一生如同白纸。虽然人人都拥有生命，但不同的人却可以拥有不同的生命品质：可以让生命变为一朵鲜花，也可以让它成为一堆粪土；可以让生命成为一点萤火，也可以让它成为一颗流星；可以让生命成为一片水洼，也可以让它成为汪洋大海。不同的生命体之间为何有这么大的区别呢？造成这种区别的原因很多，其中最重要的就在于能否掌握生命的智慧。生命智慧，从某种程度上讲，就是开发人的生命潜能的智慧。每个人都拥有超过自己想象的潜能，假如不自行开发，就没有任何人能够代替你开发。如果读一读名人传记，我们就可以看到，许多著名的成功人物，在没有成功之前，都不同程度地受到了外界的否定。假如他们随波逐流，不去开发自己的潜能，就极可能为社会或他人的评价所扼杀。能勇于开发自己的生命潜能极限的人，往往能创造出自己都难以相信的生命奇迹。有鉴于此，我们应该努力开发自己的生命潜能，增长生命的智慧，创造出有意义的人生。

（一）学会面对生活中的挫折与痛苦

人活着是一件艰难的事情，难就难在没有一个人能够一切都顺心如意。因此，每个活在世界上的人，都要学会面对生活的挫折与痛苦。挫折与痛苦，对有的人而言，来得早一点，对其他人而言，可能来得晚一点；或者说对有的人而言，来得多一点，对其他人而言，来得少一点，但无论如何都会有，谁都不会例外。

稻盛和夫在日本是著名的企业文化"经营之圣"。儿童时期，他的家境很差。在他初中毕业之后，家里就没有条件再供他念书了。但父亲还是把家中最后的三亩土地卖了出去，作为供养和夫上高中的资金。上了高中后的和夫像其他同学一样，爱上了当时盛行的垒球。每天都要玩个尽兴才迟迟回家。但有一天，平日和善的母亲严肃地对他说："你的命和别人不一样，你没有资格像其他同学那样玩啊！"于是，每天一放学，他就帮助父母把家里做的纸袋子拿到外面去叫卖。但自尊心有时实在受不了，尤其是在路上碰到班上的女同学，更是窘迫万分，低着头，涨红着脸，恨无地洞可钻了。为此，稻盛和夫多次有过打退堂鼓的想法，但是，每当想起自己上学的钱都是家里将最后一点财产卖掉而来，就对自己说："和夫，你和别人不一样。你必须把你要尽的这一份责任担下去！"这种对"你和别人不一样"的认识，给了他坚持下去的决心，锻炼了他非凡的心力，最终他成为了日本当代最有名的企业家之一。

华人首富李嘉诚说得好："每个人都必须去承担生命中自己的那一份忧伤，否则就不会知道什么叫做成功，什么叫做幸福。"①

每个人都是独一无二的，每个人的命运轨迹也各有特色。连忧伤与痛苦，也会独一无二。因此，当面对某种逆境或困难的时候，千万不要抱怨"为什么我就这么倒霉？"事情其实并不是这样的，忧伤与痛苦是我们完整

---

① 朱美丽. 会做人助你人财两旺. 广州：广东经济出版社，2005：185.

人生的一部分,正像19世纪美国思想家、文学家爱默生所说的那样:"假如一个人没有经历过苦难,那么他的人生便是不完整的。正如地球上的大部分面积都处于海水的覆盖一样,在人的生命当中,忧伤的成分也是要多于幸福。"①其实,忧伤与痛苦并不像我们想象的那样严重,"从表面上看,苦难就犹如一个令人无法承受的重负,甚至连大地也在它的重压之下发出了阵阵呻吟。然而,假如你仔细分析一下,就会发现,苦难并不是由于痛苦和不幸,而是因为被夸大而导致的恐惧"②。鉴于此,爱默生告诫我们:"大自然极富韧性,假如它无法在这一方面得到满足,那么它一定会从另一个方面获取的。痛苦大多只是一种表面现象而已,我们以为那些悲剧十分残酷,殊不知,受难者自有其补偿的办法。有些人能够在疾病当中产生出一种自我适应的能力,这或许就是久病成良医的道理吧。""当拿破仑被囚禁于圣勒拿岛的时候,他对一位友人说道:'大自然似乎早已预料到我将会遭受巨大的挫折,因为,它赋予了我一种大理石一般岿然不动的气质。即便是再大的挫折,也无法伤害到我的肉体或灵魂。'……理智也可以帮助我们去战胜恐惧。一个理智的人能够战胜痛苦,认清命运的真相,在自己的事业中寻找寄托。这样一来,苦难就不再是一种悲剧——即使是一个悲剧,也会让我们从中体味到一种人生的悲壮之美,体味到一种更为崇高的事物。于是,我们的思想境界便得到了提升,我们的人性便得到了升华。"③

(二) 热爱平常而真实的生活

对大多数人来说,生活都很平常,因为大多数的人都是平常人。但对任何终于有一天会结束的生命而言,我们活着的每一刻,其实都是庄严、神圣的,值得格外尊重、珍惜,不存在哪一刻可以敷衍处理的问题。这实际就是对人生的深刻体悟,也是真正的人生智慧。

仰山禅师夏日行脚回来,其师沩山问:"这个夏天你都干了些什么?"仰山回答说:"我在南山开了一片地,种了一些豆子,现在长势很好。"沩山称赞道:"那你这个夏天没有白过。"仰山接着又问沩山:"老师,您这个夏天是怎么过的?"沩山回答:"白天吃饭,晚上睡觉。"于是,仰山也由衷赞道:"老师,那您的这个夏天也没有白过。"

在我们的现实生活中,每个人都有过快乐和烦恼,重要的是我们以什么心态对待它。当你总是盯住那些不高兴的事情时,心情就会越来越烦恼。而当你关注生活中那些让你愉快的事情时,你就会感受到生活的快乐。当你带

---

①②③ (美)拉尔夫·瓦尔多·爱默生. 自立·成功·勇气. 王颖冲,程悦,译. 武汉:湖北长江出版集团长江文艺出版社,2009:175,177,180.

着快乐的心情做事时，你会感受到人生的快乐越来越多，就会更加热爱生活和生命。其实快乐并不难找，快乐就在我们身边和当下的生活中。俗话说"平常心是道"，讲的就是以一种积极的心态去品味、欣赏生活。这种"平常"，如果用一种"当生活的有心人"的方式去看待它，就会发现它的不平常。真正做到了这一点，未必只是在南山开地、种豆这种"事业"是成功，即使是吃饭、睡觉这种"小事"，也体现了人生的成功。

当代社会，人们行色匆匆，几近贪婪地去追逐金钱、权力和名声，日常生活的平台变成了名利角逐场，很少有人能够心平气和地静下来思考一下我们为什么活着，我们活着到底为了什么。人们追求赚大钱、出大名、掌大权，这些本无可厚非。但当赚了大钱、出了大名、掌了大权之后又会怎样呢？不还是要生活吗？因此，平常而真实的生活才是生活的真谛。美国19世纪著名的文学巨匠、超经验主义哲学的先驱梭罗，曾隐居在瓦尔登湖畔两年多，过着与大自然水乳交融的田园生活。他的感受对我们理解生活的真谛，应该是一个不错的启迪。梭罗说："我希望从容地生活，只面对生活的基本事实，看看我是否学得到生活要教育我的东西，免得到了临死的时候，才发现我根本就没有生活过。我不希望我的生活过得不叫生活，生活是这样的可爱；我也不愿意去修行过隐逸的生活，除非是万不得已。我要深入地生活，把生命的精髓全部吸入进来，要生活得稳稳当当，生活得斯巴达式的，从而根除一切非生活的东西。"[①] "不论你的生命如何卑贱，你都要面对它、拥有它；不要躲避它，更别给它戴上污言秽语。生活未必像你想的那么坏。你最富的时候，其实是最穷的时候。喜欢吹毛求疵的人即便到了天堂也不忘吹毛求疵。热爱生活吧，哪怕一贫如洗。即使在一个济贫院里，你也许会有一些愉快、刺激和春风得意的时光。夕阳的余晖反射在济贫院的窗上，像射在富人家窗上一样熠熠生辉，春天来了，积雪在济贫院门口一样会早早化掉。我看到，只要拥有一颗平静的心，在那里也像在皇宫中一样，生活心满意足，思想愉快开朗。"[②]

（三）找回迷失的自己

如今，在市场经济大潮的冲击下，生活在其中的人们已越来越失去了自己。自我的概念已从"我是我所有"转变为"我是你所需"。生活在市场经济中的人，仅仅成为了一种商品，成为了别人的需要，即对别人有用。"我"已不是我的主导，"我"仅仅成了社会中的交换价值。我能将自己换

---

① （美）亨利·戴维·梭罗. 瓦尔登湖. 李暮，译. 上海：上海三联书店，2008：72.
② （美）亨利·戴维·梭罗. 瓦尔登湖. 李暮，译. 上海：上海三联书店，2008：253－254.

得一个好价钱，就是成功；如果我不被人需要，交换不出去或者交换不到一个好价钱，就是失败。比如所学的专业将来是否有好的回报，求职报酬是否高，做的生意是否能赚到更多的钱，等等。人们关心自己，仅是关心自己是否能在市场上获得最令人满意的价格。个人是否成功的概念，也仅仅成了自己是否能在商品社会中换到优越的物质享受的一种价值符号。人们的行为和感觉也越来越像机器，每天按部就班，从未真正体验过自己的任何事情。完全是别人认为我们所应该是的人。没有属于自己的意愿、自己的思想、自己的快乐。活着仅只是活着，失去了纯真，失去了想象力，失去了创造力，拘谨取代了幽默，僵死取代了活跃，人人脸上刻着严肃，却忘记了欢笑，忘记了童真下的顽皮的自我。

个人逐渐地迷失在这个社会中，丧失了个性，丧失了尊严，丧失了自由的意志，丧失了属于自己的真正的快乐，既然如此，那还有什么证据来证明，我就是我自己呢？就像意大利剧作家皮兰·得娄说的："我没有身份，根本没有我自己，我不过是他人希望我是什么的一种反映，我是'如同你所希望的'。"① 个人像一个酱菜缸里泡出的泡菜，全都一个味。个人丧失了自己，丧失了自由的意志，丧失了属于自己的真正的快乐，那么，我还有什么证据来证明，就是我自己呢？毫无疑问，人活在世界中的真谛就是：人要想活出自己的价值，就必须找回迷失的自己。

那么，我们怎样才能找回迷失的自己呢？这是一个真正极其难以回答的问题。没有人能够给出一个标准答案，事实上也不存在标准答案。周国平教授认为，判断一个人是否真正拥有自我，有两个标志："一是看他有没有自己的真兴趣，亦即自己安身立命的事业，他能够全身心地投入其中，并感到内在的愉快和充实。如果有，便表明他正在实现'自我'，这个'自我'是指他的个性，每个人独特的生命价值。二是看他有没有自己的真信念，亦即自己处世做人的原则，那是他精神上的坐标轴，使他在世俗中不随波逐流。如果有，便表明他正拥有'自我'，这个'自我'是指他的灵魂，一个坚定的精神中心。这两种意义上的'自我'都不是每个人一出生就拥有的，而是在人生的过程中不断选择和创造的结果。正是因为如此，每个人都要为自己成为怎样的人负责。"② 找到你自己，就能找到你生命的价值和生活的意义。

（四）弄清自己的真正需要

在今天的社会，人变得越来越像机器，没有了个性，没有了浪漫的遐

---

① 丁远峙. 人生控制论之方与圆. 深圳：海天出版社，2005：42.
② 周国平. 人生哲思录. 上海：上海辞书出版社，2005：26.

想。人们的物质生活越来越丰富，但精神生活却越来越萎缩。作为人的个性、爱好、思想，已越来越被现实生活所扼杀。金钱取代了一切，在这个金钱决定地位、身份、快乐与否的社会里，人的动物本能被极大地张扬，而作为人应有的高尚情操和精神却越来越被窒息，甚至谈到这些就会被人认为迂腐甚或耻笑。没有了个性，没有了想象力，大家都变成了社会驯养的宠物。在感觉和思考方面，在意志行为方面，人已越来越失去了创造力。于是，我们就只能是我们所处的环境和所受的教育，也就是社会对我们提出要求模子里出来的模件。我们所有的精力都用来想要获得，而多数的人从未考虑这种获得是不是我们真正的需要。只是见到大家都这样，于是我们也要这样。却没有停下来想想，我们所追求的目标，是不是我们想要的。在学校时，我们想要好分数。到了社会上，我们要事业成功、赚大钱、有声望、买更好的汽车、到各地观光等。然而，如果我们能在进行这种疯狂活动的时候停下来想一想："如果我真的获得了这项新工作，如果我有了这部比较好的汽车，如果我能去旅行——以后又怎样呢？这些东西是否能真的让我快乐呢？"

那么，我们的真正需要是什么呢？如果人能保持自己的存在，保持自己的个性，发展自己，追求属于自己的真正快乐，就是强者。人只有一种真正的利益，只有一种真正的需要，那就是充分发展人的潜能，充分发展作为人类一员的自己。人应该以自己为唯一的目的，而不是服务于任何超越于人的意图的工具。不是赚钱的工具，不是社会的工具，不是意识形态的工具。我们就是我们自己，所以，我们要做最好的自己。我们要最大限度地实现自身的潜能，并对社会做出最有价值的贡献。这样，我们才能做到既与世界同为一体，但同时却又保持着自身的人格完整性。在建设性地运用我们的精力时，我们提高了自己的能力，"燃烧自己，却不化为灰烬"。

（五）勇于承担责任

在通常情况下，自杀是一个人放弃责任与义务的体现。德国的哲学家康德因为认为自杀是对道德共同体基础的拒弃而谴责自杀，他在《道德形而上学原理》一书中说道："人生来都有义务，尤其是对自己要有义务，这是成为人的一个条件，对自己的义务之一就是保护自己的生命，自杀就是无视对自己的义务。自杀同时也说明自杀者弃绝了他所处的道德共同体。他弃绝了一切与他相关的所有社会关系和这些关系维护的道德。自杀等同于不承认这个共同体的任何道德。"[①]

---

① （美）T. 恩格尔哈特. 生命伦理学基础. 范瑞平，译. 北京：北京大学出版社，2006：353.

其实，人之所以成为人，就在于一生下来就进入社会关系之中并赋有责任。责任是任何人都避免不了，也是推脱不掉的。可以说，我们在一生中的不同时期总是需要负担各种各样不同的责任，例如，求知和追求真理的责任，为国效力和献身的责任，尊敬老人和抚养家人的责任，为他人提供帮助的责任，以及公正、诚实、博爱、仁慈、勇敢、刚毅、自制等责任。就像古罗马著名哲学家西塞罗所说的那样："任何一种生活，无论是公共的还是私人的，事业的还是家庭的，所作所为只关系到个人的还是牵涉到他人的，都不可能没有其道德责任；因为生活中一切有德之事均由履行这种责任而出，而一切无行之事皆由忽视这种责任所致。"①"人生的各个不同时期都有其不同的责任，有些属于青年，有些属于中年或老年。"②

责任有大小。但无论是大的责任，还是小的责任，只要是自己的责任，任何其他人都不能代替我们履行。例如，你饿了，你的爸爸妈妈吃得再饱，也不能够帮助你解饿；你困了，你的兄弟姐妹连睡3天，也不能帮你解困；你病了，最亲的人再爱你，也不能替代你感受病痛的煎熬；你的学习成绩不好，再聪明的人也不能代替你提高；你的工作干不好，再有能力的朋友也替代不了你素质的欠缺；如此等等，不一而足。我们应当明白，在责任面前，谁也不可能代替我们自己并做成最好的自己。因此，我们必须尽好自己人生的本分，不要把自己应该承担的责任，让别人去承担——自己的责任应该自己承担。也许我们谁也成不了贝多芬、拿破仑、爱因斯坦，但是我们完全可以成为我们自己并做成最好的自己。因为，无论我们选择怎样的生活方式，都会在这个世间留下自己的一抹印记：如果你是一个善良的人，你就会得到世人的赞美；如果你是一个恶人，你就会受到世人的谴责。

在所有的责任中，不自杀在通常情境下是一种道德责任。自杀，从根本上说，既是对自己的不负责任，也是对他人和社会的不负责任。因此，自杀在一定意义上说就是逃避责任，既是逃避对自己的责任，也是逃避对他人和社会的责任。所以，自杀应该受到谴责。其实，早在19世纪末，法国社会学家埃米尔·迪尔凯姆在其名著《自杀论》中已论及："自杀受到谴责，因为它违背对我们的全部道德所寄托的人生的崇拜。"③德国近代著名哲学家康德对责任的论证举世公认为是最严谨的，他认为，每个人对自己生命的责任是完全责任（就是必须履行的责任）。康德说："一个人，由于经历了一系列无可逃脱的邪恶事件，而感到心灰意冷、厌倦生活，如果他还没有丧失理

---

①② （古罗马）西塞罗. 论老年论友谊论责任. 徐奕春，译. 上海：商务印书馆，1998：91，146.

③ （法）埃米尔·迪尔凯姆. 自杀论. 冯韵文，译. 上海：商务印书馆，1996：362.

性，能问一问自己，自己夺去生命是否和自己的责任不相容，那么就请他考虑这样一个问题：他的行为准则是否可以变成一条普遍的自然规律。他的行为准则是：在生命期限的延长只会带来更多痛苦而不是更多满足的时候，我就把缩短生命当作对我最有利的原则。那么可以再问：这条自利原则，是否可以成为普遍的自然规律呢？人们立刻就可以看到，以通过情感促使生命的提高为职责的自然竟然把毁灭生命作为自己的规律，这是自相矛盾的，从而也就不能作为自然而存在。这样看来，那样的准则不可以成为自然规律，并且和自然的最高原则是完全不相容的。"①因此，我们每个人都应该竭尽全力维护自己的生命，发展和提高自己的生命，使它具有最大的价值。

（六）抓住当下的每一天

人的生命是短暂的，而且生命有时是十分脆弱的，不可预测的天灾人祸会在陡然间夺走我们的生命。2008年，汶川大地震顷刻间夺去了数万人的生命。他们中有许多青春年少的学生也许正憧憬着美好的明天，却在那一刻使生命定格，自己的什么都化为乌有。人们在沉痛地哀悼那些逝去的生命时，都会从心底里发出感叹：活着真好！愿在地震中数十万人的死亡能唤醒我们：珍惜今天，把握当下，让每一天的生命都活得充实、精彩。活着，千万别错过生命！活着，就应活出自己的阳光！

其实，对我们任何人来说，昨天已经过去，无法挽回；明天尚未到来，无法确定。我们唯一能够实实在在拥有的，就是今天、就是当下。鉴于此，我们为什么要把时间浪费在对昨天的追思和对明天的幻想中呢？著有《世界上最伟大的推销员》一书的作者，美国当代著名作家奥格·曼狄诺有一个很值得我们借鉴的认识生命的方法，就是把我们生活的每一天都假定是生命中的最后一天，那样，我们就会倍加珍惜："假如今天是我生命中的最后一天。生命只有一次，而人生也不过是时间的积累。我若让今天的时光白白流逝，就等于毁掉人生最后一页。因此，我珍惜今天的一分一秒，因为它们将一去不复返。我无法把今天的时间存入银行，明天再来取用。时间像风一样不可捕捉，每一分一秒，我要有双手捧住，用爱心抚摸，因为它们如此宝贵。垂死的人用毕生的钱财都无法换得一口生气。"② "假如今天是我生命中的最后一天。今日事今日毕。今天我要趁孩子还小的时候，多加爱护，明天他们将离我而去，我也会离开。今天我要深情地拥抱我的妻子，给她甜蜜的热吻，明天她会离去，我也是。今天我要帮助落难的朋友，明天他不再求

---

① （德）康德. 道德形而上学原理. 苗力田，译. 上海：上海人民出版社，2005：40.
② 刘英俊. 全球100位名人与中学生谈生命. 北京：花山文艺出版社，2007：117.

援,我也听不到他的哀求。我要乐于奉献,因为我明天无法给予,也没有人来领受了。"①"假如今天是我生命中的最后一天。如果这是我的末日,那么它就是不朽的纪念日,我把它当成最美好的日子。我要把每分每秒都化作甘露,一口一口,细细品尝,而且满怀激情。我要每一分钟都有价值。我要加倍努力,直到精疲力竭。即使这样,我还要继续努力……今天的每一分钟都胜过昨天的每一小时,最后的也是最好的。"②

  在一个有很好太阳的天气里,渔夫甲正在整理渔船准备出海打鱼。这时,他看到渔夫乙正躺在不远处的沙滩上惬意地晒着太阳。渔夫甲对渔夫乙说:"天气这么好,你还不赶紧出海打鱼!明天恐怕就没有这么好的天气了!"渔夫乙答:"天气这么好,我得抓紧时间享受这美好的阳光,明天恐怕就没有这么好的阳光了!"渔夫甲的生活态度也许是为当下大多数人的生活状态做了一个写照,他们不是聚财奴,也不是工作狂,他们只是普通人,也向往阳光下的惬意。只是,有那么多事在催促着他们,所以他们脚步匆匆,不能在阳光下停步——他们是迫不得已。阳光也会在他们的天空普照,只是永远都在明天——为了生存,他们舍不得享受今天的阳光。但世事无常,在某一天,生命的弦说不定会戛然而止,手里攥着一生的积蓄,会因无人提取而永远沉入黑暗。要活出自己生命的价值和意义,也许应该学学渔夫乙。一个能够安心享受今天阳光的人,也一定能够在明天安心地出海打鱼。因为,他们活得简单,每一天都在享受,既享受工作的快乐,也享受休闲的欢愉。有阳光时尽情享受过,才不会在阴霾来临时为自己没有享受昨天的阳光而后悔。

  德国戏剧家席勒曾说过:时间的步伐有三种,未来姗姗来迟,现在像箭一般飞过,而过去永远静立。这句话把"今"极易失去的特征刻画得形象而深刻,一个人如果沉湎于过去,对过去的光辉业绩津津乐道,或者对过去的不幸耿耿于怀,那"今"就会在他的夸耀或叹息声中"箭一般飞逝"。还有的人梦想过幸福的生活,可不愿付出艰辛的劳动,却在一旁哀叹自己生不逢时,或者等明天再说。殊不知,当他翘首未来,哀叹现在的时候,"今"已经变成了过去。昨天已经过去,明天尚未到来。我们唯一能够拥有的就是今天,就是眼前,就是当下。因此,我们必须紧紧抓住今天,从今天做起,从现在做起。这就是生活的智慧——抓住当下,就是拥有永恒。只有这样,我们才能活出自己生命的价值和意义。

---

①② 刘英俊. 全球100位名人与中学生谈生命. 北京:花山文艺出版社,2007:117.

一、资料库

（一）抑郁症

抑郁症是危害人类身心健康的常见病，多发病。据世界卫生组织报告，抑郁症在全世界发病率约11%，目前已成为世界第四大疾病，而到2020年可能成为仅次于心脏病的第二大疾病。抑郁症患者的基本特征是情绪低落、兴趣索然，自感思维迟缓、反应慢，不愿与朋友、同事交往，严重时有悲观绝望、痛苦难熬、生不如死的感觉。心境抑郁者常用活着没意思、高兴不起来等词语来描述自己内心的体验。有时会有自责自罪感，觉得自己是家人的累赘，是社会的废物和寄生虫，常把过去的一般性缺点或错误夸大成不可饶恕的罪行。抑郁症是严重危及生命安全的疾病，2/3 的患者有自杀念头，15% 的患者因自杀结束宝贵的生命。

张纯茹，是美国卓有成就的华裔女作家，著有《南京大屠杀》、《华人在美国》等著作，被誉为美国华裔的骄傲和楷模；她是满腔正义的斗士，被誉为刺向日本军国主义的投枪；她是美国华裔著名社会活动家，被誉为美国华裔权益地位的捍卫者；然而，她却如同一颗划过夜空的美丽流星，过早地陨落，只留下一抹血痕。2004 年，她自杀身亡，时年 36 岁。医学鉴定，她生前患有抑郁症。她的丈夫道格拉斯认为，是工作害了她。多年来，调查日军二战时期的暴行，从《南京大屠杀》到后来准备写的日军虐待美国战俘的新书，她接触的都是无比残忍和血腥的历史事实，一个个悲惨故事反反复复地让她的精神陷入痛苦的深渊，加上艰苦的采访和写作，累积起来就导致她的崩溃。

崔永元，11 年记者生涯，10 年主持人经历，使他成为中国电视行业的名嘴。追求完美，让崔永元对自己很苛刻，而观众对《实话实说》期望过高的心理需求，也造成了崔永元身心的疲惫，特别是为节目不能满足观众出彩的需求而忧虑，让崔永元在完成轻松幽默风趣的主持之后，却承受着心理抑郁和严重失眠的双重折磨和摧残。2008 年春晚的小品《说事儿》，在全国人民面前，崔永元拿自己的抑郁症开了一把涮。崔永元谈及这一心理疾病，真的有过死去活来的时候。抑郁症最严重时，他曾经需要 24 小时的陪护，曾经想过自杀。崔永元说道："抑郁症就是精神病，就是疯子，不正常、不可理喻的一种生活状态。在练小品《说事儿》的时候。转二人转的手绢，我练了半个多月了。每次彩排，到各地演出。我都转起来了，转得非常好，就是在直播这天没转起来。我就觉得，我怎么那么笨呢？练半个月，就是为了这一下。为什么转不起来呢？我不应该转不起来。我觉得就是该转起来的时候，没转起来，就得死去。"他说："我创下的最高纪录，就是从头一天晚上9点就躺在床上开始看书，然后把这本书看完开始看电视，电视看到出雪花，看到早间新闻，直到早上9点，我确实快崩溃了，然后我就吃了大概3倍量的安眠药，到早上9点多勉勉强强地睡着了。"长期的失眠、抑郁，崔永元承认自己的个性也随之改变，对一些问题的看法会比较极端，"抑郁症的患者基本上都比较偏激，认死理、一根筋到底，那是肯定的，因为这是他认知能力的一种表现"。

自己是否患有抑郁症，可以通过以下几个指标自查：
①绝大多数时间感到悲伤或情绪低落；
②对大多数活动失去兴趣；
③体重或食欲发生变化；
④睡眠不好；
⑤坐立不安、急躁或易激怒；
⑥疲劳感；
⑦内疚、无价值感或无助感；
⑧集中注意力困难、记忆困难或犹豫不决；
⑨反复出现死亡或者自杀的想法，觉得自己还不如死了好。

如果自己在过去2周或更长时间内同时存在上述几个症状，最好立即去看心理医生来寻求帮助，不要再拖。

（二）对自杀的误区

对于自杀，人们普遍存在着误解，有时会被一些假象弄得混淆不清。有关自杀的误解如下：

1. 与可能自杀的人讨论自杀将诱导其自杀

事实上一般应该和可能自杀的人讨论自杀。与一个想自杀的人讨论自杀将可能使其产生相信的感觉，能够帮助他们正确处理一些重大问题，并缓解他们的压力，愿意花时间重新获得控制。

2. 威胁别人说要自杀的人不会真正自杀

事实上，大量的自杀身亡者曾经威胁过别人或者对他人公开过自己的想法。

3. 自杀是一种不合理的行为

事实上，从自杀者的角度看，几乎所有采取自杀行动的人都自认为有充足的理由说明因自己活不下去而行为选择的正确性。

4. 自杀者有精神疾病

事实上仅有小部分自杀未遂者或自杀成功者患有精神疾病。他们中大多数人是处于严重的抑郁、孤独、绝望、无助、被虐待、受打击、深深的失望、失恋或者别的情感状态的正常人。

5. 想要自杀的人是真的想死

事实上,很多想自杀的人并不想死,他们只是想要逃离那个令人无法忍受的境遇。大部分曾经想过要自杀的人现在都很高兴他们还活着。他们说,当时他们并不想要结束自己的生命,他们只是想终止自己的痛苦。

6. 自杀发生在家族中,具有一定的遗传倾向

事实上,自杀倾向没有遗传性,它是人们后天习得的或者是情境性的诱导选择。

7. 想过一次自杀,就会总是想自杀

事实上,大部分人只是在他一生中的某个时候产生自杀企图,在这段时间里,他们要么克服这种想法,要么寻求帮助,要么死亡。如果能够从短时的威胁中恢复过来,学会适应与控制,就会使自己的生活丰富多彩。

8. 一个人自杀未遂后,自杀威胁可能结束

事实上,自杀最危险的时候可能是情绪高涨时期,当想自杀的人严重抑郁后变得情绪活跃起来的时候。一个危险的迹象是在抑郁或者自杀未遂后出现"欣然"期。

9. 一个想自杀的人开始表现慷慨并和他人分享个人财产,表明这个人有好转和恢复的迹象

事实上,大多数想自杀者在情绪好转后,才有精力开始做出一定的计划,安排他们的财产。这种个人财产的安排有时类似于最后愿望与遗嘱。

10. 自杀总是一种冲动行为

事实上,有些自杀是冲动行为,另一些则是当事人在仔细考虑之后才实行的有计划的行为。

(三) 哪些人容易出现自杀危机

识别自杀征兆是预防自杀、保护生命的重要途径,当有大学生受以下事件影响或出现以下状况时容易产生自杀意念和自杀行为:

1. 遭遇突发事件而出现心理或行为异常,如家庭发生重大变故,受到自然巨变、灾害或社会意外刺激。
2. 学习压力过大、学习困难而出现心理异常。
3. 个人感情受挫后出现心理或行为异常。
4. 人际关系失调后出现心理或行为异常。
5. 性格过于内向、孤僻、缺乏同伴或群体支持。
6. 严重环境适应不良导致心理或行为异常。
7. 家境贫困、经济负担重,自己深感自卑。
8. 身体出现严重疾病,个人很痛苦,治疗周期长。
9. 患有严重心理疾病,如患有抑郁症、恐惧症、强迫症、癔症、焦虑症、精神分裂症、情感性精神病。

10. 由于身边的同学出现个体危机状况而受到影响，处于恐慌、担心、焦虑的精神状态之中。

二、思考与讨论

（一）挽救自杀者的人为何选择自杀

李尚能，湖南经济电台《夜渡心河》节目主持人，一位被誉为"长沙第一嘴"的名主持，曾经给千千万万的热心听众送去温暖的鼓励，可在1997年8月19日，他为自己短暂的人生画上了句号。这是我国继上海、北京之后的第三起谈心节目主持人自杀事件。在与人谈信心不足时，尚能对人说："曾国藩在崇尚王阳明理学的同时，有一句话给我印象很深，叫作'破山中贼易，破心中贼难'。"医生治不了自己的病，或许，这对于李尚能本人也正合适。作为一个替人解忧的节目主持人，他把自己内心情感完全投入到节目中去，把心里话掏给了别人，把所有心灵的药方都开光了，自己内心却变得空荡荡、赤裸裸，没有人深入到他心灵的领地。他孤独地站在这个世界上，一点寒风，他就冷得哆嗦；为了维护名人、强者的形象，他又无法表露。由此整日背负着精神的十字架艰难前行，走出直播间，同样需要心理治疗的他该向谁打热线呢？这样积重难返，当暴风雪到来时，他冻僵了。由于他把成名的光环看得过重，正是为浮名所累，高处不胜寒，才导致了这样悲剧的发生。为了不能让"自杀未遂"当作别人的笑柄，他采用双保险，在服用了大量的安眠药后，又挣扎着去上吊。

继李尚能死后，同年的9月7日，原广东电视台《红绿蓝》信箱主持人、全国第一家防治自杀机构——广州市"培爱"防治自杀中心的组织者和负责人陈云清在家悬梁自缢。据报道，陈云清和他的中心10年来挽救了数百人的生命，而这位专门匡救、说服他人的人，专门研究自杀防止他人自杀的人，自己却也选择了自杀。

试分析：专门研究自杀防止他人自杀的人为何也会选择自杀来结束自己的生命？如何克服自杀的心理倾向？

（二）一个人的百年

2007年12月5日13时，中国人民大学中文系教授、博士生导师余虹从小区第10层楼跳下自杀身亡。按照死者遗嘱，其个人藏书将全部捐赠给人大文学院。一个50岁的学者在人生的高峰阶段选择自杀，这是一幕悲剧，让人惋惜。

余虹教授出生于1957年，在暨南大学获得文学博士学位，复旦大学从事博士后研究，暨南大学晋升为教授，先任海南大学文学院院长，又任上海师范大学文学院教授，后来担任中国人民大学文学院责任教授、博士生导师、文艺学国家重点学科带头人、院学术委员会委员，并兼任中国文艺理论学会副会长。他长期主编人大复印报刊资料《文艺理论》、学术辑刊《问题》和《立场》等，并受聘担任复旦大学文艺学与美学研究中心兼职教授、四川大学比较文学与世界文学研究中心兼职教授。是文艺理论与美学领域最负盛名的中年学者之一，在国内外学界具有广泛影响。代表性著作有《思与诗的对话——海德格尔诗学引论》、《中国文论与西方诗学》、《艺术与归家——尼采·海德格尔·福柯》等，译有《海德格尔论尼采》、《海德格尔诗学文集》，并在《中国社会科学》、《文艺研究》、《文学评论》、《外国文学评论》等权威刊物发表大量论文。

关于余虹教授的死因，人们有种种推测：他有两段不成功的婚姻、有严重胃病、生前患抑郁症、身体消瘦等。有些学者对余教授的自杀有极高的评价，将其看成是为了尊严与勇气，更有学者将其演义为对现状不满而自杀。还有人归因于教育，认为中国高校长期以来的教育观念，是培养理想主义人格，纵容自杀。如追求真理光荣追求金钱庸俗，追求清高光荣追求实际庸俗等，这样的教育，把受教育者的人格培养成了完全超凡脱俗的人格，难以面对社会融入现实。余虹回四川大学参加恩师石璞先生百岁华诞的庆典，2007年7月在博客《一个人的百年》中主要谈了他对生与死的思考。

附：《一个人的百年》（全文有删节）

今年7月8日，我和同门师兄弟回四川大学参加石璞先生百岁华诞的庆典。22年前我随石先生攻读硕士学位，是先生的关门弟子之一。得知母校要举办先生百岁华诞的庆典，我们同门师兄弟表示无论如何都要回母校为先生祝寿。见到先生那熟悉而年迈弱小的身体，我们都百感交集，嘘唏不已。

一百年是一个沉重的数字，尤其是现代中国的百年，所谓多事多难之百年，千年未遇之大变局的百年，竟让一个弱女子扛过来了。她活着，不仅活着，而且还有尊严地活着，身上没有丝毫的悲戚与苟且。德里达在去世前感叹所有的人都是缓期的幸存者，他说生存即幸存，生存在死亡的威胁中乃每个人的命运，只有那些幸运儿可以避开自然与人世的威胁而幸存。石先生是这样的幸存者吗？当然。然而，是什么让她得以幸存？是什么给她看似柔弱的生命以坚韧呢？或者，一个普通的老百姓，一个女人，一个学者在中国历史上变动最大的百年，在中国历史上灾难和不幸最为深重的百年是靠什么力量、智慧和耐心活过来的，并活得如此具有人的尊严？

莎士比亚在《哈姆莱特》中曾提出一个无法选择的难题：活还是不活？活下去就要"忍受人世的鞭挞和讥嘲、压迫者的凌辱、傲慢者的冷眼、被轻蔑的爱情的惨痛、法律的迁延、官吏的横暴和费尽辛勤所换来的小人的鄙视"。不忍受这一切而挺身反抗呢？如果死亡真像一睡了之那么宁静也就好了，但谁知道这一睡之后会做什么梦？谁知道那死亡之地是个什么样子？也许死比生更糟？谁知道呢？因此，我们说那些活着的人和那些以死反抗的人多少都是令人尊敬的人，因为他们有自己的决断和承担，而不像那个丹麦王子停留在无解的思虑中而放弃做人的责任。

在中国历史上灾难深重的百年选择活下去，不是赖活而是好好地活，这其间要忍受多少无法忍受的时刻，要承担多少难以言述的痛苦，今天我们已无法想象了。在石璞的百年生涯中，革命、战争、改革、政治、资本、主义、运动、敌人、人民、平等、自由、民主、女权、解放、反动、进步、国家、民族、中国、西方、阶级、政党这些巨大的词眼曾让多少弱小的生命为之激动和献身，石璞也不例外。但令人惊讶的是，无数柔弱的生命都被这些巨大的词眼压垮了而石璞还健在，无数生命之火都在这些词眼的巨大阴影中熄灭了而石璞还自有其光彩。看到这个百岁老人得体而整洁的衣着，看到她平和、安详、自在而阳光的神情我便想起了一个95岁的美国老太太。在波士顿访学期间，我认识了这位老太太并在同一幢房子里住过2个月。这位老太太给我的总体印象就是阳光，在她身上看不到任何老年的阴影与凄凉。她的衣着总是生气勃勃而脱俗得体，她的神情总是平静而充满喜乐，她说得最多的两句话是"我能帮你什么？""最近我很忙。"的确，她把每天的时间都安排得满满的，不是在厨房和餐厅里帮忙就是在附近小学做义教或在教堂做义工，在儿子家过周末，在教堂过周日。她的形象与我记忆中的老太太出入太大。在我的记忆中，80岁以上的老太太大都风烛残年，日落西山，起伏的皱纹和弯曲的身体上布满夜的阴影，其孤寂、清冷与悲戚的气息多少都会招人同情与怜悯。这位95岁的美国老太太呢？她非常阳光，见到她每每让我自己觉得有些暮气沉沉和些许的自怜。这是怎么回事？在与她的交往中我似乎明白了点什么。这位虔诚的美国老太太在世靠国家，去世有上帝，她没有生老病死无着落的不安，换句话说，她的生死是有依靠和庇护的。而一个中国老太太呢？尤其是经过这一百年革命洗礼的老太太，她靠什么消除那致命的不安呢？

在今天，要想象在一个政治化的时代坚持学术所承担的风险已经很难，在今天要想象在这样一个时代生活的知识分子如何度过那些斯文扫地的日子就更难了。石璞常说："不如意事常八九。"这就是命运。如何过一种不如意的生活？是高漂在事事如意的幻想中，还是切实面对不如意的现实？是牢骚满腹地抱怨命运，还是心平气和地承担命运？是在不如意的生活中沉沦，还是在一种精神超越中自持？石璞选择了后者，因此而走过了百年。

石璞的百年没有什么惊人的壮举，她不是什么道德英雄，也没有什么浩然之气和慷慨之节，但她有最朴素的良善和最传统的智慧，仅此就足以使她举重若轻，历险而在。如果说朴素的良善滋养着石璞的内心，传统的智慧则是她抵御外来伤害的法宝。石璞一生崇奉老庄，淡泊名利，无心自然。

也许现在可以回到前面那个问题了：在社会和精神庇护遭到严重破坏的百年，石璞靠什么全身避害且持守了生命之光？回望百年，从新青年到红色教授，再到一个普通的老人，那曾经让石璞热血沸腾的主义与真理如烟而逝，唯有最朴素的良善与最传统的智慧还与她的生命同在。那良善与智慧是让一块石头成玉的珍宝吗？"石璞"之名有什么微言大义？一块对恶没有激烈反抗却有持久拒绝的石头，一块对善没有悲壮献身却有耐心执着的石头，以她不绝的微光烁伤我正在死去的心。也许英雄的时代早就过去了，也许从来就没有什么纯粹的英雄，日常生活的重负与担当落在每一个人的身上，那些像石璞一样举重若轻的人让生命看到了希望。

试分析：《一个人的百年》中反映了石璞先生怎样的生命价值观？像余虹教授这样可谓功成名就的人为什么会自杀呢？

三、建议阅读书目

①诺曼·文森特·皮尔. 人生的光明面. 殷金生, 译. 南昌：江西人民出版社, 2006.

②翟书涛. 危机干预与自杀预防. 北京：人民卫生出版社, 1997.

③段鑫星, 程婧. 大学生心理危机干预. 北京：科学出版社, 2006.

④吴甘霖. 生命智慧——活出自己的阳光. 北京：中国工人出版社, 2003.

④王文科. 直面人的最后时刻. 哈尔滨：黑龙江人民出版社, 2001.

第十章

防范危险

内容提要：

● 现实生活中，我们常常遇到各种各样意想不到的危险。为防不测，应掌握一些基本的应付危机、消除灾祸的知识与技能。

● 每个人的日常生活都离不开食物。"民以食为天，食以安为先"，当有毒食物泛滥演变成"我们吃什么"的危机之时，这的确是一个问题。

● "隐患险于明火，防范胜于救灾，责任重于泰山。"面对眼前出现的滚滚浓烟和熊熊烈焰，我们应当冷静机智地运用火场自救与逃生知识。

● 在"车祸猛如虎"的车轮滚滚时代，大学生必须学会"走路"。交通安全成为防范危险的重要内容。

● 财物安全总是伴随着"有心人"左右。为侵财所构成的盗窃、抢劫与欺诈行为都是犯罪，而对其进行有效的预防永远比危险发生时的周旋应对和事后报警要明智、安全得多。

在一个村子里，有一户人家生有一个独子。孩子五六岁时，有一次，父母发现他和邻居家的孩子一起到河里戏水，心都揪紧了——就这么一个宝贝儿子，万一有个三长两短可怎么办？于是，第一次狠心打了孩子，并禁止孩子不能再走近河边一步。儿子远远地看着别的孩子们高高兴兴地到河里玩水，他也想去，可父母严厉的目光总是把孩子的渴望无情地浇灭。儿子10岁那年，村里发了大水，别的孩子个个在大人的帮助下逃生了。唯独这个孩子，在呛了几口水后，沉了下去……事后，孩子的父母感到非常后悔，认为由于没有真正教会孩子避免危险的本领，最终要了孩子的命。

人类的生活过程，总是充满着各种风险，甚至是危及生命的灾难。例如原始人刚开始在树林里打猎谋生，很多时候猎物没打着，反而被老虎、豹子、狮子、狼这帮野兽伤害，甚至丢了性命，成为它们口中的美食。这对人来说就是重大伤害事故。不过，当时人们连话都不大会说，肯定不会有"事故"这个词语的。而人类走进现代社会，知道了什么是事故，但事故的危险依旧还在，事故还会每每发生。因为人类不会也不可能全部消灭引起事故的危险源，能做到的只是努力消除事故隐患。而尽量掌握防范事故发生的本领，这才是面对生命危险时所要做出的正确选择。

第一节
生存危险的存在与回避

在现实的生活中，我们的生存过程始终面临着各种各样的风险，有些风险是我们能预防的，只是因为自己的不谨慎，或者疏忽大意而酿成灾祸；有些风险是我们平时不常遇到，只是因为自己的经验不足，或者知之甚少而发生。为此，通过不断地学习防范生存风险的知识，努力克服和消除来自生活中的各种不安全因素，培养自己面对风险时的防范意识与保护生命的技能本领，也就有了必要。

一、灾害风险就存在我们身边

每个人都希望自己和家人能健康、平安地生活，但人们在现实生活的环境里，常常会被意想不到的伤害所困扰、折磨。大学校园也不例外，例如，食物中毒事故就常常在校园里发生：2002年9月27日，位于广东梅州的嘉应学院突发食物中毒，有毒的豆浆毒倒了百余名大学学子。2004年5月19日，吉林长春大学发生食物中毒事件：蛋炒饭一下子放倒了139名学生。再如火灾事故也常常威胁大学生的生命，2003年11月24日，俄罗斯首都莫斯科人民友谊大学留学生宿舍发生重大火灾，结果造成32人死亡，139人受伤，其中有17名中国留学生在大火中失踪，另有33名受伤。2006年1月19日，位于山西太原的中北大学招待所突然发生火灾，给研究生上课的上海外国语大学退休教师被烧死。再如交通事故的频繁发生也令人不安，根据交通部门统计，仅2010年全国因交通事故就死亡十几万人。近些年来，发生在大学校园内的交通事故以及大学生因交通事故而死亡的人数在逐年增加。另外，近年来随着高校开放程度不断加大，外来人口大量涌入，导致刑事、治安案件呈上升趋势。

2002年，据北京市公安部门统计分析，大学校园内发生治安及刑事犯罪案件具有如下特点：

（1）盗窃案件居高不下。在北京高校2002年上半年发生的400余起案件中，盗窃案337起，其中重大案件109起。在重特大案件中盗窃案件占47.18%。

（2）诈骗案件增多。如 2002 年 1 至 6 月，北京高校共发生诈骗案件 23 起，比 2001 年同期增加 12 起。

（3）杀人、强奸、抢劫、伤害等恶性案件时有发生。如北京高校上半年发生强奸案 1 起，抢劫案件 47 起，伤害案 2 起，均发生在校园内。

（4）公共场所失窃多。高校的餐厅、浴池、图书馆、体育馆等，人员较复杂。有些学生安全意识差，吃饭时用书包占座，洗澡时携带贵重物品等，失窃案件屡屡发生。

（5）外来流动人员作案比例高。如北京高校在上半年抓获的 85 名犯罪嫌疑人中，有 57 名是外来人员，占 67%。

（6）大学生作案现象突出。有些大学生人生观、价值观取向扭曲，对自己的不良行为缺乏理智的控制，导致违法犯罪。高校发生的案件中，作案人有许多是在校大学生。在抓获的 37 名犯罪嫌疑人中，在校大学生就有 18 人（男 14 人，女 4 人）。在已破获的 21 起学生宿舍被盗案件中，有 15 起是在校大学生所为。例如，某高校 2002 年上半年发生的 8 起盗窃案件，破案后发现，全部是在校大学生所为。

上述举例的这些潜伏在在校大学生身边的种种危险因素，不仅给高校造成一定的经济损失，而且严重的是造成大学生的伤亡，从而给社会和受害者的家庭带来不幸。大学生作为时代骄子，当步入大学的校门时，就意味着远离了家门，踏进了半个社会，昨天还依在父母的身边听着他们的叮咛，今天却要独自去面对一个纷繁复杂的社会。因为单纯与幼稚，有时难免被社会存在的一些假象所蒙蔽，为生活经验不足而付出代价。

二、危险源与事故隐患

社会生活中的危险是无处不在的，危险的发生一定有危险源的存在。所谓危险源是指一个系统中具有潜在能量和物质释放危险的、可造成人员伤害、财产损失或环境破坏的、在一定的触发因素作用下可转化为事故的部位、区域、场所、空间、岗位、设备及其位置。它的实质是具有潜在危险的源点或部位，是爆发事故的源头。危险源存在于确定的系统中，不同的系统范围，危险源的区域也不同。例如，从全国范围来说，对于危险行业（如石油、化工等）具体的一个企业（如炼油厂）就是一个危险源；而从一个企业系统来说，可能是某个车间、仓库就是危险源；对一个车间系统来说，可能某台设备是危险源；对学校来说，食堂就是可能发生食物中毒问题的危险源，变电所就是可能发生电火电击事故的危险源。由此可知，分析危险源应根据系统的不同层次来进行，才能获得真实可靠的信息。

根据上述对危险源的定义，危险源应由 3 个要素构成：潜在危险性、存在条件和触发因素。危险源的潜在危险性是指一旦触发事故，可能带来的危害程度或损失大小，或者说危险源可能释放的能量强度或危险物质量的大小。危险源的存在条件是指危险源所处的物理、化学状态和约束条件状态。例如，物质的压力、温度、化学稳定性，盛装压力容器的坚固性，周围环境障碍物等情况。触发因素虽然不属于危险源的固有属性，但它是危险源转化为事故的外因，而且每一类型事故的危险源都有相应的敏感触发因素。如易燃、易爆物质，热能是其敏感的触发因素，又如压力容器，压力升高是其敏感触发因素。因此，一定的危险源总是与相应的触发因素相关联。在触发因素的作用下，危险源转化为危险状态，继而转化为事故。

一般来说，危险源可能存在事故隐患，也可能不存在事故隐患。那么，什么是事故隐患呢？事故隐患与危险源不是等同的概念，事故隐患是指人们从事生活、工作的场所、设备及设施的不安全状态，人的不安全行为和管理上的缺陷。它实质是有危险的、不安全的、有缺陷的"状态"。这种状态可在人或物上表现出来，如人走路不稳、路面太滑都是导致摔倒致伤的隐患；人在化学实验室里做实验也有化学中毒的隐患，也可表现在管理的程序、内容或方式上，如在高校中，因为防火防盗安全检查不到位、规章制度的不健全、安全保卫人员培训不到位等，所以成为引发火灾的危险源。

美国安全工程师海因里希（Heinrich）在1931年出版了一本有关事故预防的著作：《一个科学的方法》，其中提出了一个著名的"安全金字塔"法则，它是通过分析55万起工伤事故的发生概率，为保险公司的经营提出的安全分析模型。该法则认为，在1起死亡重伤害事故背后，有29起轻伤害事故，29起轻伤害事故背后，有300起无伤害虚惊事件，以及大量的不安全行为和不安全状态存在，它们之间的关系可以形象地用"安全金字塔"模型来示例。

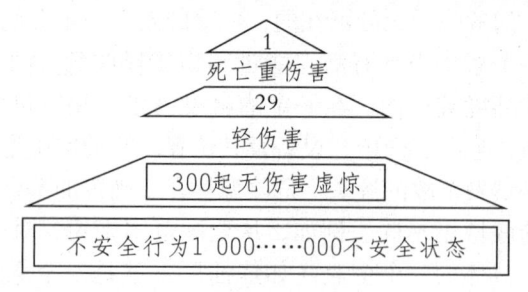

```
            1
         死亡重伤害
           29
          轻伤害
      300起无伤害虚惊
  不安全行为1 000……000不安全状态
```

海因里希的"安全金字塔"模型揭示了一个十分重要的事故预防原理，即：要预防死亡重伤害事故发生，就必须预防轻伤害事故；预防轻伤害事故，就必须预防无伤害无惊事故；预防无伤害无惊事故，就必须消除日常不安全行为和不安全状态，即事故隐患。而能否消除日常不安全行为和不安全状态，除了社会管理是否到位外，还取决于活动于其中的每一个人的安全防范意识及知识经验的积累。

在社会群体的公共活动中,人多的地方一般就是危险较大的地方,这是因为人多本身就是一个危险源。而人群中,易出现冲动和产生危险的群体又是青年人,因而年轻人多的地方,往往就是人群中危险较多的地方。对于大学生而言,作为一个特殊的社会群体,其生活方式也是社会青年群体中所特有的。特定的年龄结构、生活环境和文化背景,决定了大学生所面临的危险问题也是特殊的,它涉及大学生日常学习和生活的方方面面。

大学生的生活阅历相对比较简单,生活经验还不够丰富。在安全问题上,表现为大学生在防火、防盗、防骗、防滋扰等方面缺乏基本常识,致使日常生活中的安全问题比较突出。对于一些骗局及意外情况,生活阅历丰富的人往往一眼就能识破并能应付自如,而一些青年大学生却常常难以处理和应对,或是误入陷阱,或是缺乏临险救助的常识,从而造成不应有的或本该可以避免的损失和危险。

三、面对灾难的自救与互救

大学生如何克服危险,维护自己的生命安全呢?尤其是在突发性灾难面前和危急情况下,自救、互救应注意哪些主要问题呢?

(一)保持镇定

遇到危险情况时,最重要的是保持镇定,利用一切条件转危为安,挽救自己和他人的生命。惊慌失措只会把事情越弄越糟,甚至酿成悲剧。有人对飞机遇险、船只翻沉、火灾、水灾及野外迷路时人们的逃避行为进行调查研究,发现只有12%~25%的人能临危不乱,很快判明情况,做出明智的反应;有50%~70%的人则发生"心理性休克",表现为不知所措、神志恍惚,甚至极度恐惧、精神崩溃。经验表明,在模拟的恶劣环境下进行遇险求生训练,掌握正确处理险情的技巧,可以在一定程度上有效地避免惊慌失措现象发生。

面对危险所产生心理恐惧,具有不同心理特质的人会有不同的表现。美国特拉华大学研究人员在2000年曾对260名大学生展开个性调查,研究他们面对危险时的表现。结合已有的对胆小和情绪失控者大脑、血液中化学成分的研究成果,这些科研人员发现,"容易受惊"的心理约60%源于人的遗传,40%则为后天所得。

(二)意志坚定

日本大学人文科学研究所的村井健佑教授曾经指出:人的精神极限可分为对物、对环境和对人三类。所谓对物,就是人被困在翻船的船底或被埋在煤井等险恶状况下，人的生命由"物"支配；而对环境，是指海上或山上遇难事件等，人的生命受环境控制而引起的人体极限状况；对人，是指人质事件、抢劫事件等。村井健佑教授通过对遇难、漂泊等事件的调查研究，得出的结论是："人要想在极限状况下奇迹般地生还，一定要有坚忍不拔的精神力量。"

（三）及时施救

近些年来我国急救中心的数据表明，在发生意外事故时，知道如何自救的人寥寥无几。例如，在交通事故中，竟有高达9成以上驾驶员严重缺乏自救和施救常识，致使发生车祸时不知所措。有的受伤驾驶员甚至用错误方法自救和救人，为日后的治疗和康复埋下祸根。实践表明，如果在医护人员到现场急救前，伤员及同伴能迅速地用科学方法自救和救人，就会为后面的抢救赢得机会。否则，错误的救护和延误时间就等于葬送可能被挽救的生命。耽误一分钟，等于向死亡迈进一大步。由于时间的缘故，决定了最有效最及时的急救是在现场的人，他的作用超过任何一位医术高明的大夫。此外，掌握立刻寻求救助力量的方法，如打电话向110、120呼救等，也十分重要。

（四）有备无患

为防不测，做到有备无患，大学生应掌握一些基本的应付危机、消除灾祸的知识与技能。只要具有一定的知识与技能，掌握必要的遇险自救、互救知识，一旦遇险，即使未能想出万全之策，也知道一些基本应变办法，赢得宝贵的时间，人在突发性灾难中自救求生的希望就会大大提高。否则，危急关头才去想应付办法，纵使聪明过人，也为时已晚。因此，普及遇险求生、自救互救知识，对大学生来说很有必要。

有3位自驾出游的朋友不慎连人带车跌落150公尺深的山谷，受困4天3夜后才获救。其间，他们曾多次想以手机向外求救。无奈一只被摔坏，一只没电了，一只收信不良。他们还多次移动位置以寻找较佳的收发信号地，但都没有成功。其实如果他们平时就知道112专线的存在及其救助功能，紧急时刻也能知道如何用那只收信不良的手机拨出112专线，相信他们可以很快地获救。

如今全国各地通用的112专线，在手机打开后即使没有接收信号，甚至电力极为微弱，任何厂牌的手机在任何地点皆可拨通。拨出112后，立刻会听到语音说明：这里是112紧急救难专线，如果您要报案，请拨0，我们将会为您转接公安局；如果您需要救助，请拨9，我们将会为您转接消防局。中文讲完后，会以英文重述一遍。此时只要拨0或9，一定会有人接听。以3位人士所处的情况，或登山迷途或遇到其他困境时，应拨9，将可获得及时救助。

第二节
预防中毒、火灾与交通事故

一、有毒食品及预防中毒

在日常生活中，每个人都离不开食物。食物中毒常会在我们身边发生。据世界卫生组织统计，全世界每年有数亿人因食物污染而患病，发病率为5%~10%。中毒，即是指人体食、吸入或皮肤黏膜沾染毒物而引起的病变或死亡。大学生吃在食堂，如果不注意饮食卫生，摄入含有大量病菌和病毒素的食物后，胃肠黏膜受到刺激，一般半小时到数小时之内就会引起食物中毒，影响身体健康，甚至会危及生命。

（一）预防食物中毒

1. 食物中毒及其表现

食物中毒是指人摄入了含有生物性、化学性有毒有害物质后或把有毒有害物质当作食物摄入后所出现的非传染性的急性病，属于食源性疾病的范畴。一般说来，美国疾病预防控制中心关于食源性疾病（Food-bornedisease）的论述为"由于食用或饮用被污染了的食物或饮料而引发的疾病。由于食物的污染来源于不同的致病微生物或病原体，因此存在许多种食源性疾病。此外，如果食物中存在着有毒化学物质或其他有害物质，也能引起食源性疾病"。近年来，在欧美等国，除了把由进食食物所引起的疾病称为食源性疾病外，特别把由细菌、病毒、寄生虫等经口感染所致的疾病称为食源性感染；把因为摄取细菌毒素、自然毒素、化学物质引起的疾病，称之为"食源性中毒"。

关于食源性疾病和食物中毒的说法，各国不尽相同。一般认为，随食物进入人体内的某种病原微生物或有毒有害的其他物质，在大多数情况下以引起急性胃肠炎症状，如以恶心、呕吐、腹痛、腹泻为主征者，称为食物中毒；而单纯因暴饮暴食、维生素缺乏引起的胃肠障碍，或食物中混入异物所引起的物理性机械损伤，或因摄取高热饮食物形成的烫伤、食源性肠道传染病（如伤寒）和寄生虫病（如囊虫病），因一次大量或者长期少量摄入某些有毒有害物质而引起的以慢性毒性为主要特征（如致畸、致癌、致突变）的疾病等，并不属于食物中毒的范畴。

人体因食物中毒而产生的症状具体表现为：

（1）暴发性。由于没有个人与个人之间的传染过程，所以导致发病呈暴发性，潜伏期短，来势急剧，短时间内可能有多数人发病，发病曲线呈突然上升的趋势。

（2）症状相似性。中毒患者一般具有相似的临床症状。表现为恶心、呕吐（这种症状很突出）、脱水、肌肉抽筋、腹泻等消化道症状，不发烧或者只有低烧，或者腹痛、头痛。严重的可以引起虚脱、皮肤发紫、抽风和昏迷等。

（3）共食性。发病与食物有关。患者在近期内都食用过同样的食物，发病范围局限在食用该类有毒食物的人群，停止食用该食物后发病很快停止，发病曲线在突然上升之后呈突然下降趋势。

（4）患者间不相传染。一次暴发中的食物中毒患者对其他人不具有传染性，不会出现"你从食物得病，我因你传染得病"的情况。

2. 食物中毒的应急处理

在各类食物中毒中，细菌性食物中毒最多见，占食物中毒总数的一半左右。细菌性食物中毒具有明显的季节性，多发生在气候炎热的夏季。这是因为一方面由于气温高，适合于微生物生长繁殖；另一方面人体肠道的防御机能下降，易感性增强从而使人中毒的可能性增加。一般说来，细菌性食物中毒发病率高，病死率低，其中毒食物多为动物性食品。

通常，对于食物中毒的主要处理方法是：

（1）停止。

发现食物中毒，立即停止供应、食用可疑食物。

（2）催吐。

如果发现中毒，首先要了解中毒者在中毒前吃了什么东西。如果吃下去的时间在1～2小时内，可以采用催吐的方法，喝一些较浓的盐开水，比例是20克盐兑200毫升开水。如果喝一次不吐，可多喝几次，促使呕吐，尽快排出毒物。也可取鲜生姜50克捣汁加温开水冲服，这样做有护胃解毒的作用。若是吃了变质的荤腥食物，可取十滴水催吐，还可以用筷子、勺把、手指或动物的羽毛刺激中毒者舌根部促其呕吐。用这样方法反复进行，直至洗到无色无味为止（对腐蚀性毒物中毒者不宜催吐，处于昏迷休克状态的人也不宜催吐）。

（3）导泻。

腹泻是人的肌体防御功能起作用的一种表现，它可通过生理功能排除一定数量的致病菌从而起到释放肠毒素的作用，故细菌性食物中毒不应立即用止泻药。相反，患者若是中毒时间较长，且精神尚好，可服用泻药以利泻毒。

（4）解毒。

如果是吃了变质的鱼、虾、蟹引起的食物中毒，可以取食醋100毫升加开水200毫升稀释后一次服下。若是误食了变质的饮料或防腐剂，最好的急救方法是用鲜牛奶或其他含蛋白质较多的饮料灌服。

（5）补充营养。

呕吐、腹泻会造成人的体液大量损失并引起多种并发症状，直接威胁患者的生命。这时，应大量饮用清水补充液体，尤其是开水或其他透明的液体，以促进致病菌及其产生的肠毒素的排除，减轻中毒症状。补充因上吐下泻所流失的电解质，如钾、钠及葡萄糖。当患者呕吐停止之后，可以吃点流质食物，像米汤、鸡蛋羹、藕粉一类东西。等症状好转、病情减轻时，可以吃点半流质食物，如稀粥、面片汤等。饮食要清淡，忌油腻，也不能吃带刺激性的食物，如辣椒、胡椒等。如果患者正在呕吐，就不要吃东西，可喝些茶水或淡盐水，以补充吐泻所失掉的水分。否则，人会虚脱，甚至陷入缺水的危险境地。

（6）求救。

立即报告卫生防疫部门并向急救中心求救。同时，注意保存导致中毒的食物或呕吐物、排泄物，以便医院查明中毒物质后进行解毒抢救。

3. 食物中毒的预防

一般说来，正常的食物不会含有毒性，也不会对人体造成直接伤害，但是随着时间的变化，生产、销售、烹调过程中一些有害、有毒物质会进入食物之中，食用后就可能发生中毒事件。要避免在大学生中发生食物中毒事件，首先应该从大学生自身做起，提高自身的预防意识。

作为大学生预防食物中毒应当做到以下几点：

（1）个人卫生。

要养成良好的饭前、便后洗手的卫生习惯，食品最好不要用手直接拿，要垫一个干净的食品袋或用自己的餐具。

（2）餐具卫生。

每个人要有自己的专用餐具（碗、筷、勺，吃饭之前最好用开水烫一遍），饭后洗干净存放在塑料袋内或纱布袋内，妥善保存好。吃过油腻饭菜的餐具要用洗涤剂先刷干净，并用自来水冲洗。每个星期要固定用50%的高锰酸钾溶液水浸泡餐具10~15分钟，然后用自来水冲干净，使餐具经常保持清洁卫生。

（3）饮食卫生。

选购新鲜和安全的食品，生吃的蔬菜、瓜果、梨桃之类的食物一定要洗净皮，最好在开水里烫3~5分钟再食用。选择食品时，一定要新鲜、干净，不要吃隔夜变味的饭菜。绝对不能食用腐烂变质的食物和病死的禽、畜肉。剩余饭菜要放在阴凉通风的地方，食用时一定要再蒸熟、煮透。夏季气候炎热，一定要喝开水或凉开水。外出参观、实习、旅游购买饮料、食品时，一定要购买有注册商标、厂家、产地、近期出厂的商品。最好不要到没有卫生合格证、经营许可证的个体摊点购买食品，以防上当受骗引起食物中毒。另外，认不准的野菜、蘑菇不要乱吃。

（4）控制细菌繁殖。

主要措施是冷藏、冷冻。温度控制在2℃~8℃内，可抑制大部分细菌的繁殖。熟食品在冷藏过程中做到避光、断氧、不重复被污染。

（5）高温杀菌。

食品在食用前进行高温杀菌是一种可靠的方法，其效果与温度高低、加热时间、细菌种类、污染量及被加工的食品性状等因素有关，根据具体情况而定。

（二）几种常见的食物中毒

容易引起食物中毒的食品一般是：被致病细菌或其毒素污染的食品；被有毒化学品污染的食品，如蔬菜、水果被农药污染；外观与食物相似而本身含有有毒成分的物质，如毒蘑菇等；本身含有有毒物质，而加工、烹调不当，未能将毒物清除的食品，如河豚等；由于储存条件不当，在储存过程中产生有毒物质的食品，如发芽的马铃薯、霉变的粮食等。通常，许多含有有毒、有害物质的食物在外观上与正常的食物并没有十分明显的区别，一般凭感官不易判别。

生活中几种常见的食物中毒有如下几例：

1. 豆角中毒

豆角又称芸豆、菜豆、刀豆、扁豆、四季豆等，含有皂素、红细胞凝集素等天然毒素。这些毒素比较耐热，只有将其加热到100℃并持续一段时间后才能被破坏。如果只用沸水焯、急火炒等手段，在加热不充分的情况下食用，就会因强烈刺激胃肠道而致人中毒。豆角中毒是我国最常见的植物性食物中毒。1987年，内蒙古某大学曾经发生一起食用炒豆角导致76人食物中毒的案例。2006年初，广东省内也连续发生多起食用豆角中毒事件。豆角中毒的潜伏期一般为食用后2~4小时内，中毒者会出现恶心、呕吐、腹痛、水样便等反应，有时伴有头痛、头晕、四肢麻木、胸闷心慌等症状。应急处理方法是立即催吐，如刺激舌根、咽部或口服催吐药，大多数人可在1~3天恢复健康。

2. 发芽马铃薯中毒

马铃薯又称土豆、山药蛋、洋山芋等，在我国分布很广，是一种营养丰富、吃法较多的块茎类蔬菜。正常的马铃薯含有微量的龙葵素是无毒的，但如果储存不当，食用了没有处理好的发芽马铃薯后就会发生中毒。这是因为发芽的马铃薯含有龙葵碱毒素所致。发芽马铃薯中毒的症状有恶心、呕吐、腹痛、腹泻等，轻者1~2天可自愈，重者伴有头痛、心季、昏迷、脱水和呼吸困难，更严重者还可出现痉挛、心力衰竭或产生中枢麻痹症状并导致死亡。防治措施主要是不吃生芽过多、已成墨绿色皮的马铃薯，一经发现是马铃薯中毒，就要立即送往医院进行治疗。

3. 毒蘑菇中毒

毒蘑菇又称毒蕈，属真菌植物。大多数蘑菇无毒，少部分有毒，在一万种蘑菇中，能引起人中毒的蘑菇有70~80种，有10多种蘑菇含有剧毒，食用后即可致人死亡。全国每年因误食毒蘑菇中毒的事件屡屡发生。毒蘑菇所含毒素有4类：神经素类，食后几分钟就能使人出汗、流口水眼泪，脉搏变缓，严重者因精神错乱、出现幻觉、昏迷、呼吸抑制而死亡；胃肠毒素，误食后表现为剧烈恶心、呕吐、腹痛、腹泻等；溶血毒素，误食后除引起胃肠道急症症状外，还可引起溶血性黄疸、血红蛋白尿、肝脾肿大；细胞毒素，能损害人体的多种组织细胞，造成肝、肾、脑、心等重要器官的急性坏死。误食毒蘑菇中毒后，应尽快送医院抢救，及时采取催吐、洗胃、导泻等方法，以迅速排出尚未吸收的毒素。

4. 发霉米面中毒

霉菌和细菌一样，具有分解各种废弃物，并把它还原成无机物的作用。一些霉菌对人体有益，也有一些霉菌在繁殖过程中产生具有毒性的二次代谢物，尤其是霉菌毒素中的黄曲霉素毒性最强，是公认的强致癌物质。当摄入黄曲霉素污染的食品时，可引起食物中毒。1974年，印度发生的一起黄曲霉素中毒事件曾造成当地200个村庄的397人发病，196人死亡。预防发霉米面中毒的办法是谷物在种植、收获、晾晒、储存过程中要加强防霉处理，不食霉变食品，防止病从口入。

5. 霉变甘蔗中毒

甘蔗因长时间贮存，真菌在适宜的温度下迅速繁殖而发生霉变。霉变甘蔗质软、瓤部比正常甘蔗色深，呈浅黄色或棕褐色，闻起来有轻度的酸霉味或酒精味。人食用这样的甘蔗，会因刺激中枢神经和消化系统而发生中毒现象。轻者会出现恶心、呕吐、腹泻、黑便等症状，随后出现头昏、头疼和腹痛等。重者出现抽搐、昏迷甚至死于呼吸衰竭，幸存者也会留下严重的神经系统后遗症，导致终身残疾。预防措施是随买随吃，不要存放时间过长；不买不吃霉变甘蔗；发生中毒后应尽快洗胃、灌肠以排除毒物。

6. 亚硝酸盐中毒

亚硝酸盐是一种白色或淡黄色结晶盐类物质，味苦，外形极似食盐。亚硝酸盐进入人体后，可氧化血液中的血红蛋白为高铁血红蛋白，后者无携氧功能，可导致人体组织缺氧。皮肤青紫是本病的特征，尤以口唇青紫最为普遍，通常人在进食1~3小时发病，时间短者仅10分钟。发现亚硝酸盐中毒时应立即催吐，并及时送医院救治。亚硝酸盐的特效药是美兰（亚甲蓝）制剂。

亚硝酸盐作为食品添加剂，其主要作用是保持肉制品的亮红色泽，抑菌和增强风味，但要严格控制使用范围和使用量。对食用者而言，应当不使用工业用盐和来路不明的盐腌菜，不食色泽异常的肉制品、变质陈腐的蔬菜和腌制不透的咸菜，严禁饮用苦井水。

二、预防火灾与火灾急救

火灾，是指在时间或空间上失去控制燃烧现象而引起的灾害。凡存在违反消防法律法规的行为，可能造成火灾危害的，均为火灾隐患。大火是无情的，在社会生活中的各种灾害中，火灾是威胁公共安全、危害人们生命财产的一种多发性灾害。据统计，全世界每天发生火灾1万起左右，死2 000多人，伤3 000~4 000人，每年火灾造成的直接财产损失达10多亿元。尤其是造成几十人、几百人死亡的特大恶性火灾不断发生，给国家和人民群众的生命财产造成巨大的损失。

2007年6月26日，公安部《关于调整火灾等级标准的通知》规定：

（1）特大火灾，指造成30人以上死亡，或者100人以上重伤，或者1亿元以上直接财产损失。

（2）重大火灾，指造成10人以上30人以下死亡，或者50人以上100人以下重伤，或者5 000万元以上1亿元以下直接财产损失。

（3）较大火灾，指造成3人以上10人以下死亡，或者10人以上50人以下重伤，或者1 000万元以上5 000万元以下直接财产损失。

（4）一般火灾，指造成3人以下死亡，或者10人以下重伤，或者1 000万元以下直接财产损失。

根据资料统计，火灾造成人员死亡的直接原因：一是烟雾中毒窒息死亡，这是火灾致死的首要原因。因为大火烟雾中含有大量一氧化碳、二氧化碳、硫化氢等有毒气体，对人体危害很大，吸入后立即与血红蛋白结合成为碳氧血红蛋白。当烟气中的含氧量低于正常所需的数值时，人的活动能力就会减弱、智力混乱，甚至晕倒窒息。当烟气中含有的各种有毒气体含量超过人正常生理所允许的最低浓度时，就会造成中毒死亡。资料显示，火灾时因缺氧、烟气侵害而造成的人员伤亡可达火灾死亡人数的50%~80%。二是因为逃生无效，被火烧死。三是发生在高楼失火的一些人，在缺乏自救知识的情况下，被火逼得走投无路而跳楼摔死。因此，学会如何预防火灾以及在火灾发生时如何自救就显得十分重要。

（一）校园容易发生的火灾

据资料统计，历年来高校发生的火灾，原因大体可分为以下几种：

1. 使用明火不慎，引起火灾

（1）违章点蜡烛、蚊香、吸烟和使用灶具，违章烧废物：有的大学生在宿舍内烧废纸等物，若靠近蚊帐、衣被等可燃物或明火未彻底熄灭，人就离开，火星飞到这些可燃物上能引起火灾。

（2）树林草坪间用火不当：在树林草坪吸烟、玩火、野炊、烧荒，都能引发火灾。因树林地下有较多落叶、松子球和枯草，冬季草坪枯萎，特别是天气干燥，一遇火种，极易引发火灾。

2. 因人为因素引发电气火灾

高校引发电气火灾的原因主要如下：

（1）违章用电。高校的建筑物供电线路、供电设备，都是按照实际使用情况设计的，在宿舍内使用大功率电器，如电炉、电饭锅、电吹风、电热水瓶等，使供电线路超载发热，加速线路老化而起火。违章加粗保险丝或用铁丝、铜丝代替保险丝，会造成线路超负荷，短路时不能熔断引起线路燃烧；违章乱拉乱接电线，容易损伤线路绝缘层，也会引起线路短路和触电事故导致火灾发生。

（2）使用电器不当。如60 W以上的灯泡靠近纸等可燃物，长时间烘烤易起火；充电器长时间充电，又被衣被覆盖，散热不良，也能引起燃烧；过于自信使用电器也能引起火灾。如使用交直流两用不带交流开关的录音机，总以为录音机开关已关，实质上交流电还在工作，关的只是直流电而已，长时间电源变压器在工作，使变压器的绝缘性能下减，形成聚热而引起燃烧起火事故。

（3）定时供电或因故障停电。例如，某学生使用电吹风时，突然停电，电源插头未拔就离开宿舍，来电时又没有回宿舍，电吹风较长时间工作，引起火灾。

（4）违反实验室操作规程。大学生在实验中用火用电用危险物品时，若违反规程规定，也能引起火灾。如有电感的实验设备在使用时用物品覆盖在散热孔上，使设备聚热，导致设备燃烧；用火时，周围的可燃物未清理完，火星飞到可燃物上引起燃烧；化学实验时，将相互抵触的化学试剂混在

一起，试验温度过高或操作不当，也能引起火灾。特别不是按操作规程的实验极易发生火灾事故。

（二）发生火灾时的自救逃生方法

总结以往造成群死群伤及重大经济损失的特大火灾的教训，其中最根本的一点是要提高人们火场疏散与逃生的能力。一旦火灾降临，在浓烟毒气和烈焰包围下，不少人葬身火海，也有人死里逃生幸免于难。原因何在？重要的是"只有绝望的人，没有绝望的处境"，面对滚滚浓烟和熊熊烈焰，大学生只要冷静机智运用火场自救与逃生知识，就有极大的可能拯救自己。

1. 火灾报警 119

1992 年，公安部发出通知，将每年的 11 月 9 日定为 "119 消防宣传日"。因为从 11 月 9 日以后，我国大部分地区开始进入冬季，冬季是火灾多发季节，所以，从 "119 消防宣传日" 开始，拉开了我国冬季防火的序幕。其实，火警电话所以是 "119"，也是汉语 "要要救" 的谐音。我国的 119 报警台不仅是一部电话，而且是一套通信系统。它可以同国土上任何一个地方互通重大火灾情报，还可以通过卫星调集防灾救援力量，通过电话可以随时向消防最高指挥部提供火情信息，119 报警台实际上是一个防灾指挥中心。

2. 逃生预演，临危不乱

每个人对自己工作、学习或居住所在的建筑物的结构及逃生路径要做到了然于胸，必要时可集中组织应急逃生预演，使大家熟悉建筑物内的消防设施及自救逃生的方法。这样，火灾发生时，就不会觉得走投无路了。2003 年 12 月 23 日，东北大学第 4 宿舍突燃大火，近两千名女生与消防队员密切配合，最终所有被困学生不仅逃出了火场，而且毫发无伤。一些学生的做法是先用棉被，后又用毛巾沾水堵门。接着打开阳台的窗户，最后顺着模糊的安全指示灯，找到楼梯逃了出去。一些寝室学生得知起火后，屋内的人首先拨打了 119 报警电话并进行逃生询问。事后，她们认为之所以能顺利逃生，是因为接受过消防培训的缘故。

3. 熟悉环境，熟记出口

当处在陌生的环境时，如入住酒店、商场购物、进入娱乐场所时，为了自身安全，应当留意疏散通道、安全出口及楼梯方位等，以便关键时刻能找对逃生出路，尽快逃离现场。

4. 扑灭小火，惠及他人

当发生火灾时，如果发现火势并不大，且尚未对人造成很大威胁时，如果周围有足够的消防器材，如灭火器、消火栓等，应奋力将小火控制、扑灭；千万不要惊慌失措地乱叫乱窜，置小火于不顾而酿成大灾。

5. 保持镇静，迅速撤离

一旦突遇火灾威胁，面对浓烟和烈火，首先要强令自己保持镇静，万不可惊慌失措，要冷静地判断危险地点和安全地点，根据周围的烟、火光、温度等，决定逃生的办法，尽快撤离险地。此时不要为一些琐碎小事延误宝贵的逃生时间，要选择与火源相反的通道迅速逃脱险境。有浓烟时，尽量放低身体或爬行，以免被浓烟窒息。千万不要盲目地跟从人流和相互拥挤、乱冲乱窜。撤离时要注意，朝明亮处或外面空旷地方跑。在楼梯上，要尽量往楼层下面跑，因为火主要是向上蔓延的。如果通道已被烟火封阻，则应背向烟火方向离开，通过阳台、气窗、天台等建筑物结构中的凸出物往外逃生。

6. 不入险地，不恋财物

在火场中，人的生命是最重要的。身处险境，应尽快撤离，不要因害怕或顾及贵重物品，把宝贵的逃生时间浪费在穿衣或寻找、搬离贵重物品上。已经逃离险境的人员，切莫重返险地，自投罗网。

7. 简易防护，捂鼻匍匐

逃生时经过充满烟雾的路线，要防止烟雾中毒，预防窒息。为了防止火场浓烟呛入，可采用毛巾、口罩捂鼻，匍匐撤离的办法。烟气较空气轻而飘于上部，贴近地面撤离是避免烟气吸入、滤去毒气的最佳方法。穿过烟火封锁区，应佩戴防毒面具、头盔、阻燃隔热服等护具，如果没有这些护具，那么可向头部、身上浇冷水或用湿毛巾、湿棉被、湿毯子等将头、身裹好，再冲出去。多件防护工具在手，总比赤手空拳好。

经验告诉我们，一旦被火围困，不管附近有无烟雾都要采取防烟措施。最简便的方法是毛巾防烟法。毛巾折叠起来后捂住口鼻就会起到很好的防烟作用。一条毛巾折叠8层为宜，这时烟雾消除率达60%以上。实验证明，在这种情况下，人在充满强烈刺激性烟雾的15米长走廊里缓慢行走，没有刺激性感觉；湿毛巾会使呼吸阻力增大，造成呼吸困难。因此，在使用湿毛巾时，应将毛巾含水量控制在毛巾本身重量的3倍以下。在使用毛巾捂住口鼻时，一定要使过滤烟的面积尽量增大，确实将口鼻捂严，这样可避免热气流对呼吸系统的灼伤。在穿过烟雾区时，即使感到呼吸阻力增大，也决不能将毛巾从口鼻上拿开。一旦拿开就可能立即导致中毒。当在火场抢救被困人员时，也要用毛巾把被救者的脸和头部盖住，以免穿过火区时烧伤。如被救人员已烧伤，也可用毛巾将伤口盖住，以免烟雾粒子使伤口感染。

8. 善用通道，莫入电梯

按规范标准设计建造的建筑物，都会有2条以上逃生楼梯、通道或安全出口。发生火灾时，要根据情况选择进入相对较为安全的楼梯通道。除可以利用楼梯外，还可以利用建筑物的阳台、窗台、天窗、屋顶等攀爬到周围的

安全地点，沿着落水管、避雷线等建筑结构中凸出物滑下楼也可脱险。在高层建筑中，电梯的供电系统在火灾发生时随时会断电或因高温的作用，使电梯变形而导致人被困在电梯内，同时由于电梯井犹如贯通的烟囱般直通各楼层，有毒的烟雾直接威胁被困人员的生命，因此，千万不要乘普通的电梯逃生。

9. 缓降逃生，滑绳自救

高层、多层公共建筑内一般都设有高空缓降器或救生绳，逃生人员可以通过这些设施安全地离开危险的楼层。如果没有这些专门设施，而安全通道又已被堵，救援人员不能及时赶到的情况下，可以迅速利用身边的绳索或床单、窗帘、衣服等自制简易救生绳，并用水打湿从窗台或阳台沿绳道缓慢滑到下面楼层或地面，安全逃生。胆大心细，救命绳就在身边。

10. 避难场所，固守待援

假如用手摸房门已感到烫手，此时一旦开门，火焰与浓烟势必迎面扑来；加上逃生通道被切断，且短时间内无人救援。这时候，可采取创造避难场所、固守待援的办法。首先应关紧迎火的门窗，打开背火的门窗，用湿毛巾、湿布塞堵门缝或用水浸湿棉被蒙在门窗上，然后不停用水淋透，防止烟火渗入，固守在房内，直到救援人员到达。

11. 缓晃轻抛，寻求援助

被烟火围困暂时无法逃离的人员，应尽量呆在阳台、窗口等易于被人发现和能避免烟火近身的地方。在白天，可以向窗外晃动鲜艳衣物，或外抛轻型晃眼的东西；在晚上可以用手电筒光不停地在窗口闪动或者敲击东西，及时发出有效的求救信号，引起救援者的注意。因为，消防人员进入室内都是沿墙壁摸索行进，所以，在被烟气窒息失去自救能力时，应努力滚到墙边或门边，便于消防人员寻找、营救；此外，滚到墙边也可防止房屋结构塌落砸伤自己。

12. 火已及身，切勿惊跑

火场上的人如果发现身上衣物着了火，千万不可惊跑或用手拍打。因为，奔跑或拍打时会形成风势，加速氧气的补充，促旺火势。当身上衣服着火时，应赶紧设法脱掉衣服或就地打滚，以身体压灭火苗；能及时跳进水中或让人向身上浇水、喷灭火剂就更有效了。总之，要尽量减少身体烧伤面积，减轻烧伤程度。

13. 跳楼有术，虽损求生

身处火灾烟气中的人，精神上往往陷于极端恐怖和接近崩溃，惊慌的心理极易导致不顾一切的伤害性行为，如跳楼逃生。应该注意的是：只有消防队员准备好救生气垫并指挥跳楼时或楼层不高（一般4层以下），非跳楼即烧死的情况下，才可以采取跳楼的方法。即使已没有任何退路，若生命还未受到严重威胁，也要冷静地等待消防人员的救援。迫不得已地跳楼也要讲究技巧。跳楼时，应尽量往救生气垫中部跳或选择有水池、软雨篷、草地等方向跳；如有可能，跳出楼前先往地上扔一些棉被、席梦思、泡沫塑料等物品，然后尽量抱些棉被、沙发垫等松软物品或打开大雨伞，尽量对准这些软物跳下，以减缓冲击力。如果徒手跳楼一定要扒窗台或阳台使身体自然下垂跳下，以尽量降低垂直距离，落地前要双手抱紧头部身体弯曲卷成一团，以减少伤害。

跳楼虽可求生，但会对身体造成一定的伤害，所以要慎之又慎。

14. 用灭火器，掌握方法

（1）干粉灭火器：使用前先将灭火器上下颠倒几次，使干粉预先松动，然后撕去头上铅封，拔去保险销，一只手握住胶管，将喷嘴对准火焰的根部，另一只手按下压把，干粉即可喷出。喷粉时要选择在上风位置由近而远向前平推，左右横扫，不留残火，以防复燃。在扑救油类等易燃液体火灾时，应避免冲击液面，以防液体溅出。

（2）泡沫灭火器：将灭火器平稳地提到火场，注意筒身不宜过度倾斜，以免两种药液混合。然后用手指压紧喷嘴口，颠倒筒身，上下摇晃几次，向火源喷射。如是油火，使用手提式化学泡沫灭火器时，不能直击液面，应向容器内壁喷射，让泡沫覆盖油面使火熄灭。在使用推车式灭火器时，先将器盖上的手柄向上扳动，中轴即自动弹出，再启瓶口，用手指压紧喷嘴口，然后颠倒器身，上下摇晃几次，松开手指，按照上述方法灭火即可。

使用泡沫灭火器时，必须注意灭火器的筒盖和底部不能朝向人，防止因筒盖、筒底爆破造成伤亡事故。

空气泡沫灭火器不能扑救带电设备和轻金属火灾。

（3）1211灭火器：首先撕下铅封，拔掉保险销，然后在距火源1.5~3米处，用力按下压把，压杆将密封阀启开，1211灭火剂就在氮气压力作用下喷出。将喷嘴对准火焰的根部，向火源边缘左右扫射，并快速向前推进，要防止火回头复燃。松开压把，喷射中止。如遇零星小火，可采取点射方法灭火。

使用1211灭火器时应垂直操作，不可水平或颠倒使用。

（4）二氧化碳灭火器：手动开启式（鸭嘴式）的灭火器，使用时先拔去保险销，一手持喷筒把手对准火源，一手压紧压把，二氧化碳即自行喷出，不用时将手放松即可关闭；螺旋开启式（手轮式）的灭火器，使用时先将铅封去掉，翘起喷筒对准火源，一手提提把，一手将手轮顺时针方向旋转开启，高压气体即自行喷出。

二氧化碳灭火器不可颠倒使用，使用过程中要占领上风方向从侧面向火源上方往下连续喷射，防止复燃。切勿逆风使用，喷射的方向要保持一定的角度，使二氧化碳能迅速覆盖火源。同时，要防止温度很低的液态二氧化碳从喷筒喷出冻伤双手。

特别注意：在狭小的密闭空间使用二氧化碳灭火器后，应迅速撤离人，应及时通风，然后人再进入，以防窒息导致人员伤亡。扑救 600 V 以上带电设备火灾时，应先断电，后灭火。

三、车祸危险及其防范

（一）车祸是生命第一杀手

车祸是指机动车辆和自行车在运行中因各种原因致伤人体或者财产损失的意外灾害，称交通事故。轻则擦伤、碰伤，重则引起人体多器官受损的复合伤，如果现场急救不及时，造成的伤残死亡率很高。随着社会的发展，人们社会生活节奏的日益加快，除了飞机和轮船等交通运输工具大量发展外，汽车已成为人们日常生活与工作中不可缺少的重要交通工具，同时车祸所造成的人员伤亡和财产损失也在惊人地增加。在我国，1986 年公路交通事故造成的死亡人数是 4 万人左右；到 1997 年，死亡人数已猛增到 73 861 人，受伤者达 190 128 人；到了 1999 年，交通事故死亡人数达到 83 529 人，受伤者达 286 080 人。据统计，车祸已成为和平时期人类意外伤害的主要原因。20 世纪 80 年代末至今，我国交通事故死亡人数已经连续十余年位居世界第一，并且呈逐年上升的趋势。进入 21 世纪以来，我国交通事故的年死亡人数均超过 10 万人，平均每天死亡 270 多人，伤 800 多人，每 4.8 分钟就有 1 人死于车祸，相当于每天坠毁 1 架满载客人的波音飞机。交通事故频繁发生，人员伤亡和财产损失惨重，其所造成的死亡人数占各类事故的 90% 以上，对人类的危害已远远超过了地震、洪水、火灾等自然灾害。

随着高校改革的不断深入，大学因扩招导致在校生数额迅速膨胀，同时，高校与社会的交流越来越频繁，校园内人流量、车流量急剧增加。许多高校教师拥有私家轿车已不算稀奇，学生在校内骑摩托车、自行车更是普遍，开汽车上学也已不再是新闻。加上校园道路建设、校园交通管理滞后于高校的发展，校园内人员居住集中，上、下课时容易形成人流高峰等原因，致使高校的交通环境日益复杂，校园内外的交通事故经常发生，高等学校学生非正常死亡人数中，因交通事故死亡的占有一定的比例。

（二）大学生发生交通事故的隐患

在校园内易发生交通事故的主要原因是人们思想麻痹和安全意识淡薄。

主要表现是：

1. 注意力不集中，行走时发生交通事故

表现为行人在走路时边看书边听音乐，或者左顾右盼、心不在焉。

2. 在路上进行球类活动

大学生精力旺盛、活泼好动，即使在路上行走也是蹦蹦跳跳、嬉戏打闹，甚至有时还在路上进行球类活动，更是增加了发生事故的危险。

3. 骑"飞车"

一般高校校园面积都比较大，宿舍与教室、图书馆等之间的距离比较远，所以许多大学生购买了自行车，课间或下课时骑自行车在人海中穿行是大学的一道风景线。但部分学生骑"飞车"，殊不知就此埋下了祸根。

在校园外常出现的交通事故主要是：

1. 行走时发生交通事故

大学生余暇空闲时购物、观光、访友要到市区活动，这些地方车流量大，行人多，各种交通标志令人眼花缭乱，若缺乏通行经验则发生交通事故的几率较高。

2. 乘坐交通工具时发生交通事故

大学生离校、返校、外出旅游、社会实践、寻找工作等都要乘坐各种长途或短途交通工具，因而带来的交通风险也较大。

（三）交通事故的预防

1. 提高交通风险意识

不管是校内还是校外，发生交通事故最主要的原因是人的思想麻痹、安全意识淡薄。作为在校大学生若没有交通安全意识，很容易带来生命之忧。

2. 遵守交通规则

在道路上行走，应走人行道，无人行道时靠右边行走。走路时要集中精力，"眼观六路，耳听八方"，不与机动车抢道，不突然横穿马路、翻越护栏，过街走人行横道；不闯红灯，不进入标有"禁止行人通行"、"危险"等标志的地方。

3. 乘坐交通工具

乘坐市内公共交通工具时，等车停稳后，依次上车，不挤不抢。车辆行驶中不得把身体伸出窗外；乘坐长途客车、中巴车时不能贪图便宜，乘坐车况不好的车，不要乘坐"黑巴"、"摩的"，因为这些车辆安全没有保障。乘坐火车、轮船、飞机时必须遵守车站、码头和机场的各项安全管理规定。

（四）发生交通事故的处理办法

1. 及时报案

无论在校外还是在校内，一旦发生交通事故，首先想到的是及时向学校

保卫部门和辖区公安交通管理部门报案。这有利于事故的公正处理，千万不能与肇事者"私了"。若在校外发生交通事故，除及时报案外，还应该及时与学校取得联系，由学校出面处理有关事宜。

2. 保护现场

事故现场的勘查结论是划分事故责任的依据之一。若现场没有保护好，会给交通事故的处理带来困难，造成"有理说不清"的情况。如在校园内发生交通事故时，有关车辆必须立即停车，及时报案或向学校保卫部门报告，听候处理。

3. 控制肇事者

若肇事者想逃脱，一定要设法控制其行动，自己不能控制可以发动周围的人帮忙控制，若实在无法控制也要记住肇事车辆的车辆牌号等特征以及现场目击证人，必要时向在场师生求救。如果有人身伤害情形，应积极抢救伤者（移动时须设标志），同时选择有抢救能力的治疗单位尽快转送急救。

（五）发生车祸损伤的急救方法

1. 交通事故一旦发生，必须迅速将伤员从致伤的环境中解救出来

在交通事故发生的过程中，应注意只有在绝对必要的情况下（如伤病员体位对生命有危险）才可移动受伤者，因为随意移动可能会加重伤病员外部或内部的损伤。万不得已要移动、运送受伤者时，要精心护理、周密安排，以免加重伤情或造成休克。通常最好的办法是使伤者躺下，保持仰卧位，一定要轻抬轻放。

对受伤者的搬运，必须遵循以下原则：

（1）受伤部位不被挤压、不负重，脊柱不扭曲。

（2）针对不同的伤情要选用不同的搬运方法。单人徒手搬运可采用抱、背、扶等方式，双人徒手搬运可采取拉车式、椅托式、手托式等。对于脊柱损伤的伤者，搬运中必须用平托式且使其平卧在硬板上。

（3）如有异物刺入体内，切记不要轻易将其从体内拔出，应该将异物与伤员身体固定使之不摆动；如果异物过长或移动不便，应将异物截断。

（4）伤员救出现场后，要及时判断神志、呼吸、脉搏三个方面的伤情。确定神志的方法：轻拍其肩膀，呼叫其姓名，看是否有回答；如果有，暂时可能没有生命危险；如果没有回答，应迅速采取抢救措施。观察呼吸的方法：耳朵贴近伤员的鼻腔，用眼睛看其胸部有无起伏运动，耳朵听呼气时有无空气逸出，面部感觉有无气流。观察脉搏方法：接触伤者的颈动脉（喉结外侧方凹陷处），注意不要双侧摸，不要压迫气管。

2. 根据车祸的种类、伤害的部位、伤势的轻重选择急救方法

不论哪种车祸，常引起出血、骨折、肌肉撕裂、眼球破裂、内脏出血等

严重情况出现。在这种情况下，在场者首先应设法立即向医院呼救；在医生来之前，对呼吸、心跳停止者，应立即进行人工呼吸和心外按压；遇有出血者，急救者可把衣裤撕成布带代替止血带或用指压止血；有骨折者，设法固定；保护伤口不受感染。下面是几种具体损伤应急处理：

（1）头颅损伤。如果发现头部受外伤的伤员，受伤者只有头痛头晕，说明是轻伤；除此外还有瞳孔散大、偏瘫或者抽风，那至少是中等以上的脑伤。脑外伤患者一旦出现频繁呕吐、头痛剧烈和神志不清等症状，应速送医院诊治。受伤后如有脑脊液流出时，最好不要用纱布、脱脂棉等塞在鼻腔或外耳道内，因为这样会引起感染。

如果发现伤者的进行性昏迷加重，必须立刻送往能处理颅内伤的医院进行治疗。抬担架时头端略高，以利于脑部的静脉回流。如果分泌物聚集在咽喉部位，要用手去清除。如果有穿透性伤口或咽喉部出血，运送时要侧卧，以利于引流，防止出血吸入气管内。对于有抽搐现象的，应加以保护和约束，可用毛巾或布类折叠成带状，横置于上、下臼齿之间，以防伤者咬舌，并有助于呼吸道的通畅。

在救护车到来之前，现场可以选择这样的方法抢救：让患者取昏睡体位，即让负伤者侧卧，头向后仰，保证呼吸道畅通；若呼吸停止，则进行人工呼吸，若脉搏消失，则进行心脏按摩；若头皮出血，用纱布直接压迫止血；如果头受伤，有血液和脑脊液从鼻、耳流出，一定要受伤者平卧，患侧向下，即左耳、鼻流出脑脊液时左侧向下，右侧流时右侧向下。如果喉和鼻大量出血，则容易引起呼吸困难，应让受伤者取昏睡体位，以使其呼吸方便。

（2）颈椎损伤。在运送这类伤员前，必须先固定。具体方法是：用沙袋分别置于伤者的头两侧以固定头部，防止任何头部旋转、侧弯、过伸或过屈活动。

（3）胸部损伤。主要有3种情况：一是连枷胸（即伴随肋骨骨折）。现场处理的主要措施是固定胸部，减少反常呼吸，可用布类折叠、沙袋或小枕头压在伤处，再用绷带或宽胶布固定在胸廓上。二是开放性气胸（即有开放性伤口）。立即用消毒敷料（如无条件，也可以用干净布料代替）堵塞，并封闭伤口。三是张力性气胸（即无开放性伤口）。伤者有明显的缺氧及呼吸窘迫，应立即用粗针头在伤侧第二、三肋间穿刺放气，以缓解胸腔内的高压，并尽快地转送到医院。

（4）腹部损伤。由腹部伤口脱出的内脏（多为肠管）禁止塞入腹腔，可用湿敷料或干净的湿布覆盖包扎，必要时可用碗、盆等容器扣在脱出的脏器上加以保护，再用绷带、布单等固定后方可转运。因车祸所致腹部脏器损

伤，患者感到腹部持续性痛，阵发加剧，不敢深呼吸，腹壁紧张如板状，并出现恶心、呕吐、呕血甚至失血性休克症状。这可能是腹腔脏器（如胃、肠）破裂，引起腹膜炎，或实质性脏器（如肝、脾、肾）破裂出血。此时的急救措施是避免进食、饮水或用止痛剂，速送往医院诊治。

（5）肢体损伤。受伤部位的衣服应脱掉或剪开，固定的范围包括骨折上、下两个关节，固定前要包好所有的伤口，在固定的过程中要尽量减少肢体的活动。如果现场器材不足，可将上肢固定在胸壁，一侧下肢骨折可利用健康一侧的下肢来固定，脊柱损伤可将伤员平放在硬板上加以固定。无论哪一种损伤，如果有出血发生，都要用手压住，或用纱布、布带包扎止血。

（6）外伤出血。不同种类的出血，其止血方法应有不同。毛细血管出血，血液从创伤面或创伤周围渗出，出血量少，危险性小。止血时，在伤口处盖上消毒纱布或干净手帕、布片，扎紧就可以止血。静脉出血，血色暗红，缓慢不断地流出。其后由于局部血管收缩，流血逐渐减慢，危险性较小。一般抬高出血肢体以减少出血，然后在出血部位放上几层纱布，加压包扎可达到止血目的。动脉出血，血呈鲜红色。血液来自伤口的近心端，呈搏动性喷出，出血量多，速度快，危险性大。动脉出血时，一般使用间接指压法止血，即在出血动脉的近端，用手指把动脉压在骨面上，予以止血。在动脉的走向中，最易压住的部位叫压迫点。这种方法简单易懂。但因手指容易疲劳，不能持久，所以只能作为临时止血，必须尽快换用其他方法。

第三节
防范盗窃、抢劫与欺诈骗局

一、预防盗窃和抢劫

盗窃就是通常所指的偷东西，是一种最常见的，并为公众最为深恶痛绝的违法犯罪现象。法律上是指以非法占有为目的，秘密窃取国家、集体或他人财物的行为。盗窃案在高校发生的各类案件中占90%以上。

2007年7月6日，济南公安部门接到群众举报，抓获了公安部网上通缉人员黄某，在民警抓获黄某的现场也查出了他偷走的赃物。黄某是青海省西宁市人，当年19岁的他是山东省某高校舞蹈系学生。6月，黄某前往上海参加"加油！好男儿"选秀，其后被淘汰。当民警询问黄某的盗窃动机时，黄某称他与朋友在一起玩时，他请客比较多，花了不少钱，在临走时偷走财物是为了弥补损失。2007年6月25日，北京先农坛体育运动技术学校的7名运动员发现宿舍被盗，2台笔记本电脑、6部手机、1部MP3等财物不见了。警方调查发现窃贼竟是曾获得世界大学生运动会某某项目冠军的张某某。

（一）高校盗窃案件的特点

大学校园向来以其开放性和包容性著称，因而出入人员复杂，管理困难，加之大学生的法律意识、安全意识以及自我保护意识淡薄，这就为一些动机不纯者进入宿舍盗窃创造了条件。各种盗窃案屡屡发生在校园或者大学周边地带，严重地影响了大学生的生活和学习，也给大学生带来了精神上和财产上的损失。

盗窃案可分为外盗、内盗和内外勾结盗窃三种类型。一般盗窃案件有以下共同点：实施盗窃前有预谋准备的窥测过程；盗窃现场通常遗留痕迹，如指纹、脚印、物证等；盗窃手段和方法常带有习惯性；有被盗窃的赃款、赃物可查。

由于客观场所和作案主体的特殊性，高校盗窃案件有以下具体特点：

1. 时间上的选择性

作案者在有人的情况下一般是不行窃的，作案一般选择无人的空隙实施盗窃。例如，上课期间，作案人便会光顾宿舍；下班以后或节假日期间，实验室、办公室、财会室、计算机室通常均处于无人状态，作案人便会乘虚而入。

2. 目标上的准确性

高校中内盗案件比较多。财会室、计算机室在什么位置，作案人会掌握得一清二楚；哪个学生有钱或贵重物品常放在什么地方，有没有锁在箱子或柜子里，钥匙放在何处，作案分子也基本上了解。不动手便罢，一旦动手，常会十拿九稳。

3. 技术上的智能性

高校中盗窃案件的作案主体，一般以高学历、高智商的人为多，有的本身就是大学生。他们智商较高，盗窃技能高于一般盗窃作案人员。他们经常窃取被盗者的钥匙开锁，或用易拉罐皮制作"万能"钥匙等，进行智能型违法犯罪活动。

4. 作案上的连续性

由于作案人比较"聪明"，所以其第一次作案很容易得手。"首战告捷"以后，往往产生侥幸心理，加之报案及破案的滞后，作案人极易屡屡作案而形成一定的连续性。

（二）大学生宿舍被盗方式

大学生宿舍是容易被盗的重点区。盗窃分子常常采取以下手段下手：一是"顺手牵羊"。在宿舍管理员看管不严或是疏漏的情况下，有些小商贩便乘机溜进宿舍，遇到宿舍没人、门又开着的情况，便将室内的现金、存折、信用卡、手机、随身听、照相机等贵重物品盗走。如果有同学这个时候进来，有的盗窃分子会有准备地逃脱，如立即拿出自己的商品叫卖以掩饰，很多同学因难以在意他此前的行为而不加警觉。二是"乘虚而入"。房门不锁，窃贼入室。三是"窗外钓鱼"。趁室内无人或室内人员睡觉之际，用竹竿、木棍将晾晒在窗外的衣物勾走，或者把纱窗弄开，钓走放在桌上的手表、衣物等。四是撬门扭锁。此类窃贼胆大妄为，不计后果。只要值钱的东西都要，而以价格高、易携带东西为主。五是翻窗入室。趁窗户敞开之际，或者割破纱窗，进入室内，进行盗窃。六是伺机而动。这类窃贼往往要花一些时间研究学生的生活规律，发现安全漏洞，选择最有利的时机，乘虚而入。七是"家贼难防"。有个别学生人生观扭曲，见利忘义，偷盗同学钱物，因知情知底，故防不胜防。

一般来说，在大学校园发生的失窃，大学生主要易丢失的财物有现金、存折、笔记本电脑、手机、随身听、电子字典、商务通、高级手表、有价证券、MP3等。需要指出的是，自行车一直是被盗的重点目标，且被盗数量不断增长。而宿舍、教室、操场、澡堂、图书馆阅览室是案发最集中的地点。同学们总是把书包和贵重物品丢在这些地方不加看管地做其他事，这就给了小偷以可乘之机。

（三）防盗从自身做起

从上述校园作案特点可以看出，盗窃固然为不法分子所为，但也与大学生缺乏安全意识，自身没有养成安全习惯有很大关系。防盗，应从每一个大学生自身做起。

1. 校园内防盗注意事项

（1）妥善保管好现金、存折、汇款单等。现金最好的保管办法是存入银行，千万不要在宿舍和身上保留大量的现金。

（2）保管好自己的贵重物品，钱包、手机、相机、随身听、文曲星、电子词典等不要随便放在桌上、床上，要放在抽屉、柜子里，并且锁好。寒暑假时应将贵重物品带走，或托可靠人保管。

（3）养成随手关窗、锁门的习惯。上课、参加集会、出操、锻炼身体等外出离开宿舍时，要关好窗、锁好门。

（4）在教室、图书馆看书时，在食堂吃饭时，不要用书包占座，更不

要在书包里放现金、贵重物品和钥匙。

（5）不带较多的现金和贵重物品到公共浴池去洗澡。

（6）不能留宿外来人员，不能丧失警惕，引狼入室。

（7）对形迹可疑的陌生人保持警惕。应当大胆地上前询问，不能在犯罪分子面前表现得软弱可欺。如果在楼道内发现有东张西望的人，应及时向宿舍管理员报告。

2. 外出时防盗注意事项

（1）外出采购、游玩尽量不要携带大量现金和贵重物品，如必需带的钱款较多，最好分散放置在内衣袋里，外衣只放少量现金以便购买车票或零星物品时使用。

（2）现在大多银行均实行通存通兑，而且储蓄网点也很多。如确需较大金额的现金，可使用先存后取的办法，亦可使用ATM卡进行支付。

（3）外出时，不要把钱夹放在身后的裤袋里，乘公共汽车不要把钱或贵重物品置于包的底部或边缘，以免被割窃走。在挤车或处在拥挤的环境时，包应放在身前，不管是吃饭、购物或拍照，包都不能离身，至少不能脱离视线，以免因为疏忽而被人拎走。

（4）在人多杂乱的地点不要翻点现金，以免被扒手盯上。同时也不要因不放心而不时去摸放钱包的地方，这样同样会引起狡猾的扒手注意。

（5）乘出租车时，下车时要注意清点自己随身携带的物品，以免因与同学聊天或急于办事而把物品丢在车上。另外，在乘出租车、小公共汽车时最好先记一下乘坐汽车的车号，万一发生问题也便于查找。

（四）外出预防抢劫和抢夺

抢劫俗称打劫，是指以非法占有为目的，当场使用暴力、胁迫或者其他方法，强行夺取公私财物的行为。历史上，美国拓荒西部时期的悍匪，北欧中世纪的海盗，我国古代所谓的绿林好汉、江洋大盗、山寨土匪，都是以抢劫为业。他们虽然有时将自己的行为冠以劫富济贫、主持正义、替天行道的美名，但万变不离其宗，都是以暴力强行劫取财物的反社会公共秩序的犯罪行为。抢夺是指以非法占有为目的，趁人不备公然夺取公私财物的行为，抢夺案件发生突然，作案隐蔽，作案人虽然未使用暴力，但在实施抢夺时，极有可能造成受害人的人身伤害。

抢劫与抢夺是当今社会诸多犯罪形式中危害严重、公共影响恶劣的一种暴力犯罪类型，会给被害人带来了极大的身心伤害和财产损失。更为严重的是，它不仅是对整个社会公共秩序的公然挑衅和蔑视，而且具有传播效应。一个地方若发生一起这样的恶性案件，人们的安全感就会大打折扣，案件一日不破，就会越传越广，乃至于形成人人自危和恐慌的情绪，从而引发整个社会的不稳定。

预防打击抢劫犯罪，大学生群体不是主力军，但却同样责任在身。

1. 提高自身安全意识，加强自身安全防范

减少发案率，预防是根本，到位的防范既保证了自身的安全，又减少了社会发案率。这意味着我们做好了自己的事情，其实也就是为社会做了贡献。其次，应当掌握一定的应对技巧和谋略。因为，谁也无法保证被"抢劫"这事不会在自己身上出现。所以，未雨绸缪，学习一些这方面的知识与技巧就十分重要，关键时刻就能起大作用。

"凡事预则立，不预则废"，对于预防被抢自己平时要多想一想。如果平时一点也不想，一旦事到临头，遇到危险情况就会惊慌失措，头脑一片空白，无法机智应对，使自己真正进入到危险的境地。所以，平时养成一种安全意识是十分重要的。有了潜在安全意识，时时事事都会在潜意识里予以分析，告诉自己怎样做更安全并自觉地那样去做，从而实现规避危险的目的。其实，预防抢劫的一条硬道理就是：尽量避免自己进入或陷入危险的情境中，这其中包括易发生劫抢的时间段、敏感地段、危险场所，甚至是自己易受到抢劫伤害的状态，如性别年龄等。

（1）预防公共场所抢劫：预防抢劫，避免自己进入危险情境最重要。因为，抢劫犯罪都发生在面对面之间，如果你不出现在抢劫犯的视线范围内，他就不可能抢到你的东西。所以，不要在夜间到偏僻的公园、绿化带内休息，更不要去灯光昏暗和感觉不安全的地方进行活动；单身女大学生不要在夜间在外行走，如有需要，一定要找人结伴同行，或有人接送；不要在公开场合暴露大额现金和金银首饰、文物等贵重物品；遇陌生女子引诱你或是请你到某一地方玩，切勿随意跟着走，防止被色情诱惑遭抢劫。如感觉有人跟踪，应选择捷径或人多的地方快速逃跑。

（2）预防到银行取款遭遇抢劫：犯罪人员经常在银行或储蓄所窥视，伺机抢劫存取款人现金，有的跟踪存取款人到偏僻地段处实施抢劫，然后骑摩托车逃跑。因此，到银行提款的大学生，最好要有两人同行，加强安全防范，互相照应，清点钱款要在银行柜台前，不要到门口再清点，现金要放在拎包内层，而且要抱在胸前，不要放在自行车杂物筐或摩托车后箱内。存取款时要严格执行1米线等候业务制度。要注意发现在银行等金融单位营业厅里戴帽子、戴墨镜等故意掩盖面部特征及穿着与气候不符的可疑人员以及在银行等金融单位游荡、经常打手机的可疑人员。从银行或储蓄所出来，注意观察前后左右的情况，留心是否有人跟踪，若有驾驶摩托车在银行门口慢行观察等可疑人员或车辆跟随，要提高警惕，必要时走向警察身边求助、报警或迅速乘出租车离开。

（3）预防外出时被飞车抢夺：外出时少带现钞，少戴金银首饰，走路要走人行横道，不要离马路太近，更不要走车行道，拎包要放在胸前，背包最好靠左侧斜背，对于周围可疑车辆、人员要提高警惕，特别是对驾驶摩托车行驶速度慢，骑车人东张西望，故意遮盖车牌等异样情况，要加强防范，以免遭到骑车歹徒袭击。手机最好不要挂在胸前，打电话时要注意身边是否有可疑的陌生人。夜晚行走时不要一边走路一边打电话，容易被不法分子作为作案目标。骑自行车时不要随意将随身带的物品不加固定地放置在自行车篓里，防止不法分子用绳子、铁丝插入车后轮，等你转过头去看时把物品抢走。

2. 校园内发生抢劫案的一般规律

（1）发案时间一般为师生休息或校园内行人稀少、夜深人静之时，学校开学特别是新生入学时也是案发高峰期。

（2）大多数抢劫案件发生于校园中比较偏僻、阴暗、人少的地带，一般为树林中、小山上、远离宿舍区的教学实验楼附近或无路灯的人行道、正在兴建的建筑物内。

（3）抢劫的主要对象是穿着时髦，携带贵重财物，单身行走的，晚归无伴或少伴的，谈恋爱滞留于阴暗无人地带的大学生。

（4）作案人一般为校内或学校附近有劣迹的青年人，他们往往结伙作案，作案时胆大妄为，由于熟悉校园环境，作案后可以迅速逃遁。

3. 应对抢劫应当掌握的技巧

（1）沉着冷静。如果你只有一个人，在力量上弱于劫匪，以确保生命安全为原则。可适当舍财，按作案人要求交出部分财物，但不可表现得过于软弱、顺从。应当尽可能地用巧妙的语言与其周旋，使作案人感到你没有反抗的意图而放松警惕，然后看准时机反抗或逃脱控制。

（2）在抗衡时，可借助有利地形，利用身边的砖头、木棒等足以自卫的武器与作案人相峙，使作案人短时间内无法近身。无法与作案人抗衡时，可看准时机向有人、有灯光或宿舍区奔跑，并大声呼救，犯罪分子由于心虚，一般不会穷追不舍。

（3）"狭路相逢勇者胜"，首先要从心理上压倒对方，一定要鼓足勇气，壮起胆子，观察周围地势，大声呵斥歹徒。如果具备反抗能力和时机，应及时发动进攻，将其制服或使作案人丧失作案的心理和能力。

（4）采用间接反抗法，即趁其不注意时在作案人身上留下暗记。如在其衣服上擦点泥土、血迹，偷偷在其口袋中放进有标记的小物件，把笔芯的墨水挤出涂在手上再摸到其身上或衣服上等。

（5）尽量记住作案人的特征，如身高、年龄、体态、发型、衣着、胡须、伤疤、语言、行为等特征。如对方抢劫得逞后要及时报案，以利于警方及时组织力量布控。

（6）要有见义勇为之心。见义勇为的方式多种多样，并不一定要你面对凶器，毫不犹豫地冲上前，而是完全可以用你的机智来相助，或直接或间接地让遇险者化险为夷。

（7）案件发生后一定要及时报警。报警不一定能挽回你的损失，或使抢你的人受到法律的惩罚；但不报警，就会让犯罪分子逍遥法外，继续危害他人。所以，报警不仅是你的权利，更是你对社会应负的一种责任。报警时，要准确说出案发时间、地点、案犯人数，尽可能说出犯罪分子的特征、逃跑方向等。可就近向保安人员报警，也可电话向"110"报警中心或学校保卫部门报警。

二、警惕来自身边的诱惑陷阱

（一）诈骗及主要手段

诈骗是社会上另一种主要的侵财犯罪，是指以非法占有为目的、用虚构事实或隐瞒真相方法骗取款额较大的公私财物的行为。在现实生活中，社会上的诈骗手段五花八门，可谓让人眼花缭乱，防不胜防。随着招生规模的扩大，发生在高校的诈骗案件总体呈现出案值大、涉及面广、受害人多的特点。利用现代通信联络方式、工具、专业技术行骗，成为高校学生被骗案件发展的另一个值得注意的趋势。

诈骗分子在大学校园内诈骗作案的主要手段有如下几种：

1. 假冒身份，流窜作案

诈骗分子往往利用假名片、假身份证与人进行交往，有的还利用捡到的身份证等在银行设立账号提取骗款。有的冒充名牌大学的学生，声称自己遇到了困难，利用借手机、问路、找人等幌子接近学生，在骗取学生的信任后，便谎称让家人汇钱来而向学生借银行卡，并索取银行卡的密码，然后将卡上的存款取走或转账。这些骗子为了既能骗得财物又不露出马脚，通常采取游击方式流窜作案，财物到手后即逃离。还有人以骗到的钱财、名片、身份证等为资本，再去诈骗他人，重复作案。

男生王某在校门附近遇到 2 个年轻女子。她们主动与王某搭话，自称是某大学的学生，因为与家人发生矛盾而出走，钱已经用完，得到王某的同情后，便向王某借电话卡假意往家里挂电话，并让王某接听。对方证实了该情况，得到王某信任后，以吃住急需钱为由，向王某借钱或储蓄卡，称家人会将钱还到该卡上，并给王某留下一个假电话号码，从而骗得王某人民币 1 000 元。第二天王某用两女青年留的假电话号码与其联系时，方知受骗。

2. 利用身份，虚假合同

一些诈骗分子往往利用被害人急于就业和出国等心理，投其所好，应其所急施展诡计而骗取财物。例如近些年来，高校学生分担培养费的比重逐步加大。为了减轻家庭负担，勤工俭学已成为大学生维持学业的重要手段。诈骗分子往往利用这一机会，用招聘的名义对一些"无知"学生设置骗局，骗取介绍费、押金、报名费等。如某高校几位学生通过所谓的"家教中介"机构联系家教业务，交了中介费后，拿到手的只是几个联系的电话号码，待打电话询问时，对方往往回答并不需要家教，或者"联系迟了"，但此时想要回中介费已是绝对不可能了。

刘某从湖南某大学毕业，一直为就业犯愁。一天上午，刘某准备乘火车返乡回于都县城。在湖南一火车站等车时，一位穿着讲究的40多岁中年男子跟他搭起了话。刘某看他说话很风趣，加上等车寂寞，于是跟他聊了起来，而且越聊越投机，便把自己为找工作的烦恼跟他倾诉了一番。中年男子听后便掏出一张名片给刘某说："我是某某公司的总经理，我发现你谈吐不凡，充满智慧，有意聘你到我公司上班，你意下如何？"刘某没想到机会这么快就来了，高兴万分。"总经理"看了看表说："我的班次快到了，这样吧，你把你的家庭情况和联系方法告诉我，我到时跟你联系。"刘某把家庭情况告诉了他，并把家里的联系电话和家庭住址也留给了他。

当天中午12时，刘某家中接到一个电话，一个声音急切的男子说，他是刘某的同学，一起准备搭火车回家，谁知在火车站刘某突然被一辆飞驰的汽车撞飞，肇事车辆逃逸。刘某现在医院抢救，医生要家属赶紧交2万元现金。刘某的家人听得有些怀疑，为验证这名同学的身份，提了好几个问题，对方都回答得清清楚楚，而且对方还把刘某的家庭情况简要说了一遍。刘某的家人相信了，急忙凑了2万元钱，按照对方提供的账号汇了过去。刘某父亲还立即收拾东西要赶赴湖南。

7月12日上午刘某回到家，一家人才知道上了当。刘某连忙拨打"总经理"名片上的电话，却发现这个号码是个空号。

利用合同或无效合同向大学生诈骗的现象，近几年有所增加。一些骗子利用高校学生经验少、法律意识差、急于赚钱补贴生活的心理，常以公司名义让学生为其推销产品，介绍家教，事后却不兑现诺言和酬金而使学生上当受骗。对于类似的案件，作为学生一方，由于事先没有完备的合同手续，处理起来比较困难，往往时间拖得很长，花费了许多精力却找不回自己应得的回报。

诈骗分子程某在湖南某高校贴了一份招聘毕业生的广告，声称某外企高薪聘用20名业务人员，实习期待遇每月3 000元，一年后转正月薪5 000

元，并经常有出国机会。凡参加面试通过初试的需交100元押金。广告贴出当天就有50多名学生进行初试，均被告知面试印象很好，没有人怀疑诈骗分子的身份。骗子在骗钱后，很快便消失得无影无踪。

3. 设立名目，想法骗钱

有的骗子利用人们贪图便宜的心理，以高利集资为诱饵，使部分教师和学生上当受骗。有的则以满足大学生的某种需要为名，实施诈骗。

诈骗分子李某自称是某企业驻京代表，声称要赞助部分同学到老区进行社会调查，每人只需交200元就可到江西井冈山等地进行10日旅游考察，并要求参加者在考察后每人交一份考察报告，诈骗分子向咨询的学生出示介绍信、工作证、考察旅游路线及此次活动的组织安排。由于骗子说得精彩，许多同学就报了名，而钱到手后骗子再也不露面了。

还有一些骗子利用学生"识货"经验少又苛求物美价廉的特点，上门推销各种产品而使师生上当受骗。更有一些骗子以到办公室、学生宿舍推销产品的名义寻找作案目标和机会，一发现室内无人，就会顺手牵羊、偷窃财物后溜之大吉。

4. 骗取信任，寻机作案

诈骗分子常利用一切机会与大学生拉关系、套近乎，或表现出相见恨晚而故作热情，或表现得十分慷慨大方对大学生以朋友相称，骗取信任后再寻机作案。

诈骗分子梁某在火车上遇到回家度假的学生林某，聊天过程中，林某轻易道出了家庭及同班好友吴某假期留校的情况。梁某听后心起歹意借故下车，返身乘车来到林某所在的高校找到吴某，声称自己是林某最好的中学同学，利用假期特意来拜访林某的。吴热情地接待了梁某，安排他食宿。第二天梁某对吴某说，自己来之前打电话叫家里寄钱到林某处，现林某不在，只好向吴某借点钱用，吴某对梁某深信不疑，很大方地借给梁某500元钱，随后梁某不辞而别。

（二）大学生受骗的原因

大学生被骗事件屡有发生，有些犯罪分子行骗手段极其低劣，但为什么还能屡屡得手呢，作为天之骄子的大学生为什么这样容易上当受骗？可以说，这与我们青年大学生生活阅历、性格特点有很大关系。

1. 思想单纯，缺乏经验

在大学生宿舍里经常有一些前来寻访的老乡、熟人、同学，或者朋友的朋友，熟人的老乡，同学的同学之类的人。这其中有的是真，有的是假，而我们很多同学从小到大一直在学校读书，思想单纯，分辨是非能力差，对社会的想象与现实生活差距较大，看到了"世界充满爱"，却忘记了世界上还有邪恶。对来找自己的人缺乏刨根问底的习惯，在不辨真伪的情况下，宁信其有不信其无，而且常常把他人的寻访看作是一种荣耀，因而这些人最轻易上当受骗。

2. 疏于防范，感情用事

大学生从小学、中学到上大学都有一个"十年寒窗"的经历，能够进入高等学府之门当属幸运者。进入大学校门，很多人（尤其是新生）激情溢于言表，还来不及形成防范的概念，这在客观上给诈骗分子以可乘之机。有的同学，"同情心"过强，经不住别人几句好话和可怜的求助，并受在家靠父母、在外靠朋友的观念影响，轻易相信他人，这也是容易上当受骗的另一个原因。还有，受害的大学生由于经济困难的原因，往往被诈骗分子开出的"好处"、"利益"所吸引，对诈骗分子的所作所为不加深思分析，不做调查研究，因此上当受骗。

3. 有求于人，轻率行事

每个人免不了有求他人相助的事，能否如愿这就要看是什么事，对象是谁。如果不分青红皂白，为达目的而轻率交友，弄不好会上当受骗。据调查，当前大学生容易求人且容易被利用的心理特征是：想经商助学而缺乏经商的实际经验，急欲成名爱慕虚荣而疏于戒备，想找到理想的工作单位而缺少门路等。一旦有人提出愿意帮忙，处于这种心态的大学生往往会丧失警惕，上当受骗。

（三）大学生识别防范诈骗的方法

1. 提高防范意识，学会自我保护

在当今社会，环境千变万化，青年大学生必须尽快适应环境，学会保护自我。在人与人交往中，特别是与陌生人打交道，不可以盲目随从，遇事要多分析，考虑事物要周全。要积极参加学校组织的法制和安全防范教育活动，多知道、多了解、多掌握一些防范知识对自己是有百利而无一害的事。在日常生活中要做到不贪图便宜、不谋取私利；在提倡助人为乐、奉献爱心的同时，要提高警惕性，不能轻信花言巧语；不要把自己的家庭地址等信息随便告诉陌生人，以免上当受骗；不能用不正当的手段谋求择业和出国之路；发现可疑人员要及时报告，上当受骗后要及时报案、大胆揭发，使犯罪分子受到应有的法律制裁。

2. 交友避免以感情代替理智

人的感情是主体与客体的交流，既是主观体验也是对外界的反映，本身应该包含合理的理智成分。如果只凭感情用事，一味"跟着感觉走"，往往容易上当受骗。通常情况下，大学生交友最基本的原则有两条：一是择其善者而从之。真正的朋友应该建立在志同道合、高尚的道德情操基础之上，是真诚的感情交流而不是简单的利益关系，要学会了解、理解和谅解。二是严格做到"四戒",即戒交低级下流之辈,戒交挥金如土之流,戒交吃喝嫖赌之徒,戒交游手好闲之人。与人交往要区别对待,保持应有的理智。对于熟人或朋友介绍的人,要学会"听其言、察其色、辨其行"而不能"一是朋友,都是朋友"。对于"初相识的朋友",不要轻易"掏心窝子",露出自己的底细,更不能言听计从、受其摆布利用。对于那些"来如风雨,去如微尘"的上门客,态度要热情,交往要小心,尽量不为他们提供单独行动的时间和空间,以避免在不经意间给犯罪分子提供作案条件。

3. 同学之间互相沟通和帮助

在大学里,无论哪个学院、哪个专业,班集体总是校园中一个最基本的组织形式。在这个集体中,大家向往着同一个学习目标,生活和学习是统一的、同步的,同学间、师生间的友谊比什么都了解,因此相互间应该加强沟通、互相帮助。大学生还会根据自己的兴趣、爱好、性格的不同,加入社团组织或者结成一个个或松散或紧密的交际圈,如学习圈、娱乐圈、老乡圈等,这些交际圈都是很好的人际沟通平台,对于大学生之间的互想学习与帮助大有好处。有些同学习惯于把个人之间的交往看作是隐私,但必须明白,既然是交往就不存在绝对保密。有些交往关系,在自己认为合适的范围内适当透漏或公开,更适合安全需要,特别是在自己觉得可能会吃亏上当时,与同学有所沟通或许会得到一些帮助并避免受害。

4. 远离不健康的环境

公共娱乐场所出入人员鱼龙混杂,充斥着各种不安全因素,随时都会发生危险。例如,高校周边往往是网吧聚集的地方,网吧里面的出入人员就比较杂,治安环境往往不好,一些窃贼就喜好在网吧偷盗前来上网学生的钱物。在社会上有许多娱乐场所往往打着娱乐的幌子,实际进行的是色情交易,大学生经常出入这些不健康的场所,尤其是女大学生为了赚钱而从事陪酒陪舞活动就会涉及安全问题,极易受到一些不法分子的伤害。如果由于经验不足和认识上偏差,导致大学生自身不能够正确地甄别社会上一些事物的良善与邪恶,自制力和抵抗力差,就会近朱者赤,近墨者黑,逐渐地被那些不健康的行为和习惯所影响,心理有可能被扭曲,思维中就会用一些错误的理念来指导自己的行为,有可能做出违法乱纪的事情。

5. 防止误入传销陷阱

传销是我国法律严格禁止并实施坚决打击的行为,其组织被称为非法组织。传销自20世纪90年代传入我国后,一些不法分子就顺风跟进,他们往往打着直销的招牌进行招摇撞骗,通过怂恿被游说的对象缴纳高额的入会费或者认购一些价格高昂的假冒伪劣商品的手法来骗取信任入伙,从而形成越做越大的用严格的纪律约束和经济控制的传销组织。在这个传销网络组织中，真正受益的只是那些处在传销"金字塔"网络顶端的极少数人，绝大多数传销人员不仅不能挣到钱，而且到最后还会血本无归，有的甚至达到倾家荡产、妻离子散的地步。

非法的传销活动发展到今天，其手段已更加隐蔽和富有欺骗性，极易诱人上当。一些传销组织编织的拉人传销链条程序包括：揣摩人的心理，将认为容易上当受骗的人列入黑名单；通过写信或打电话等方式，找一些理由，或者给出一些甜蜜的诱惑，邀请诱骗对象加入其组织；当受骗对象进入组织无法脱身时，便摊牌翻脸相胁迫和进行跟进式的关于发财梦的洗脑；当受骗上当的人走投无路时，就被迫投入到传销队伍中，再进行对他人的欺骗，开始了下一个恶性循环。

大学生对传销要加强防范意识，特别是转变错误的就业心理和学习相关知识，加强对传销欺诈的预防，特别是不能感情用事。因为传销公司一般的骗人手段是熟人找熟人，设计就业和高薪的陷阱，所以不要因为不愿丢弃朋友和熟人的感情而上当，不要因为识不破诱人的就业陷阱而害了自己。

6. 服从集体生活要求和遵守校规

为了加强校园管理，学校制定了一系列管理制度和规定。制度总是用来约束人们的行为的，在执行过程中可能会给同学们带来一些不便；但是制度却是必不可少的，况且，绝大多数校园管理制度都是为控制闲杂人员和犯罪分子混入校园作案，以维护学生正当权益和校园秩序而制定的。因此，同学们一定要认真执行有关规定，自觉遵守校纪校规，积极支持有关部门履行管理职能，并努力发挥出自己的应有作用。

一、资料库

（一）传销和非法传销

传销，在国（境）外又称直销，一般是指企业不通过店铺经营等流通环节，将产品或服务直接销售、提供给消费者的一种营销方式。由于传销具有销售成本较低等优点，国外许多企业采用了这种营销方式。传销传入我国后，立即发生了异变。一些不法分子利用传销具有组织上的封闭性、交易商的隐蔽性和传销人员的分散性等特点，利用我国市场经济体制尚不完善和群众消费心理尚不成熟的现状，进行非法经营、集资诈骗、销售假冒伪劣产品、走私产品等各种违法犯罪活动。

根据第444号国务院令公布的《禁止传销条例》中对传销的定义，传销是指组织者或者经营者发展人员，通过对被发展人员以其直接或者间接发展的人员数量或者销售业绩为依据计算和给付报酬，或者要求被发展人员以缴纳一定费用为条件取得加入资格等方式牟取非法利益，扰乱经济秩序，影响社会稳定的行为。

通过直销变异的非法传销具有两个明显的特征：一是传销的商品价格严重背离商品本身的实际价值，有的传销商品根本没有任何使用价值和价值，服务项目纯属虚构；二是参加人员所获得的收益并非来源于销售产品或服务等所得的合理利润，而是他人加入时所缴纳的费用。他们与国（境）外的"老鼠会"、"金字塔欺诈"如出一辙，实际上就是一种使组织者等少数人聚敛钱财，使绝大多数加入者沦为受害者的欺诈活动。参与群众缴纳的费用完全被不法分子非法占有或用来支付上线。多数不法分子仅将参与者缴纳的费用的一小部分用于维持非法活动的运作，大部分早已转入个人账户，一旦难以为继或败露就携款潜逃，对社会的危害极大。

（二）中风前兆

1. 如果有人出现下面的一种或几种症状时，可能是脑中风的前兆

（1）面部或（和）肢体突然麻木、无力，尤其是一侧肢体麻木和无力，持物不稳，有时伴肌肉痉挛，走路时虽未遇路障，却突然跌倒或者出现行走不稳症。

（2）一只眼或双眼突然短暂发黑或视物模糊，突然看东西重影或伴有眩晕。

（3）头痛、头晕，可伴有视物旋转、恶心、呕吐。

（4）突然出现吐字不清，说话错乱甚至不能说话。对普通人而言，有时候中风的征兆很难辨识，中风患者常因家人没有及时发现其中风的征兆，延误救治而使患者脑部受损甚至丧命。

2. 如何进一步判断家人是否出现脑中风的方法

（1）要求怀疑对象说一句简单的话——如果能做到用词正确、发音不含糊为正常。如果用词错误、发音含糊甚至不能说话则为异常。

要求怀疑对象两只手平举并闭上眼，双上肢向前平伸10秒，如果两侧上肢运动一致或无移动为正常。如果一侧手臂无移动，另一侧无力往下掉则为异常。

（2）要求怀疑对象展示笑容并露出牙齿或微笑，如果面部两侧运动对称即为正常，如果面部两侧运动不对称则为异常。

（3）一旦判断家人发生中风，家属应当马上做两件事：第一，拨打120；第二，把患者就地放平，将其头部偏向一侧，解开衣领的扣子。

脑中风发生后，抢时间就等于抢生命，3小时往往是救治的"黄金极限时间"，是抢救生命的关键。

（三）生命六大体征观测

人的生命体征包括意识、呼吸、体温、脉搏、血压、瞳孔六个方面。它们是维持机体正常活动的支柱，缺一不可，不论哪项体征异常都会导致严重或致命的疾病，同时某些疾病和伤害也可导致这六大体征的变化和恶化。

1. **意识**

意识是指人对周围环境和自身的识别能力及清晰程度，是人的大脑功能活动的综合表现。作为疾病的意识障碍是指患者对周围的事物反应迟钝，意识模糊或完全无反应、丧失知觉。意识障碍是有病的表现，其程度上有轻度的意识模糊、嗜睡、昏睡、昏迷等差别。昏迷是严重的意识障碍，其中浅昏迷是患者随意运动消失，对亮光或声音的刺激无反应，但对强烈的痛觉刺激尚有防御动作或痛苦表情，各种生理反射，如吞咽、咳嗽、瞳孔对光反应等存在；深昏迷是患者对各种刺激都无反应，对强烈疼痛刺激可有防御性反射动作，瞳孔对光反射迟钝，各种生理反射消失。可有呼吸不规则、血压下降、大小便失禁、全身肌肉松弛等；极度昏迷又称脑死亡，患者处于濒死状态，无自主呼吸，对各种刺激皆无反应，各种反射消失，大小便失禁。

判断患者的意识情况方法是抢救者到达现场后，检查负伤者或患者意识的有无，最为直接的方法是轻拍其面部或肩部并大声问："喂，你怎么啦？"如认识，也可直呼对方的名字，这样可以防止对并非意识丧失者进行复苏操作而造成不必要的损伤。如患者对轻拍和呼唤无反应，立即用手指甲掐人中穴或合谷穴5秒钟，如还无反应，说明患者意识已经消失，应立即在原地进行抢救，如实施心肺复苏术等。

2. **呼吸**

呼吸是人体内外环境之间进行气体交换的必需过程，通过吸入氧气和呼出二氧化碳而维持人的正常生理功能，一刻也不能停止。正常成年人在安静状态下每分钟呼吸12~20次，吸气比呼气略长，呼吸与脉搏之比是1:4，即每呼吸1次，脉搏可以搏动4次。呼吸频率一般情况下是小儿快于老人，女性快于男性，活动或情绪激动时快于休息和睡眠时。

观察呼吸的方法是看人体胸部的起伏状况，可将手掌心或耳朵贴在患者的鼻腔或口腔前，体察是否有气流进出，或者用一薄纸片、棉花丝或一丝餐巾纸放在患者的鼻腔或口腔前，看是否随呼吸来回摆动。如无迹象，可初步判定呼吸停止。

3. **脉搏**

脉搏是指由于心脏的跳动使全身各处动脉壁产生的有节律的搏动现象。人的正常脉搏次数与心跳次数一致，节律均匀，间隔相等。正常成年人的心率为60~100次/分，大多数为60~80次/分。女性稍快。脉搏跳动少于60次/分为心动过缓，但是对于训练有素的运动员来说，则是心脏健康有力的一种表现。心脏跳动超过100次/分便是心动过速，正常人在运动后、饭后、酒后、精神紧张及兴奋时也可以有一时性增快现象，但很快就会恢复到正常水平。患者则是在缺氧、失血、心衰、休克时，均致心率加快，当其心率大于120次/分时说明病情已十分严重。

测脉搏常采用的方式是用食指、中指、无名指同时按在被检测者靠近拇指一侧手腕部的桡动脉搏动处，每次查数测量一分钟。当患者垂危，脉搏细弱，可换用触及颈动脉搏动和股动脉搏动的方法，前者位于颈的两侧平喉结处，后者位于大腿根部正中。

4. 血压

血压是指血液在动脉血管内流动所产生的对血管壁的侧压力。医学上记录血压以毫米汞柱（mmHg）来表示。在有足够的血容量条件下，心脏收缩，射出血液，动脉血压上升，血压上升的最高值称为收缩压；心脏舒张，动脉血压下降，血压下降所达到的最低值为舒张压。正常人安静时的收缩压＜120 mmHg，舒张压＜80 mmHg。如果收缩压≥140 mmHg 和舒张压≥90 mmHg，则为高血压。如果收缩压≤90 mmHg 和舒张压≤60 mmHg，则为低血压。健康人的血压在日常生活中基本保持恒定，运动、进食后、情绪激动时升高；睡眠、轻松愉快时血压稍降。吸气时血压先降后升，呼气时血压先升后降。正常人右臂比左臂血压高5～10 mmHg，下肢比上肢高20～40 mmHg。

血压测量需要血压计，被测者取坐位，暴露并伸直肘部，手掌心向上。测量者测量时使用听诊器，打开水银槽开关，手握气球，关闭气门后打气到160～180 mmHg，然后微开气门，慢慢放出袖带中气体，当听到第一个微弱声音时，水银柱上的刻度就是收缩压。继续放气，当声音突然变弱或消失时，水银柱上的刻度为舒张压。

5. 体温

体温是指人体的温度。正常人的体温为37 ℃左右，早晨4～6时体温最低，午后5～6时体温最高，但在24小时内，体温变化不超过1 ℃。炎夏季节、人在进食后、剧烈运动、情绪激动等，体温也会暂时增高，年轻人体温一般偏高，老年人较低。身体有问题时会出现异常体温，37.3 ℃～38 ℃为低热，38.1 ℃～39 ℃为中度发热，39.1 ℃～40 ℃为高热，40 ℃以上为超高热。

测量体温方法有口腔测量法、腋下测量法、肛门测量法。口腔测量法禁用于神志不清的患者和婴幼儿，肛门测量法则多用于昏迷患者或小儿，然而不可用于有腹泻、便秘症状的患者。体温测量常用的方法是腋下测量，其优点是不易发生交叉感染。方法是擦干被测者腋窝汗液，将体温表的水银端放于腋窝顶部，要求被测者用上臂将体温表夹紧，不能乱动，10分钟后取出读数，便可知体温。

6. 瞳孔

瞳孔是人的眼睛虹膜中的孔洞，直径平均为 2.5~4 毫米。正常人的瞳孔是圆形，两侧等大等圆，边缘齐整，亮光下可缩小，光线暗的环境下可略增大。瞳孔大一般与人所处的年龄段有关，1 岁以内的婴儿瞳孔最大，其次为儿童和青少年时期，以后随着生长发育处在不同阶段，瞳孔会逐渐变小。近视眼瞳孔大于远视眼。交感神经兴奋时，如表现为惊恐不安、疼痛时瞳孔扩大。副交感神经兴奋时，如表现为深呼吸、脑力劳动、睡眠等时，瞳孔会变小。

对瞳孔进行观察，瞳孔扩大：指瞳孔的直径大于 5 毫米，常见于中枢性神经受到损害，青光眼、吗啡物中毒或濒死状态，也可因为使用眼药水而使瞳孔扩大，如肾上腺素、麻黄素、阿托品等。瞳孔缩小，是指瞳孔的直径小于 2 毫米，它常见于人处于缺氧状态或有机磷类农药中毒、吗啡、氯丙嗪等药物中毒，两侧的瞳孔大小不等，则是颅内发生病变的指征，如脑肿瘤、脑出血、脑疝等。

二、思考与讨论

（一）杰克与水手

杰克住在英格兰的一个小镇上，他从未看见过海。有一天，他得到了一个机会，当他来到海边时，笼罩着浓雾的大海正涨潮，波涛汹涌，天气又湿又冷。他想，"我不喜欢海，幸亏我不是水手，当一个水手真是太危险了"。

在海岸上，他遇见一个水手。他们交谈起来。

"你怎么会爱上大海呢？"杰克问，"那儿恶浪滔天，大雾弥漫，又冷又湿。"

"其实大海不是经常脾气不好的。有时，大海是温顺的，它明亮而美丽。而且对我而言，无论大海波涛汹涌还是温顺安静，我都深深地爱着它。"水手说。

"那么，当一个水手不是很危险吗？"杰克问。

"当一个人热爱他的工作时，他不会也不怕危险。我们家庭里的每一个人都爱大海。"水手说。

"你的父亲现在何处呢？他也在大海上吗？"杰克问。

"他死在海里了。"

"你的祖父呢？"

"死在大西洋里。"

"你的哥哥呢？"

"当他在印度的一条河里游泳时，被一条鲸鱼吞食了。"

"既然如此,"杰克说,"如果我是你,我就永远也不到海里去。"

"你愿意告诉我你的父亲死在哪儿吗?"

"啊,他在床上断的气。"杰克说。

"你的祖父呢?"

"也死在床上了。"

"这样说来,如果我是你,"水手说,"我就永远也不到床上去了。"

1. 杰克和水手面对危险各自采取了什么样的态度?你更欣赏谁?
2. 人应当以积极的态度挑战风险吗?为什么?

(二)"欧丽曼"非法传销活动

2003年初,河南省农民秦永军在其兄秦建华的动员下,来到重庆,交了3 350元入会费后,加入"法国欧丽曼"化妆品有限公司,成为"会员"。他通过介绍新"会员"入会,提取入会费。当时,每介绍1人入会,他可获得510元的业绩奖励。此后,两人不断发展下线,秦永军终于成为"超级总代理"。

2003年8月,秦等3名农民出身的传销头目将发展下线转移到重庆两路地区。他们主要发展在校大学生,以"介绍工作、参加电脑展"等做幌子,骗来外地学生,安排他们住在预先租好的房屋里。

"欧丽曼"公司没有经过工商登记,产品是"三无"产品,不能在市场上交易。秦永军自己都不知道他卖的产品在哪里生产。事实上,这个所谓产品只是道具,传销人员利用这个道具,以高额回报为诱饵,以"直销"的名义进行非法经营,骗取钱财。

"欧丽曼"传销组织实行"五级三奖"制。"五级"指信誉顾客、家长、主任、经理、总代理(超级总代理)。"三奖"是指分配方案。以"经理"为例,第一级是"直接奖",每发展1名直接下线,提成43%;第二级是"间接奖",自己的下线再发展1名下线,他提成12%;第三级是"育成奖",自己下线的下线再发展1名下线,他提成2%。"家长"、"主任"的提成比例比"经理"低很多。

为发展下线,秦永军冒充西安某学院学生,骗取大学生信任,再通过讲课、培训等方式,让这些学生深信传销能赚大钱,随后让那些学生根据大学生的心理需求,设置讲课内容,发展下线。受他的欺骗,许多参与传销的大学生坚信自己从事的是"直销",是"辉煌的事业",是"一种新生事物",是"符合社会经济发展趋势的新理念"。传销网络被摧毁后,警方安排受害大学生返乡,有人却执迷不悟,悄然离开。

这些大学生为何受骗?过程是这样的。

传销人员骗得最多的是同学、同宗、同乡、同事。他们的惯用伎俩是打电话邀对方到重庆某待遇很好的公司上班，或前来合作开发某个商机，没有一个人说让对方来做传销或直销。对方刚赶来时，传销人员不谈工作或创业，而是等待机会，将其发展成"下线"。他们讲究火候，做到"四不讲"：环境不对不讲、时间不够不讲、气氛不好不讲、时机不成熟不讲。一旦时机成熟，他们就将对方拉去"上课"，灌输所谓的"直销"理念，讲授"直销"方法，鼓吹"直销"大有前途——加入者将成为"新一代的改革者"，"能像20世纪80年代的改革先锋一样，迅速发家致富"。传销的主体课程是：分配方案、影响成功的因素、"企业文化新理念"、从业应有的心态等。讲课内容非常有蛊惑性，比如"穷人最需要的不是钱，而是野心"等。为此，不少大学生被彻底"洗脑"，整天梦想一夜暴富。很多大学生每天的生活费只有1元钱左右，吃霉变米饭，吃在菜市场捡来的烂菜叶，睡通铺，条件十分艰苦。但他们却认为这是对意志品质的"磨砺"。传销头目用谎言来麻痹他们，如："走过苦难，前面就是金光大道"，"吃得苦中苦，方为人上人"，"放下面子创业"，等等。同时，传销组织以"家庭"为单位实行"亲情管理"，这对涉世不深的大学生也很有吸引力。

不少大学生最初都曾迟疑过，但由于钱已交出，无法要回，同时又被传销组织者的精神鸦片所欺骗，他们只好自欺欺人，逐渐深陷传销泥潭。

①阅读此文后，你对传销有了什么样的认识？
②如何防止上当受骗，你有一些有效的方法吗？

三、建议阅读书目

①王炜，裴玉龙．道路交通事故成因及预防对策．北京：科学出版社，2004．

②李茂民．走进科学的生活．济南：济南出版社，2000．

③段里仁．城市交通概论．北京：北京出版社，1984．

④吴兴勇．论生死．武汉：湖北人民出版社，2006．

⑤王文科．直面人的最后时刻．哈尔滨：黑龙江人民出版社，2001．

⑥加文·德·贝克尔．危机预兆——暴力预测及防范指南．（台）梁永安，译．北京：光明日报出版社，1998．

⑦郭凤安．大学生安全教育．北京：清华大学出版社，2010．

⑧赵升文．大学生安全教育．北京：人民邮电出版社，2009．